上海市重点图书

上海市普通高校优秀教材奖

国家级一流本科课程教材建设项目

内容简介

本教材立足于我国政府预算管理的法律、法规框架，坚持价值引领，以预算工作的流程为主线，比较全面、系统地阐述了预算管理基本理论、预算编制与管理、预算执行与管理、政府决算与管理等内容；同时，结合当代政府预算管理改革的最新成果和动态，重点介绍和分析了现代财政国库管理制度、部门预算改革、政府采购制度、预算绩效管理等内容。

政府预算管理是一门实务性、政策性较强的课程，本教材在强调预算管理理论重要性的同时，还非常注意介绍部门预算编制、国库集中收付等预算实务的操作与政策问题，配合预算管理各环节的课内实验或综合实验，将有利于学生熟练掌握政府预算管理的理论与实务。本教材是针对高等院校经济类、管理类专业的本科生而编写的教材，也可作为实务部门工作的参考书。

国家级一流本科课程配套教材
国家级一流专业建设点配套教材
普通高等院校经济学"十四五"规划重点教材

政府预算管理（第三版）

杨光焰／主编

立信会计出版社
LIXIN ACCOUNTING PUBLISHING HOUSE

图书在版编目(CIP)数据

政府预算管理 / 杨光焰主编. -- 3 版. -- 上海：立信会计出版社，2025.1. -- ISBN 978-7-5429-7811-0

Ⅰ. F812.3

中国国家版本馆 CIP 数据核字第 2024SH0760 号

策划编辑　方士华
责任编辑　孙　勇
助理编辑　吴佳璘
美术编辑　吴博闻

政府预算管理(第三版)
ZHENGFU YUSUAN GUANLI

出版发行	立信会计出版社		
地　　址	上海市中山西路 2230 号	邮政编码	200235
电　　话	(021)64411389	传　真	(021)64411325
网　　址	www.lixinaph.com	电子邮箱	lixinaph2019@126.com
网上书店	http://lixin.jd.com		http://lxkjcbs.tmall.com
经　　销	各地新华书店		
印　　刷	常熟市人民印刷有限公司		
开　　本	787 毫米 ×1092 毫米	1/16	
印　　张	22	插　页	1
字　　数	495 千字		
版　　次	2025 年 1 月 第 3 版		
印　　次	2025 年 1 月 第 1 次		
书　　号	ISBN 978-7-5429-7811-0/F		
定　　价	58.00 元		

如有印订差错，请与本社联系调换

2011年,《政府预算管理》第一版出版,经过认真修订,第三版也正式出版了。本教材为上海市重点图书,于2015年获得"上海市普通高校优秀教材奖"。2020年,本教材主编所主持的"公共预算管理"课程也获评"国家级一流本科课程"。客观地讲,《政府预算管理》是一本小众教材,能得到师生的认可并不容易。非常感谢多年来众多高校及其师生对本教材的厚爱。不忘初心,在实践中不断完善,为社会提供一本质量更好的教材是我们修订教材的动力。

党的十八大以来,按照党中央、国务院的决策部署,预算管理制度不断改革完善,为建立现代财政制度奠定了坚实基础。2023年,中央经济工作会议明确提出,"要谋划新一轮财税体制改革";2024年,党的二十届三中全会胜利召开。这些政策和会议精神都对预算管理制度改革提出了新的要求,也构成了教材建设的大背景。如何更好地体现改革的新理念、新内容、新成果,是教材修订中要综合考虑的重要问题。面对新形势、新任务、新挑战,本次《政府预算管理》教材修订的重点主要体现在如下几个方面:

第一,深入贯彻"为党育人,为国育才"。习近平总书记强调,要"用心打造培根铸魂、启智增慧的精品教材,为培养德智体美劳全面发展的社会主义建设者和接班人、建设教育强国作出新的更大贡献"。在教材修订过程中,我们紧紧围绕立德树人,扎实推进习近平新时代中国特色社会主义思想进教材、进课堂、进头脑,积极探索课程思政与教材建设有机结合的路径,落实立德树人的根本任务。

第二,体现了国家治理与预算改革的新理念。党的十八届三中全会通过的《中共中央关于全面深化改革若干重大问题的决定》提出,"财政是国家治理的基础和重要支柱";党的十九大报告提出,要"建立全面规范透明、标准科学、约束有力的预算制度,全面实施绩效管理";党的二十大报告明确提出"健全现代预算制度,优化税制结构,完善财政转移支付体系";《国务院关于进一步深化预算管理制度改革的意见》(国发〔2021〕5号)强调,"预算体现国家的战略和政策""坚持预算法定"原则;党的二十届三中全会审议通过的《中共中央关于进一步全面深化改革、推进中国式现代化的决定》明确提出"深化财税体制改革";等等。这些重要的决定、报告、意见,既指明了预算改革的方向,又为预算管理提供了新的理念。因此,我们试图在国家治理、现代预算、预算法定、绩效管理、大国预算等理念的指引下,修订教材的相关内容。

第三,重点修订"政府预算体系"的内容。政府预算体系改革一直是预算管理改革的重头戏之一。在一般公共预算的基础上,我国先后建立了政府性基金预算、国有资本经营预算和社会保险基金预算,政府预算体系不断拓展和完善。本教材第二版的修订重点在于体现预算体系的完整性,第三版的修订重点则在于体现预算体系内容的科学性。重点修订了社会保险基金预算和国有资本经营预算的内容,包括体现社会保险基金预算和国有资本经营预算有关收支范围、编制、执行等改革的最新内容。社会保险基金预算部分的修订,体现了党的二十大报告中提出的"健全覆盖全民、统筹城乡、公平统一、安全规范、可持续的多层次社会保障体系"精神。国有资本经营预算部分的修订,体现了2023年11月审议通过的《关于进一步完善国有资本经营预算制度的意见》精神。

第四,重点修订政府"部门预算"的内容。部门预算承上启下,在预算体系中的地位极其重要。部门预算改革始于2000年,经过几个阶段的改革,我国基本构建了层次清晰、运转顺畅的部门预算管理新框架,为建立现代财政制度奠定了坚实基础。近年来,财政部每年都要出版《中央部门预算编制指南》,指导部门预算的编制与改革。结合中央和地方部门预算的理论探索与改革实践,本次修订重点完善了预算编制的流程、部门预算收入构成、收入测算部分的内容;基本支出预算编制流程、定员定额测算方法;项目支出分级管理、项目库管理流程及规则;中央、地方政府部门预算表体系、部门预算信息化管理等内容。

第五,重点修订"国库管理制度"的内容。2020年,国务院先后修订了《中华人民共和国预算法实施条例》《中华人民共和国国家金库条例》,2023年,中共中央、国务院印发《党和国家机构改革方案》,提出统筹推进中国人民银行分支机构改革。本次修订体现了这些法规与方案的精神。

第六,重点修订"政府采购制度"部分内容。从1996年开始试点,到2024年,我国政府采购制度改革已经走过了近30年,政府采购制度日益健全完善。2018年11月,中央全面深化改革委员会审议通过了《深化政府采购制度改革方案》,有力推进了现代政府采购制度建设。本次修订按照方案精神,结合政府采购制度的改革探索,主要围绕政府采购全流程电子化、政策功能优化、政府采购预算、GPA谈判进程、政府采购法律制度与GPA规则的协调一致性、政府采购制度改革的总体目标与基本思路等方面进行完善。

第七,全面修订"政府预算绩效管理"的内容。2018年,《中共中央 国务院关于全面实施预算绩效管理的意见》出台,明确提出构建全方位、全过程、全覆盖的预算绩效管理体系,实现预算和绩效管理一体化,推动预算绩效管理改革全面升级加速。教材对该章内容进行删增,新增了"政府预算绩效管理理论基础""预算绩效管理的原则与内容"两节,完善了章节体系与内容。同时,对中央和地方的预算绩效管理改革探索进行了仔细梳理，总结了中国预算绩效管理改革成效，讨论了进一步改革的方向。

第八，重点修订"预算管理体制"部分内容。进入新时代，我国先后出台了《深化财税体制改革总体方案》《国务院关于深化预算管理制度改革的决定》《国务院关于进一步深化预算管理制度改革的意见》等文件，积极推进财税体制改革。结合改革的进程与成果，本次重点修订了分税制内容，尤其是结合分税制改革的30年历程，对改革的成效、存在的不足、完善的方向、财政事权和支出责任划分改革等进行全面分析；对财政转移支付制度内容进行全面修订，对财政转移支付的基础理论、我国财政转移支付体系、共同财政事权转移支付改革等内容进行了完善；结合新一轮财税体制改革与进一步深化预算管理制度改革的精神，对预算管理制度改革的内容进行重点修订。

总之，除以上重点修订的内容外，整本教材几乎每个章节都有完善，包括对教材大部分的专栏和拓展训练内容进行了更新，并在每章的后面，通过二维码增加了自测自评、参考PPT，为师生的教与学提供了更丰富的资料。通过修订，我们期待教材能够展现我国预算管理领域最鲜活的改革与研究成果，为学生打开预算管理之门，从而使学生能够更好地感知、感悟大国预算的管理之道。

本教材既是国家级一流本科课程"公共预算管理"进一步建设的成果，也是国家级一流本科专业建设点（税收学专业）的建设成果。我们希望通过教材建设来推动一流课程与一流专业建设，实现教材、课程、专业的良性联动。

本教材由主编上海立信会计金融学院杨光焰教授修订完成。根据修订情况，本教材编写分工调整如下：第一章由李延均编写；第二章由郝秀琴编写；第三章由刘志平编写；第四章由朱迎春、杨光焰编写；第五章、第六章、第七章由杨光焰编写；第八章由殷强、杨光焰编写；第九章由刘志平、杨光焰编写；第十章由杨光焰、胡公启编写；第十一章由杨光焰、李永刚编写。本教材在编写和修订过程中可能存在不妥或不成熟之处，欢迎各位专家和广大读者不吝指正。

在本教材编写与修订过程中，编者参阅和吸收了国内外专家、学者的一些研究成果，立信会计出版社为本教材的出版给予了大力支持，在此一并表示真诚的谢意。

杨光焰
2024 年 12 月于上海

第二版前言

2011年12月,《政府预算管理》第一版正式出版,春华秋实,日月轮回,转眼已经5年。得益于大家的支持,本教材于2015年5月获得"上海市普通高校优秀教材奖",本人所主持的《公共预算管理》课程也获得"上海市精品课程"的称号。非常感谢多年来很多高校老师与学生对本教材的不离不弃,并提出了很多很好的建议。我自己也总是以批判的眼光在审视它,希望通过修订让它更加完善一些。这也正是我们进行教材修订的动力。

在经济新常态下,围绕建立现代财政制度,我国又启动了新一轮财税体制改革,预算管理制度改革进程明显加快。这实际构成了《政府预算管理》教材建设的大背景,如何在教材中更好体现改革的新理念、新内容、新成果,是教材修订中要综合考虑的重要问题。正是基于改革的大背景,本次《政府预算管理》修订的重点主要体现在如下几个方面:

第一,体现经济改革与预算改革的新理念。

党的十八届三中全会通过的《中共中央关于全面深化改革若干重大问题的决定》明确提出,财政是国家治理的基础和重要支柱,要建立现代财政制度,并把改进预算管理制度作为深化财税体制改革的首要任务。随后全国人大常委会审议修正了《中华人民共和国预算法》,中共中央政治局审议通过了《深化财税体制改革总体方案》,国务院出台了《关于深化预算管理制度改革的决定》,十三五规划纲要提出了创新、协调、绿色、开放、共享的发展新理念,强调要建立全面规范公开透明的预算制度。这些法律、制度、规划,既指明了预算改革的方向,又为预算改革提供了新的理念。因此,我们试图在国家治理、预算法定、绩效预算等理念的指导下,修订教材的相关内容。

第二,重点修订了第四章"政府预算体系"的内容。

由于复式预算体系建设处于起步阶段,第一版教材中的预算体系内容很不完善,缺少社会保险基金预算、政府性基金预算的具体内容,国有资本经营预算刚刚处于试编阶段,也很不完善。通过修订,增加了社会保险基金预算、政府性基金预算的内容,并大幅修订了另外两个预算的教学内容,尽管还有不少内容需要进一步完善,但是已经形成了一般公共预算、社会保险基金预算、国有资本经营预算、政府性基金预算这些比较完整的预算体系的教学内容。

第三,重点修订了第十章"政府预算绩效评价"的内容。

近年来,我国政府预算绩效改革进展很快,取得了一系列成果。修订后的第十章改为"政府预算绩效管理",这样能够更好体现我国政府预算绩效改革的现实。通过修订,本版教材对中国预算绩效管理改革的进程、主要内容进行了介绍,对改革的方向进行了探讨,有效丰富了政府预算绩效管理的教学内容。

第四,重点修订了第十一章"政府预算管理体制"的内容。

根据改革的进程,本章主要修订了财政转移支付制度的内容,并对第四节的内容进行完全调整,修订为"深化政府预算管理制度改革",希望能够更好、更准确地体现政府预算管理体制改革的内容与方向。

除重点修订的内容外,全书几乎每个章节都有修改,尤其是全面贯彻了新修正的《预算法》的精神,并尽可能把相关内容更新到最新,期待教材能够体现最新的改革与研究成果。

本次修订由本教材主编、上海立信会计学院杨光焰教授负责完成。根据修订情况,该教材编写分工调整如下：第一章由李延均编写；第二章由郝秀琴编写；第三章、第九章由刘志平编写；第四章由朱迎春、杨光焰编写；第五章、第六章、第七章由杨光焰编写；第八章由殷强编写；第十章由杨光焰、胡公启编写；第十一章由李永刚、杨光焰编写。本书在编写修订过程中可能会出现不妥或不成熟之处，欢迎各位专家和广大读者不吝指正。

本教材是上海市重点课程、精品课程"公共预算管理"建设项目的成果，并纳入上海立信会计学院精品教材建设规划，也是各位作者辛勤劳动的结晶。本教材在编写与修订过程中参阅和吸收了国内外专家、学者的一些研究成果，立信会计出版社的窦瀚修社长和责任编辑方士华副编审也为本书的出版修订付出了艰辛的劳动。在此对各位专家、学者一并表示真诚的谢意。

杨光焰

2016年4月于上海

第一版前言

本教材是普通高等院校经济学"十二五"规划重点教材之一,也是上海市本科教育高地税收学建设项目的成果。政府预算管理是经济学专业可选择的重要课程,也是财政与税务专业的核心专业课程。编写本教材的基本出发点是:丰富和完善经济学专业教材的体系,更好地满足新形势下财经人才培养与教学的需要;丰富和完善政府预算管理课程的内容,更好地满足新形势下政府预算管理课程建设的需要。

政府预算作为年度财政收支计划,也是政府实施财政管理和宏观调控的主要工具,它与公共品的供应、社会公共需要的满足和公众的生活密切相关,预算日益成为社会公众关注的焦点,强化预算管理是必然选择。

政府预算管理是对政府预算资金的筹集、分配、使用所进行组织、协调、控制和监督的活动,历来都是各国政府进行财政管理和政府管理的最主要形式。20世纪80年代以来,"新公共管理运动"席卷全球,各个国家力求通过政府再造,引入市场竞争机制,不断提高公共管理水平及公共服务质量。"新公共管理运动"及其引发的公共管理模式的变革已成为一股不可逆转的时代潮流。这其中,政府预算成为推进这场运动的最为有效的手段,新绩效预算的兴起、绩效评估日益受到重视就是集中体现。

近年来,为了适应社会主义市场经济条件下公共财政体制建设的要求,我国在财政领域不断调整改革的重点,开始对政府预算管理进行全方位改革。如部门预算制度改革、国库集中收付制度改革、政府采购制度改革、国有资本经营预算制度改革、政府基金预算制度改革、社会保险预算制度改革、绩效预算改革、政府预算收支体系改革,等等。有些改革甚至具有革命性,政府预算管理新的框架正在形成。

中西方政府预算管理改革既对传统的知识体系和教学内容形成巨大冲击,也为预算知识体系的更新和教学内容的丰富提供了鲜活的营养。因此,本教材立足于我国政府预算管理的法律、法规框架,以预算工作的流程为主线,比较全面、系统地阐述了预算管理基本理论、预算编制与管理、预算执行与管理、政府决算与管理等内容。同时,结合当代政府预算管理改革的最新成果和动态,重点介绍和分析了现代财政国库管理制度、部门预算改革、政府采购制度、预算绩效评价等内容。既体现政府预算管理的基本理论、基本知识、基本程序和基本方法，又突出政府预算管理改革的最新成就。

同时，政府预算管理又是一门实务性、政策性较强的课程，本教材在强调预算管理理论重要性的同时，还非常注意介绍部门预算编制、国库集中收付等预算实务的操作与政策问题，配合预算管理各环节的课内实验或综合实验，将有利于学生熟练掌握政府预算管理的理论与实务。

本教材由上海立信会计学院杨光焰教授担任主编，并拟定编写大纲。全书共分为十一章，编写分工如下：第一章由李延均编写；第二章由郝秀琴编写；第三章、第九章由刘志平编写；第四章由朱迎春编写；第五章、第六章、第七章由杨光焰编写；第八章由殷强编写；第十章由胡公启编写；第十一章由李永刚编写。本书在编写过程中可能会出现不妥或不成熟之处，欢迎各位专家和广大读者不吝指正。

本教材是上海市教委重点课程建设项目的成果，也是各位作者辛勤劳动的结晶。本教材在编写过程中参阅和吸收了国内外专家、学者的一些研究成果，在大纲拟定阶段唐海燕教授为本书的编写提出了很好的建议，立信会计出版社的窦瀚修社长和责任编辑方士华先生也为本教材的出版付出了艰辛的劳动。在此，对各位专家、学者表示真诚的谢意。

编　者
2011 年 12 月于上海

目 录

第一章　政府预算概论 ………………………………………………………… 1
　第一节　政府预算的内涵 ………………………………………………………… 2
　第二节　政府预算的产生和发展 ………………………………………………… 4
　第三节　政府预算的原则 ………………………………………………………… 6
　第四节　政府预算的分类 ………………………………………………………… 8
　第五节　政府预算的功能 ………………………………………………………… 11
　拓展训练 …………………………………………………………………………… 14
　本章复习思考题 …………………………………………………………………… 14

第二章　政府预算管理的基本理论 …………………………………………… 16
　第一节　政府预算管理的概念与地位 …………………………………………… 17
　第二节　政府预算管理的要素与原则 …………………………………………… 19
　第三节　政府预算管理的流程与周期 …………………………………………… 27
　第四节　政府预算管理的组织体系 ……………………………………………… 31
　拓展训练 …………………………………………………………………………… 36
　本章复习思考题 …………………………………………………………………… 36

第三章　政府预算收支分类改革 ……………………………………………… 38
　第一节　政府预算收支分类的意义与原则 ……………………………………… 39
　第二节　政府预算收支分类的基本方法 ………………………………………… 40
　第三节　政府预算收支分类科目设置的演变 …………………………………… 44
　第四节　政府预算收支分类改革 ………………………………………………… 45
　拓展训练 …………………………………………………………………………… 57
　本章复习思考题 …………………………………………………………………… 58

第四章　政府预算体系 ………………………………………………………… 59
　第一节　一般公共预算 …………………………………………………………… 60
　第二节　社会保障预算 …………………………………………………………… 70
　第三节　国有资本经营预算 ……………………………………………………… 87
　第四节　政府性基金预算 ………………………………………………………… 99
　拓展训练 …………………………………………………………………………… 105

本章复习思考题 …… 107

第五章　政府预算的编制与管理 …… 109
　　第一节　政府预算编制的依据与原则 …… 110
　　第二节　政府预算编制的程序 …… 115
　　第三节　政府预算收支测算 …… 119
　　第四节　部门预算编制与审批 …… 127
　　第五节　财政总预算的编制与审批 …… 144
　　拓展训练 …… 149
　　本章复习思考题 …… 152

第六章　政府预算的执行与管理 …… 153
　　第一节　政府预算执行概述 …… 154
　　第二节　政府预算收入执行 …… 159
　　第三节　政府预算支出执行 …… 164
　　第四节　政府预算执行中的调整与分析 …… 169
　　拓展训练 …… 177
　　本章复习思考题 …… 178

第七章　国库管理制度 …… 179
　　第一节　国库管理制度概述 …… 180
　　第二节　现代财政国库管理制度 …… 185
　　第三节　中国财政国库管理制度改革 …… 190
　　拓展训练 …… 201
　　本章复习思考题 …… 203

第八章　政府采购制度 …… 204
　　第一节　政府采购概述 …… 205
　　第二节　政府采购的基本内容 …… 211
　　第三节　政府采购预算 …… 219
　　第四节　中国政府采购制度建立与完善 …… 223
　　拓展训练 …… 231
　　本章复习思考题 …… 232

第九章　政府决算编制与管理 …… 233
　　第一节　政府决算概述 …… 234
　　第二节　政府决算编制的原则与方法 …… 235
　　第三节　政府决算的审查批准 …… 244

拓展训练 ·············· 250
　　本章复习思考题 ·············· 252

第十章　政府预算绩效管理 ·············· 253
　　第一节　政府预算绩效管理概述 ·············· 254
　　第二节　政府预算绩效管理理论基础 ·············· 258
　　第三节　预算绩效管理的原则与内容 ·············· 261
　　第四节　中国预算绩效管理改革 ·············· 270
　　拓展训练 ·············· 282
　　本章复习思考题 ·············· 284

第十一章　政府预算管理体制 ·············· 285
　　第一节　政府预算管理体制概述 ·············· 286
　　第二节　分税制预算管理体制 ·············· 290
　　第三节　中国财政转移支付制度 ·············· 305
　　第四节　深化政府预算管理制度改革 ·············· 317
　　拓展训练 ·············· 322
　　本章复习思考题 ·············· 324

附录一　2024年中央财政预算表 ·············· 326

附录二　上海市2024年财政预算表和政府债务情况表 ·············· 327

参考文献 ·············· 328

第一章 政府预算概论

◎ **知识要点**

从多角度掌握政府预算的概念,了解预算的基本特征;了解预算制度产生和发展的条件与原因;掌握预算的基本原则及其相互关系;了解预算的不同分类及其意义;领会预算的各种功能。

◎ **课程思政**

准确认识党的二十大报告关于中国式现代化的本质内涵和充分发挥政府预算在推进中国式现代化进程中的功能作用等论述;领会党的二十届三中全会审议通过的《中共中央关于进一步全面深化改革、推进中国式现代化的决定》关于预算改革的精神;结合案例,认识预算法定原则,增强法治观念。

◎ **本章结构图**

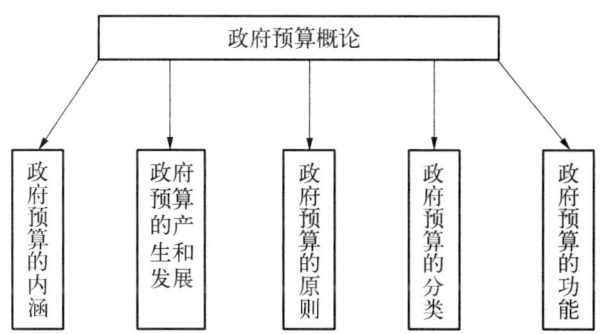

◎ **关键词**

政府预算　预算原则　预算分类　预算功能

第一节 政府预算的内涵

一、政府预算的概念

政府预算,有时又称"国家预算",但严格地说,政府预算与国家预算所指不完全相同。国家预算是指一国以中央政府为主体的预算,或者是一国各级政府预算汇总后所形成的总预算,而政府预算则指各级政府编制的预算。因此,每一级地方政府的预算都可以被称为政府预算,但是不可称为国家预算,而国家预算通常涵盖所有的政府预算,或特指中央政府预算。这样看来,只有中央一级政府的预算,在特定语境中才可以称为国家预算。本教材仅在一般意义上使用"政府预算"这一概念,它泛指中央政府和各级地方政府的预算。

政府预算是政府狭义财政收支的基本计划,通常以财政年度的收支计划的形式存在,即对财政年度内政府财政收支的规模和结构所进行的预计和测算,在具体形式上,按一定的标准将政府预算年度的财政收支分门别类地列入各种计划表格,以反映计划期内政府财政收入的具体来源和支出的具体方向。

不同于企业预算,政府预算是具有法律效力的文件,政府的预算编制和执行的全过程必须在法制范围内进行。政府预算的法制化表现为政府预算的级次划分、收支内容、管理职权划分等均以立法的形式加以规定。预算的编制、执行和决算的过程必须在法律规范下进行,政府预算编制形成后必须经过国家最高立法机关或各级机构审查批准后才能公布并组织实施。例如,西方国家必须通过议会的审查批准政府预算,在我国必须经过全国人民代表大会或各级人民代表大会的审议批准政府预算;预算的执行过程必须受法律的严格约束,不经法定程序,任何机构和领导人都无权改变预算规定的各项收支指标,从而使政府的财政行为法制化,财政的管理过程被置于社会公众的监督之下。

政府预算的主体是各级政府,各级政府作为全体委托人——纳税人的代理人,以提供公共产品为依据,依托公共权力组织提供公共产品和公共服务,为此,必须就政府活动所需的收支作出安排,即以部门预算的方式承担预算的编制任务,然后按批准后的预算履行其职能,所以,预算的编制和预算的实施必须以委托人政府为主体。

政府预算的基本属性可概括为:①在形式上,政府预算是财政年度预算收入和支出的一览表,反映政府在财政年度内预计财政收支总额及其结构间的平衡关系,是一个技术性和法律性的文件;②在内容上,政府预算是政府对财政收支的计划安排,直接反映可供政府集中支配的公共资金的数量和分配结构,间接反映政府职能;③在本质上,政府预算须经国家权力机关审查和批准才能生效,因而是公民和国家意志的体现。

综合地看,政府预算的概念可以表述为:政府预算是以一国各级政府为预算主体,按照一定的法律程序编制、审议、批准和执行的政府年度财政收支计划,是政府组织和规范财政分配活动的根本依据和全部财政体系的核心。简而言之,政府预算是具有法律规定和制度保证的、经法定程序审核批准的、具有法律效力的政府年度财政收支计划。

二、政府预算的特征

政府预算的特征与政府预算的制度紧密相连，不同国家和同一国家的不同历史阶段的预算制度的不同决定了各自国家预算具有不同的特征。但是，从现代国家看，在一些大的方面，预算制度具有某些稳定的共同属性和基本特征。

1. 民主性

从理论上说，政府预算的民主性是由政府与纳税人的社会契约关系决定的，根据卢梭的社会契约论，政府必须代表"公意"，在"公意"授权下行使公共权力。而在现代社会，政府的合法性也在于政府与民众之间是否存在这种社会契约关系，其中核心的契约就是民主理财。在制度保证上，民主性主要体现在代议制的议会民主制。最初议会的主要职责就是以民主的方式进行财政预算的决策，在现代社会中，民主理财已经成为政府预算的最本质的特征之一。

2. 法定性

法定性是由民主法制国家财政依法理财对政府预算的根本性要求决定的，凡涉及预算的决策和执行都必须有法律依据，都要经过立法机关审查批准。法定性保证了财政收支不会被公共权力滥用，是财政预算约束的本质体现。政府预算按照一定的法定程序审批，使之形成反映国家财政资金来源规模、去向用途的法律性规范，一切政府部门必须遵照执行。《中华人民共和国预算法》（以下简称《预算法》）明确规定各级人民代表大会有审查批准本级预算的职权。各级预算确定的各项收支指标经国家权力机关审查批准后下达，各级政府、各部门、各单位都必须严格贯彻执行。非经法定程序——即报请本级人民代表大会常务委员会（乡、镇人民代表大会审查和批准本级预算的调整方案）审查批准，任何地方、单位均不得擅自改变批准的预算，反映了政府预算的法定性特征。

3. 年度计划性

政府编制预算的直接目的是对预算收支规模、收入来源和支出用途作出事先的设想和预计。通常，这一过程是对未来一个预算年度内预算收入和支出的计划作出安排，也就是根据实际需要与可能，对预算年度的预算收入和预计支出的各项指标进行预计和测算。财政年度收支计划是否符合实际，最终能否得以实现，一方面取决于预算事前编制的准确性、科学性和民主化程度；另一方面也取决于预算执行过程中客观条件的变化、应变措施的选择，以及预算管理水平和预算管理手段的影响。此外，政府预算的年度计划性不但要体现政府和公共部门年度内的工作任务，还必须体现一定时期内围绕中长期目标所应保持的各年度内计划的连续性。例如，在我国政府预算要符合国家发展的中长期规划和各级政府的五年规划的要求。

4. 集中性

集中性主要体现在政府财政预算资金必须作为集中性的政府财政资金进行收支安排，即对财政资金的规模、收入来源、支出去向、收支结构比例和财政平衡等状况，都必须由国家和各级政府按照财权与事权相统一的原则集中分配，任何部门、单位或个人不得截留、坐支和挪用，保证预算收入能及时、足额地缴入国库，预算支出由国库集中拨付。各部门、各单位必须按照政府预算所规定的用途、比例和数额进行使用。集中性还体现在政府预算必须综合反映财政收支活动的全貌。一方面，预算内容应包含政府的一切事务所形成的预算收支，全面体现政府年度整体工作安排和打算；另一方面，政府预算的集中性特征使其全面地反映了国家的方针政策，因而通过预算就可以了解到政府在整个年度内的整体工作安排和打算。

5. 公开性

公开性是由税收的广泛性和纳税人与政府之间的委托代理关系决定的，因为财政资金是纳税人的钱，如何花纳税人的钱必须做到公开。预算作为公开性的法律文件，其内容必须明确细化，以便于全社会公众及其代表能够获得尽量对称的信息，便于参与决策和进行监督。同时，政府预算收支计划的制定、执行以及决算的全过程也须向公众全面公开。政府预算的公开性所采用的形式是政府预算不仅要经过国家权力机关审批，还要通过媒体以各种现代化的信息渠道向全社会公布预算、决算报告。

第二节 政府预算的产生和发展

一、政府预算的产生

资本主义市场经济的确立是政府预算产生的根本原因。在资本主义市场经济制度中，经济活动的基本前提是市场主体必须拥有独立的产权和契约自由，这需要经济权利摆脱人身依附并得到自主的支配，并使等价交换成为经济交往的一般准则，这就提出了必须限定政府权力范围，使之不能任意干预市场经济活动，同时政府又必须有效保护公民的平等权利、财产权利和契约权力的诉求。这一诉求最初集中体现在围绕征税权展开的斗争。从西方来看，资本主义生产方式出现后，新兴资产阶级为了维护自身的利益，提出了限制封建君主征税权的政治要求，通过建立议会制民主要求封建君主编制财政收支计划。因此，现代的政府预算制度是新兴资产阶级同封建君主进行较量的一种经济斗争手段，"不赞成毋纳税"就是这一斗争的旗帜和成果，其历史呈现就是西方的君主立宪制，以英国君主立宪制为先河和典型代表。

英国君主立宪制的入口是对国王征税权的限制，从 13 世纪初贵族对君主的"大宪章"限制，经过 1640 年的资产阶级革命，到 1688 年的"光荣革命"，英国建立了君主立宪制国家。1215 年签署的《大宪章》，确立了"法律至上，王在法下"的原则，并首次将"不赞成毋纳税"和"无代表权不纳税"等原则以法律形式确立下来。在 1689 年颁布的《权利法案》中明确规定了凡未经国会准许，借口国王特权，为国王而征收，或供国王使用而征收金钱，超出国会准许之时限或方式者，皆为非法。1760 年英国议会进一步取消了国王自行征税的权利，到 19 世纪又通过创立预算制度来约束王室的开支。在 13—17 世纪，封建地主阶级日趋没落，新兴中产阶级逐渐成为社会财富的主宰，但他们并没有控制政府的财权。封建统治阶级仍利用财权滥收滥支。为争夺财权并最终打击封建势力，资产阶级提出政府财政收支必须编制计划，并经议会批准方能生效，经过长期斗争,这一要求才最终得以实现。1789年英国议会通过了《联合王国统一基金法》,建立了"统一基金"(是政府在英格兰银行的公共账户名称),由此,政府的所有收入均纳入统一基金,所有的支出均由统一基金支付。同时把全部财政收支统一在一个文件中,从此有了正式的预算文件。至19世纪初,确立了按年度编制和批准预算的制度,即财政大臣每年提出全部财政收支的一览表,由议会审核批准。1848年,通过的博林提案要求所有的政府部门都必须不折不扣地向议会呈送年度的全部收支预算。1854年通过的《公共收入统一基金支用法》实现了对所有收入和支出的控制。英国编制了第一个国家(政府)预算[1],随后,其他西方国家也以议会民主制为基础先后采取了财政的法定预算管理制度。

一般认为,中国现代政府预算出现于1910年(清宣统二年)。虽然康有为最早在1898年的"戊戌变法"中就明确提出了"改革财政,编制国家预算"的主张,但当时因变法维新失败并没有真正编制国家预算。1908年为了推行新政,清廷颁布了《清理财政章程》,决定从1910年起,由清理财政局主持编制预算计划,首先由各省汇报,然后由度支部加以审核,资政院加以修正并奏请施行。同时还参照国外编制预算的方法,制定了《预算册式及例言》,基本内容为:以每年正月初一到十二月底为预算年度,预算册内先列岁入,后列岁出,岁入和岁出分"经常"与"临时"两门,门内分类,类下分款,款下分项,项下分子目,应该说已经比较细化。预算岁入主要包括:田赋、盐茶税、洋关税、常关税、杂各税等10类。预算岁出主要包括:行政费、财政费、军政费、交通费、民政费、司法费、教育费、各省应缴赔款、洋款等19类。该次预算编制应是我国的第一部现代意义上的政府预算。

从经济发展来看,财政分配的货币化是政府预算产生的必备条件。因为只有商品经济的高度发展,货币关系渗透到整个社会的经济领域,财政分配才有可能充分采取货币形式,以代替传统的实物贡赋和徭役。而只有在财政实现分配货币化的条件下,才能以货币为同一计量单位,对全部财政收支事先进行比较详细的计算,完整反映国家财政分配活动,并统一反映在平衡表中,也才便于议会对政府预算的审查和监督。

二、政府预算的发展

政府预算随资本主义市场经济产生以后,又因财政职能的不断变化、财政理论的发展和财政制度自身完善的需要而在不断发展。

在建立"守夜人"政府和不干预经济的理念下,最初财政的职能被基本限定在社会安全与管理的范围内,最小的政府是最好的政府,政府以税赋满足维持其职能的要求,所以,基本的预算制度是单式预算和以收入为重点的预算制度。随着工业化和城市化的发展,社会公共事务不断增加,要求政府制定和实施社会公共政策。同时,市场失灵导致的周期性经济危机,特别是1929—1933年的经济大萧条,也提出了政府干预经济的新要求。罗斯福新政开创了政府预算干预经济的先河,德国社会政策学派和凯恩斯

---

[1] 政府预算,英文用"Budget"表示,其原意是指当时英国财政大臣到议会提请审批财政法案时携带的一个装有财政收支账目的大皮包,后来引申为"政府预算"。

主义的出现反映了这一新的变化和要求。为此,财政的预算就由单一的税收预算发展为税收与公债预算和社会保障预算,单式预算逐步被复式预算所代替,预算的重点也由重收入转向重支出管理,零基预算和绩效预算等都是加强预算管理的新的制度和方法。

除上述外部原因外,推动政府预算发展还有其内在原因,即公共财政模式下,政府预算自身的不断完善。随着财政分配规模日益扩大,财政收支项目增加,收支之间的关系也日益复杂,财政收支的发展变化客观上要求加强财政的监督与管理,要求编制统一的财政收支计划。而伴随着国际化和经济全球化,国与国之间的经济政治交往,国际合作组织的建立,区域联盟的发展,也为国际化的统一财政预算的口径提出了新的要求,政府收支分类标准国际化是其集中体现。

新中国政府预算的发展主要经历了计划经济和市场经济两个时期。《中国人民政治协商会议共同纲领》规定:建立国家预算决算制度。随后中央人民政府编制了1950年度全国财政收支概算草案,这是新中国第一个预算,在1949年的中央人民政府第四次会议上中央人民政府批准了这个概算草案。1956年随着我国社会主义改造的完成,社会主义制度基本确立,我国基本形成了与计划经济体制相适应的全能型的高度集中的政府预算体制。

改革开放以后,我国的财政体制进行了一系列改革,从1992年开始,我国的政府预算经过了复试预算、零基预算等改革,从1998年开始又积极推进以加强支出管理为重点,以部门预算改革、政府采购制度、国库集中收付三项改革为主要内容的财政管理体制改革,同时积极推进绩效预算、标准周期预算等新的预算方法和制度。从2007年起,我国又进行了政府收支分类改革,从而使我国的政府预算不断得到改善。2014年6月,中央审议通过了《深化财税体制改革总体方案》,同年9月,《国务院关于深化预算管理制度改革的决定》出台,我国预算管理制度改革又进入体现现代国家治理理念的新阶段。2021年4月发布的《国务院关于进一步深化预算管理制度改革的意见》(国发〔2021〕5号)发布,把我国的预算管理制度改革继续向纵深推进。

但是我们应该看到,当前和今后一个时期内,我国财政处于紧平衡状态,收支矛盾较为突出,预算管理中还存在统筹力度不足、政府过"紧日子"意识尚未牢固树立、预算约束不够有力、资源配置使用效率有待提高、预算公开范围和内容仍需拓展等问题。同时,人大对预算的监督还不够有力。围绕建立现代预算制度的目标,我国预算管理制度改革还任重道远。

第三节 政府预算的原则

政府预算的原则是预算立法、预算实施与管理的根本性指导准则,是政府选择预算形式和体系应遵循的指导思想,是确定政府财政收支计划的方针。政府预算的原则与政府的预算特征有密切关系,可以说,正是政府预算的原则决定了政府预算的特征,因此,两者在某些方面具有一致性。

自政府预算产生以来,就开始了对预算原则的探索,形成了各种各样的思想和主张,较有代表性的成果是意大利学者尼琪和德国学者诺马克提出的预算原则,他们提出的预算原则对预算实践产生了较大的影响。目前,已经形成了与市场经济相对应的、具有高度的统一性和普遍的适用性原则,影响较大并为大多数国家所接受的主要有下述六条原则。

一、公开性原则

政府预算反映政府活动的范围、方向和政策,财政收支与全体公民的切身利益息息相关。因此,政府预算及其执行情况必须采取一定的形式公诸人民。公开性原则是指各级政府预算及决算不仅要经过国家各级权力机关审批,还须向社会公众全面公开。即政府预算属于公开性的法律文件,所以其内容必须明确,以便于社会公众能了解、审查政府如何支配纳税人的钱,以便于公众进行监督。公开性原则虽然应体现在预算及其执行的全过程,但是,最关键的环节在于提高预算和决算的透明度,使财政信息依法公开。我国于2008年实施,并于2019年4月修订的《中华人民共和国政府信息公开条例》中规定了财政信息公开的范围和方式,体现了公开性原则。

二、可靠性原则

可靠性原则要求政府预算所提供的信息必须是真实可靠的,要求每一项收支项目的数字指标必须依据充分,数据必须准确无误,必须运用科学的计算方法,不得假定、估算,更不能任意编造,并且做到对不同性质的各项收支必须进行明确区分。

三、完整性原则

完整性原则体现为一切财政收支都要在政府预算中反映,不管是税收收入还是非税收入,都必须纳入预算管理,不允许各级财政部门和政府机构私设小金库。完整性原则是最具有约束性的原则,也是在现时中执行起来比较困难的原则,因为这一原则直接涉及部门利益,又是消除公权滥用(如我国曾出现的"乱收费、乱摊派、乱罚款"现象)的重要原则。

四、统一性原则

统一性原则是为了保证预算口径、预算科目的一致性以及预算程序的规范统一所应遵循的编制预算的技术性原则。在编制政府预算的过程中,尽管各级政府按着一级政府一级事权一级财权的原则,拥有一定的预算自主权,这些预算都是政府预算的组成部分,它们共同组成统一的政府预算,这就要求统一的预算科目,每个科目都要严格按统一的口径、程序计算和填列。即要求预算收支按照统一的程序来编制,任何预算部门的收支都要以总额列入预算,不应只列入收支相抵后的净额。统一性原则实际上就是要求各级政府都只能编制一个统一的预算,不要以临时预算或特种基金的形式另外编制预算。

五、年度性原则

年度性原则体现的是对政府预算周期的要求,指政府预算的编制、执行、决算作为一个完整的运行周期以一个财政年度为起讫。预算年度原则是指政府必须按照法定的预算年度编制政府预算,这一预算要反映全年的财政收支活动,同时不允许将不属于本年度财政收支的内容列入本年度的政府预算之中。之所以以1年为一个预算周期,是为了与社会其他组织的一般会计年度相一致。预算年度有历年制和跨年制两种形式:历年制是以公历计年,即每年的1月1日起至12月31日止。如我国及法国等国的预算年度均采用历年制。跨年制是指一个预算年度跨越两个日历年度,之所以跨年主要与本国立法机构的会期、预算收入与工农业经济的季节有关,也与宗教和习俗等因素有关。如英国、日本、印度等国家将预算年度定为本年的4月1日至次年的3月31日,美国则将预算年度定为本年的10月1日至次年的9月30日。

六、法定性原则

法定性原则要求预算的编制、审批和执行都必须以法律为依据,增强法治观念,维护法律的权威性和制度的刚性约束力。换言之,贯彻这一原则需要建立完备的财政和预算法律体系。法定性原则是最具有普适性的原则,也是现代预算制度的根本性原则,因为上述原则的实现都需要以此为根本保证。《国务院关于进一步深化预算管理制度改革的意见》,明确提出"坚持预算法定"的基本原则。目前我国的财政预算法律法规体系还不够完善,还需进一步提升预算的刚性约束力,实现预算法定还有很长的路要走。

第四节　政府预算的分类

政府预算的分类是认识预算和管理预算的重要手段和工具,根据目的的不同,预算可以有不同的分类,主要的分类有以下几种。

一、按预算编制主体分类

按照预算主体的级次分类,政府预算可分为中央政府预算和地方政府预算。

中央政府预算是指反映中央政府活动的财政收支计划。中央政府预算主要承担国家的安全、外交和中央国家机关运转所需的经费,中央政府直接管理和参与的公共事业发展支出,以及调整国民经济结构、协调地区发展、实施宏观调控的支出。中央政府预算由中央各部门预算及中央直接组织的收入和直接安排的支出预算组成,中央政府预算在国家预算中占主导地位。国务院编制中央预算、决算草案,向全国人民代表大会作关于中央和地方预算草案的报告。

地方政府预算是指反映各级地方政府收支活动计划的总称。地方政府预算担负着地方公共产品的提供,主要负责地方行政管理、经济建设、文化教育、卫生事业以及抚恤等支出,它是政府预算体系的有机组成部分,是组织、管理政府预算的基本环节,在政府预算中占有重要地位。地方政府预算的级次一般按一级政府一级预算的原则,由政府级次的多少决定。在联邦制国家,地方政府预算有较大的独立性,而在集权制国家,地方政府的预算在财权方面的自主性较小。我国的地方政府预算由省、自治区、直辖市,设区的市、自治州、县、自治县、不设区的市、市辖区,乡、民族乡、镇四级预算组成。

二、按预算编制方法分类

按预算编制方法分类,政府预算可分为增量预算和零基预算。

增量预算又称调整预算方法,是指财政收支计划指标在以前财政年度的基础上,按新的财政年度的经济发展情况,通过调整有关原有费用项目而编制预算的一种传统的预算方法。增量预算的优点是以已经发生的事实为依据,因而编制起来比较省时省力,但是由于"向后看"多于"向前看",使预算过分"路径依赖",难以充分而客观反映未来情况的变化和实际需要,使原有支出保留过多的"人为刚性"。零基预算是指完全不以以前的收支为依据,对预算期的所有的财政收支重新以零为起点来编制的预算。零基预算的编制要求不只是对新的和扩充部分加以审核,而且要对所有正在进行的部分都重新审核,以提高资金使用效率,从而达到控制政府规模、提高政府工作效率的目的。相比而言,零基预算比增量预算更科学。

近年来,我国不断推进零基预算改革,一些地方政府也出台了实施零基预算改革的方案。例如,2021年广西壮族自治区出台《自治区本级零基预算改革实施方案》;安徽省2022年出台《安徽省全面实施零基预算改革方案》,提出从编制2023年预算起,在全省范围内全面实施零基预算改革;等等。2024年7月,党的二十届三中全会审议通过的《中共中央关于进一步全面深化改革、推进中国式现代化的决定》,明确提出"深化零基预算改革"。

专栏 1-1　创新预算编制方式

(一)取消支出基数

打破预算安排和资金分配的基数依赖,所有预算支出均以零为基点,以党委、政府决策部署和事业发展目标为导向,以政府当年可用财力为基础,根据资金实际需求、项目轻重缓急、绩效评价情况等统筹核定。

(二)分类编制预算

保工资、保运转支出,实行以定员定额为主的预算编制方法,根据组织、编制、人力资源社会保障、公务用车管理等部门批准的机构编制、实有人员、基本工资、津贴补贴、公务用车等基础信息,按照各级财政部门制定的定员定额标准据实编制。政府年度重点保障事项清单支出,根据清单所列事项细化编制到具体单位、地区。其他项目支出实行先有项目后有预算的编制方法,各部门要提前谋划储备项目。

(三)健全支出预算排序机制

各级预算原则上按以下顺序安排:"保基本民生、保工资、保运转"支出,地方政府债券还本付息支出,政府年度重点保障事项清单确定的支出,部门必须开展的一般事业发展支出和其他支出。

资料来源:安徽省人民政府.安徽省人民政府关于印发安徽省全面实施零基预算改革方案的通知[EB/OL].[2022-06-03].https://www.ah.gov.cn.

三、按预算编制形式分类

按编制形式分类,政府预算可分为单式预算和复式预算。

单式预算是传统的预算形式,其方法是在预算年度内,不区分各项财政收支的经济性质,即无论是税收收入还是举债收入,无论是一般支出还是资本性支出,都会将全部的财政收入与支出汇集编入单一的预算内,其优点是把全部的财政收入与支出分列于一个统一的预算表上,从而能够从整体上反映年度内政府总的财政收支情况,简便易行,便于立法机关审议批准和社会公众了解。但是主要缺点是没有把全部的财政收入和支出按经济性质分列和汇集平衡,不利于经济分析和有选择地进行预算控制。

复式预算是从单式预算组织形式演变而来的。1927年丹麦把政府预算按经济性质划分为"普遍预算"和"资本预算"两部分,从而创立了复式预算制度。复式预算将预算年度内全部的财政收入与支出按经济性质汇集编入两个或两个以上的收支对照表,从而编成两个或两个以上的预算,其典型形式是把政府预算分成经常预算和资本预算两个部分。其中经常预算主要以税收为收入来源,以行政事业项目为支出对象;资本预算主要以政府债务为收入来源,用于投资性支出或对经济的宏观调控。由于把政府的一般性质上的经常收支列为经常性预算,把政府的资本投资支出列为资本预算,这样就区分了各项收入和支出的经济性质和用途,两个部分以各自来源应对各自的支出,各自平衡,由于把政府债务收入作为资本预算的正常收入项目,这就使资本预算总是平衡的,只有经常预算的收支才可能有差额,便于政府进行经济分析和科学的决策与控制。

专栏1-2 美国的复式预算制度

为了配合"罗斯福新政"的需要,美国联邦政府从1933年7月1日起实行复式预算制度,把联邦预算分为"正常预算"和"非正常预算"两部分。其中,正常预算包括政府行政上的经常性收支,经费主要来源于税收;非正常预算又称紧急预算,收入来源于国债,支出主要用于公营事业,公共工程投资和耐久性资产的经营。对于正常预算,执行收缩和节省的方针,力求预算平衡;对于非正常预算,执行赤字政策,促进经济发展。1935年,美国经济渡过了大萧条时期,开始进入复苏阶段。许多原先赞同"新政"的人,此时转而反对政府干预经济的做法。1935年和1936年,美国最高法院宣布,许多重要的"新政"立法为违宪。第二次世界大战爆发后,"新政"告终,联邦政府也就放弃了复式预算制度。

目前美国联邦政府实行"统一预算"(unified budget,也译为"综合预算"),这种预算从形式上看,与单式预算无异,但是,其财政支出却按经济性质进行了分类,据此,也可以认为美国联邦政府仍然实行某种程度的复式预算。美国联邦财政预算支出主要包括全权预算支出(discretionary appropriations,又称"自主拨款",它是指拨款法案中提供的预算资源)和法定支出(mandatory spending,又称"直接支出"或"强制性支出",它是指除拨款法案外的法律控制的支出以及食品券计划支出)两部分。

资料来源:袁星侯.西方复式预算制度的启示[J].决策与信息,2006(6).

四、按预算作用时间分类

按预算作用的时间分类,政府预算可分为年度预算和中长期预算。

年度预算是指预算周期为一个财政年度的政府收支预算。年度预算是最基本的预算,但是,国家的发展需要制定中长期战略规划,需要财政与之配合才能落到实处,因此需要编制中长期预算。一般 1 年以上 10 年以下的计划称中期计划,10 年以上的计划称长期计划。在市场经济条件下,中长期预算又是调节经济的重要手段和实现经济增长的重要工具。

第五节 政府预算的功能

政府预算的功能是政府预算作为既定的经济手段和经济变量,对社会经济发挥的基本作用,因此,需要对政府预算的总体作用加以分析,才能得到清晰而完整的认识。

政府预算体现国家的战略和政策,反映政府的活动范围和方向,是推进国家治理体系和治理能力现代化的重要支撑,是宏观调控的重要手段。充分发挥财政预算的功能作用,将会为全面建设社会主义现代化国家提供坚实保障。党的二十大报告明确提出,"从现在起,中国共产党的中心任务就是团结带领全国各族人民全面建成社会主义现代化强国、实现第二个百年奋斗目标,以中国式现代化全面推进中华民族伟大复兴"。因此,在新时代新征程中,如何充分发挥政府预算的功能作用,保障使命任务的完成,是我们应该研究的重大课题。

> **专栏1-3** 中国式现代化
>
> 中国式现代化是中国共产党领导的社会主义现代化,既有各国现代化的共同特征,更有基于自己国情的中国特色。
>
> 中国式现代化是人口规模巨大的现代化。我国十四亿多人口整体迈进现代化社会,规模超过现有发达国家人口的总和,艰巨性和复杂性前所未有,发展途径和推进方式也必然具有自己的特点。我们始终从国情出发想问题、作决策、办事情,既不好高骛远,也不因循守旧,保持历史耐心,坚持稳中求进、循序渐进、持续推进。
>
> 中国式现代化是全体人民共同富裕的现代化。共同富裕是中国特色社会主义的本质要求,也是一个长期的历史过程。我们坚持把实现人民对美好生活的向往作为现代化建设的出发点和落脚点,着力维护和促进社会公平正义,着力促进全体人民共同富裕,坚决防止两极分化。
>
> 中国式现代化是物质文明和精神文明相协调的现代化。物质富足、精神富有是社会主义现代化的根本要求。物质贫困不是社会主义,精神贫乏也不是社会主义。我们不断厚植现代化的物质基础,不断夯实人民幸福生活的物质条件,同时

大力发展社会主义先进文化,加强理想信念教育,传承中华文明,促进物的全面丰富和人的全面发展。

中国式现代化是人与自然和谐共生的现代化。人与自然是生命共同体,无止境地向自然索取甚至破坏自然必然会遭到大自然的报复。我们坚持可持续发展,坚持节约优先、保护优先、自然恢复为主的方针,像保护眼睛一样保护自然和生态环境,坚定不移走生产发展、生活富裕、生态良好的文明发展道路,实现中华民族永续发展。

中国式现代化是走和平发展道路的现代化。我国不走一些国家通过战争、殖民、掠夺等方式实现现代化的老路,那种损人利己、充满血腥罪恶的老路给广大发展中国家人民带来深重苦难。我们坚定站在历史正确的一边、站在人类文明进步的一边,高举和平、发展、合作、共赢旗帜,在坚定维护世界和平与发展中谋求自身发展,又以自身发展更好维护世界和平与发展。

中国式现代化的本质要求是:坚持中国共产党领导,坚持中国特色社会主义,实现高质量发展,发展全过程人民民主,丰富人民精神世界,实现全体人民共同富裕,促进人与自然和谐共生,推动构建人类命运共同体,创造人类文明新形态。

全面建成社会主义现代化强国,总的战略安排是分两步走:从二〇二〇年到二〇三五年基本实现社会主义现代化;从二〇三五年到本世纪中叶把我国建成富强民主文明和谐美丽的社会主义现代化强国。

资料来源:习近平. 高举中国特色社会主义伟大旗帜 为全面建设社会主义现代化国家而团结奋斗——在中国共产党第二十次全国代表大会上的报告[EB/OL].[2022-10-25]. http://www.xinhuanet.com.

一、资金配置功能

资金配置功能是政府预算的基本功能。一方面,这一功能表现为全社会的资金在政府部门和私人部门之间的配置。国家通过预算将一部分社会资金以税收和公债、收费等形式集中为财政资金,这一部分公共资金的使用主要集中于公共经济领域,通过资金的配置,实现全社会资源在市场和公共需要两个领域的资源配置,以实现全社会资金的最优配置。另一方面,预算资金配置功能体现为公共资金在公共部门之间的配置。公共部门的职能在于根据社会对不同公共产品和公共服务的需要,提供各类公共产品和公共服务,因此,在既定公共资金的约束下,合理地在政府各部门和非政府公共部门之间分配资金是预算的基本功能。

二、收入分配功能

在市场经济中,初次收入分配以效率原则在生产要素所有者之间按要素价格分配,这种分配有利于生产要素的优化配置,以实现生产的帕累托最优。但是,初次分配的结果会导致不同要素所有者之间收入的差距过大,不利于实现社会公平。因此,政府必须通过预算对收入进行社会的再分配。政府主要是通过税收和转移支付手段进行收入的再分配,通过社会保障资金的预算,对失业者、低收入者、老年人以及其他社会弱势群体给予各种形式的救济和基本生活保障;通过再就业培训预算提高就业率;通过建设保障性住房解决无居所者的住房问题;通过实施免费义务教育和基本医疗,保障公民的发展权和健康权;通过兴办各种社会福利以满足社会的基本公共服务需要。总之,政府预算的分配功能可以改善民生,促进社会公平与社会和谐。

三、宏观调控功能

在克服市场失灵导致的经济周期性波动和危机方面,政府预算是宏观调控的重要手段。在现代市场经济中,政府预算集中了大量的社会资源。以发达国家为例,政府财政预算已占 GDP 的 30%~40%,在我国,以 2022 年为例,包括一般公共预算收入、政府性基金收入、国有资本经营预算收入、社会保险基金收入的财政收入总额已达到 468 440.08 亿元,占当年 GDP 的 38.7%。如此巨大的经济总量,其收支对经济的影响力非常巨大。利用财政手段调控经济始于 20 世纪 30 年代的美国罗斯福新政,其理论依据是凯恩斯主义关于政府对需求管理的理论。自 20 世纪 80 年代以来,虽然新自由主义再度兴起,但是通过政府预算安排实现财政政策目标一直是世界各国政府调控经济的最重要的手段,特别是面对 2008 年爆发的全球性金融危机,政府运用财政手段来应对和化解危机已经成为不可替代的良方。我国自改革开放以来所实施的历次宏观调控,财政预算都发挥了主导作用,以 1997 年亚洲金融危机爆发后,我国实施的长达 8 年之久的积极财政政策为例,国家财政通过发行国债,利用政府投资有效地实现了经济的软着陆,实现了经济以每年平均 10% 左右的速度持续增长。

四、反映、监督功能

政府预算作为财政收支的基本计划,具备反映和监督的功能,首要的是反映功能。在收入方面,政府预算全面反映了政府收入的全部来源和各自所占的比例,如税收收入、非税收入、社会保障金收入、资本性收入、捐赠收入等;在支出方面,通过收支的功能分类反映了政府部门提供了哪些公共服务和公共产品,钱花到什么地方去了,从而向国家权力机关和全体国民提供了财政收支的全貌。但是,要很好地实现这一职能,必须要求政府预算遵循可靠性原则和完整性原则,同时还要有适当的细化,以便使反映的信息确切和明了。

在反映功能的基础上,还要使政府预算发挥监督功能。政府预算的监督功能体现在接受监督和监督预算执行两个方面。从接受监督的角度看,政府预算作为法律性的文件,其严肃性需监督才能实现,对政府预算的监督包括专门的监督部门,如我国的人大财经委员会、审计监察机构等,也需要全社会的监督,监督的依据就是政府预算。就部门而言,财政监督的依据是部门预算,预算是否执行或在执行中发生了怎样的调整,都需要通过对预算和决算的对照才能发现,因此,预算的监督功能主要体现在预算信息的及时和准确地提供,这就需要依法建立财政信息的披露制度,提高财政的透明度。从监督预算执行的角度看,财政管理部门和相关监督机构对所有预算单位也负有预算监督的责任,这种监督包括事前、事中和事后的监督,无论是哪种监督,都需要以预算为基本依据,才能及时发现问题,也只有坚持以预算为依据,才能避免随意性和主观性。

拓展训练

进一步深化预算管理制度改革的指导思想与基本原则

（一）指导思想

以习近平新时代中国特色社会主义思想为指导，深入贯彻党的十九大和十九届二中、三中、四中、五中全会精神，全面贯彻党的基本理论、基本路线、基本方略，坚持稳中求进工作总基调，立足新发展阶段、贯彻新发展理念、构建新发展格局，以推动高质量发展为主题，以深化供给侧结构性改革为主线，以改革创新为根本动力，以满足人民日益增长的美好生活需要为根本目的，更加有效保障和改善民生，进一步完善预算管理制度，更好发挥财政在国家治理中的基础和重要支柱作用，为全面建设社会主义现代化国家提供坚实保障。

（二）基本原则

坚持党的全面领导。将坚持和加强党的全面领导贯穿预算管理制度改革全过程。坚持以人民为中心，兜牢基本民生底线。坚持系统观念，加强财政资源统筹，集中力量办大事，坚决落实政府过紧日子要求，强化预算对落实党和国家重大政策的保障能力，实现有限公共资源与政策目标有效匹配。

坚持预算法定。增强法治观念，强化纪律意识，严肃财经纪律，更加注重强化约束，着力提升制度执行力，维护法律的权威性和制度的刚性约束力。明确地方和部门的主体责任，切实强化预算约束，加强对权力运行的制约和监督。

坚持目标引领。按照建立现代财税体制的要求，坚持目标导向和问题导向相结合，完善管理手段，创新管理技术，破除管理瓶颈，推进预算和绩效管理一体化。以信息化推进预算管理现代化，加强预算管理各项制度的系统集成、协同高效，提高预算管理规范化、科学化、标准化水平和预算透明度。

坚持底线思维。把防风险摆在更加突出的位置，统筹发展和安全、当前和长远，杜绝脱离实际的过高承诺，形成稳定合理的社会预期。加强政府债务和中长期支出事项管理，牢牢守住不发生系统性风险的底线。

资料来源：国务院.国务院关于进一步深化预算管理制度改革的意见[EB/OL].[2021-04-13].www.gov.cn.

案例分析题

1. 如何理解预算法定原则？
2. 深化预算管理制度改革为什么要坚持预算法定原则？

本章复习思考题

1. 试说明政府预算与国家预算的联系与区别。
2. 什么是政府预算？

3. 政府预算应遵循哪些基本原则？
4. 政府预算有哪些主要分类？
5. 简述政府预算的基本功能。

二维码1-1：自测自评　　二维码1-2：参考PPT

第二章　政府预算管理的基本理论

◎ **知识要点**

政府预算管理是政府依据法律、法规,对预算资金的筹集、分配、使用进行的组织、协调和监督等活动,是财政管理的核心组成部分,也是政府对经济实施宏观调控的重要手段。本章主要涉及政府预算管理的地位、政府预算管理的要素与原则、政府预算管理流程与周期、政府预算管理组织体系等内容,这些也是本章需要掌握的重点。

◎ **课程思政**

以习近平新时代中国特色社会主义思想为统领,突出党在财税预算等方面的创新理论,为政府预算管理提供坚实的理论基础。

◎ **本章结构图**

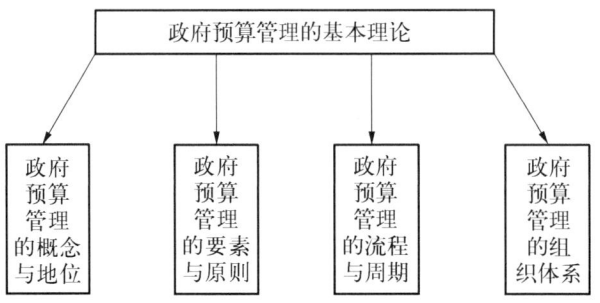

◎ **关键词**

政府预算管理　预算年度　预算编制流程　标准预算周期　预算管理组织

第一节 政府预算管理的概念与地位

管理是人类社会一种普遍存在又十分重要的社会经济活动。经济管理是有关经济组织或个人,为实现一定的社会经济目标,运用各种手段,对某一领域的人力、资金、物资、信息等资源进行决策、计划、组织、协调和监督的活动。早在原始社会,人们为了生存就组织起来,同自然界作斗争,自觉地协调人际关系,规范行为,并进行简单的分工和必要的协作,形成了最初的社会管理活动。随着社会经济的发展,管理变得越来越普遍、越来越重要。正如马克思在《资本论》中所说:"一切规模较大的直接社会带动或共同劳动,都或多或少地需要指挥,以协调个人的活动,并执行生产总体的运动——不同于这一总体独立器官的运动——所产生的各种一般职能。"[①]自18世纪末以来,随着社会化大生产的发展,管理理论和管理实践都有了空前的发展,人们不断地"向管理要效益"。1890年英国经济学家马歇尔在其《经济学原理》中提出了"管理也是生产力"的思想,并把管理与土地、劳动和资本并列,认为是生产的第四要素。现代社会管理更是无处不在,大到社会管理、政府管理、国民经济管理,小到企事业单位管理、家庭管理、个人生活管理等。管理已经与科学、技术共同构成支撑现代社会进步的三大支柱。毫无疑问,政府预算管理已成为人类社会财政经济管理的一个重要方面。研究这一问题既是构建我国现代财政框架的组成部分,也是建立廉洁高效政府的现实途径,符合当代民主理财、民主决策的要求和发展趋势。

进入新时代,我国明显加快了财税预算改革的步伐。在改革的探索中,以习近平新时代中国特色社会主义思想为统领,党的创新理论不断丰富,为政府预算管理提供了坚实的理论基础。2013年,党的十八届三中全会通过的《中共中央关于全面深化改革若干重大问题的决定》,明确提出"全面深化改革的总目标是完善和发展中国特色社会主义制度,推进国家治理体系和治理能力现代化""财政是国家治理的基础和重要支柱,科学的财税体制是优化资源配置、维护市场统一、促进社会公平、实现国家长治久安的制度保障";2017年党的十九大报告进一步明确,"全面深化改革总目标是完善和发展中国特色社会主义制度,推进国家治理体系和治理能力现代化",强调"加快建立现代财政制度,建立权责清晰、财力协调、区域均衡的中央和地方财政关系。建立全面规范透明、标准科学、约束有力的预算制度,全面实施绩效管理";2022年党的二十大报告明确提出"以中国式现代化全面推进中华民族伟大复兴""高质量发展是全面建设社会主义现代化国家的首要任务",进一步提出"健全现代预算制度,优化税制结构,完善财政转移支付体系";2024年,党的二十届三中全会审议通过了《中共中央关于进一步全面深化改革、推进中国式现代化的决定》,阐明了进一步全面深化改革、推进中国式现代化的重大意义和总体要求,提出进一步全面深化改革的指导思想、总目标和重大原则,明确提出"深化财税体制改革""健全预算制度";等等。这些重要的理论与论断,既是对我国财

---

① 马克思.资本论(第1卷)[M].北京:人民出版社,2004.

税预算理论的重大创新,也为政府预算管理改革提供了正确的指导。

一、政府预算管理的概念

政府预算管理是指国家根据特定时期的方针政策及有关法律、法规,依法对预算资金的筹集、分配、使用进行合理安排、有效配置、优化管理而开展的组织、指挥、控制、协调和监督等一系列活动的总称,是财政管理的核心组成部分,也是政府对经济实施宏观调控的重要手段。在整个预算过程中,包括预算编制、执行和决算形成都要依据国家的法律、法规和方针政策对其加强组织、协调和监督,严肃财经纪律,以保证预算收支任务的完成,提高预算资金运行效率。

二、政府预算管理的地位

(一)政府预算管理在财政管理中处于主导地位

在社会经济管理各环节中,财政管理属于对分配进行的管理,并成为分配管理的主导因素。相对于企业管理而言,财政分配是在全社会范围内以政府为主体进行的宏观调控,构成经济管理的重要组成部分并起主导作用。财政管理由预算管理、税收管理、国有资产管理、国家金库管理、财政投融资管理等各个财政环节的具体管理组成,各项管理必须综合配套、协调运行。其中,税收管理是指对筹集税收并对经济进行调节的管理活动。税收是财政收入的主要来源,也是政府预算收入的主要来源。税务管理部门当年应收税额的规模和比例如何,基本上是以政府预算为依据,所以,政府预算管理直接关系或者影响着税务管理。同样,国有资产收益要上缴国家,国有基本建设投资及补贴等需要由政府预算拨款等。综上所述,通过对政府预算的管理可以进一步实现对财政其他活动的管理,政府预算管理是财政管理的核心内容,也是财政管理的重要依据和综合反映。

在处理一些财政经济关系方面,政府预算也处于主导地位,如预算收支矛盾之间的关系、财政赤字与财政平衡的关系、中央财政与地方财政之间的关系等,要通过改进和完善政府预算管理体制来调节和划分中央与地方之间的财权、财力,保证各级政府行使职能的需要,促进国民经济的协调发展。通过这些预算管理活动,可以明显地看出政府预算管理在财政管理中的主导地位。

(二)政府预算管理是各项财政收支管理的枢纽

政府预算在与单项财政收支计划的关系上起总揽全局的作用,制约和支配其他各单项财政收支计划,使之服从于预算管理总的要求。工商税收计划、基本建设拨款、行政事业单位拨款等单项收支计划,既是政府预算的组成部分,又要受政府预算的控制和制约,从总体上保证国家财政收支任务的实现。例如,各项税收构成预算收入的主体;政府预算对行政事业和国防等部门供应资金。此外,经批准的预算还是检查衡量财政收支任务的主要依据:根据预算规定的收入任务,及时足额上缴国库;根据预算规定的支出指标,及时足额拨付预算资金,以保证各项财政收支任务的顺利完成。实际上,无论是宏观经济领域,还是微观经济领域,都要直接或间接地受政府预算收支的约束和影响。因此,抓住政府预算管理这个中心环节,就可以带动或推进整个财政管理。

(三）政府预算管理是财经宏观管理的基本形式

政府预算形式上是财政收支计划，本质上是一种财政宏观控制手段。财政资金通过预算集中和分配，使预算收支规模、结构和增长速度能够反映国民经济和社会发展的要求。通过对预算收支及其平衡状况的调整，能够直接影响社会总供求的平衡。通过政府预算的宏观管理，对整个财政收支乃至国民经济从宏观上进行调节和控制，保证财政收支运行的顺利进行。所以政府预算管理是财政进行宏观调控的基本形式，是财政管理的核心部分。

随着经济体制改革的不断深化以及政府职能的转换，政府预算管理在宏观财经管理中的作用进一步扩大。从我国经济发展的实际情况以及西方国家的经济干预措施看，政府预算管理的宏观调控作用丝毫不能忽视。在西方发达国家，没有一个国家不在加强政府预算管理，充分运用政府预算的调节机能，从而达到干预经济的目的。我国的现实情况是，虽然政府预算已经打破了"统收统支"和"大包大揽"的局面，但是政府预算担负国家重点建设以及支持市场经济体制改革的任务更加繁重，各方面要求财力支持比过去更加迫切了。可以说，政府预算管理作为宏观财政经济管理的基本形式更为重要了。

(四）政府预算是财政管理的主要依据

政府预算是财政管理的主要依据，这是由政府预算是国家的基本财政计划、是国民经济和社会发展计划的有机组成部分，又是一个法律性文件所决定的。

政府预算是国家分配财政资金的主要依据，也是财政进行宏观调控和管理的主要依据。因为政府预算的总体设想和总体轮廓都是国家重大财政经济政策的集中表现。执行政府预算实际上就是执行国家的财政经济政策，保证国民经济的顺利发展，保证国家基本财政计划的圆满实现。

政府预算还从总体上制约着各个单项财政收入和支出计划。在政府预算正式编制之前，国家拟定和颁发政府预算收支指标。这一收支总规模指标是确定政府预算总体轮廓的主要依据，既是编制各个单项收支计划的主要依据，也是各地区、各部门编制预算的主要依据。拟定和颁发预算收支指标，就是在宏观上对国家财政收支的总体规模和结构进行宏观控制。经过全国人民代表大会批准的中央预算和地方各级人民代表大会批准的各级地方预算成为具有法律效力的文件，是各级人民政府执行预算的依据，也是进行财政管理的依据。预算执行中的调整也必须遵循法律程序，不能随意变更预算。这不仅是加强预算管理所必需的，同时应看到，政府预算管理的法制化和规范化对整个财政管理乃至经济管理的作用和影响是至关重要的。

第二节 政府预算管理的要素与原则

一、政府预算管理要素

政府预算管理要素主要包括预算管理主体、管理对象、管理依据、管理目标和管理手段,各要素构成一个有机的管理系统。

（一）政府预算管理主体

政府预算管理是一个复杂的管理系统,管理主体是多层面的,主要包括政府预算法规的立法主体、政府预算政策的决策主体、政府预算的执行主体等,不同主体的地位和责任不同。按照法律地位的不同,政府预算管理主体可分为:全国人民代表大会和地方各级人民代表大会;国务院和地方各级人民政府;财政部和地方各级财政部门;税务部门;国家金库等。

全国人民代表大会及其常务委员会是政府预算的最高立法机构,负责制定具有重要地位、用以明确基本法律责任和义务、具有全局性和长期性的政府预算法律,如《中华人民共和国预算法》等;负责审查、批准一般中央预算和决算等。各级地方人民代表大会及其常务委员会负责制定地方性政府预算法规;负责审查、批准本级预算和决算。

国务院是政府预算管理的最高行政机构,负责编制中央预算、决算草案,负责制定政府预算法规,如《中华人民共和国预算法实施条例》等。作为一种法律形式,这些法规在国家法律体系中处于低于宪法但高于地方法规、部门规章和地方规章的地位。地方各级人民政府是地方政府预算的决策主体,负责制定地方性政府预算规章,并负责本级预算的执行。

各级财政部门是政府预算管理的具体执行主体,负责制定政府预算规章制度,全面、具体地实施预算收支计划,对政府预算活动进行日常管理。

具体执行机关还包括税务部门、国家金库等单位。税务机构负责办理国家税收的征收缴库任务及税收管理;国家金库则负责政府预算管理中的预算资金的入库、拨款及统计汇总等工作。

（二）政府预算管理对象

政府预算管理对象是预算资金的全部运行过程和结果。政府预算管理对象的范围涉及国民经济与社会发展的各个方面,涵盖政府宏观调控与微观主体活动的全过程。从政府预算本身来讲,既包括预算法律制度制定、预算政策的制定、预算收支体系的构建、预算收支形式和结构的选择以及预算管理体制的确定等;又包括预算机构的设置、人员的配备、预算信息的传导、预算收入的具体征纳、预算支出的资金拨付和具体运用等。

政府预算管理不仅贯穿预算行为活动的全过程,而且涉及与政府预算分配直接相关的各个领域。如财政税收部门要正确地组织预算收入,就必须对企业收入的形式和核算进行监督;政府要对一些事业单位进行补助,也应对该单位的自身收入进行核实等。由此可见,政府预算管理对象具有广泛性。

（三）政府预算管理依据

政府预算管理的依据是国家在一定时期制定的方针政策、相关法律法规,特别是经过审批后成立的年度预算法案和专门的预算法,这是各国进行政府预算管理工作的主要依据。同时,预算是政府完成其特定的政治或经济目标的重要工具。因此,政府预算管理工作也必须以国家的方针政策为依据。

（四）政府预算管理目标

1. 确立并实施政府预算

（1）合理编制预算。预算收支反映一定历史发展时期政府活动的范围、内容和方向。政府通过预算管理，要使所编制的预算具有科学性和合理性，一方面，充分反映公共需求，合理确定公共供给的构成和财力来源；另一方面，明确政府在资金使用上的职责，保障公共资财的有效运用。在预算形成和发展的初期，预算资金的规模较小，编制较粗糙，管理也较简单。随着经济的发展和政府职能范围的扩大，预算收支规模不断扩大，预算内容日益复杂，预算管理的要求也越来越高。这时，预算不仅是反映政府总体意图的文件，更重要的是，它反映政府和立法机构在公共收支上形成的共识以及立法机构赋予政府的职责，而这种职责要通过预算落实到具体的部门和单位。相应地，预算程序在不断健全，预算编制方式在不断完善，各种具体的编制方法也不断发展起来，如预算的内容日益细化，数量分析方法尤其是成本收益分析方法的运用日益普遍，更加强调支出与政府目标实现的关系，强调支出安排的合理依据，更加重视预算安排的效率问题，等等。

（2）有效完成预算收支任务。预算形成以后，完成预算收支任务就是预算管理的重要目标。组织预算收支是政府理财活动的主要内容，它为国家实现其职能提供基本的财力保障，预算收支任务完成情况可以从一个侧面反映政府职能的履行状况。由这一目标可引申出如下目标：一是加强国家宏观管理和调控，保证经济和社会的健康发展；二是协调各级政府和各部门预算之间的分配关系，特别是正确处理预算资金管理中的集权与分权的关系，充分调动各方面的积极性；三是合理配置和使用资源，一方面通过预算管理促使公共资源配置和使用更加合理有效；另一方面引导市场资源的配置，优化经济社会结构。

2. 提高预算资金运行效率

任何管理活动都应以效率为中心，因此，提高预算资金运行的效率应贯穿预算管理的始终。政府预算资金的运行效率在根本上体现为政府部门运用资源的社会收益大于非政府部门放弃使用这些资源所造成的机会成本，以及所选择的公共项目运用资源带来的社会收益大于放弃其他公共项目运用这些资源所造成的机会成本。政府预算资金运行的效率包括配置效率和生产效率两个层次。

（1）配置效率。配置效率又称帕累托效率，其内涵为：当社会稀缺资源的配置达到了这样一种状态，改变这种状态已不可能使一个人的福利增加而不损害其他任何人的福利，那么就达到了最优配置。如果通过资源的重新配置，能使某些人的福利水平在不影响其他人福利的情况下提高，或所增进的福利抵去所减损的福利后仍有剩余，称为帕累托改进。

私人商品供需的效率标准是个人边际收益与其边际成本相等。公共商品由众多的社会成员共同消费，其供需的效率条件是所有个人从公共商品消费中获得的边际收益的总和与公共商品供给的边际成本相等。从总体上看，当所有不同商品供需的边际收益与边际成本均分别相等时，资源配置就达到了效率最大的状态。

政府预算对资源的配置主要是处理社会有限资源在公共用途（提供公共商品、满足公共需要)和私人用途(提供私人商品、满足私人需要)之间,以及不同的公共用途之间的关系。提高预算配置效率的关键是使预算决策符合社会成员的公共需求偏好以及相应的承受能力,因此,预算决策程序和方法的安排要有民主性和科学性,以充分体现公共意愿并有客观的计量依据。

(2) 生产效率。生产效率又称投入产出效率,是指一定资源投入或占用水平下产出量最大,或一定产出水平下资源投入或占用量最低。因此,生产效率考察的是投入与产出之比、费用与效果之比、开支与收入之比、代价与收益之比,延伸到管理领域,可表示实际成绩与标准成绩之比、实际完成任务量与可完成任务量之比等。行为管理论者西蒙认为:"有效率无非是指,用最短的路径、最省钱的方法,去达到预期目的。"

对于市场经济中的竞争性经营组织而言,对效率的追求通常转化为对利润最大化的追求,在财务报告中表现为经营收入与成本间差额的最大。政府是公共部门,以有效提供公共商品、满足公共需要为基本职责,因而政府预算收支的管理不存在对利润的追求问题,但是,政府的一收一支、一取一予,也要讲求投入与产出、所费与所得的比较,遵从"少花钱、多办事、办好事"的原则,用尽可能少的资财提供能满足人们需求的尽可能多的公共商品和服务。

(3) 配置效率和生产效率的统一。配置效率是总体效率,居于宏观层次,解决整体上有限资源在不同部门、领域间的合理划分和运用问题。生产效率是个别效率,居于微观层次,解决具体的部门、单位如何有效运用资源,使之发挥最大效用问题。对预算管理而言,实现这两种效率的要求是有区别的,前者要求政府预算的安排在总体上有最优的规划和决策,在收支中正确处理政府部门和非政府部门以及政府部门内部的各种利害关系;后者要求每一个资金使用部门和单位都精打细算,节约支出,讲求效果,以最小的投入取得最大的社会效益。

但这两个层次的效率又相互联系、互为条件和结果。配置效率是生产效率的前提,配置的低效往往导致生产的无效,因为在资源总体配置不当的情况下,一些投入的社会边际成本高,而所形成产出的社会边际收益低,无论从微观层次看投入产出比如何,从宏观层次看都是无效或低效的。生产的效率是配置效率的基础,配置效率依靠生产效率得以最终实现,只有高效率的微观活动,才能真正增加经济资源总量、增进社会福利。

(五) 政府预算管理手段

政府预算管理手段是指预算管理主体为了达到管理目标所选择的各种方法和工具,它大体上分为经济手段、法律手段和行政手段三大类。

1. 经济手段

政府预算管理的经济手段是指预算管理主体按照客观经济规律的要求,利用政府预算方面的各种经济杠杆,对被管理对象经济利益的调整、控制和约束,引导其预算行为,以达到管理目标。例如,公债资金的有偿使用可以强化使用者的责任,提高资金使用效果;有条件转移支付可以促使相关资金的使用符合政府的宏观意图;加收滞纳金可以促使纳税人及时缴纳预算收入等。政府预算管理运用经济手段,是在不损害各经济主体经营权利和市场运作机制的前提下进行的,因而是社会主义市场经济条件下政府预算管理运用最为广泛的一种方法。

2. 法律手段

法律是国家具有普遍约束力的行为规范。政府预算管理的法律手段是指，为了保证政府职能的实现而进行的政府预算立法、执法、执法监督和预算法制宣传等一系列管理活动。推进政府预算立法是运用法律手段，强化政府预算管理的基础与前提；而健全政府预算执法和监督机制、维护管理对象的合法权益、提高工作人员和公民的预算法律意识和法制观念，则是依法管理政府预算的核心内容。

3. 行政手段

政府预算管理的行政手段是指政府预算机关依靠国家的行政力量，采用命令、指示、规定、指令性计划等方式，对政府预算分配活动实施的各种管理。

政府预算行政管理主要包括政府预算管理机构的设置、人员管理、政府预算机关事务管理、政府预算行政法规和行政监督等内容。政府预算管理机构的设置通常取决于一国的行政管理机构和政府管理体制。我国的政府预算管理机构是按照行政级次来设置的：一级政府、一级财政、一级预算。政府预算人员管理是指按照法律法规、工作制度、工作纪律、道德规范等，对政府预算人员进行管理和约束，提高工作人员素质。机关事务管理是为保证政府预算机关对政府分配活动及相关经济活动正常管理的进行而实施的机关日常性管理。政府预算行政法规和行政监督是指政府部门内部为了提高管理水平，制定政府预算工作法规，对管理活动进行部门内部的监督和检查。

运用政府预算的行政管理手段可以直接体现国家及上级机关的意志，保证国家统一的方针政策、统一的规章制度、统一的政府预算计划得以贯彻实施。当经济运行和财政分配中出现不正常波动、国民经济中的重要比例关系严重失调等情况时，采用行政方法实施政府预算管理，一般可以在较短时间内收到熨平经济波动、矫正经济结构、协调分配关系的效果。但行政手段有时不利于发挥被管理者自身的积极性和主动性，使用不当会破坏市场机制的正常运作。因此，政府预算管理工作中只能适时适度地采用行政管理手段。

二、政府预算管理原则

（一）政府预算管理原则简述

政府预算管理关系国家财政资金的运用，关系一国经济、社会等各项事务的发展，因此在预算编制、预算执行、预算调整、决算等预算管理过程中，必须遵循一定的原则，这样才能保证预算管理各环节的统一、协调，进而才能保证政府预算管理工作的正常、顺利开展。

事实上，在现代预算制度产生之初就产生了预算管理原则，并且随着社会政治经济情况和预算管理需要的不断变化，预算管理原则也在不断变化着。在新兴资产阶级向封建统治势力争夺政权的过程中，为了限制以至于剥夺封建王朝的财政权，他们已经提出了一系列预算原则，如预算的完整性、统一性、可靠性、公开性以及年度性等。按照这些原则来建立他们的预算制度，当时深得民心。这些原则与自由资本主义时期健全财政的最高原则是一致的，其指导思想是加强财政管理、控制预算收支、节俭政府经费、达到预算平衡等。资本主义发展到垄断时期后，为了克服频频发生的经济危机，要求国家加强对经济的干预。政府职能相应扩大,除一般性公共消费支出外,还要加强对经济运行的调控。特别是20世纪30年代资本主义经济大危机后,凯恩斯主义风行于西方各国。在凯恩斯财政思想的影响下,政府加强了在预算问题上的主动性,认为政府预算的制定应以克服周期性经济危机,促进经济发展为己任。这样,政府财政权的加强就要求重新确定预算原则,于是对以前的预算原则进行了修改和补充。美国联邦政府预算局局长史密斯于1945年提出的八条原则,可以看做是这种趋势的典型。从其主要内容来看,总的倾向是加强政府的财政权,缩小国会的权力。这一方面反映了垄断资产阶级要加强对财政权的控制;另一方面也反映了资本主义国家意在充分运用财政手段进行宏观经济调控。值得注意的是,史密斯所提出的这些原则的基本倾向并非是美国一国的现象,而是垄断资本主义时期西方国家预算原则变化的一种共同趋势。

总之,政府预算管理原则是政府预算管理的一个重要内容,特定的政府预算管理需要特定的政府预算管理原则,两者是相互联系、相互制约、相互促进的,研究政府预算管理原则是完善政府预算管理所不可缺少的一项工作。

为了加强预算管理,充分发挥政府预算的职能作用,根据我国国情,借鉴西方国家一些行之有效的预算原则,我国确立了政府预算的原则:公开性原则、可靠性原则、完整性原则、统一性原则、年度性原则、法定性原则。应当指出,上述这些原则是就一般意义而言的。我国预算原则的确立,不仅要以我国政府预算本身的属性为依据,而且要与我国的财政经济实践相结合,要体现我国的政治经济政策。一般地说,我国政府预算原则是通过《预算法》来体现的。

(二) 现代政府预算管理原则

在政府筹集和使用集中性财政资金的过程中,政府预算要具体体现一定时期内政府的施政方针及其要达到的政治经济和社会发展目标。从形式看,政府预算管理不过是对预算收入和预算支出的管理;但从实质看,政府预算管理体现中央与地方、国家与企业、国家与个人等多方面的分配关系。政府预算这种内在质的规定性,决定了它在国民经济和财政管理中的重要地位和作用,也决定了政府预算管理必须按照国家的法律、法规和遵循一定的原则进行。

在现代政府预算管理中应坚持以下几项原则。

1. 遵循客观经济规律的原则

政府预算实际上是对国民收入的分配行为,政府预算管理就是政府在一定程度上对经济生活的干预。在市场经济条件下,政府可以对经济进行一定的宏观调控,但是不能违背客观经济规律,否则将导致整个经济的波动,因此政府在通过预算管理对国民经济进行调控时,应先遵循市场经济的客观经济规律。

2. 符合国家法律、法规要求的原则

市场经济是法制经济,反映政府活动范围、活动内容和活动方式的政府预算管理也必须在法律允许的范围内进行,这也是政府预算法定性原则的要求。这具体体现在以下几个方面:

(1) 各级政府预算编制必须符合法律规定。预算编制是预算管理活动的开始。市场经济国家对预算编制的时间、预算编制的范围和内容都有明确规定。我国法律对预算编制内容也有一些具体规定。例如,《中华人民共和国农业法》规定,国家财政每年对农业总投入的增长幅度应当高于国家财政经常性收入的增长幅度;《中华人民共和国教育法》规定,各级人民政府教育财政拨款的增长幅度应当高于财政经常性收入的增长幅度;《中华人民共和国科技进步法》规定,国家财政用于科学的投入增长幅度必须高于财政经常性收入的增长幅度;2018年修正的《预算法》规定:中央一般公共预算中必需的部分资金,可以通过举借国内和国外债务等方式筹措,举借债务应当控制适当的规模,保持合理的结构;地方各级预算按照量入为出、收支平衡的原则编制,除本法另有规定外,不列赤字;各级政府、各部门、各单位应当依照本法规定,将所有政府收入全部列入预算,不得隐瞒、少列;各级预算支出应当依照本法规定,按其功能和经济性质分类编制,等等。这些都是对预算编制的法律要求,编制预算时必须遵循法律规定。

(2) 各级政府预算报告及其审查和批准必须符合法律规定。各国对政府预算报告及其审查和批准的权限和时限都有明确的法律规定。我国的《预算法》和《全国人民代表大会常务委员会关于加强中央预算审查监督的决定》都有具体规定。例如,《预算法》规定,中央一般公共预算包括中央各部门预算。这就要求中央各部门编制部门预算;各部门预算由本部门及其所属各单位预算组成。这就要求部门所属各单位编制单位预算;国务院在全国人民代表大会举行会议时,向会议作关于中央和地方预算草案的报告。《预算法》还规定,中央预算由全国人民代表大会审查和批准。这说明其他部门无权批准。又如,《全国人民代表大会常务委员会关于加强中央预算审查监督的决定》规定,在全国人民代表大会举行会议的四十五日前,国务院财政部门将中央预算初步方案提交全国人民代表大会财政经济委员会进行初步审查。这就对财政部提出了提交初步方案的时间规定。

(3) 各级政府预算的执行和调整必须符合法律规定。各国政府对预算执行和调整都有明确的法律规定。例如,规定没有特殊情况不能追加预算、预算收入必须及时足额缴库、预算支出必须及时拨付、不得截留挪用等。我国在这些方面也有法律性规定。例如,《预算法》规定,预算经本级人民代表大会批准后,按照批准的预算执行。这就要求收入部门必须依照法律规定及时、足额地征收应征预算收入;支出部门不得在科目间随意调剂使用。《预算法》对预算执行中出现需要增加或者减少预算总支出、需要调减预算安排的重点支出数额、需要调入预算稳定调节基金、需要增加举借债务数额等情况,法律对预算调整作出了专门规定,中央预算调整方案必须提请全国人民代表大会常务委员会审查批准。例如,2023年,根据灾后恢复重建和防灾减灾救灾工作需要,统筹考虑财政可承受能力,国务院建议增发2023年10 000亿元国债,2023年10月24日全国人民代表大会常务委员会审查了《国务院关于提请审议增发2023年国债支持灾后恢复重建和提升防灾减灾救灾能力以及调整2023年中央预算的议案》,批准增发国债和2023年中央预算调整方案。预算收入与国家的经济情况和征管水平紧密相关,因此,收入预算的执行必然会出现与年初预算不一致的情况。一般而言,收入预算采用比较谨慎的态度进行编制,就会出现超收的情况。对于超收部分如何在预算执行中处理,各国方法不尽相同。我国《预算法》规定,各级一般公共预算年度执行中有超收收入的,只能冲减赤字或补充预算稳定调节基金。此外,预算执行过程中的账务处理必须符合《会计法》的有关规定。

3. 应贯彻执行政府方针政策的原则

政府预算体现了政府活动的范围、内容和方向,因此,政府预算管理必须体现政府的意志。

(1) 预算管理要体现政府的方针和政策。政府的任期是有限的,每届政府均制定一定的方针和政策,表现为施政纲领。一届政府的施政纲领确定以后,需要通过政府任期内的各年度进行安排。各年度的重点任务是不一样的。例如,2022年,受国际形势复杂多变、经济下行压力陡然加大等影响,我国在宏观政策取向上坚持稳中求进工作总基调,加大积极财政政策实施力度,着力稳住经济大盘。通过积极的财政政策提升效能,更加注重精准、可持续。安排财政赤字3.37万亿元,保证财政支出强度,保持了对经济恢复的必要支持力度。安排新增地方政府专项债券3.65万亿元,依法盘活用好专项债务结存限额5 029亿元,加快专项债券发行使用,有效发挥专项债券在稳投资稳增长中的积极作用。用好直达机制,提高财政资金精准性有效性。切实兜牢基层"三保"底线,中央对地方转移支付规模9.71万亿元,增长17.1%,有效缓解市县财政减收增支压力。减负纾困力度明显加大,全年新增减税降费和退税缓税缓费超过4.2万亿元,其中增值税留抵退税超过2.4万亿元,新增减税降费超过1万亿元,缓税缓费超过7 500亿元。延续实施制造业中小微企业和个体工商户缓缴部分税费、阶段性缓缴部分行政事业性收费和保证金等支持政策。出台针对餐饮、零售、旅游、交通运输等服务业特殊困难行业和养老托育行业的纾困扶持措施等。对困难行业企业社保费实施缓缴。坚持创新引领,促进产业链供应链稳定。支持提高科技创新能力,2022年中央一般公共预算本级基础研究支出增长13.5%。全力保障关键核心技术攻关、国防科技创新等资金需求,推动农业生物育种等重大科技项目加快实施。政府预算的这些重点安排,为高效统筹经济社会发展提供了必要的财力支撑,为国民经济和社会发展计划年度目标的实现提供了重要保证。

(2) 预算管理要贯彻落实政府择机采取的重大政策。国家的政治经济形势是不断变化的,政府必须根据变化了的情况适时修订政策,预算管理活动必须认真贯彻落实。例如,近年来我国发生了历史上罕见的自然灾害,2008年年初,南方部分地区遭受了罕见的低温雨雪冰冻灾害袭击;2008年5月12日,四川汶川发生特大地震;2010年4月,青海玉树发生强烈地震;2010年8月,甘肃舟曲发生特大山洪泥石流等。政府组织人民与灾害作斗争,财政拿出大量资金用于救灾和灾后重建、补充物资储备。这些政策措施对于我国国民经济的发展和社会稳定起了积极的保证作用。

4. 坚持统一、真实、公开的原则

政府预算管理作为国家经济管理的重要手段,除要体现国家法律法规的要求和体现政府的意志外,还必须遵守其固有的一些准则。

(1) 政府预算必须统一。预算统一是指政府预算必须反映政府的全部收支活动,不应该存在脱离于预算外的政府收支活动。这种统一要求政府有统一的预算体系、有统一的预算分类、有统一的财政预算制度。总之,政府一切收入来源和一切支出用途都应包括在预算之中。如果政府预算不统一,就不利于对整个政府财政收支活动进行汇总,也就难以对政府的收支活动进行准确分析和判断,更难以为政府提出正确的预算政策建议。

(2) 政府预算必须真实。预算真实是指政府预算必须真实、准确地反映政府收支的规模、内容和性质。只有真实的政府预算收支规模和内容才能提供正确的预算信息,才能有利于决策者正确决策。

(3) 政府预算必须公开。预算公开是指政府预算要公之于众,明确政府预算收入的各项来源和各项支出的用途。该原则对政府的财政权力加以约束,便于人民代表大会和社会公众对财政业务、政府收支活动进行监督,有利于提高财政资金的使用效率,防止预算分配过程中产生腐败现象。

上述原则是相辅相成的,形成一个有机的整体。预算管理只有遵循这些原则和要求才能提高预算管理水平,充分发挥政府预算的职能作用。

第三节 政府预算管理的流程与周期

一、政府预算管理流程[①]

政府预算管理流程是指一个相对完整的预算管理运行过程,按照各个运行阶段的管理内容,主要分为预算规划与决策、预算编制与审批、预算执行与决算、预算审计与评价、预算控制与监督等阶段。其核心内容是预算的编制与审批、执行与决算。

(一) 预算规划与决策

政府预算问题并不单纯是管理问题,还有其深刻的政治、经济和社会背景,因此预算方案即政府收支计划的安排要受到一国的法律、法规、政策制度、公众意愿的制约,而这一切要通过政府预算的中长期规划和短期计划来体现。政府年度预算属于短期计划,它的安排是建立在中长期财政计划的基础上,根据国内外的政治经济形势,结合本国国民经济运行和社会发展的诸多矛盾,按照财政收支状况和轻重缓急分别进行决策的结果。

(二) 预算编制与审批

在通过规划与决策将有关预算问题纳入政府的议事日程后,就要开始对预算方案的设计预测、制定。预算编制要坚持量力而行、收支平衡的原则,以国家的财政经济方针和有关法律、法规为指导,以国民经济和社会发展规划的主要指标为基础,以上一年预算执行情况和本年收支预测为依据,积极稳妥地安排各项收支指标,做到收入稳固可靠,支出留有后备,把预算收支安排建立在科学合理的基础上。此阶段财政部门要根据法律、法规的要求,国民经济和社会发展计划指标等测算主要财政收支指标,各预算单位和部门要按照财政部门经过决策下达的收支控制指标以及部门预算的编制要求、基

---

① 李燕.政府预算管理[M].北京:北京大学出版社,2024.

本支出的编制原则和定员定额标准、项目支出的编制原则和排序规定,经过"两上两下"的编制程序编制完成预算。预算编制完成后要按照法定的程序进入审查批准阶段,进而使预算方案合法化。这一过程在我国表现为各级人大对政府预算的审查批准。

(三)预算执行与决算

政府预算经过审批后即进入执行阶段,预算的执行即是实现预算安排的收支计划指标的过程,是各项预算决策是否能够落实到位的关键环节。这一阶段财政部门要通过合理组织收入和有序安排支出实现既定目标。政府是预算执行的主体,财政税务部门是预算执行的主要职能机构。预算规定的收入任务,必须保证完成;预算规定的各项支出,必须及时足额地拨付。对于执行过程中必需的预算调整,中央预算的调整方案应当提请全国人民代表大会常务委员会审查和批准;县级以上地方各级预算的调整方案应当提请本级人民代表大会常务委员会审查和批准;乡、民族乡、镇预算的调整方案应当提请本级人民代表大会审查和批准。未经批准,不得调整预算。各级政府有责任监督下级政府的预算执行;各级财政部门有责任监督本级各部门预算的执行,并做好预算执行情况的分析,向本级政府和上级财政部门报告本级预算的执行情况。

预算管理离不开对相关信息、数据资料的掌握和分析,因此,预算管理的基础工作是预算会计、国家金库核算和财政统计。预算会计为预算管理提供基础资料,通过会计信息反映预算执行情况,通过会计监督提高预算管理水平。国家金库处于预算执行的第一线,通过国家金库的收支核算资料和定期的金库报表,可以分析检查预算收支执行情况。财政统计是财政部门信息工作的重要组成部分,通过占有和分析有关资料,可掌握财政活动各方面的情况和变化趋势,为制定和调整财政政策提供依据。

每个执行周期完成后还要对预算的执行情况进行总结,即进入决算过程。决算是对预算执行的检查、评估和总结。通过编制决算,一方面可以全面反映预算执行的结果;另一方面可以总结预算管理中的经验,以提高预算管理水平。在决算的编制中,要划清预算年度、预算级次和资金界限,做到收支数字准确,内容完整,报送及时。

(四)预算控制与监督

预算的控制与监督是指对政府预算编制、执行、决算与评价等过程的控制与监督,其目的是保证政府预算的合法性与严肃性及执行的效率和效益,实现政府预算的政策目标。预算的控制与监督是政府预算整个流程中的重要内容,贯穿于预算过程的始终。

(五)预算审计与评价

预算审计与评价是指按照一定的财务、会计、预算规定指标对政府预算实施的结果进行检查与评价的过程。其结果与预算目标的差异分析、预算执行成本与效益(包括社会效益)的分析,及时发现问题,调整和纠正预算中的偏差,解决预算资金使用中的铺张浪费、截留挪用等问题。通过预算审计与评价的过程来掌握预算的基本规律,加强预算的严肃性、科学性和效率性,提高预算的政策效应。

二、预算管理标准周期

政府预算管理是一个周而复始的循环过程。预算周期是指从预算编制、审查批准、执行到决算的完整过程,其中,上述每一个环节又包括若干具体内容。预算编制环节包括预算编制准备、收支预测、具体编制等内容;审查批准环节主要是指全国人民代表大会对预算草案及其报告、预算执行情况的报告进行审查与批准;预算执行包括收支预算的执行、事中审计、评估分析和财政报告等内容;决算包括年终清理、编制决算表格、事后审计、评估分析和财政报告等内容。一个预算周期结束后进入下一个预算周期,不断重复实施,具有鲜明的周期性特征。预算管理标准周期就是从时间序列上将预算管理划分为预算编制、预算执行、决算三个标准阶段,并对各个阶段的实施时限、工作任务、工作要求及工作程序、步骤等作出统一的制度规范。

预算管理标准周期是在我国预算管理改革中,借鉴国外先进经验引入的新的预算管理程序,它涵盖了预算管理的全过程,将预算管理的编制、执行、决算三个标准阶段有机衔接起来,并加以制度化、规范化管理,各个阶段彼此关联、相互影响和相互约束,形成了一个完整的预算管理体系。

1. 预算编制阶段

预算编制阶段一般从每年年初开始,在对上年预算执行结果进行绩效评价的基础上,测算下一年度预算收支规模和增长速度,编制下一年度预算草案,并按规定程序报请人民代表大会批准,期限约为 12 个月。

2. 预算执行与调整阶段

预算执行与调整阶段从次年年初开始,组织该预算的执行,分析预算执行情况,办理预算调整,期限为 12 个月。

3. 决算阶段

决算阶段从第三年年初开始,组织编制本级和汇总下一级决算草案,并对预算执行结果进行分析总结和绩效评价,作为编制下一年度预算的依据,期限约为 6 个月。

专栏 2-1 天津市预算管理标准周期的阶段划分

每一年度预算的标准周期为 30 个月。从时间上划分为三个标准阶段,即预算编制阶段、预算执行与调整阶段、决算阶段。

预算编制阶段,从当年开始,对上年预算执行情况进行分析总结和绩效评价,结合本年度预算执行情况,测算下年度预算收支规模和增长速度,编制下年度本级预算草案,汇总下级预算,形成总预算草案,并按规定程序报请人民代表大会批准,期限为 12 个月。

预算执行与调整阶段,从第二年开始,按照人民代表大会批准的年度预算组织执行,分析预算执行情况,办理预算调整与变更手续,完成年度预算任务,期限为 12 个月。

决算阶段,从第三年开始,组织编制本级决算草案,汇总下级决算,形成总决算草案,按规定程序报请人民代表大会常务委员会批准,并对预算执行结果进行分析总结和绩效评价,作为编制下年度预算的依据,期限约为 6 个月。

> 每一预算年度同时有三部预算在不同阶段并存,即编制上年度决算、执行本年度预算、编制下年度预算。
>
> 资料来源:天津市财政局. 天津市标准周期预算管理办法[EB/OL]. [2001-07-18]. https://www.chinacourt.org.

预算管理标准周期与预算年度是一个既相互联系又相互区别的概念。预算管理标准周期与预算年度密切关联。预算年度也称财政年度,是指编制和执行预算所应依据的法定时限,也就是预算收支起止的有效期限。预算年度是预算管理标准周期的基础,预算管理标准周期是围绕某一年度预算的管理确定并展开的。预算年度作为一个阶段(预算执行阶段)存在是静态的,具有明显的时段性,预算管理标准周期是动态和滚动发展的;预算年度与预算管理标准周期存在时间上的交叉,预算管理标准周期跨越了预算年度,同一预算管理标准周期存在于不同预算年度中,而在每一预算年度内不同预算管理标准周期的三个阶段同时并存。

三、我国政府预算周期的构成

我国政府预算周期主要包括以下几个环节。

(一) 预算编制前的准备工作

1. 中央政府制定经济社会发展计划,下达编制预算的指示

为编制国家的经济社会发展计划,中央政府需召开相关经济工作会议,确定下年度经济社会发展的基本目标,同时,向省、直辖市、自治区政府和中央部门下达编制下年度预算草案的指示,提出编制预算草案的基本原则和要求。

2. 财政部门测算预算收支指标

《中华人民共和国预算法》规定,各级预算应当根据年度经济社会发展目标、国家宏观调控总体要求和跨年度预算平衡的需要,参考上一年预算执行情况、有关支出绩效评价结果和本年度收支预测,按照规定程序征求各方面意见后,进行编制。

预算必须与政策目标挂钩,在预算编制前,应对预算年度的政策目标做具体的研究与评估,排列优先次序,使预算与预测、预算与政策有机地结合起来。财政部门要加强经济与财政分析及预测工作,除了对未来3~5年的宏观经济前景进行客观而科学的预测,可以考虑编制中期财政计划,包括分阶段的投资计划、预测经常性支出的需要和获得收入的可能性等。

3. 财政部制定并颁发政府预算科目和表格,具体部署和安排预算编制事项

财政部根据国务院有关编制下一年度预算草案的指示,部署编制预算草案的具体事项,每年由财政部制定统一的预算表格,包括财政总预算表格和单位预算表格;各预算编制单位要熟悉预算科目和表格,保证预算的统一性和规范性。各级财政每年要通过召开会议或发布通知、指示等形式,部署预算编制的内容、方针和任务,各主要收支预算的编制要求、编制方法、报送程序、份数与期限等。

(二) 编审预算

编审预算即编制机构编制并提出预算、立法审批预算。编制预算是预算计划管理的起点,正确编制预算必须以国家的财政经济方针和有关法律、法规为指导,以国民经济和社会发展计划的主要指标为依据，参考上一年度预算执行情况和收支预测进行编制。各级预算要坚持量力而行、收支平衡的原则，积极稳妥地安排各项预算收支，做到收入稳定增长、支出留有后备，提高预算编制的准确性，把预算收支建立在科学预测的基础上。编制好的预算由政府提交同级人民代表大会审议，经人民代表大会审议批准的政府预算具有法律效力。

（三）执行预算

经过各级人大批准的预算必须认真组织实施。预算规定的收入任务，必须保证完成，做到及时足额地上缴国库；预算规定的各项支出，必须及时足额地拨付。各级政府对于必须进行的预算调整需提请审查和批准，中央预算的调整方案应当提请全国人民代表大会常务委员会审查和批准；县级以上地方各级预算的调整方案应当提请本级人民代表大会常务委员会审查和批准；乡、民族乡、镇预算的调整方案应当提请本级人民代表大会审查和批准。未经批准，不得调整预算。各级财政部门要监督检查本级各部门预算的执行，做好预算执行情况的分析，并向本级政府和上一级财政部门报告预算执行情况，保证预算收支任务的圆满完成。

（四）编制决算

决算即审计评估预算，是对预算执行的总结。正确编制决算可以全面反映预算执行的结果。为此，必须做好决算编制的准备工作，必须自下而上经过层层审核汇编，不得估算代编。决算的编制必须符合国家的有关法律、法规，要划清预算年度、预算级次和资金界限，做到收支数字准确、内容完整、报送及时。通过编制决算，总结预算管理中的经验，为提高今后的预算管理水平创造条件。

第四节　政府预算管理的组织体系

一、正确理解政府预算管理组织体系

政府预算管理的组织体系是指为政府预算服务的各种组织、机构、程序、活动等构成要素的总称，它们共同构成一个完整的系统，以保证政府预算的实现。政府预算的管理要按照一定的组织层次和职责分工来进行，如果政府预算管理没有一套完整的组织系统，或各管理机构没有明确的职责分工，就会造成预算管理的困难。

我国政府预算管理按照国家政权级次、行政区划和行政管理体制，实行"统一领导，分级管理，分工负责"。政府预算的管理涉及中央和地方各地区、各部门、各单位，其组织系统纵向由中央和地方各级政府预算组成，横向由国家政权机关、行政领导机关、财政职能部门及各类专门机构组成。

二、纵向预算管理组织体系

（一）按预算管理级次划分

政府预算是政府的基本收支计划，为政府履行职责、提供公共服务提供财力保障，

因而预算管理体系必然与行政管理体制相一致,即一级政府、一级财政、一级预算。根据现行《预算法》第三条的规定,"国家实行一级政府一级预算,设立中央,省、自治区、直辖市,设区的市、自治州,县、自治县、不设区的市、市辖区,乡、民族乡、镇五级预算"。因此,与之相适应,我国纵向的预算管理体系也包括中央预算,省、自治区、直辖市预算,设区的市、自治州预算,县、自治县、不设区的市、市辖区预算,乡、民族乡、镇预算,共包括五级预算。

政府预算由中央预算和地方预算组成。地方预算由各省、自治区、直辖市总预算组成。地方各级总预算由本级预算和汇总的下一级总预算组成;下一级只有本级预算的,下一级总预算即指下一级的本级预算。没有下一级预算的,总预算即指本级预算。预算管理级次如图2-1所示。

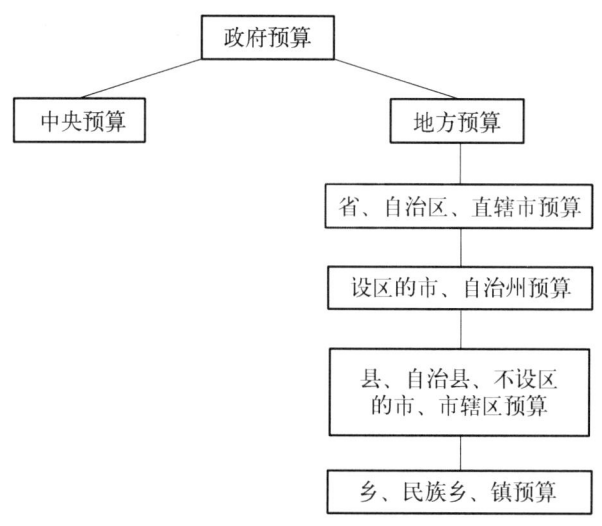

图 2-1 预算管理级次图

各级政府之间的财政关系要通过预算管理体制规范下来。预算管理体制的核心,就是如何处理政府间预算资金管理权限的划分,以及相应的责任与利益。因此,我国的纵向预算管理组织体系,主要涉及五级政府之间预算管理职权的划分。

(二) 按预算编制主体划分

1. 政府预算

政府预算由中央预算和地方预算组成。中央预算是经法定程序批准的中央政府财政收支计划。我国的中央预算是由财政部代表中央政府(国务院)汇编的、经全国人民代表大会审批通过的财政收支计划。地方预算是经法定程序批准的、除中央预算以外的地方各级政府财政收支计划的统称,在我国包括省级及其以下的四级预算。地方各级预算由地方本级财政机关代表同级政府汇编,根据其涵盖的范围、级次又分为总预算和本级预算。

(1) 总预算。总预算是各级政府的基本财政计划,由各级财政部门编制。各级总预算由本级政府预算(本级预算)和汇总的下一级政府总预算组成;下一级只有本级预算的,下一级总预算即指下一级的本级预算;没有下一级预算的,总预算即指本级预算。

(2) 本级预算。本级预算是指经法定程序批准的本级政府的财政收支计划,它由本级各部门(含直属单位)的预算组成,同时包括下级政府向上级政府上解的收入和上级政府对下级政府的返还或补助。

2. 部门预算

部门预算反映各本级部门(含直属单位)所属所有单位全部收支的预算,由部门机关及所属各单位预算组成。本级各部门是指与本级政府财政部门直接发生预算缴款、拨款关系的国家机关、政党组织和社会团体(中央部门含军队),直属单位是指与本级政府财政部门直接发生缴款、拨款关系的企业和事业单位。

3. 单位预算

单位预算是指列入部门预算的国家机关、社会团体和其他单位的收支计划。

政府预算体系构成如图2-2所示。

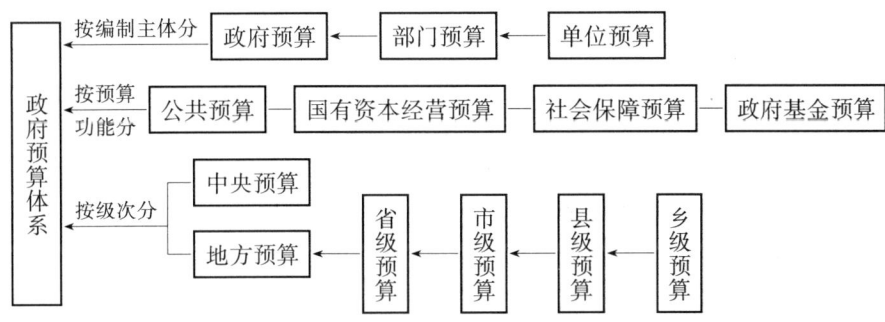

图2-2 政府预算体系构成图

(三) 按照行政隶属关系和经费领拨关系划分

1. 一级预算单位

一级预算单位是指与同级政府财政部门发生预算领拨关系的单位,如果一级预算单位还有下级单位,则该单位又称主管预算单位。

2. 二级预算单位

二级预算单位是指与一级预算单位发生经费领拨关系,下面还有所属预算单位的单位。

3. 基层预算单位

基层预算单位是与二级或一级预算单位发生经费领拨关系,下面没有所属预算单位的单位。

总之,从纵向预算管理组织体系看,主要涉及各级政府及财政之间、各预算编制主体之间、各层级的预算单位之间预算管理的组织、协调与职责的划分等问题。

三、横向预算管理组织体系

(一) 横向预算管理组织体系主要构成

1. 立法机构

各国的立法机构(西方国家的议会、国会,我国的人大)均具有对政府预算方案的制订、预算收支的落实、预算结果评价的审查批准和监督管理权限,这也是公共选择机制的具体体现。

《预算法》规定,全国人大及其常务委员会对中央和地方预算、决算进行监督;县级以上地方各级人大及其常务委员会对本级及下级政府预算、决算进行监督;乡、民族乡、镇人大对本级预算、决算进行监督。

2. 各级政府

政府预算日常管理贯穿于政府预算编制、执行和决算的全过程。按照《中华人民共和国预算法》的规定,各级预算由本级政府组织编制、执行和决算,即负责政府预算管理的组织领导机关是国务院及地方各级人民政府。国务院作为国家最高行政机关,负责组织中央预算和全国预算的管理;地方各级人民政府负责本级政府预算和本行政区域内总预算的管理,并负责对本级各部门和所属下级政府预算管理进行检查和监督。

3. 各级财政

《预算法》规定,政府预算的具体编制、执行和决算机构是本级政府财政部门,即各级政府财政部门是预算管理的职能机构,是具体负责预算收支管理的主管机构。财政部对国务院负责,在国务院的领导下具体负责组织中央预算的管理,指导和监督地方预算的管理,并定期向国务院报告预算情况;地方各级财政部门对地方各级政府负责,并在其领导下具体负责组织本级预算的管理,监督和指导所属下一级预算的管理,并定期向同级人民政府和上一级财政部门报告预算情况。

4. 执行机构

政府预算收支的具体管理工作,由财政部门统一负责组织,并按各项预算收支的性质和不同的管理办法,分别由财政部门和各主管收支的专职机构负责组织管理,即除财政部门外,国家还根据预算收支的不同性质和不同的管理办法,设立或指定了专门的管理机构,负责参与组织政府预算的有关管理工作。

组织预算收入执行的机关主要有税务机关和海关,参与组织预算支出执行的机关主要有中央银行、有关商业银行和国家开发银行、中国农业发展银行等政策性银行。国家金库担负着政府预算执行的重要任务,具体负责办理预算收入的收纳、划分和留解,办理预算资金的拨付。我国的国家金库由中国人民银行经理。

各有关部门、单位是预算管理中部门预算和单位预算的执行主体。中央和地方各级主管部门负责执行本部门的部门预算和财务收支计划,提出本部门的预算调整方案,定期向同级财政部门报告预算执行情况;各事业、行政单位负责本单位预算的执行。

除上述机构外,我国预算管理机构还包括审计部门及有关社会中介组织,它们共同参与对政府预算的审计与评价。

(二)预算管理职责权限划分

预算管理权是国家政治权利的重要组成部分。为有效实施预算管理、维护社会公共利益,需要将各项管理权限、职责在有关方面合理划分。《中华人民共和国预算法》等有关法律、法规对立法机构、各级政府、政府财政主管部门和预算执行部门、单位的职权做了明确界定,构成了预算管理的法律依据。

1. 立法机关的职权

（1）各级人大的职权。各级人大行使预算和预算执行情况的审批权，以及预算、决算不适当决定的撤销权等。即全国人大有权审查中央和地方预算草案及中央和地方预算执行情况的报告，批准中央预算和中央预算执行情况的报告，改变或者撤销全国人大常务委员会关于预算、决算的不适当的决议；县级以上地方各级人大有权审查本级总预算草案及本级总预算执行情况的报告，批准本级预算和本级预算执行情况的报告，改变或者撤销本级人大常务委员会关于预算、决算的不适当的决议，撤销本级政府关于预算、决算的不适当的决定和命令；乡、民族乡、镇的人大审查和批准本级预算和本级预算执行情况的报告，监督本级预算的执行，审查和批准本级预算的调整方案，审查和批准本级决算，撤销本级政府关于预算、决算的不适当的决定和命令。

（2）各级人大常务委员会的职权。各级人大常委会主要行使预算执行监督权及调整权、预算执行情况及决算的审批权、预算和决算不适当决定的撤销权等，即全国人大常务委员会有权监督中央和地方预算的执行，审查和批准中央预算的调整方案，审查和批准中央决算，撤销国务院制定的同宪法、法律相抵触的关于预算、决算的行政法规、决定和命令，撤销省、自治区、直辖市人大及其常务委员会制定的同宪法、法律和行政法规相抵触的关于预算、决算的地方性法规和决议；县级以上地方各级人大常务委员会监督本级总预算的执行，审查和批准本级预算的调整方案，审查和批准本级政府决算，撤销本级政府和下一级人大及其常务委员会关于预算、决算的不适当的决定、命令和决议。

2. 各级政府的职权

各级政府是本级预算的行政机关，其主要职权有：编制本级预算草案、决算草案；向本级人大做关于本级预算草案的报告；组织本级总预算的执行；决定本级政府预备费的动用；编制本级预算调整方案；监督本级各部门和下一级人民政府的预算执行；改变或者撤销本级各部门和下一级人民政府关于预算方面的不适当的决定；向本级人大、本级人大常委会报告本级总预算的执行情况。

3. 各级财政主管部门的职权

各级财政主管部门是政府预算管理的职能部门，具体负责预算编制、执行和决算的各项业务工作，其主要职权有：具体编制本级预算、决算草案；具体组织和负责本级总预算的执行；提出本级预备费动用方案；具体编制本级预算调整方案；定期向本级人民政府和上一级财政部门报告本级预算执行情况。

4. 各预算执行部门的职权

各部门编制本单位预算、决算草案，组织和监督本部门预算的执行，定期向本级财政部门报告预算的执行情况。

5. 各预算单位的职权

各单位编制本单位预算、决算草案，按照国家规定上缴预算收入、安排预算支出，接受国家有关部门的监督。

拓展训练

河北承德市政府预算报告两次遭市人大驳回

在2009年的承德市人民代表大会上,承德市政府2009年预算报告草案(以下简称"预算报告")接连被代表退回后修改了两次,直到更改了预算方案才被通过。

政府预算报告两次遭市人大驳回

预算报告第一次审议,市人大代表坦诚相待、仗义执言:"有钱不尽着老百姓花,再多也没用,这份预算报告反映出百姓收入与财政收入不匹配""不要把GDP增长看得比大学生及农民工就业更重要……"预算报告首次未能通过。

预算报告修改后第二次审议,人大代表们仍"不依不饶":"修改后的预算报告,财政支出向民生作了较大倾斜,但调整得还不够,政府要舍得在教育、医疗、社会保障上多投入些,让老百姓看得起病、上得起学……"市人大把预算报告再次发回政府修改。

省下 7 000 万元造福民生

预算报告再次修改后第三次审议,人大代表们发现,预算报告较第一次审议时有了大幅度的修改:原来对社保领域的投入为 2 000 万元,现在改为 4 000 万元;原来对教师领域的投入为 1 000 多万元,现在改为 2 000 多万元,可以基本解决公办教师被欠工资、代课教师工资太低等问题;修改后科技投入较上年增长 15%,符合了相关法律规定。修改后的预算报告对政府采购费用作了大幅修改,仅这部分费用在预算报告修改后就减少了 7 000 多万元。

体现了人民代表大会的应有作用

过去由于历史、体制等方面的原因,人大对"一府两院"的监督常常做得不到位,甚至不敢监督,承德市起了个好头,体现了人民代表大会的应有作用。政府能够把预算做细,能够采纳人大的意见,这是很好的态度也很理性;人大也不是一味的否定,而是提出如何修改能够做得更好,这是监督的良性循环。这样的监督才不是形式上的监督,而是实质上的监督。

资料来源:周斌.河北承德市政府预算报告两次遭市人大驳回[N].法制日报,2009-3-19.

案例分析题

1. 承德市人大代表对政府预算不满的原因是什么?说明了什么?
2. 各级人大和政府在预算管理中的职权分别是什么?

本章复习思考题

1. 怎样正确理解政府预算管理的内涵?
2. 怎样正确认识政府预算管理的地位?
3. 说明政府预算管理的原则。

4. 简要说明政府预算管理的要素。
5. 简要阐述政府预算管理的目标。
6. 简述政府预算管理的流程。
7. 什么是预算管理标准周期？主要包括哪几个阶段？
8. 试述政府预算管理效率的含义、内容及其实现途径。

二维码2-1：自测自评　　二维码2-2：参考PPT

第三章 政府预算收支分类改革

◎ **知识要点**

政府预算收支分类是对预算收支结构的科学系统的划分,即把名目繁多的各项预算收支按照其性质和相互联系,进行科学系统的排列与归并。本章主要涉及预算收支分类的意义、原则、方法,以及预算收支分类的改革等内容。这些也是本章需要掌握的重点。

◎ **课程思政**

引导学生认识政府预算收支分类改革的进程与取得的成果,培养学生开拓创新、与时俱进的精神;帮助学生把握政府预算收支分类的国际规范,拓展国际视野。

◎ **本章结构图**

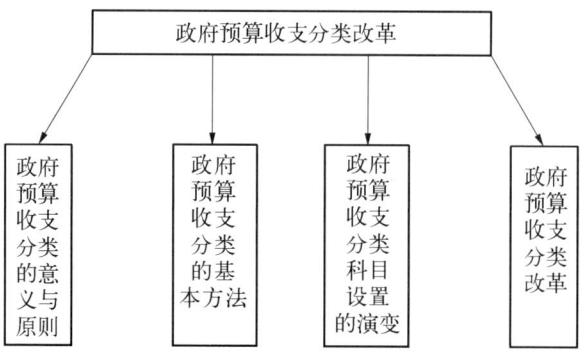

◎ **关键词**

政府预算收支分类　政府预算收支科目　政府预算收入科目
政府预算支出功能分类　政府预算支出经济分类

第一节　政府预算收支分类的意义与原则

一、政府预算收支分类的意义

政府预算收支分类是对预算收支结构的科学系统的划分，即把名目繁多的各项预算收支，按照各自的性质和相互联系，进行科学系统的排列与归并，它是进行各项预算管理活动必不可少的前提。预算收支分类的实质是对政府职能的细化列示，是各级政府各预算单位进行明细核算的基础条件。

预算收支分类作为预算管理的一项基础性工作，涉及预算的编制、执行、决算、监督等各个环节，也涉及众多的政府收支管理部门。对政府预算收支进行科学分类，具有重要的意义。一是预算收支分类能够准确系统地反映预算收入的来源和支出的方向与结构，合理把握财政调控力度，优化支出结构，提高财政运行效率；二是有利于增加预算透明度，强化财政监督，从源头上防止腐败；三是有利于建立高效实用的财政统计分析体系，不断推进国际合作与交流。

我国现行的预算收支分类主要通过两条渠道来体现：一是通过政府预算收支科目来体现；二是通过政府提交给人代会的预算草案来体现。两者既有联系，又有区别，预算收支科目是预算草案分类的基础，预算草案的分类方法是政府预算收支科目的高度概括，是在政府收支科目上进行的归并合成。

预算草案是指未经法定程序审查批准的年度财政收支计划。而预算收支科目，则是政府预算收支项目的总分类，是编制预算、决算、组织预算的执行和进行财政统计的依据。它系统地反映了预算收入的来源、构成以及预算支出的方向和用途。它分为收入科目和支出科目两部分。收入科目按收入形式和收入来源又具体分为"类、款、项、目"四级科目。支出科目按其性质和用途分为"类、款、项、目"四级科目。四级科目之间的关系为前者是后者的高度概括，后者是前者的具体化。一般来说，我国预算收支分类的内容全部体现在政府预算收支科目中。

二、政府预算收支分类的原则

建立完整规范的政府预算收支分类体系，一般应遵循以下原则。

（一）正确完整地反映政府活动的范围和方向原则

政府的活动，旨在履行国家的政治、经济和社会管理职能，预算收支分类，必须正确完整地反映政府在履行职能中的活动范围和方向。在具体分类中，为了完整准确地反映预算收入的来源和支出方向，体现国家的方针政策，预算收入和支出项目之间必须划分清楚，该列收入的列收入，该列支出的列支出，不应把列支出的项目在收入项目中冲减暗扣。

（二）与国民经济和社会发展计划的指标体系相适应原则

政府预算是国民经济和社会发展计划的重要组成部分，是实现其计划的重要财力保证,预算的编制要以该计划为主要依据。因此,预算收支科目应同国民经济和社会发展计划的有关指标体系相适应,使之既根据国民经济计划指标编制预算,又可在预算执行中,根据国民经济计划完成情况,分析检查预算中存在的问题,保证预算收支任务的实现和国民经济计划的完成。

(三) 要体现国际惯例与本国国情相结合的原则

预算收支分类,既要合理借鉴国际经验,实现与国际通行分类方法有效衔接,使之具有可比性,又要充分考虑我国的实际情况,尽可能满足各方面对预算管理的需要。

(四) 满足预算管理原则

预算收支科目是预算收支分类的规范化,是重要的预算管理制度。它是各级财政机关、税务机关、国家金库以及执行预算的各部门、各单位统一数字项目的基础,涉及财政总预算和部门单位预算之间的不同需要,也涉及预算、会计、财务、统计等专业核算的粗细繁简的不同需要。所以,预算收支科目的设计,要根据各种不同需要统筹兼顾,全面安排。

(五) 适当简化和相对稳定原则

预算收支科目涉及面广,每一项目的增加与减少,都会增加许多核算工作,因此,在保证预算管理需要的前提下,应尽量简化。此外,作为一种预算管理和核算工具,它本身具有较长时期的连续性和适应性,为此,除了管理和改革的需要作必要的修改外,收支科目也不宜经常变动,要保持其相对稳定性。

第二节 政府预算收支分类的基本方法

一、预算收入分类方法

政府预算收入是指国家为了实现其职能的需要,按照有关法律、法规,通过一定的形式和程序,由预算集中起来的那部分财政资金,它是各级政府行使其职能的财力保证。

预算收入分类是从不同角度,按照一定标志对预算收入进行科学系统地排列与归并。对名目繁多的预算收入进行分类,有利于对预算收入的结构进行分析,了解国民经济各部门的发展变化,揭示预算收入增长的特点和趋势,检查预算收入政策制定和执行中存在的问题,为完善预算收入政策、制度服务。预算收入分类一般有以下几种方法。

(一) 按经济成分分类

目前,我国经济是以国有经济为主导的多种经济成分并存的经济结构,这种经济结构必然会反映到预算收入上来。按照经济成分分类,政府预算收入分别来自全民所有制的国有经济、集体所有制经济、股份制经济、私营经济、个体经济以及港澳台和外商投资企业等。

计划经济时期,国民经济的所有制结构虽有所不同,但从总体上看,全民所有制经济历来占主导地位,这就决定了我国的预算收入主要来源于全民所有制经济。随着社会主义市场经济体制的建立和完善，多种经济成分的共同发展，也势必形成预算收入来源对象的复杂化。为了保证预算收入能够随着经济的发展而快速增长，必须从过去主要依靠全民所有制的收入模式，转变为以公有制为主体多种经济成分共同发展所需要的预算收入管理模式，才能保证国家预算收入的长期稳定增长。

预算收入按经济成分分类，可以反映所有制结构变化对预算收入的影响，有利于制定和分析符合各个时期经济发展要求的收入政策。

（二）按经济部门分类

按经济部门进行分类，我国的预算收入主要来自农业、工业、交通运输业、建筑业和服务业等。

农业是国民经济的基础，也为国民经济其他部门发展提供基本条件，没有农业的发展，其他部门的发展和财政收入的增加都将受到制约。从这个意义上说，农业也是预算收入的基础。长期以来，来自农业的预算收入主要表现在两个方面：第一，来自农业的直接收入即农业税收。由于我国的农业剩余产品率比较低，加上国家对农村集体经济实行稳定负担的分配政策，尽管农业生产发展很快，但来自农业的预算收入所占比重一直较低。尤其是2006年以来，在全国范围内取消了农业税以后，来自农业的直接收入所占比重就更低了。第二，来自农业的间接收入，即农业部门为轻工业产品提供了原材料及销售市场，再加上工农业产品的价格剪刀差，就使在农业部门创造的部分价值，转移到轻工业部门实现了，这部分收入在预算中则占有一定的比重。

工业是国民经济的主导部门，也是预算收入的主要来源，工业的发展对预算收入起着决定性作用。新中国成立以来，来自工业部门的预算收入所占比重一直较高，近年来这一比重虽有所下降，但仍是预算收入的主要来源。

除了农业和工业两大部门以外，其他部门对预算收入也有着重要的影响。近年来，这些部门提供的预算收入增长速度较快，尤其是服务业的发展，带来了更多的预算收入。根据《中华人民共和国2022年国民经济和社会发展统计公报》数据，2022年以服务业为代表的第三产业增加值已占我国GDP的比重达52.8%，《2022年上海市国民经济和社会发展统计公报》则显示，2022年上海第三产业增加值占地区国内生产总值的比重已达到74.1%，服务业对我国预算收入的贡献越来越大。

预算收入按部门分类，可以反映部门结构以及与之相关的价格结构变化对预算收入的影响，便于根据各部门的发展趋势和特点，制定合理的收入政策，有效组织预算收入。同时，还可以贯彻国家的产业政策，优化国民经济结构。

（三）按预算收入的形式分类

1. 税收收入

税收收入是国家依据法律规定筹集起来的收入，是我国一般公共预算收入的主要形式。根据《中华人民共和国2023年国民经济和社会发展统计公报》数据，2023年全国一般公共预算收入为216 784亿元，其中税收收入为181 129亿元，税收收入占全国一般公共预算收入的比重为83.6%。

2. 国有资产收益

国有资产收益是指各部门、各单位占有、使用和依法处分境内外国有资产产生的收益,按照国家有关规定应当上缴预算的部分。其主要包括:国有企业上缴的税后利润、国有股份的股息、红利,国有资产租赁费、承包费等。

3. 专项收入

专项收入是指根据特定需要由国务院批准或者经国务院授权由财政部批准、设置、征集和纳入预算管理、有专项用途的收入。其主要包括:排污费收入、城市水资源费收入、教育费附加收入等。

4. 其他收入

其他收入是指除上述三种收入形式外,各级政府取得的一些名目繁多的杂项收入。如外事服务收入、捐赠收入、利息收入等。

这种分类可以充分发挥各收入形式的不同作用,为优化收入结构提供充分的信息和依据。2006年以前,我国在预算收入科目的设计中,一直沿用这种分类方法。

(四) 按预算收入性质分类

按照预算收入性质分类,我们可将各种预算收入划分为经常性收入和资本性收入(或建设性收入)。经常性收入主要是指各种税收收入,资本性(或建设性收入)主要指国有资产收益和债务收入。

(五) 按照预算编制的类型分类

按照预算编制的类型进行分类,我国的预算包括一般公共预算、政府性基金预算、国有资本经营预算、社会保险基金预算。相应的预算收入可分为一般公共预算收入(主要是税收)、政府性基金预算收入、国有资本经营预算收入、社会保险基金预算收入。其中,一般公共预算收入是最基本、最主要的收入。

除此之外,还可以按预算级次分类、按预算科目分类以及按政府财政统计的国际口径分类等。

在实践中,预算收入分类的主要内容,具体体现在历年的政府预算收入科目中。

二、预算支出的分类方法

预算支出是国家为了实现其职能,将通过预算所筹集起来的那部分资金进行有计划地分配,以满足社会公共需要。它体现在预算资金的安排、供应和使用的过程之中。预算支出在整个国民经济发展中具有重大作用。第一,它是实现政府职能的财力保证,是国民经济稳定协调发展的重要手段;第二,通过预算支出可以反映出国民经济结构的变化,为优化产业结构、支出结构起到促进作用。

(一) 预算支出分类的必要性

预算支出的分类,就是根据预算支出的方向、用途、性质等,从不同角度,不同层次按照其内在联系,进行科学的归并与排列。这是进行各项预算管理活动必不可少的前提。

(1) 为了使预算支出的内容,能够系统地反映国家的职能,体现政府活动的范围和方向,有利于正确地编制预算和考核预算的执行。

(2) 为了合理分配预算资金,提高资金使用的规范性、安全性、有效性。

(3) 为了有利于加强预算管理和财务管理。

基于以上三点，在实际工作中就必须将内容广泛而又复杂的预算支出进行科学分类，这是预算管理统一性和规范化的基本要求，也是进行各项预算管理活动，不断提高预算管理水平的客观要求。

(二) 预算支出分类的方法

1. 按支出的性质分类

按支出的性质分类，预算支出可分为六大类：①经济建设费类；②科教文卫费类；③行政管理费类；④国防费类；⑤债务支出类；⑥其他支出类。这种分类方法有利于预算按部门归口管理，便于按部门分配预算指标，便于我们直接从预算支出中了解国家政治经济活动的全貌和各个时期所进行的主要工作。这种分类方法的不足之处是：这是一种概括性很强的粗线条的分类方法，它不能反映内容丰富、用途越来越广泛复杂的预算支出情况，不能适应各种宏观分析管理的需要，于是从1971年开始，就将此分类方法改为其他的分类方法了。

2. 按支出的用途分类

按支出的用途分类，预算支出可以分为基本建设支出、企业挖潜改造资金支出、科技三项费用、地质勘探费、科教文卫事业费、行政管理费、国防费等几十个大类。1971—2006年，我国预算支出科目，就是以这种分类方法设置的。

这种分类方法的优点是：它能够明确反映各项支出用途，并且与国民经济指标体系相一致，可以反映出预算支出中生产性和非生产性支出、积累与消费之间的比例关系。缺点是：它不能全面反映国家职能，不利于部门的归口管理，且"类"级科目增加过多，不利于进行历史统计和分析。

3. 按支出的形式分类

按支出的形式分类，预算支出可以分为无偿拨款支出和有偿贷款支出两部分。

无偿拨款支出是政府预算将预算资金无偿转移给资金使用单位的支出形式，它是预算支出的基本形式。

有偿贷款支出是预算支出的特殊形式，它是为了提高预算资金的使用效益，而对有收入来源且盈利的部门实行的有偿使用方式，如基本建设资金的"拨改贷"。

4. 按支出是否与商品和劳务相交换为标准分类

按支出是否与商品和劳务相交换为标准分类，预算支出可以划分为购买支出和转移支出两大类。

购买支出是直接表现为政府购买商品或劳务活动的货币支出，具体表现为经费支出和投资支出。购买支出是预算支出的主要内容。安排这部分支出，必须遵循价值规律，实行等价交换。

转移支出是不与商品和劳务相对应的支出，表现为资金无偿的、单方面转移，如补助支出、捐赠支出、公债利息支出等。这种分类具有较强的经济意义。

5. 按照预算编制的类型进行分类

按照预算编制的类型进行分类，我国的预算包括一般公共预算、政府性基金预算、国有资本经营预算、社会保险基金预算。相应的预算支出可分为一般公共预算支出、政府性基金预算支出、国有资本经营预算支出、社会保险基金预算支出。这种分类方法，便于反映政府支出的全貌。

在实践中,预算支出分类的主要内容,具体体现在每年的政府预算支出科目中。

第三节　政府预算收支分类科目设置的演变

一、计划经济及转轨时期政府预算收支分类科目设置

新中国成立以来,与预算管理体制改革以及国家重大经济政策调整相适应,我国预算收支分类科目在不同时期也有较大的变化和调整。主要演变情况如下。

新中国成立初期,我国预算收支科目表现出较强的计划经济、统收统支色彩。比如,当时收入科目设置比较简单,仅仅只设了7个款级科目,即公粮收入、各项税收、国家企业收入、清理仓库收入、发行公债收入、苏联贷款收入、其他收入。到了1953年,我国开始进入第一个五年计划时期,为了加强预算资金的核算,预算收入科目开始划细,按预算收入形式设置了各项税收类、企业收入类、信贷保险收入类、其他收入类等"类"级科目。其中,企业收入类包括企业利润收入、企业提缴折旧基金收入、企业固定资产变价收入、企业缴回流动资金收入;其他收入类包括事业收入、特种资金收入等。"类"下按管理的需要分别设了"款、项、目"三级科目。支出科目也相应划分为:经济建设费类、科教文卫费类、行政管理费类、国防费类、债务支出类、其他支出类等六个大类。以后随着预算收入形势和内容的变化,虽然四级科目的具体内容有所增减变化,但分类原则和方式一直没有改变。

1956年,预算收入科目分类适当简化。类级科目按收入性质划分为:税收收入,国营企事业单位收入、借款收入、调拨收入。支出科目基本没有大的改变。

1979年,由于合并税种,简化税制,收入科目划分更趋向简单。类级科目主要包括:企业收入、企业上缴基本折旧基金、各项税收、预算调拨收入、其他收入。支出科目划分的方法也由原来的按支出的经济性质划分改为按支出的具体用途划分。具体划分为基本建设支出、流动资金支出、科技三项费用支出、行政管理支出、国防支出、预算调拨支出、预备费等大类。

1984—1986年,经过国营企业第一步、第二步利改税,税收已成为我国预算收入的主要形式。同时,为体现新税制和加强财务管理的需要,国家预算收支分类体系有了较大的变化,尤其是收入科目进行了大幅度的调整。主要收入大类包括:工商税收类、关税类、农业税类、国营企业所得税类、国营企业调节税类、国营企业上缴利润类、国营企业计划亏损补贴类、国家能源交通重点建设基金类、债务收入类、专款收入类、预算调拨收入类、其他收入类。而预算支出分类的具体内容变化不是很大,只有个别的"类"级科目、"款"级科目作了增减变化。

1987—1993年,总体上看,预算收支科目的类、款、项、目四级科目的具体内容有所增减变化,但基本框架和分类方法一直没有改变。

二、市场经济时期政府预算收支分类科目设置

1992年党的十四大明确提出中国经济体制改革的目标是建立社会主义市场经济体制。为了适应社会主义市场经济改革的需要,我国对财税体制、投融资管理体制、金融管理体制、外汇管理体制等进行了重大改革。与新的财政管理体制和税收管理体制改革的需要相适应,将政府性基金逐步纳入预算管理,并对预算收支分类科目也进行了重大调整。

从1997年开始,政府预算收支科目分为一般预算收支科目和基金预算收支科目两大部分。调整后的收入科目划分一般预算收入科目和基金预算收入科目。其中,一般预算收入科目分类体系也有所调整。其类级科目主要包括:增值税、消费税、营业税、企业所得税、企业所得税退税、资源税、国有资产经营收益、国有企业计划亏损补贴、行政性收费收入、罚没收入、海域场地矿区使用费收入、专项收入、一般预算调拨收入、其他收入等;基金预算收入"类"级科目包括:工业交通部门基金收入、商贸部门基金收入、文教部门基金收入等。支出科目划分为一般预算支出科目和基金预算支出科目。其中,一般预算支出"类"级科目主要包括:基本建设支出类、企业挖潜改造资金支出类、简易建筑费类、地质勘探费类、科技三项费用支出类、流动资金类、支援农业生产支出类、农业水利气象等部门事业费类、工业交通等部门事业费类、流通部门事业费类、教育事业费、国防支出类、行政管理费类、公检法司支出类、总预备费支出、一般预算调拨支出、其他支出类等大类。基金预算支出"类"级科目包括:工业交通部门基金支出、商贸部门基金支出、文教部门基金支出、农业部门基金支出等。

1998年,我国对预算收支科目进行了重大调整,调整后的收支科目划分为三部分,即一般预算收支科目、基金预算收支科目、债务预算收支科目。前两类收支科目的主要内容没有大的变化,只是个别的类、款级科目作了增减调整。而债务预算收入科目主要包括国内债务收入和国内债务还本支出,国外债务收入和国外债务还本支出。

此后几年,预算收支科目的具体内容做了增减调整,但基本的分类方法一直没有改变。

2007年,我国对政府预算收支科目又一次进行了较大幅度的调整,这也是新中国成立以来我国财政收支分类统计体系变化最大的一次调整,其具体内容将在本章第四节中讲述。

第四节 政府预算收支分类改革

一、2007年政府预算收支分类改革的背景

我国原有的预算收支分类科目,是参照原苏联财政管理模式确定的,是与计划经济体制下的建设型财政管理体制相适应的。几十年来,根据不同时期财政经济运行的情况和特点,作过一些调整,但基本框架一直没有大的变化。客观地说,过去的预算收支

科目基本适应了不同历史时期政府管理和财政预算管理的需要。但随着我国社会主义市场经济体制的发展,公共财政框架的建立和财政预算管理改革的不断深化,以及对外开放和国际交流的迅速扩大,原预算收支分类体系存在的问题越来越突出,已成为制约各项改革深化的因素。原预算收支分类科目存在的主要问题如下。

1. 原支出科目不能直观、明晰地反映政府的各项职能活动,不能体现社会主义市场经济和公共财政的基本要求

(1) 我国原来的政府收支分类体系是从计划经济时期沿袭下来的,带有较强的计划经济和生产建设型财政的色彩。如排在前几位的支出大类科目分别是基本建设支出、企业挖潜改造资金支出、地质勘探费、科技三项费用、流动资金支出、支援农业生产支出。这显然与市场在资源配置中起决定性作用以及政府提供公共服务,弥补市场失灵的职能转变不相适应。

(2) 原来的支出大类科目是按支出经费性质设置的,即把政府的各项支出划分为行政费、事业费、基本建设支出等,这种分类方法有一个优点,就是便于按资金的支出性质切块分配管理。但它也有一个很大的缺点,就是反映不出政府履行某项职能总共花了多少钱。

(3) 从政府的角度讲,这种不能集中反映政府职能的支出分类方法,对合理转变政府职能,不断优化支出结构,进一步完善宏观调控等,也是十分不利的。

2. 原预算收支分类方法缺少一套完整、统一的支出经济分类体系,不利于做细、做实政府预算

按照国际通行做法,政府支出必须通过两种分类反映:一是反映政府职能活动的支出功能分类,如教育、农业、国防等支出;二是反映政府支出的经济性质和具体用途的支出经济分类,如工资、办公费、会议费、设备购置费等。而支出经济分类体系是政府预算编制以及单位财务会计核算的重要依据。2001年以前,财政部在支出类、款、项科目之后附设了基本工资、公务费、业务费等12个支出"目"级科目,类似于国外的支出经济分类。但是这些"目"级科目并不构成一个完整的支出经济分类体系。一是它的涵盖范围有限,只能反映行政事业单位的部分经费支出,比如基本建设支出项目就无法反映;二是科目设计较粗。在实际执行中,部门和地方虽然又增设了一些"节"级科目,但由于口径不一致,给统计分析和财政、财务监管都带来了很大不便。尽管财政部根据逐步细化部门预算的要求,2006年增加到35个"目"级科目,但仍然不是一个相对独立、并能全面反映政府支出活动的支出经济分类体系,仍然不能完全满足做细、做实政府预算的要求。

3. 原收支分类涵盖的范围偏窄,不能准确反映政府收支活动的全貌

我国长期以来实行统收统支的预算管理体制,政府收支分类虽然只反映财政预算内收支,但这种分类内容基本涵盖了当时体制下的所有政府收支活动。改革开放以后,由于经济管理模式和预算管理体制的调整,部门单位企业的自主权不断扩大,各类预算外收支及行政事业单位自收自支项目不断增加,政府收支范围发生了很大变化,但原政府预算收支科目仍然只反映预算内收支活动,没有包括应该纳入政府收支范围的财政预算外收支和非国库划转的社会保险基金收支,这就给政府收支的全面反映、总量控制、结构调整等带来较大困难。

4. 财政收支统计口径与国外有较大差别,不利于进行国际比较与交流

我国国民经济核算体系、金融统计核算体系都按国际通行标准做了调整和改革,但由于各方面原因,政府预算收支科目体系一直未作类似调整。受政府收支科目涵盖范围和分类标准的影响,我国预算统计口径与国外存在较大差异,财政部门和国家统计部门每年都要作大量的口径调整和数据转换工作,尽管如此,还是难以保证有关数据的标准性以及与其他国家之间的可比性。为此,世界银行、国际货币基金组织一再要求我们尽快进行政府收支分类改革。

如果用较为简单的语言来表述原收支分类体系存在的问题,就是"体系不合理、内容不完整、分类不科学、反映不明细"。

为解决原有预算科目中存在的主要问题,全国人大、国务院、中纪委等有关方面对政府收支分类改革都提出了明确的要求。早在1999年,国务院有关领导就曾提出:"要着手进行政府收支分类改革,为细化预算编制,推行国库集中收付和政府采购制度创造有利条件。"全国人大财经委员会在《关于2003年中央决算的审查报告》中特别指出,"科学规范的政府预算科目体系,对于加强预算管理具有重要意义",并建议"抓紧制定并推行新的政府预算收支科目体系"。全国人大预算工作委员会表示:"政府收支分类改革是一项非常重要的工作,它不仅对预算编制、预算执行具有十分重要的意义,也将对今后各级政府职能的调整、建立公共财政起到十分重要的推动作用。对这项改革,我们将给予充分支持。"中纪委也指出,新的政府收支分类是"加强预算管理,促进源头反腐的一项重大财政改革"。一时间,社会各界对推行政府收支分类改革,提高政府预算透明度的呼声也越来越高。各级政府在深化各项财政改革,加强财政预算管理,完善公共财政体制的进程中,也迫切希望尽快对原计划经济体制下设计出来的科目体系进行改革,以适应财政管理由重分配向重绩效进行转变的客观需要。

按照国务院和财政部的部署,财政部预算司从1999年年底开始启动收支分类改革的研究工作,2002年财政部着手拟定政府收支分类全面改革方案,2005年1～8月,财政部选择6个中央部门和5个省、市进行财政收支分类改革模拟试点工作。2005年12月27日,国务院批准于2007年1月1日起全面实施政府收支分类改革。

二、政府预算收支分类改革的目标和原则

(一)改革的主要目标

政府预算收支分类改革的目标,就是要适应市场经济条件下转变政府职能、建立公共财政体系的总要求,逐步形成一套既适合我国国情,又符合国际通行做法的较为规范合理的政府预算收支分类体系,为进一步深化财政改革,提高预算透明度、强化财政监督创造有利条件。具体科目设计目标是:"体系完善、反映全面、分类明细、口径可比、便于操作。"

(二)改革的基本原则

1. 公开透明

确保按新科目编制的预算符合市场经济条件下公共财政的基本要求,既要让政府

预算自己说得明白,又要让一般老百姓看得懂。

2. 符合国情

政府预算收支分类改革,既要合理借鉴国际经验,实现与国际口径的有效衔接,又要充分考虑我国目前的实际情况,尽可能满足各方面的管理需要。

3. 便于操作

概括地讲,政府预算收支分类改革就是既要形式规范、公开透明,又要便于操作。此外,政府预算收支分类改革,还要有利于公共财政体系的建立,有利于预算的公正、公开、细化,还要有利于加强财政经济分析与决策。

三、政府预算收支分类改革的主要内容

政府预算收支分类改革以建立包括收入分类、支出功能分类和支出经济分类在内的政府收支分类体系为目标,改革主要从三个方面展开。

第一,对政府收入进行统一分类,全面、规范、细致地反映政府各项收入。收入分类全面反映政府收入的来源和性质,不仅包括预算内收入,还包括预算外收入、社会保险基金收入等应属于政府收入范畴的各项收入。从分类方法上看,原收入分类只是各种收入的简单罗列,如各项税收、行政事业性收费、罚没收入等。新的收入分类按照科学标准和国际通行做法将政府收入划分为税收收入、社会保险基金收入、非税收入、贷款转贷回收本金收入、债务收入以及转移性收入等,这为进一步加强收入管理和数据统计分析创造了有利条件。从分类结构上看,原收入分类分设类、款、项三级,改革后分设类、款、项、目四级,多了一个层次。四级科目逐级细化,以满足不同层次的管理需求。

第二,建立支出功能分类体系,更加清晰地反映政府各项职能活动。支出功能分类不再按基本建设费、行政费、事业费等经费性质设置科目,而是根据政府管理和部门预算的要求,统一按支出功能设置类、款、项三级科目。类级科目综合反映政府职能活动,如国防、外交、教育、科学技术、社会保障和就业、环境保护等;款级科目反映为完成某项政府职能所进行的某一方面的工作,如"教育"类下的"普通教育";项级科目反映为完成某一方面的工作所发生的具体支出事项,如"水利"款下的"抗旱""水土保持"等。新的支出功能科目能够清楚地反映政府支出的内容和方向,可有效解决原支出预算"外行看不懂、内行说不清"的问题。

第三,建立支出经济分类体系,全面、规范、明细地反映政府各项支出的具体用途。按照简便、实用的原则,支出经济分类科目设类、款两级。类级科目具体包括:工资福利支出、商品和服务支出、对个人和家庭的补助、转移性支出、基本建设支出等。款级科目是对类级科目的细化,主要体现部门预算编制和预算单位财务管理等有关方面的具体要求。如基本建设支出进一步细分为房屋建筑物购建、专用设备购置、大型修缮等。全面、明细的支出经济分类是进行政府预算管理、部门财务管理以及政府统计分析的重要手段。

(一)收入分类

按照全面、规范、细致地反映政府各项收入来源和性质的要求,对政府收入进行统一分类,将原来的一般预算收入、基金预算收入、社会保障基金收入和预算外收入等统

一纳入政府收入分类体系。根据我国政府收入构成情况,结合国际通行的分类方法,将政府收入分为"类、款、项、目"四级,四级科目逐级细化,以满足不同层次的管理需要。其中类、款科目设置基本情况如下。

1. 税收收入

税收收入分设以下 21 款:增值税、消费税、营业税、企业所得税、企业所得税退税、个人所得税、资源税、固定资产投资方向调节税、城市维护建设税、房产税、印花税、城镇土地使用税、土地增值税、车船税、船舶吨税、车辆购置税、关税、耕地占用税、契税、烟叶税、其他税收收入。

2. 社会保险基金收入

社会保险基金收入分设以下 6 款:基本养老保险基金收入、失业保险基金收入、基本医疗保险基金收入、工伤保险基金收入、生育保险基金收入、其他社会保险基金收入。

3. 非税收入

非税收入分设以下 8 款:政府性基金收入、专项收入、彩票资金收入、行政事业性收费收入、罚没收入、国有资本经营收入、国有资源(资产)有偿使用收入、其他收入。

4. 贷款转贷回收本金收入

贷款转贷回收本金收入,是反映收回的政府部门向外国政府、国际金融机构借款转贷给地方政府、相关部门和企业的款项。贷款转贷回收本金收入分设以下 4 款:国内贷款回收本金收入、国外贷款回收本金收入、国内转贷回收本金收入、国外转贷回收本金收入。

5. 债务收入

债务收入分设以下 2 款:国内债务收入、国外债务收入。

6. 转移性收入

转移性收入分设以下 10 款:返还性收入、一般性转移支付收入、专项转移支付收入、政府性基金转移收入、预算外转移收入、地震灾后恢复重建补助收入、上年结余收入、调入资金、地震灾后恢复重建调入资金、债券转贷收入。

上述预算收入分类方法与原政府预算收入分类方法相比,具有以下三个特点:

一是扩展了涵盖内容。新分类方法在原有一般预算收入、基金预算收入、债务预算收入之外,又增加了财政预算外收入和社会保险基金收入,从而形成了完整、统一的政府收入分类。社会保险基金收入国外一般是税收收入,按我国现行管理制度,严格地讲,社会保险基金收入不是政府财政收入,但考虑到与国外口径相比,财政部作了上述处理。

二是规范了分类标准。从大的分类框架和分类涵盖范围方面采用了国际通行做法,与国际不同的主要是用"非税收入"替换了它的"其他收入"。因为政府收入除税收外,其他收入均为非税收入,财政部考虑到目前财政部门已广泛使用这个概念,并且有确切的内涵,为了进一步加强非税收入的管理,就采用了这个概念。

三是增强了分析功能。由于新分类方法与国外口径一致,进行国际比较分析将更加便利。

> **专栏 3-1** 国际货币基金组织对政府收入的分类
>
> 国际货币基金组织在《2001年政府财政统计手册》中,将政府收入划分为税收、社会缴款、赠与、其他收入四类,具体情况如下:
> 一、税收收入。类下细分为:对所得、利润和资本收益征收的税收,对工资和劳动力征收的税收,对财产征收的税收,对商品和服务征收的税收,对国际贸易和交易征收的税收,其他税收等。
> 二、社会缴款。类下细分为:社会保障缴款和其他社会缴款。其中社会保障缴款又按缴款人细分为雇员缴款、雇主缴款、自营职业者或无业人员缴款、不可分配的缴款。
> 三、赠与。类下细分为:来自外国政府赠与、来自国际组织赠与和来自其他广义政府单位的赠与。
> 四、其他收入。类下细分为:财产收入,出售商品和服务,罚金、罚款和罚没收入,除赠与外的其他自愿转移,杂项和未列明的收入等。
> 资料来源:http://www.mof.gov.cn。

(二) 支出功能分类

支出功能分类主要反映政府职能活动的不同功能和政策目标,说明政府究竟做了什么事。根据社会主义市场经济条件下政府职能活动情况及国际通行做法,将政府支出分为"类、款、项"三级科目。"类"级科目综合反映政府职能活动;"款"级科目反映为完成某项政府职能所进行的某一方面的工作;"项"级科目反映为完成某一方面的工作所发生的具体支出事项。三级科目由大到小、由粗到细,分层次设置。

支出功能分类的具体内容包括:

1. 一般公共服务

一般公共服务分设以下32款:人大事务、政协事务、政府办公厅(室)及相关机构事务、发展与改革事务、统计信息事务、财务事务、税收事务、审计事务、海关事务、人事事务、纪检监察事务、人口与计划生育事务、商贸事务、知识产权事务、工商行政管理事务、食品和药品监督管理事务、质量技术监督与检验检疫事务、国土资源事务、海洋管理事务、测绘事务、地震事务、气象事务、民族事务、宗教事务、港澳台侨事务、档案事务、共产党事务、民主党派及工商联事务、群众团体事务、彩票事务、国债事务、其他一般公共服务支出。

2. 外交

外交分设以下8款:外交管理事务、驻外机构、对外援助、国际组织、对外合作与交流、对外宣传、边界勘界联检、其他外交支出。

3. 国防

国防分设以下3款:现役部队及国防后备力量、国防动员、其他国防支出。

4. 公共安全

公共安全是反映政府维护社会公共安全方面的支出,公共安全分设以下10款:武装警察、公安、国家安全、检察、法院、司法、监狱、劳教、国家保密、其他公共安全支出。

5. 教育

教育分设以下10款：教育管理事务、普通教育、职业教育、成人教育、广播电视教育、留学教育、特殊教育、教师进修及干部继续教育、教育附加及教育基金支出、其他教育支出。

6. 科学技术

科学技术分设以下9款：科学技术管理事务、基础研究、应用研究、技术研究与开发、科技条件与服务、社会科学、科学技术普及、科技交流与合作、其他科学技术支出。

7. 文化体育与传媒

文化体育与传媒分设以下6款：文化、文物、体育、广播影视、新闻出版、其他文化体育与传媒支出。

8. 社会保障和就业

社会保障和就业分设以下17款：社会保障和就业管理事务、民政管理事务、财政对社会保险基金的补助、补充全国社会保障基金、行政事业单位离退休、企业关闭破产补助、就业补助、抚恤、退役安置、社会福利、城市居民最低生活保障、其他城镇社会救济、农村社会救济、自然灾害生活救助、红十字事业、其他社会保障和就业支出。

9. 社会保险基金支出

这里需要说明的是，在将社会保险基金包括在内统计政府支出时，应将财政对社会保险基金的补助以及由财政承担的社会保险缴款予以扣除，以免重复计算。本类分设以下6款：基本养老保险基金支出、失业保险基金支出、基本医疗保险基金支出、工伤保险基金支出、生育保险基金支出、其他社会保险基金支出。

10. 医疗卫生

医疗卫生分设以下10款：医疗卫生管理事务、医疗服务、社区卫生服务、医疗保障、疾病预防控制、卫生监督、妇幼保健、农村卫生、中医药、其他医疗卫生支出。

11. 环境保护

环境保护分设以下10款：环境保护管理事务、环境监测与监察、污染防治、自然生态保护、天然林保护、退耕还林、风沙荒漠治理、退耕还草、已垦草原退耕还草、其他环境保护支出。

12. 城乡社区事务

城乡社区事务分设以下10款：城乡社区管理事务、城乡社区规划与管理、城乡社区公共设施、城乡社区住宅、城乡社区环境卫生、建设市场管理与监管、政府住房基金支出、土地有偿使用支出、城镇公用事业附加支出、其他城乡社区事务支出。

13. 农林水事务

农林水事务分设以下7款：农业、林业、水利、南水北调、扶贫、农业综合开发、其他农林水事务支出。

14. 交通运输

交通运输分设以下4款：公路水路运输、铁路运输、民用航空运输、其他交通运输支出。

15. 采掘电力信息等事务

采掘电力信息等事务分设以下 18 款：采掘业、制造业、建筑业、电力监管支出、工业和信息产业监管支出、安全生产监管、国有资产监管、支持中小企业发展和管理支出、其他采掘电力信息等事务支出。

16. 粮油物资储备管理等事务

粮油物资储备管理等事务反映政府对粮油物资储备等事务支出。其具体包括：粮油事务支出、商业流通事务、物资储备支出、旅游业管理与服务支出、涉外发展服务支出、外商投资环境建设补助资金等 8 款。

17. 金融监管等事务支出

金融监管等事务支出反映金融保险业监管等事务方面的支出，分设以下 6 款：金融部门行政支出、金融部门监管支出、金融发展支出、金融调控支出、农村金融发展支出、其他金融监管等事务支出。

18. 地震灾后恢复重建支出

地震灾后恢复重建支出反映在车辆购置税、彩票公益金及其他政府性基金之外安排的汶川地震灾后恢复重建支出。其分设以下 8 款：倒塌毁损民房恢复重建、基础设施恢复重建、公益服务设施重建、农业林业恢复生产和重建、工商企业恢复生产和重建、党政机关恢复重建、军队武警恢复重建支出、其他恢复重建支出。

19. 预备费

反映预算中安排的预备费。

20. 国债还本付息支出

国债还本付息支出反映国债还本、付息、发行等方面的支出，包括国库券还本、向国家银行借款还本、向外国政府借款还本、国内国外债务付息等 13 款。

21. 其他支出

其他支出反映不能划分到上述功能科目的其他政府支出，分设以下 5 款：年初预留、住房改革支出、其他政府性基金支出、汶川地震捐赠支出、其他支出。

22. 转移性支出

转移性支出反映政府的转移支付以及不同性质资金之间的调拨支出，分设以下 8 款：返还性支出、一般性转移支付、专项转移支付、政府性基金转移支付、预算外转移支出、地震灾后恢复重建补助支出、调出资金、年终结余、债券转贷支出。

需要说明的是，支出功能项级科目没有完全按政府职能分类，而是根据预算细化和财政支出统计分析的需要，采用了四种不同的办法。

一是按职能设置。例如，机关服务、小学教育、中学教育、高中教育、高等教育、中医医院、综合医院等。这类项级科目，着重于相关单位如机关服务中心，小学、初中、高中支出的完整反映。比如小学教育，原来用于小学教育的基本建设支出、教育事业费等都要归集在小学教育科目下，这样能完整反映某个小学的支出，便于自上而下进行统计。

二是按活动设置。以全国人大机关的支出为例。全国人大机关预算分为基本支出预算，项目支出预算。对单位的基本支出，单独设置行政运行科目反映；基本支出之外的项目支出，属于专门活动的，如人大会议、代表培训、代表工作，单设人大会议、代表培训、代表工作反映,其他项目支出,未单设科目的,则设置一般行政管理事务反映。按活动设置项级科目,着重于相关单位支出的细化。如各级人大的支出,通过行政运行、人大会议、代表培训等科目反映,单位的支出被分解,比较细化,也比较透明。

三是分行业设置。对企业的支出,统一按国家统计局新的《国民经济行业分类》设置。比如,在工业商业金融等事务类下的制造业下,设置了纺织业、医药制造业、非金属矿物制造业、电器机械及器材制造业等项,以与国民经济行业统计一致。

四是按资金用途设置。各项专项资金和政府性基金支出,2006年分别在一般预算支出、基金预算支出单设科目反映。为保证管理的延续,2007年支出科目分别在相关功能分类类、款下设置项级科目。如教育附加费支出,在教育类下单独设项反映;养路费支出在交通运输类下的公路和水路运输下单独设项反映。这样在汇总时,不仅教育和交通运输两个功能支出是完整的,而且将上述项级科目单独拿出来,也能够得到整个基金的收支情况。

与原支出分类相比,新的支出功能分类主要有五个特点:

一是分类范围完整。新的支出分类涵盖了包括财政预算内、外和社保基金在内的所有政府支出,从而改变了财政预算外资金长期游离于政府收支分类体系之外的状况。

二是分类标准规范。即统一按支出功能分类,确保集中、直观反映政府的职能活动。如过去政府用于教育方面的支出,分散在基金、企业挖改资金、科技三项费用、教育事业费、行政管理费用等好几类科目中。而新分类体系对教育单独设类,可全面反映政府的各项教育支出。

三是科目设置明细。充分体现了预算细化、透明的要求。如"医疗卫生"下设置了"医疗服务""疾病预防控制""妇幼保健""农村卫生"等款级科目,在款级科目"疾病预防控制"之下,又设置了"疾病预防控制机构""重大疾病预防控制""突发公共卫生事件应急处理"等,社会各方面普遍关注的支出事项。

四是便于比较交流。我国支出功能分类与国际货币基金组织的功能分类类级科目相比总体框架和分类原则是基本一致的,这就为同口径下的国际比较分析创造了有利条件。

五是充分考虑国情。比如,按国际通行分类方法,科学技术不能作为一个独立的功能分类科目,但是,为了适应科教兴国的战略要求,同时考虑目前我国科技经费管理的特殊需要,单设了"科学技术"类级科目。此外,为了更明细地反映我国政府的经济活动,将国际货币基金组织进行总括反映的"经济事务"科目拆分为"交通运输""农林水事务""工商金融等事务"三个大类。

专栏3-2 国际货币基金组织对政府支出功能的分类

按国际货币基金组织政府财政统计标准,政府支出功能分类主要包括:

一、一般公共服务。其包括行政和立法机关、金融和财政事务、对外事务,对外经济援助,一般服务,基础研究,一般公共服务"研究和发展",未另分类的一般公共服务,公共债务操作,各级政府间的一般公共服务等。

二、国防。其包括军事防御、民防、对外军事援助、国防"研究和发展"、未另分类的国防等。

三、公共秩序和安全。其包括警察服务、消防服务、法庭、监狱、公共秩序和安全"研究和发展"、未另分类的公共秩序和安全等。

四、经济事务。其包括一般经济、商业和劳工事务,农业、林业、渔业和狩猎业,燃料和能源,采矿业、制造业和建筑业,运输,通讯,其他行业,经济事务"研究和发展",未另分类的经济事务等。

五、环境保护。其包括废物管理、废水管理、减轻污染、保护生物多样性和自然景观、环境保护"研究和发展"、未另分类的环境保护等。

六、住房和社会福利设施。其包括住房开发、社区发展、供水、街道照明、住房和社会福利设施"研究和发展"、未另分类的住房和社会福利设施等。

七、医疗保障。其包括医疗产品、器械和设备,门诊服务,医院服务,公共医疗保障服务,医疗保障"研究和发展",未另分类的医疗保障等。

八、娱乐、文化和宗教。其包括娱乐和体育服务,文化服务,广播和出版服务,宗教和其他社区服务,娱乐、文化和宗教"研究和发展",未另分类的娱乐、文化和宗教等。

九、教育。其包括学前和初等教育、中等教育、中等教育后的非高等教育、高等教育、无法定级的教育、教育的辅助服务、教育"研究和发展"、未另分类的教育等。

十、社会保护。其包括伤病和残疾、老龄、遗属、家庭和儿童、失业、住房、未另分类的社会排斥、社会保护"研究和发展"、未另分类的社会保护等。

资料来源:http://www.mof.gov.cn。

(三) 支出经济分类

支出经济分类,主要反映政府支出的经济性质和各项支出的具体用途,即政府的钱是怎么花出去的,是付了工资、会议费,还是买了办公设备。

按照简便、实用的原则,支出经济分类科目设类、款两级,具体科目设置情况如下。

1. 工资福利支出

工资福利支出分设7款:基本工资、津贴补贴、奖金、社会保障缴费、伙食费、伙食补助费、其他工资福利支出。

2. 商品和服务支出

商品和服务支出分设30款:办公费、印刷费、咨询费、手续费、水费、电费、邮电费、取暖费、物业管理费、交通费、差旅费、出国费、维修(护)费、租赁费、会议费、培训费、招待费、专用材料费、装备购置费、工程建设费、作战费、军用油料费、军队其他运行维护费、被装购置费、劳务费、委托业务费、工会经费、福利费、其他商品和服务支出。

3. 对个人和家庭的补助

对个人和家庭的补助分设14款:离休费、退休费、退职(役)费、抚恤金、生活补助、救济费、医疗费、助学金、奖励金、生产补贴、住房公积金、提租补贴、购房补贴、其他对个人和家庭的补助支出。

4. 对企事业单位的补贴

对企事业单位的补贴分设 4 款：企业政策性补贴、事业单位补贴、财政贴息、其他对企事业单位的补贴支出。

5. 转移性支出

转移性支出分设 2 款：不同级政府间转移性支出、同级政府间转移性支出。

6. 赠与

赠与分设 2 款：对国内的赠与、对国外的赠与。

7. 债务利息支出

债务利息支出分设 6 款：国库券付息、向国家银行借款付息、其他国内借款付息、向国外政府借款付息、向国际组织借款付息、其他国外借款付息支出。

8. 债务还本支出

债务还本支出分设 2 款：国内债务还本、国外债务还本。

9. 基本建设支出

基本建设支出分设 9 款：房屋建筑物购建、办公设备购置、专用设备购置、交通工具购置、基础设施建设、大型修缮、信息网络购建、物资储备、其他基本建设支出。

10. 其他资本性支出

其他资本性支出分设 9 款：房屋建筑物购建、办公设备购置、专用设备购置、交通工具购置、基础设施建设、大型修缮、信息网络构建、物资储备、其他资本性支出。

11. 贷款转贷及产权参股

贷款转贷及产权参股分设 6 款：国内贷款、国外贷款、国内转贷、国外转贷、产权参股、其他贷款转贷及产权参股支出。

12. 其他支出

其他支出分设 5 款：预备费、预留、补充全国社会保障基金、未划分的项目支出、其他支出。

专栏 3-3　国际货币基金组织对政府支出按经济性质的分类

按照国际货币基金组织政府财政统计分类标准，政府支出按经济性质分类主要包括：

一、雇员补偿。包括工资和薪金（分现金形式的工资和薪金、实物形式的工资和薪金）和社会缴款（分实际的社会缴款和估算的社会缴款）。

二、商品和服务的使用。

三、固定资产的消耗。

四、利息。包括向非居民支付的、向除广义政府外的居民支付的和向其他广义政府单位支付的。

五、补贴。包括向公共公司提供的（分向金融公共公司提供的和向非金融公共公司提供的）和向私人企业提供的（分向金融私人企业提供的和向非金融私人企业提供的）。

六、赠与。包括向外国政府提供的(分经常性和资本性两种)、向国际组织提供的(分经常性和资本性两种)和向其他广义政府单位提供的(分经常性和资本性两种)。

七、社会福利。包括社会保障福利(分为现金形式的社会保障福利和实物形式的社会保障福利)、社会救济福利(分为现金形式的社会救济福利和实物形式的社会救济福利)、雇主社会福利(分为现金形式的雇主社会福利和实物形式的雇主社会福利)。

八、其他开支。包括除利息外的财产开支和其他杂项开支(分为经常性和资本性)。

资料来源:http://www.mof.gov.cn。

与原支出"目"级科目相比,新的支出经济分类有三个特点:

一是自成体系。原来的目级科目,只是挂在支出类、款、项科目下面的几个明细科目,是一个局部的、片面的概念,新的支出经济分类将原目级科目的人员支出、公用支出两大块进一步充实、细化工资福利、商品和服务支出、对个人和家庭的补助支出等内容,形成了一个完整的体系,可以独立反映所有政府支出活动。

二是充分细化。支出经济分类的款级科目设计成98个,可以充分满足细化预算编制,加强预算单位财务会计核算和经济分析等方面的要求。

三是运用广泛。原支出目级科目只能反映行政事业单位的部分经费支出情况,而在新的支出经济分类中,原目级科目不能反映的基本建设支出项目也能通过"基本建设支出"和"其他资本性支出"明细反映。此外,有关债务支出的内容也在经济分类中得到了细化反映。

可见,支出功能分类和支出经济分类从不同侧面、用不同方式反映了政府支出活动,它们既是两个相对独立的分类体系,可以分别使用,同时又相互联系,可以结合使用。

2007年政府收支分类改革完成后,可以说我国构建了现代政府收支分类的体系与框架,有力地推进了现代预算制度改革。实际上,在保持总体稳定的基础上,根据预算工作的需要,我国也在不断完善政府收支分类科目,财政部每年都会在原有基础之上,制定并实施新的政府收支分类科目。

如按《2024年政府收支分类科目》,政府收支分类科目主要包括:①一般公共预算收支科目。其中,一般公共预算收入类级科目包括4大类:税收收入、非税收入、债务收入、转移性收入;一般公共预算支出功能分类的类级科目包括27大类:一般公共服务支出、外交支出、国防支出、公共安全支出、教育支出、科学技术支出、文化旅游体育与传媒支出、社会保障和就业支出、卫生健康支出、节能环保支出、城乡社区支出、农林水支出、交通运输支出、资源勘探工业信息等支出、商业服务业等支出、金融支出、援助其他地区支出、自然资源海洋气象等支出、住房保障支出、粮油物资储备支出、灾害防治及应急管理支出、预备费、其他支出、转移性支出、债务还本支出、债务付息支出、债务发行费用支出;②政府性基金预算收支科目。其中,政府性基金预算收入科目的类级科目包括3大类:非税收入、债务收入、转移性收入;政府性基金预算支出功能分类科目的类级科目包括 14 大类:科学技术支出、文化旅游体育与传媒支出、节能环保支出、城乡社区支出、农林水支出、交通运输支出、资源勘探工业信息等支出、金融支出、其他支出、转移性支出、债务还本支出、债务付息支出、债务发行费支出、抗疫特别国债安排的支出;③国有资本经营预算收支科目。其中,国有资本经营预算收入类级科目包括 2 大类:非税收入、转移性收入;国有资本经营预算支出功能分类科目的类级科目包括 3 大类:社会保障和就业支出、国有资本经营预算支出、转移性支出;④社会保险基金预算收支科目。其中,社会保险基金预算收入类级科目包括 2 大类:社会保险基金收入、转移性收入;社会保险基金预算支出功能分类科目的类级科目包括 2 大类:社会保险基金支出、转移性支出。

根据《2024 年政府收支分类科目》,从支出经济分类科目看,①政府预算支出经济分类科目类级科目包括 15 大类:机关工资福利支出、机关商品和服务支出、机关资本性支出、机关资本性支出(基本建设)、对事业单位经常性补助、对事业单位资本性补助、对企业补助、对企业资本性支出、对个人和家庭的补助、对社会保障基金补助、债务利息及费用支出、债务还本支出、转移性支出、预备费及预留、其他支出;②部门预算支出经济分类科目类级科目包括 10 大类:工资福利支出、商品和服务支出、对个人和家庭的补助、债务利息及费用支出、资本性支出(基本建设)、资本性支出、对企业补助(基本建设)、对企业补助、对社会保障基金补助、其他支出①。

从《2024 年政府收支分类科目》调整情况看,财政部主要是根据国家机构设置变化、税收等政策变化、预算管理需要等因素,在《2023 年政府收支分类科目》的基础上,对 2024 年政府收支分类科目进行了完善。

2022 年政府收支分类科目修订主要内容

根据预算管理的需要,财政部修订了《2022 年政府收支分类科目》。

第一,根据取消社会抚养费的有关规定,删除一般公共预算收入科目"卫生健康行政事业性收费收入"(1030447 项)科目下的"社会抚养费"(103044732 目)科目。

第二,根据深化生态保护补偿制度改革的要求以及城乡建设用地增减挂钩节余指标跨省域调剂的有关规定,在一般公共预算收入科目中,增设"区域间转移性收入"(11021 款)科目,反映省及省以下政府间转移性收入,下设"接受其他地区援助收入""生态保护补偿转移性收入""土地指标调剂转移性收入""其他转移性收入"4 个"项"级科目;相应删除"接受其他地区援助收入"(11013 款)科目。在一般公共预算支出科目中,增设"区域间转移性支出"(23021 款)科目,反映省及省以下政府间转移性支出,下设"援助其他地区支出""生态保护补偿转移性支出""土地指标调剂转移性支出""其他转移性支出"4 个"项"级科目;相应删除"援助其他地区支出"(23013 款)科目。在政府

---

① 中华人民共和国财政部.2024 年政府收支分类科目[M].上海:立信会计出版社,2023.

预算支出经济分类科目中,增设"区域间转移性支出"(51307 款)科目,相应删除"援助其他地区支出"(51302 款)科目。

第三,根据开展新就业形态就业人员职业伤害保障试点工作的需要,在社会保险基金预算收入科目中,增设"职业伤害保障费收入"(1020404 项)科目,反映开展职业伤害保障试点的企业所缴纳的职业伤害保障费收入;修改"工伤保险基金利息收入"(1020403 项)科目说明。在社会保险基金预算支出科目中,增设"职业伤害保障支出"(2090404 项)科目,反映参加职业伤害保障试点的就业人员因职业伤害发生的职业伤害保障待遇、劳动能力鉴定费和委托商业保险机构承办服务费等支出。

资料来源:财政部.财政部关于修订 2022 年政府收支分类科目的通知[EB/OL].[2022-07-29]. http://www.mof.gov.cn.

案例分析题

1. 为什么要对政府收支分类科目进行适当修订?
2. 对政府收支分类科目进行修订应该注意些什么问题?

本章复习思考题

1. 简析政府预算收支分类的意义。
2. 试析预算收支分类的原则。
3. 分析说明政府预算收支分类改革的必要性及主要内容。
4. 简述新的支出经济分类的特点。
5. 简述新的支出功能分类的特点。
6. 分析政府预算收支分类改革对财政管理的影响。

二维码 3-1:
自测自评

二维码 3-2:
参考 PPT

第四章 政府预算体系

◎ **知识要点**

一般公共预算、社会保障预算、国有资本经营预算和政府性基金预算是我国政府预算体系的主要组成部分,本章以相关单体预算为重点,以政府预算体系的功能分工为主线,各有侧重地介绍和分析了一般公共预算、社会保障预算、政府性基金预算以及国有资本经营预算的相关知识点。

◎ **课程思政**

深入把握预算法有关预算体系的内容,深化对法治理念、法治原则、重要法律内容的认知;深刻理解《中华人民共和国宪法》、党的二十大报告关于社会保障的内容与精神;认识预算体系改革与创新取得的巨大成就。

◎ **本章结构图**

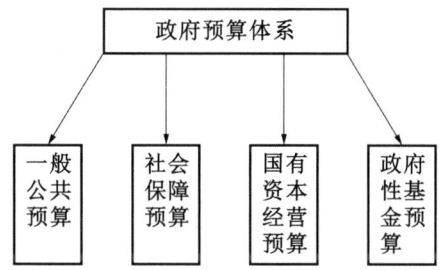

◎ **关键词**

政府预算体系　一般公共预算　社会保障预算　国有资本经营预算　政府性基金预算

第一节　一般公共预算

一、一般公共预算

（一）政府一般职能与政府预算体系

预算是规范和指导政府履行其职能的依据，也是政府参与国民收入分配与再分配的主要工具。1995年11月22日，国务院第三十七次常务会议通过并发布施行《中华人民共和国预算法实施条例》，该条例明确了我国政府复式预算改革的目标是逐步建立一个由政府公共预算、国有资产经营预算和社会保障预算为主，其他预算为辅的政府复式预算体系。2014年修订后的《中华人民共和国预算法》（以下简称《预算法》）第5条规定："预算包括一般公共预算、政府性基金预算、国有资本经营预算、社会保险基金预算"，"一般公共预算、政府性基金预算、国有资本经营预算、社会保险基金预算应当保持完整、独立。政府性基金预算、国有资本经营预算、社会保险基金预算应当与一般公共预算相衔接"。这是我国预算法第一次对复式预算体系进行界定，并以法律的方式明确了它们之间的关系。需要说明的是，《预算法》中明确规定是编"社会保险基金预算"而不是"社会保障预算"，看来在我国要编制完整的社会保障预算还需要进一步进行预算改革。在具体介绍我国社会保险基金预算之前，本书将先使用社会保障预算概念，这可更好体现政府预算全貌。建立和健全完整有效的政府预算体系，在优化资源配置、促进收入公平分配、加强宏观调控和反映监督政府行为等方面发挥着重要的作用。

1. 政府职能

政府职能与预算体系之间存在着密切的关系。一个完整预算体系能直观地反映政府职能范围及内容；反之，政府职能也决定了政府预算体系的设计和构建。在现实经济社会中，市场机制和政府机制两者都是保证经济正常运行的必要组成部分。人们关心的话题是，哪些事情应该由政府来做，哪些事情应该由市场来做，即政府职能范围的界定问题，在此基础上，进一步分析政府的预算体系。一般而言，可以从政府的自然属性、经济属性和社会属性三个层面来界定政府职能[①]。

政府的自然属性就是指政府作为政治权力的拥有者，为履行政治权力，需要维护国家机器的正常运转、保障公民人身及财产安全、发展社会公益事业。这就是政府的政治职能。

政府的经济属性是指在市场经济条件下，政府为了弥补垄断、公共产品、外部效应等资源配置领域的市场缺陷，对某些特定行业和部门的产品或劳务实行由国有企业公共生产或公共提供，以促进资源的优化配置。当政府作为国有资产所有者，其生产管理等经济活动范围覆盖到某些自然垄断或关系国计民生的行业的产品和服务，如政府所

---

① 这里政府职能的界定参考了杨君昌等.公共预算：政府改革的钥匙[M].北京：中国财政经济出版社，2008.

拥有的铁路企业、石化企业、通信企业等,需要保证国有资产的保值与增值。这就是政府的经济职能。

政府的社会属性是指政府是社会的管理者,应当要承担起弥补收入分配领域市场失灵的角色。市场经济追求资源配置的效率而没有顾及公平,市场机制要求按照人们的禀赋多少来分配收入,这可能会导致个人收入分配不公现象的产生。因此,为了促进社会收入的公平分配,推动和谐社会的发展,政府在坚持市场机制的前提下,还要兼顾公平,保证公民的个人收入分配差距不会太大,并积极构建科学合理的社会保障体系。这就是政府的社会职能。

在现实生活中,政府在政治、经济、社会三个方面都发挥着作用。政府的职能决定了预算体系的范围和内容,建立政府一般公共预算、国有资本经营预算和社会保障预算为主体的复式预算体系,是为了规范和指导政府履行其职能,提高预算的透明度和预算管理的科学程度,是政府不同职能的集中体现,也是我国社会主义市场经济体制下构建复式预算体系的基本目标。在我国还存在规模巨大的基金收支,因而形成政府基金性预算,这也是政府履行职能的重要保证。

2. 政府预算体系

一般公共预算、政府性基金预算、国有资本经营预算和社会保障预算构成的复式预算体系,从不同角度反映了政府的职能。本书中如没有特别说明,"公共预算"与"一般公共预算"意思相同。一般公共预算主要体现政府的政治职能,政府性基金预算主要体现政府的某些经济和社会职能,国有资本经营预算主要体现政府的经济职能,社会保障预算主要体现政府的社会职能,需要说明的是,四种单体预算不是简单地把政府预算分割为互不相关的独立板块,而是将其创建为既相对独立又相互统一的平衡的预算体系。

第一,四种单体预算相对独立。与我国传统的单式预算相区别,四种预算之间是相互独立的。四种预算在各自承担的预算职能、遵循的编制原则、运用的编制方法等方面均存在较大的差异。实现四种预算的相对独立,有利于实现政府的多元职能,有利于提高预算管理的精细化程度,也有利于人大实现对预算的决策和监督。具体来说,四种预算的相对独立性主要体现在以下三方面:①从形式上讲,政府性基金预算、社会保障预算和国有资本经营预算不再与一般公共预算混合编制,而是与一般公共预算共同构成预算体系上报人大;②从平衡方式上讲,四种预算收支平衡要求不同,但都力求分别实现收支平衡,继而在此基础上实现整体平衡;③从收入来源与支出结构讲,不同的预算收支都有很大差别。以一般公共预算与国有资本经营预算为例:一般公共预算的收入来源主要是税收收入,相应地支出为满足社会公共需要;国有资本经营预算的收入主要来源于国家以国有资本所有者身份取得的各种国有资本收益,国有资本经营预算支出目的是用于国有资本的再投入、扩大投资,这些支出包括对新建项目的资本金投入、向不同所有制企业参股控股、对国家鼓励发展的建设项目进行贴息等。

第二,四种单体预算相互统一。四种预算的相对独立,是在坚持相互统一前提下的相对独立。在现阶段,改革与发展的双重任务决定了政府需要建立统一的预算体系,片面强调四种预算的独立性会削弱政府的综合平衡能力,破坏财政的统一性。具体而言,一方面,一般公共预算既要承接国有企业改革过程中剥离的社会职能;另一方面,也承担着弥补社会保障基金缺口的责任。这种职能的交叉构成了四种预算实现统一的现实基础。四种预算的相互统一主要体现在三方面:从参与主体上讲,四种预算的编制执行过程都要强调财政部门的参与,而不是由相关部门独立编制和上报;从协调机制上讲,要建立四种预算的信息通道和对接科目,实现信息共享和整体平衡;一般公共预算处于主导地位,是政府预算的基础,政府性基金预算、国有资本经营预算、社会保障基金预算应当与一般公共预算相衔接。

第三,政府预算实现平衡。在以四种单体预算为主体的复式预算运行模式下,既要追求各个单体预算自身的平衡,又要保证政府预算的总体平衡。具体做法是在四种预算之间建立信息通道和资金通道,以实现信息共享和资金调剂。

坚持一般公共预算、政府性基金预算、社会保障预算、国有资本经营预算的统一与平衡,就必须要通过系统化的制度安排,加强各个预算间的协调与平衡,构建职能清晰、分工明确、沟通顺畅、运转协调的科学预算体系。

(二) 一般公共预算的特点与内容

一般公共预算、政府性基金预算、国有资本预算和社会保障基金预算是我国政府预算体系的主要组成部分,它们的地位和作用各有不同。其中,一般公共预算在预算体系中居主导地位。

一般公共预算是指政府以社会管理者身份,凭借政治权力筹集财政资金,用于维持政府公共活动,保障国家安全和社会秩序,发展各项社会公益事业支出的财政年度收支计划。《预算法》规定,一般公共预算是对以税收为主体的财政收入,安排用于保障和改善民生、推动经济社会发展、维护国家安全、维持国家机构正常运转等方面的收支预算。一般公共预算包括中央一般公共预算和地方一般公共预算。中央一般公共预算包括中央各部门(含直属单位)的预算和中央对地方的税收返还、转移支付预算。中央一般公共预算收入包括中央本级收入和地方向中央的上解收入。中央一般公共预算支出包括中央本级支出、中央对地方的税收返还和转移支付。地方各级一般公共预算包括本级各部门(含直属单位)的预算和税收返还、转移支付预算。地方各级一般公共预算收入包括地方本级收入、上级政府对本级政府的税收返还和转移支付、下级政府的上解收入。地方各级一般公共预算支出包括地方本级支出、对上级政府的上解支出、对下级政府的税收返还和转移支付。

从一般公共预算的定义和收支范围可以看出,政府公共预算主要反映的是政府的社会政治职能,主要保证政府基本职能和事业发展的资金需要,以及满足政府部门维持日常正常运转的需要。因此,为了实现政府的社会政治职能,在公共服务提供者的公共管理部门相应地需要建立起政府公共预算管理体系,以保障此类公共管理部门职能的实现。

一般公共预算作为政府预算体系的主要组成部分,是政府预算的基础,具备政府预算的一般特征,如年度性、法定性、综合性、公开性等;同时,也有自身的特点。

1. 一般公共预算的特点

(1) 一般公共预算的活动具有非营利性。一般而言,为市场提供公共服务的部分,应归入一般公共预算体系,使之只涉及市场失灵领域,即一般公共预算涉及的活动具有非营利性特征。与之相对应地,一般公共预算的范围应该不再包括对私人部门和某些准公共部门的企业、事业单位的投资,而应该限于非经营性的财政支出和公共投资。

(2)一般公共预算是保障政府政治职能和社会职能实现的基础。第一,一般公共预算是保障政府政治职能实现的基础。一般公共预算维系着国家机器运转及国防安全。国家机器运转和国防安全是政府履行职能的前提和基础,离开了国家机器运转和国防安全,国家的经济职能和社会保障职能会因此失去根基而被弱化甚至消亡。一般公共预算为保证国家机器运转和国防安全发挥着不可低估的作用。第二,一般公共预算主导着政府社会职能的履行。四种预算分离的基础是政府职能的多重性,其中,一般公共预算体现着政府的政治职能和社会职能。早在1776年,英国的经济学家、微观经济学的鼻祖亚当·斯密在回答政府职能这一问题的时候,明确指出了该由政府做的三件事:一是保护社会不受外国侵略;二是保护每一个社会成员免受社会中其他成员的不公正对待;三是建立和维护某些公共机构和公共工程。亚当·斯密提出的政府职能均可归结为政府的社会政治职能,这构成了政府最基本的职能,也是政府职能的核心部分。而政府的经济职能则是随着国家经济生活的日趋复杂化,客观上要求政府进行宏观调控而产生的,与政府的社会政治职能相比,处于次要地位。

(3)一般公共预算承担政府预算体系的托底责任。一般公共预算是政府预算体系的最后防线,承担着为政府预算托底的责任。

首先,国有资本盈利能力的不确定性决定了国有资本预算难于承担最终的平衡责任。尽管国有资本也追求利润,但是,国有资本的特殊所有者决定了国有资本不能像其他资本一样只追求利润,国有资本还要注重社会效益。事实上,国有资本往往需要进入那些经济效益较低甚至是负效益,而社会效益很高的行业,而这部分国有资本难以通过自身的运营实现增值,从而也难以为国有资本预算提供收入。特别是在我国经济转轨时期,一些竞争性领域的国有企业由于自身机制不够顺畅而陷于困境,难以成为国有资本预算的稳定收入来源。

其次,社保基金薄弱的承载能力及专款专用的特点决定了社保基金预算也难以为整体预算平衡提供资金支持。长期以来,中国社会保障的社会化程度较低,社保基金缺乏全盘的统筹规划,"空账"现象较为严重,加之缺乏良好的管理运作,基金的增值能力有限。同时,人口老龄化、国企改革、农村社保以及构建和谐社会的客观要求将使社会保障体系今后的承载压力大大增加,社保基金预算在相当长时期内处于较为紧张的运行状态,难以为平衡预算做出太大贡献。

再次,从现代公共财政的要求看,政府性基金预算的规模有一个不断压缩的趋势,只能处于预算体系的辅助地位。

最后,一般公共预算稳定增长的收入能够承担政府预算的托底责任。与国有资本预算、社保基金预算和政府性基金预算不同,一般公共预算的主要收入来源是税收,税收的强制性、无偿性和固定性为一般公共预算提供了良好的资金保证。改革开放以来,伴随经济的发展我国税收收入持续快速增长,使一般公共预算具备了稳定增长的预算收入来源,为负起政府预算体系的托底责任打下坚实的基础。

(4) 一般公共预算可以发挥政府预算的资源配置、收入分配和宏观调控功能。一般公共预算支出项目安排可以优化社会经济结构,实现对经济资源的再分配,具有资源配置功能。同时,一般公共预算的收支计划本身就反映着政府宏观调控的意图。另外,一般公共预算收支项目的设置也影响着政府预算收入分配功能的实现。

(5) 一般公共预算应该坚持收支平衡原则。一般公共预算与生产没有直接关系,公共预算的大多数活动属于公共消费,因此,基于政府预算的托底责任,理论上一般公共预算一般应遵守收支平衡的原则,债务收入一般不得也不适于消费性支出。

2. 一般公共预算的内容

伴随我国一般公共财政的发展,一般公共预算的体系也在不断完善。从一般公共预算收支的性质看,一般公共预算包括经常性收支预算和建设性收支预算。而从一般公共预算收支科目的构成看,或从预算编制的角度看,我国一般公共预算的内容包括:

(1) 一般公共预算的收入。根据《2024年政府收支分类科目》,一般公共预算收入主要包括四大类:税收收入,包括增值税、企业所得税、个人所得税、资源税、车船税等20个款级的收入;非税收入,包括专项收入、行政事业性收费收入、罚没收入、国有资本经营收入、国有资源(资产)有偿使用收入、捐赠收入等8个款级收入;债务收入,包括中央债务收入和地方债务收入;转移收入,包括返还性收入、一般性转移支付收入、专项转移支付收入、上年结余收入、调入资金、债务转贷收入等9个款级收入。其中,税收收入为公共预算的收入的主要来源。当然,从一级政府的公共预算收入构成看,可能只涉及某些收入项目。根据财政部《2023年中央一般公共预算收入预算表》数据,从2023年中央一般公共预算收入规模与结构看,本年度中央一般公共预算收入100 165.00亿元,其中税收收入为98 365.00亿元,占一般公共预算收入的98.2%,非税收入为1 800.00亿元,占一般公共预算收入的1.8%。一般公共预算收入加上调入中央预算稳定调节基金后,一般公共预算收支的缺口通过债务来弥补。

(2) 一般公共预算的支出。根据《2024年政府收支分类科目》,一般公共预算支出功能分类的类级科目包括27大类:一般公共服务支出、外交支出、国防支出、公共安全支出、教育支出、科学技术支出、文化旅游体育与传媒支出、社会保障和就业支出、卫生健康支出、节能环保支出、城乡社区支出、农林水支出、交通运输支出、资源勘探工业信息等支出、商业服务业等支出、金融支出、援助其他地区支出、自然资源海洋气象等支出、住房保障支出、粮油物资储备支出、灾害防治及应急管理支出、预备费、其他支出、转移性支出、债务还本支出、债务付息支出、债务发行费支出。当然,从一级政府的公共预算支出构成看,可能只涉及某些支出项目。根据财政部《2023年中央一般公共预算收入预算表》数据,从2023年中央一般公共预算支出规模与结构看,本年度中央一般公共预算支出139 015.00亿元,其中一般公共服务支出、外交支出、国防支出等中央本级支出共37 890.00亿元,占一般公共预算支出的27.3%,中央对地方转移支付为100 625.00亿元,占一般公共预算支出的72.4%,中央预备费500亿元,占一般公共预算支出的0.4%。

二、我国一般公共预算管理

一般来说,管理是人们为了达到特定目标而进行的有组织的活动。预算管理作为政府对集中性财力的计划管理,目的是使政府掌握的资源得到合理有效的利用,以利于经济稳定增长和社会的和谐发展。公共预算的特点和内容决定了公共预算要服务于维持政府公共活动的正常运转,保障国家安全和社会秩序稳定,推动各项社会公益事业发展。为了实现公共预算的目标,应该加强对相应的财政资金的管理。

(一) 公共经常性经费预算管理

公共经常性经费主要是指以保证政府职能正常运转和维护社会公共利益的支出所形成的财力配置,是用于国家政权建设、国防建设、社会文教等方面的资金,属于社会公共消费性质。国家政权建设和国防建设是一个国家得以存在的必要条件,是国内安全稳定、对外独立的基本条件。国家同时是社会管理者的代表,它必须对社会对人民负责。这就要求国家必须通过税收等方式来获取必要的资源,以满足其机构运行等经常性开支的需要。

1. 行政管理支出预算管理

(1) 行政管理支出的性质。行政管理支出是政府行政机关和类似行政机关的单位用于行政管理方面的支出,是政府为行使最基本的职能所需花费的支出,属于典型的社会公共消费性质。在我国,行政管理支出是政府公共支出中用于国家各级权力机关、行政管理机关、司法检察机关、外事机构履行其职能所需要的费用,包括人大、政协、政府机关、共产党机关、民主党派机关、社会团体等单位的行政管理经费。我国现行的预算科目,并没有专门的行政管理支出科目,但是在一般公共预算支出科目中,一般公共服务支出以及其他类级科目中的管理事务支出(包括行政运行、一般行政管理事务、机关服务、其他管理事务支出等)基本上都属于行政管理支出。

一国政府为实现其基本职能,例如维护市场经济的正常运行、维护国家政权的存在、开展对外交往等,都必须花费一定的经费。如果行政管理支出不足,势必影响国家行政机关的正常运作,降低服务效能。当然,行政管理支出也必须保持一个合理的限度,毕竟它只能消耗社会资源而不能直接创造社会财富。因此,对行政管理支出可采取"保证各级,厉行节约"的原则。行政管理支出的效率可通过民意调查或公民投票进行评价,并根据相关的财政财务制度,对行政管理支出进行考核。此外,还要综合考虑国家政治经济任务的要求。

(2) 行政经费管理需要注意的问题,主要包括:

第一,行政管理支出要保持好几个比例关系。在政府履行职能的过程中,不可避免地会产生行政管理支出,即行政管理支出是必要的。但考虑到行政管理支出的消费性,有必要对其进行合理的约束和控制。因此,在行政管理支出的预算管理过程中,有必要把握好行政管理支出与相关经济指标的比例关系,包括行政管理支出与经济增长应保持适当的比例;行政管理支出应与财政总收支保持适当比例;行政管理支出与经济建设性支出应保持适当比例。

总之,行政管理支出应与各项指标保持适当的比例关系。在实际政府管理活动中,这些比例如何确定和核算,制定出的比例又通过何种制度安排使之有效执行和被监督,也是值得关注的问题。

第二,行政管理支出要与政府行政效率相匹配。行政管理支出是政府在履行其职能过程中所耗费的社会资源,是全社会成员必须负担的社会成本,而政府提供的服务则可视作它的"产出"。据此,从理论上讲,我们可以通过对政府的投入-产出作成本-收益分析,收益与成本之比即为政府的行政效率。在耗费相等社会资源的条件下,政府能够提供的服务越多、质量越高,则其行政效率越高;相反,政府提供的服务数量越少、质量越低,而消耗的社会资源越多,则其行政效率必定低下。在政府所能提供的服务数量和质量既定的前提下,行政管理支出成本是决定政府效率的重要因素。伴随政府职能的转换、行政体制的改革,如何构建服务型政府、效率型政府,提高行政管理费的使用效率是预算管理应该考虑的问题。

第三,提高行政管理支出效率的途径。为了充分利用有限的财政资源,有必要提高行政管理支出效率。具体而言,可以从以下几方面入手:

首先,扁平化政府层级,精简机构,合理定编定员。积极推进行政体制改革,可考虑扁平化政府层次,精简机构和人员,做到根据政府职能设置机构和安排人员,坚持勤俭办事,节省财政开支。

其次,进一步完善预算管理体制。一是推进部门预算改革,科学测定政府行政支出需要,提高公共资金的使用效率;二是全面推行政府采购制度,扩大政府采购的范围,建立统一的信息管理系统,优化组合采购方式,以招标为主,辅之以其他采购方式;三是完善国库集中收付制度,优化政府收支行为,提高政府行政效率。

再次,加大预算日常管理,严格控制行政管理支出。精简各种会议和活动,科学制定和严格执行各类会议和活动的经费标准。加强公务活动中的经费管理,合理使用接待、考察等公务活动经费,大力倡导厉行节约之风,严格财经纪律,保护国家资源不受侵犯。尤其加强对"三公经费"的管理。

最后,建立健全行政经费支出绩效评价机制和监督制度。全面实施预算绩效管理,对政府行政支出预算规模进行控制,合理设计评估政府行政支出绩效的标准,全面分析政府支出行为的绩效,并将政府支出行为绩效的高低与政府部门预算挂钩,从而控制政府行政支出的规模。各级财政监督机关和审计部门,应根据现实情况,制定和构建监督考核指标体系和绩效评价指标体系,就经费支出的合规性和有效性,定期对各部门的行政经费预算执行情况、经费支出使用效益做出评估和定性,其结论作为考核部门领导人工作的重要依据之一。同时,提高公共预算的透明度,加强人大和社会监督的力度。建立健全科学的评价机制和监督机制,有利于提高广大机关工作人员和领导干部的自觉性,提高行政管理支出费的使用效率。

2. 事业发展经费预算管理

(1) 科教文卫经费预算管理。科教文卫经费支出是用于文化、教育、科学、卫生、体育、通讯、出版和广播等事业单位的经费支出,其范围广泛、内容丰富,包括文化事业费、教育事业费、科学事业费、卫生事业费、体育事业费、通讯事业费、广播电视事业费、文物事业费、地震事业费、海洋事业费和计划生育事业费等。我国现行的教育支出、科学技术支出、文化旅游体育与传媒支出、卫生健康支出都属于此类。科教文卫等事业的发展可以推动生产力发展和科技进步,普及和提高文化知识,为经济发展提供科研和人力支持。同时,科教文卫等事业的发展可以提高和丰富人民文化生活水平,改善物质生产条件,预防和治疗各种疾病,增强人民体质,培养有觉悟、知识过硬和身体素质过硬的综合人才。科教文卫等事业的发展在现代社会经济发展中发挥着越来越重要的作用,各国无不投入大量的资金,而且支出规模呈现日趋增长的趋势。因此,新时期下加强科教文卫支出的预算管理,提高科教文卫支出经费的使用效率,对促进我国的科学、教育、文化和卫生等事业的发展有着重要的意义。

第一,科学研究支出的预算管理应区别科学研究的性质采取不同的支持方式。从科学研究的消费方式来看,基础科学研究应由政府财政资金来支持;对于应用科学研究,政府的主要责任不是为其提供资金,而是用法律形式保障成果生产者的权益,并对专利加以保护。从科学研究的生产方式来看,政府参与科学研究的生产是必要的,但科学研究的生产方式应不拘一格,政府应鼓励和引导包括私人部门在内的各种社会力量参与基础科学及高风险的高新技术的研究与开发。

第二,政府教育支出应区别不同层次给予差别保障。从教育的消费方式来看,义务教育的资金筹集应全部由政府财政拨款解决;非义务教育应采用市场提供为主、政府补贴为辅的筹集方式。从教育的生产方式来看,公立学校与私立学校并存,相互补充,共同发展是一种合理的选择。

第三,政府医疗卫生支出应根据医疗卫生的不同属性采取不同的支持方式。从医疗卫生的消费方式来看,公共卫生事业的资金筹集应主要靠财政拨款解决;基本医疗采用个人付费、企业和政府补贴是一种最有效的提供方式。特需医疗的资金来源应是消费者个人付费。从医疗卫生的生产方式来看,公立与私立医疗机构并存,相互竞争,共同发展是合理的选择。

科教文卫等事业单位与企业单位具有明显不同,且具有社会消费性和非生产性的特征。科教文卫的外部性决定其具有市场缺陷,完全由市场提供则会导致其供应不足。科教文卫市场的缺陷为政府干预提供了理论依据,也为政府预算收支范围提供参考。

总的来说,应该按照科教文卫的不同性质和特点,科学调整该类政府支出的规模和结构。与支出对应,科教文卫等事业资金的筹集也要注意其合理性。一是以公共性程度确定政府财政的资金支持力度,对于满足社会公共需要所需的资金应主要由国家财政来提供;对其他事业单位所需资金可考虑由国家供应部分经费或彻底推向市场,具体的提供方式和额度取决于该单位所提供服务的性质。二是考核支出绩效。主要考核支出的实际结果与目标之间的差距。事业发展支出除关注数量外,更应关注质量。

(2)农林水利气象部门的事业费管理。该类事业费主要通过给相关农业事业单位提供补助费,促进农业技术和服务的推广和发展,从而达到提高农业生产力,减少农户生产成本,增加农民产出的目的。我国现行的农林水支出、自然资源海洋气象等支出都属于此类。

财政对农林水利气象部门的支出可采取如下方式:一是财政补贴制,如对农户所种粮食采取的财政直接补贴方式,对粮食流通企业实行的价格补贴等;二是财政补助制,如对水利气象部门的事业费等采取财政拨款予以补助。农林水利气象部门事业支出的有些收益可以内在化,如科研成果可采取有偿形式转让,有些活动可进行企业化经营,用市场效率的方式予以评估,其所需经费可由部门自己负担等。

3. 国防经费预算管理

国防支出用于国防建设、国防科技事业、各军兵种经常性开支、后备部队经常性开支、专项国防工程以及战时的作战费等。国防支出的性质是：一是不直接用于生产，但消费社会财富，属于纯公共品；二是形成财富生产的社会条件，保护人民生产和生活的安全，保护国家主权不受侵犯；三是调节社会经济的循环周转，影响生产。与行政管理支出相类似，国防支出同样是为保障政府职能的正常运行所必需的，国防支出规模也要与有关经济指标保持适当的比例关系。

为了提高国防支出的效率，应广泛采用成本-收益分析法，适当调整国防建设中各军种之间、各兵种之间、传统兵器与高技术兵器之间、人员费用和技术装备费用之间、战斗部队经费和后勤保障经费之间、军事装备研制费用和军事装备生产费用之间、常备军和后备军之间等一系列比例关系，使国防资源得以适当配置。

一般而言，国防支出的合理规模并没有一个明确的衡量指标，但国防支出的最低限度应至少能保证国家有足够的军事力量抵抗外来侵犯，保护国家领土和主权完整。习惯上，人们以国防支出占财政支出和国民收入的比例来衡量国防支出的规模，这一比例应有一个适合本国国情的度。该比例不能太高，太高则会挤占其他财政支出项目，阻碍综合国力的提升；该比例也不能太低，太低则会影响保家卫国的能力，满足不了全体社会成员对安全的消费需要。

另外，国防支出不仅具有政治、军事目的，它还会对经济产生一些特殊的外部效应，如带动高新技术发展、拉动需求、刺激发展等。因此，国防支出有时也是一种宏观调控手段。但是，国防支出增加的比重也应以不致使公私生产结构比例失调为原则。

总之，公共经常性经费是维持社会秩序、保障国家安全、保证政府职能运转和社会公共利益不断发展的必须支出。因此，加强公共经常性经费预算管理，对联络、协调和平衡各个分预算之间的关系起着重要的作用。

（二）公共建设性经费预算管理

1. 公共建设性经费支出管理

公共建设性经费主要用于公共基础建设项目，相应地，公共建设性经费管理主要是公共基础建设项目预算管理。具体来说，公共建设性经费支出主要包括行政事业单位的基本建设支出、重大公共工程建设支出和公用事业固定资产投资等。基础设施和基础产业是国民经济的基础，大部分基础设施和部分基础产业都具有外部性与自然垄断性的特点。该类设施和产业一般投资规模大、建设周期长。其中，基础设施不仅能够促进国民经济发展，而且会影响收入分配，缩小贫富差距，所以基础设施属于政府支出支持的重点范围。我国现行预算中的交通运输支出、国有资本经营预算支出基本属于此类。在一般公共预算、政府性基金预算、国有资本经营预算中，都会涉及此类支出。

在现实工作中，依据基础设施类型和区域的不同，强化政府对基础设施建设的预算管理，对降低建设性投资项目的成本，提高预算资金的效率，有重要意义。基础设施包括公共设施（电力、电信、自来水、卫生设施与排污、固体废弃物的收集与处理、管道煤气等）、公共工程（公路、大坝、灌溉及排水用的渠道工程等）、其他交通部门（城市及农村的交通、港口、内河航道、机场等）等。基础设施为整个社会的生产、消费提供"共同的生产条件"和"共同的流通条件",其效率的提高,不仅可以促进整个国家的经济发展,而且可以直接影响社会的收入分配。鉴于大部分基础设施属于混合公共产品,而且在排斥性、竞争性和外部性的表现上也有很大不同,因此,要根据基础设施的不同性质和性质上的不同差异,在基础设施的成本确认、成本补偿方式等方面确立不同的政府支出政策。

第一,对道路及交通的成本补偿方法可采用收费、收税及其他方法。在收费中要考虑对拥挤道路征收拥挤费,同时要考虑道路之间的替代性。在利用税收弥补交通道路成本时要注意利用普通税和使用者税的混合税收形式。

第二,对电信等基础设施有两种经营方式:国有化或政府管制下的自然垄断和竞争。对自然垄断的基础设施要进行以价格管制为主要内容的政府管制;对可以进行竞争经营的基础设施,可考虑采用两种方式:一是分解经营业务;二是增加新的"全能一体化"的经营者。

第三,对基础设施的筹资可以采用财政拨款、设立专用基金、利用外资、股份制方式融资、建立政策性银行、设立普通长期信用银行和个人投资等多种形式。由于政府财政支出十分有限,所以对非经营性基础设施主要应通过财政拨款进行筹资,而对经营性基础设施则主要采用发行政府债、向国外政府及国际金融机构低息借款、部分预算内拨款、各种基金等有偿资金转让的形式进行筹资。政府支出也可通过设立各种基金强化对基础设施建设的财政支持力度。当前,尤其要加强PPP模式的使用,通过公共部门和私人部门在公共建设领域的合作,共同提供公共产品和服务。

公共建设性预算的主体——公共基础建设项目的投资性支出不仅体现在发生支出的当期,也在以后各期继续发挥效用,具有跨期受益的特点。因此,在政府公共预算体系中,通常使用超过1年并且单位价值超过规定标准的支出项目做公共建设性支出。

2. 公共建设性经费收入管理

对于公共建设性经费的收入来源,主要有经常预算的结余、专项建设性收入、各类专项建设税类、公债等。公共建设性经费的资金来源,既可以是具有跨期特点的收入,也可以是当期收入。当当期收入有结余时,这部分结余可全部用作当期的公共建设性支出,或者也可以规定全部当期收入的一定金额或一定比例用于公共建设性支出。

3. 公共建设性预算的管理环节

(1) 公共建设性预算项目的立项采取计划管理。公共建设性预算项目通常是具有外部性或投入成本大、建设周期长的基本建设项目,直接影响着国家产业政策、国民经济发展战略目标和国家宏观调控,因此,需要加强公共建设性预算项目的计划管理。首先需确定公共建设性项目的总规模。在此基础上,结合国家的宏观政策和发展战略目标,合理地分配预算资金。公共建设性项目计划支出额反映了一定时期一国公共建设性支出的规模,构成安排当年公共建设性预算支出的主要依据。

(2) 项目建设进程中强化建设单位财务管理。建设单位需要配备专职基建财务管理人员,基建财务实行相对独立的管理。基建项目的日常财务管理,应保证基建财务与一般经费账务分开,促使工程决算和财务月报统计制度的有效实施;对建设单位财务加强日常监督与定期检查,防止各部门层层滞留和挪用资金。在期中,建设单位财务管理应该包括建立竣工财务决算签证制度,通过这项制度核减不合理开支,严格基建预算的约束。

(3) 建立"三算"审查制度,实行财政全程监管机制。"三算"审查制,即财政对项目建设过程中的工程设计概算、施工图预算和竣工决算进行评审,控制项目造价。由此,强化对财政基建支出预算的成立、执行、管理、考核等各环节和工程建设全过程的管理。

(4) 项目完工环节健全效益分析报告制。对基建项目,通过定期分析,及时、准确反映和分析预算投资资金的使用和效益情况。以具体真实的数据为依据,详细分析项目投资情况和预算投资来源情况、建设项目效果和项目投资政策分析,为完善公共建设性项目预算提供参考。

第二节　社会保障预算

"社会保障"一词源于英文"social security",原意是"社会安全"。1935 年,美国制定了历史上著名的《社会保障法》,率先使用了"社会保障"(social security)一词。后来其他国家和一些国际组织也相继使用了"社会保障"这一概念。经过发展,社会保障已逐步演变成一种世界性的社会制度,"社会保障"这个概念已被人们所广泛使用。而世界范围的社会保障则产生于 20 世纪五六十年代。与之相应地,社会保障预算是社会保障实践发展到一定阶段的产物,并随着社会经济和社会保障事业的发展而发展。从功能上讲,社会保障预算是反映社会保障基金收支及其结余运用活动的特定收支计划,是国家用来指导社会保障事业的重要工具。它建立在社会保障制度改革与发展的基础之上,为社会保障事业服务,并按照科学的预算管理方式运行,成为政府预算管理体系的重要组成部分。

享受社会保障是公民的基本权利。《中华人民共和国宪法》规定,"中华人民共和国公民在年老、疾病或者丧失劳动能力的情况下,有从国家和社会获得物质帮助的权利。国家发展为公民享受这些权利所需要的社会保险、社会救济和医疗卫生事业"。我国不断深化社会保障制度改革,并取得巨大成就。党的二十大报告指出,我国已"建成世界上规模最大的教育体系、社会保障体系、医疗卫生体系,教育普及水平实现历史性跨越,基本养老保险覆盖十亿四千万人,基本医疗保险参保率稳定在百分之九十五",同时,明确提出"健全覆盖全民、统筹城乡、公平统一、安全规范、可持续的多层次社会保障体系。完善基本养老保险全国统筹制度,发展多层次、多支柱养老保险体系",这充分体现了以人民为中心的发展思想,也为社会保障制度进一步改革指明了方向。

一、社会保障预算产生和发展

世界上第一个政府预算起源于 17 世纪的英国,之后,其他资本主义国家也接受了这一做法。随着社会保障事业的发展,社会保障收入和支出规模的扩大,许多国家考虑将社会保障纳入政府预算。社会保障收入列入政府预算的时间相对于社会保障支出列入政府预算的时间要早一些,大概在20世纪30年代,而社会保障支出到20世纪50年代才陆续出现在许多国家的政府预算中,但每一个国家的具体实施方案和模式以及发展程度各有不同。目前,世界上建立了社会保障制度的大多数国家,都已相应建立了社会保障预算制度。

(一)国外社会保障预算的产生和发展

1. 英国社会保障预算的产生和发展

1942年英国以《贝弗里奇报告》为指导,开始全面建设社会福利制度,至1948年,英国正式宣布建成福利国家,从而开创了影响世界的福利国家模式。与普惠式全民福利制度模式相适应,英国的社会保障预算采用的是典型的政府公共预算模式,社会保障收支全部纳入政府预算中的经常预算。英国的社会保障资金收入主要来源两个方面:大部分来源于国民的社会保障缴款;另一部分则来源于一般税收收入。英国的社会保障缴款收入与各项税收并列,是国内经常性收入的内容之一,被列为联邦政府经常性财政收入。社会保险福利和公共养老金作为公共部门的管理支出,被列入中央政府一般预算管理支出中,实行预算管理。英国社会保障预算特点主要包括:①社会保障预算不独立。英国的政府预算分为经常预算和资本预算,而没有独立的社会保障预算,社会保障收支内含于政府经常预算中;②社会保障收支全部列入政府预算进行管理。社会保障收入如同政府的各种税收,社会保障支出也如同政府的管理支出,全部在政府经常预算内管理;③社会保障收支在英国政府财政预算中占有重要地位。以2011—2012财政年度为例,社会保障缴款占中央政府经常收入的17.88%,是除所得税和关税外的第三大项经常收入;社会保险福利支出占中央政府全部管理支出的25.09%,是中央政府管理支出中的最大项目[①]。

2. 日本社会保障预算的产生和发展

日本在1868年明治维新后就开始学习德国等西方国家建立社会保障制度。日本现代意义上全方位、多层次的社会保障体系建设则始于1950年10月政府社会保障制度审议会发布的《关于社会保障制度的劝告》。从此以后,经过几十年的发展和完善,日本形成了一个复杂而完备的社会保障制度系统。日本社会保障制度内容包括社会保险制度、社会救济制度、社会福利制度、公共医疗卫生制度、老人保健制度等,其中日本社会保险制度中最重要和最复杂的内容,包括养老保险、医疗保险、工伤保险、失业保险和护理保险制度等几个部分。

日本实行复式预算制度,中央预算分为一般会计预算、特别会计预算和政府关联机构预算三大类。日本社会保障预算以特别会计预算为主,一般会计预算为辅。日本政府一般会计预算收入中没有关于社会保障的收入项目。日本政府仅在一般会计预算支出设立社会保障关系费支出,具体核算生活保护、社会福利、保健卫生、失业对策全部支出和国家承担的社会保险费或对社会保险基金补助支出。日本特别会计预算涉及社会保障项目,全部是社会保险基金,包括五个特别会计账户:厚生年金、船员保险、国民年

---

① 林治芬,李静茹. 美、英、日三国社会保障预算[J]. 中国社会保障,2013(3).

金、国立医院(医疗保险)、劳动保险(失业和工伤保险)[1]。

3. 美国社会保障预算的产生和发展

美国的社会保障预算经历了三个阶段:1937—1968年的独立预算、1969—1982年的统一预算、1983年以后的脱离一般政府预算,实行专项预算管理。

美国从1937年开征社会保障税,并于1939年依据《社会保障法》建立了社会保障信托基金,即老年、遗属及残疾保险信托基金,简称社会保障信托基金。从建立到1968年,美国社会保障信托基金一直独立在政府的预算体系之外。随着社会保障事业的发展,社会保障信托基金收支规模越来越大,社会保障对国家经济活动的影响也越来越大,与国家财政的关系也更加密切,客观上要求政府将社会保障信托基金预算统一到政府预算之中。从1969年到1982年,美国将社会保障信托基金纳入政府预算,建立了所谓的"统一预算"。但20世纪80年代,美国联邦预算出现巨额赤字,而社会保障计划本身却是盈余,出于各方面的考虑,又有人建议把社会保障划出政府预算。从1983年开始,美国社会保障信托基金逐步与政府经常性预算分开,采用相对独立的预算外方式管理。

所以,发展到今天,美国的社会保障预算分为国家预算之内的社会保障项目预算和单独列示于联邦预算之外以信托基金形式存在的社会保障信托基金预算,即分为预算内和预算外两个部分。按现行法律规定,社会保障支出项目,只有养老、遗属和残联保险信托基金,即"社会保障信托基金"列在预算外,而社会医疗保险基金、联邦/州失业保险基金、社会救助和社会福利项目等则列入预算内。预算内项目由总统预算与管理办公室负责编制,预算外项目由挂靠在财政部的基金管理委员会负责编制,同时该委员会每年向国会报告社会保障信托基金的收支状况,提出短期和长期基金的状况预测,并根据短长期预测就联邦社保基金的投资和征缴提出相应的方案[2]。

美国的社会保障预算资金主要包括两个部分:一是征缴社会保障税而形成的社会保障资金收入,这部分资金主要划入经常性预算外的保障信托基金专户;二是来源于一般性税收收入,主要用于安排社会福利支出和救济支出。2013年美国联邦政府社会保障税收入中,预算外管理的部分为70.6%,联邦政府社会保障支出中,预算外管理的部分为92.5%[3]。可见,美国联邦政府社会保障预算的收与支,主要是通过预算外的社会保障信托基金预算完成的。

由于各国财政体制、政治经济和文化习惯的差异,各国的社会保障预算模式和发展水平程度各有不同。通过研究和借鉴各国的经验,有利于找到适合中国国情的社会保障预算模式,有利于协调好我国政府公共预算、社会保障预算和国有经营资本预算等的关系。

(二) 我国社会保障预算的产生和发展

中国社会保障预算的变化过程大致可划分为四个阶段:1949—1985年的社会保障

---

[1] 崔晓冬.日本社会保障预算编制及其启示[J].日本研究,2010(1).
[2] 崔晓冬.美国和日本的社会保障预算及启示[J].中国财政,2010(11).
[3] 林治芬,李静茹.美、英、日三国社会保障预算[J].中国社会保障,2013(3).

预算,1986—1997年的社会保障预算,1998—2009年的社会保障预算改革,2010年至今的社会保险基金预算改革。

1. 1949—1985年中国的社会保障预算

从新中国成立初期到改革开放前夕,我国的社会保障是企业保障和国家保障,其支出主要由两部分组成:一是职工和退休人员的劳动保险福利费;二是社会特殊困难群体的抚恤和社会福利救济。新中国成立至改革开放前夕,我国社会保障的内容决定了当时我国社会保障预算只包括社会救济和社会福利两方面,现在意义上的社会保障制度刚刚开始处于探索阶段,因此在财政预算上社会保障预算并未发生太大变化,仅体现为个别项目变动,如1975年将离退休抚恤费从抚恤支出中单独列出。

2. 1986—1997年中国社会保障预算的变化发展

改革开放初期,从20世纪80年代中期开始,尤其是党的十四大确立了我国社会主义市场经济体制目标后,我国的社会保障发生了根本性的变化,计划经济时期的企业保障、国家保障开始转变为社会保障、自我保障,以往单一的"抚恤和社会福利救济费"扩展为"社会保险、社会救济、社会福利和社会优抚安置"几大项内容。与社会保障的内涵变化相适应,财政预算中有关社会保障的部分也开始有了大的变化。主要体现在以下四个方面:一是"城镇青年就业经费"于1986年单独以一大类列示在支出预算中;二是"社会保险基金收入类""社会保险基金支出类"分别列示在财政预算收支大类中,该类下面均以国营企业职工养老保险基金和国营企业职工待业保险基金两项列示。1995年在其大类下,又改设、增设5个款级科目;三是行政事业单位离退休经费实行归口管理;四是1997年新开设"基金预算收支科目",同政府"一般预算收支科目"相独立,其中新设"社会保障基金收入"和"社会保障基金支出"科目。

1986—1997年这一阶段,中国还没有真正意义上的社会保障预算,整个社会保障资金收入在预算上体现不出来,整个社会保障资金收入总额以及来自一般税收和社会保险费的社会保障资金数额的多少没有在政府预算中得到反映;然而,没有收入来源的社会保障支出在财政预算上列了许许多多,零散纷乱且调整频繁,过渡特征明显。

3. 1998—2009年社会保障预算改革

1998年以后,随着市场经济和国有企业改革的深入发展,公共财政目标开始确立,政府的社会保障责任突显,这一期间,中国政府新成立了劳动和社会保障部,明确提出全国的社会保险由其负责。与这些变化相适应,中国政府一般预算支出科目中新设了一类"社会保障补助支出"科目,下设5个款级科目。

自1998年之后,我国的社会保障资金来源发生了根本性变化,由单一的财政支付改变为财政和社会保险缴费两大渠道,企业保障真正转向了社会保障。政府从一般税收中安排的社会保障支付主要有三大类:抚恤和社会福利救济费、行政事业单位离退休经费和社会保障补助支出,另外,卫生经费支出中有部分公费医疗支出属于社会保障支出。养老、失业、工伤、生育四大社会保险体系则由社会保险基金支付。总的来说,1998年以后我国的社会保障预算基本上形成了两大板块的格局,即政府一般预算中的社会保障项目预算和预算外的社会保险基金收支。

社会保障基金实行预算化管理是世界各国的普遍做法,也是我国预算体系进一步改革的方向。2005年3月,十届全国人大三次会议通过的全国人大财经委对《关于2004年中央和地方预算执行情况及2005年中央和地方预算草案的报告》的审查结果报告指出,要"研究完善社会保障预算"。社会保障预算制度的建立和完善将进一步推动我国政府预算体系的发展。

4. 2010年至今的社会保险基金预算制度改革

2010年1月,《国务院关于试行社会保险基金预算的意见》(国发〔2010〕2号)正式颁布实施,决定从2010年起在全国建立社会保险基金预算制度。建立社会保险基金预算制度是社会保险领域的重大制度建设,是社会保险事业发展的必然要求,是加强社会保险基金管理的重大举措,是实现好、维护好、发展好最广大人民群众根本利益的客观需要。2014年8月,第十二届全国人民代表大会常务委员会对《中华人民共和国预算法》进行修正,明确规定,政府预算包括一般公共预算、政府性基金预算、国有资本经营预算、社会保险基金预算,这标志着我国第一次实现社会保险基金预算的法定。根据2018年12月29日第十三届全国人民代表大会常务委员会第七次会议通过的《全国人民代表大会常务委员会关于修改〈中华人民共和国产品质量法〉等五部法律的决定》,对《中华人民共和国预算法》进行第二次修正。2010年10月,第十一届全国人民代表大会常务委员会第十七次会议通过《中华人民共和国社会保险法》。2018年12月,第十三届全国人民代表大会常务委员会第七次会议对《中华人民共和国社会保险法》进行修正,法律明确规定,国家建立基本养老保险、基本医疗保险、工伤保险、失业保险、生育保险等社会保险制度。社会保险基金包括基本养老保险基金、基本医疗保险基金、工伤保险基金、失业保险基金和生育保险基金。社会保险基金按照统筹层次设立预算,除基本医疗保险基金与生育保险基金预算合并编制外,其他社会保险基金预算按照社会保险项目分别编制。这两部法律不仅规范了社会保险的关系,也极大促进了我国社会保险基金预算制度的发展。但应看到,现在只是编制社会保险基金预算,还不是全面的社会保障预算。

二、社会保障预算编制的原则

本质上讲,社会保障预算是国家以法律或行政法规手段筹集收入并用于特定对象人群的专款专用性质的预算。它是以社会保障资金的收支为主要内容,目的是保护公民和居民的长期利益,协调社会保障资金的时间分配和代际分配,也是反映政府在调节收入分配领域的重要活动。

社会保障预算编制包括社会保障预算收入和支出两块内容。社会保障预算收入包括社会养老保险基金收入、社会失业保险基金收入、社会医疗保险基金收入、企业职工工伤保险基金收入、企业女工生育保险收入、职工住房公积金、残疾人就业保障金、社会福利基金收入、财政拨入的预算收入、社会捐赠收入、基金投资回报收入等。社会保障预算支出包括社会养老保险支出、社会失业保险支出、社会医疗保险支出、企业职工工伤保险支出、企业女工生育保险支出、职工住房支出、残疾人就业保障支出、社会福利基金支出、社会优抚支出、社会救济支出等。

社会保障预算的性质和内容决定了其编制应遵循的原则。建立公共财政下的社会保障预算,必须按照社会主义市场经济体制的要求,从有利于政府对社会保障事业的领导与管理,提高预算资金使用效率出发,使社会保障预算收支能明确反映政府的社会保障职能。为了使社会保障预算的编制做到稳妥、科学与完整,既有利于社会保障事业的发展,又有利于职工生活安定,促进社会和谐发展,在编制社会保障预算时,应遵循以下几条原则。

(一)收支平衡、适度结余原则

正常情况下,财政活动中的收入和支出必须平衡,社会保障基金预算也不例外。因为受经济发展水平、筹资标准、财政状况、社会承受力等因素的影响,社会保障基金预算收入增量是有限的,而社会保障基金支出却是"刚性"增长。基于社会保障基金收支的实际情况,社会保障基金预算收支平衡的意义显得十分重大。如果不遵循"收支平衡、适度结余"的原则,不仅有可能会使未来的保障事业难以为继,破坏其良性循环,而且会破坏社会总供求平衡、扰乱经济运行秩序。因此,需要科学周密的预算安排,依法强化征收,合理筹资,严格执行政策,量入为出,确保支付,努力实现收支平衡,并有所结余。坚持"收支平衡、适度结余",一方面,可以避免许多不确定因素给经常性预算造成的太大的压力,诸如寿命的不确定性,失业、病残的风险等某些特殊的社会保障支出中有相当一部分是在编制预算时难以测算的;另一方面,年度社会保障预算"收支平衡、适度结余"也有利于社会保障资金的投资增值和调剂。事实上,在当年的预算收入总额范围内,合理安排支出,统筹兼顾,做到预算收支平衡、留有结余,这也是我国编制预算一贯坚持的基本原则。这决定了社会保障的水平一定要与经济的发展水平相适应。

(二)全面性原则

社会保障预算应涵盖政府行使社会保障职能,从而保证经济正常运行,维护社会稳定的所有行为的资金收支,包括政府一般预算收入安排的社会保障支出和各项社会保障基金收支,也就是说,不分资金来源,应将各类社会保障全面纳入预算。全面性原则主要体现在以下四个方面的统一:一是统一政策依据,规定保障范围、保障对象、征缴比例、支付标准等;二是统一社会保障收支范围,规定通过政府一般性税收收入安排的支出和政府强制性征收社会保障基金的收支项目;三是统一编制口径,按照确定的年度社会保障基金预算科目和收支项目,以及预算科目间的从属和衔接关系、收支项目间的对应和平衡关系,准确编列收支计划;四是统一工作程序,规定社会保障基金预算的编制时间、效率、质量和审批程序等。

(三)专款专用原则

目前,我国已经通过一般公共预算、社会保险基金预算建立了社会保障预算的收支科目,以规范各项收支行为。社会保障资金只能用于社会保障方面的开支,不得挪作他用。在中国,社会保障基金的主体部分是社会保险资金,与政府公共预算和国有资产预算资金完全不同,社会保险资金是由个人、企业为主筹集而成的,国家也出资一部分,其资金的最终归属权归于个人。因此,社会保险资金是由国家统一管理。坚持专款专用必须严格按照各项社会保障基金项目的收支用途管理使用,养老、失业、医疗、工伤、生育等保障基金收入只能用于该保障项目支出,不能交叉使用,更不能挤占挪用。

（四）法制化原则

社会保障基金的筹集、运营、编制都要有法可依。政府预算的编审过程就是法制化过程。社会保障预算制定后，经过权力机构审查批准就具有法律效力，不能任意修改。

（五）独立性原则

根据完善复式预算的要求，要把各种社会保障基金收支和结余单独编列在统一的预算中，便于社会保障资金的管理、监督、分析和研究。由于社会保障事业是一项具有特定目的的活动，其资金用途的特殊性，客观上要求在国家预算中对这一类收支单独反映，从而使社会各界对社会保障收支情况有一个全面的、完整的认识。

（六）公平和效率原则

建立社会保障预算的公平原则，要求预算收支必须做到公平合理和公开透明，对社会分配不公可以起到有效调节作用，并使社会各企业和个人对预算编制和执行情况做到心中有数，便于接受全社会的监督。效率原则主要表现为对预算收支安排的低投入、高效率，并保证社保收支安排对经济效益的抑制影响降到最低。

三、社会保障预算模式的选择

（一）国外社会保障预算模式

当前，世界各国社会保障预算的编制主要有以下几种模式：一是政府公共预算模式；二是社会保障专项基金预算模式；三是一揽子社会保障预算模式；四是政府公共预算下的二级预算模式。

1. 政府公共预算模式

政府公共预算模式是将社会保障收入与支出作为政府经常性收支的内容，都直接列示在政府的经常性预算中，收入以社会保障税的方式取得后纳入经常性税收收入中，其支出由政府一般预算收入安排。社会保障收支和政府经常性收支同样对待，政府可以直接参与社会保障支出的具体管理，比较方便。这种模式在欧洲比较多见，特别是北欧的"福利国家"，它将社会保障资金全部纳入预算内，同政府其他收支混为一体，政府全面担负社会保障事业的财政责任。在这种预算模式下，并不存在名副其实的社会保障预算。

政府公共预算模式的优点是在于可以切实保障每一公民的基本生活，体现了较高的福利水平，社会保险支出直接体现了政府的政策和意图，政府能够控制社会保险事业的发展进程，直接参与其具体的管理工作。

政府公共预算的缺点在于导致政府参与过多，担负的责任自然就大，具体来说，社会保障支出和经常性支出混在一起，两者难免会相互挤占，在"福利刚性"的影响下，容易给政府财政带来较大的负担。这一弊端在一些"福利国家"日益显露，并给政府造成较大的财政困难。此外，由于这些国家的高福利政策，从另一个侧面给经济带来了负面影响，一定程度上延缓了国家经济发展的进程。目前，从现实情况来看，我国现在还不适合采取这种预算模式。

2. 社会保障专项基金预算模式

社会保障专项基金预算模式下，社会保障事业的财务状况以基金的形式来反映，游离于政府的公共预算外。社会保障的收入和支出与政府的经常性收入和支出分开或相对独立,单独编制社会保障专项基金预算,予以专门反映。具体来讲,这种模式下,筹集到的社会保险基金可以由专门机构管理,依法运营,并向公众发布信息,接受监督,这样对于基金的保值增值有很大好处。也可以把总额列入政府预算,但收支独立,避免财政压力过大。目前,美国、德国和日本都可以归入这种社会保障预算模式。

社会保障专项基金预算模式的优点在于:一是独立于国家预算之外,接受社会公众的监督,依照法律独立运营,透明度高,政府财政直接参与的程度小,所担负的责任小,有利于财政运行;二是总额列入政府财政预算内的社会保障信托基金,在其收支、投资管理等方面与政府经常性预算收支分开,单独成体系,避免财政对社会保障的大包大揽,减轻了财政负担。

社会保障专项基金预算模式的缺点在于:政府预算中仅反映社会保障信托基金收支总额,对于各项基金的收支情况等不能详细反映,在一定程度上削弱了政府对社会保障事业的控制,使其成为独立性很大的单纯的社会福利事业,实际上政府却是承担着对社会保障事业的总担保责任,因此可能对政府的运转构成潜在威胁。在里根政府时期试图大幅度削减福利性开支,结果遭到社会公众的反对,只好用增加政府补贴的办法来挽救社会保障事业的信誉。

通常,政府过分干预社会保障事业对自身并不利,但如果过分脱离管理,弊端也很多。

3. 一揽子社会保障预算模式

一揽子社会保障预算模式是把来自社会保障基金的收支和来自政府公共预算安排的收支合为一体,编制独立完整的社会保障预算,与政府的经常性预算脱离,由财政部门按照政府预算收支管理方式统一编制,全面反映社会保障收支、结余投资及调剂基金的使用情况。如图 4-1 所示。

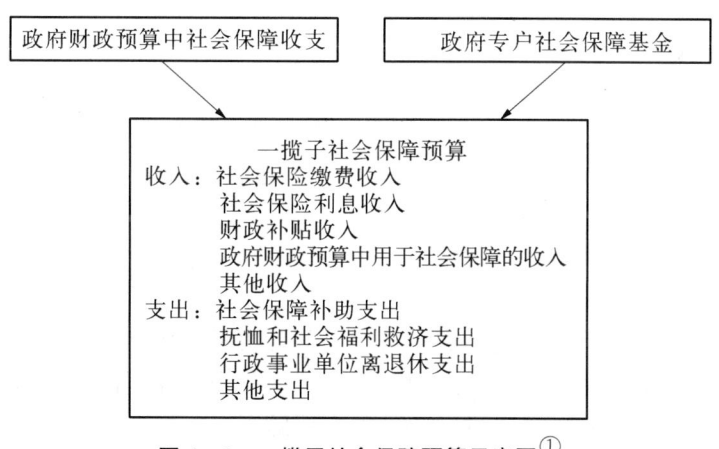

图 4-1 一揽子社会保障预算示意图[①]

---

① 本图引自:林治芬,高文敏.社会保障预算管理[M].北京:中国财政经济出版社,2006.

一揽子社会保障预算模式的优点体现在以下几个方面:一是能够全面反映社会保障资金的收支情况和资金规模,体现国家社会保障整体水平;二是可以对社会保障的资金需求作出全面、统一的安排,有利于社会保障事业的协调发展;三是既体现国家对社会保障事业的投入和管理程度,又体现社会公众对社会保障事业的监督管理;四是国家对社会保障事业的财政负担也在合理的承受限度内。

这种模式的缺点在于涉及部门利益的重新调整,实施难度很大;具体编制方法比较复杂,技术处理有一定的难度。此外,当前社会保障事业多头管理,容易造成预算编制权限的割裂,影响社会保障预算的编制与执行。

4. 政府公共预算下的二级预算模式

政府公共预算下的二级预算模式是指在编制政府公共预算时,把社会保障资金收支单独划出来,保留政府预算内原有社会保障收支项目,将其作为社会保障基金预算的二级预算,其总额过录到社会保障基金预算中,并同目前财政专户社会保障基金统一收支结余,进而编制专门的社会保障基金预算的模式。社会保障二级预算如图4-2所示。

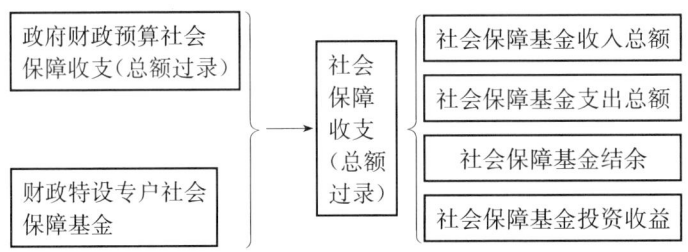

图4-2 社会保障二级预算图示

政府公共预算下的二级预算模式的优点在于其较政府公共预算形式有了一定的独立性,能够相对完整地反映社会保障资金收支情况。其缺点是由于它没有完全独立,社会保障预算管理权限不明,未根本解决社会保障基金管理体制的弊端,使社会保障预算的编制流于形式。

5. 两板块社会保障预算模式

两板块社会保障预算模式基本遵循现有社会保障预算的状况,将其分成两部分,其中一块是财政专户社会保险基金预算;另一块是政府一般公共预算中的社会保障支出项目以及政府基金预算中的有关项目。这种预算模式符合我国现有的情况,也具有可操作性,但是该种预算模式不能全面地反映社会保障的面貌,管理相对来讲比较分散。

两板块社会保障预算模式最大的优点就是与现实紧密结合,变动小,将社会保险同社会福利、社会救济、社会优抚安置等社会保障内容区分开来,体现了不同性质和资金来源。当然这种模式还没有从根本上解决社会保障资金两大块分立的问题。为了反映整个社会保障资金的全貌,两块相加应是可能选择。

(二)我国社会保障预算模式的选择

我国从20世纪90年代初就提出了建立社会保障预算的设想,建立社会保障预算在我国是一项全新的、具有开创性和探索性的工作,没有现成的经验和模式可以借鉴。

但湖北、河北和辽宁等地对此作了较早的尝试。其中，诸如湖北省枝江市为主要代表的一揽子社会保障预算模式、河北省为主要代表的板块式社会保障预算以及辽宁模式等为我国社会保障预算模式设计提供了丰富的实践经验。

结合近10多年我国社会保障制度改革的实践和国际惯例，从长远来讲，我国应该建立和实行"一揽子社会保障预算模式"，即"社会保障基金预算＋政府公共预算中安排的社会保障支出＋社会捐助＋社保事业收入（减去成本费用的结余）"模式。这种预算把来自社会保障基金收支和来自政府公共预算安排的收支结合为一体，能够全面反映社会保障收支、结余投资及调剂基金的使用情况。这种模式既能克服诸如我国现行预算管理办法所带来的政府在社会保障方面所作努力难以体现以及各项基金管理混乱等问题，还能克服社会保障基金预算不能全面反映社会保障支出状况的弊端。同时，该种模式吸收了政府公共预算管理办法和社会保障基金预算管理方法的优点，有利于社会保障事业的协调发展，有利于减轻财政负担，符合我国建立社会主义市场经济体制和完善社会保障制度的客观需要。

我国社会保障预算可考虑实行两步走的办法，现行条件下，可以实行两板块预算，下一步是把两个板块合并，实行一揽子社会保障预算模式。

两板块社会预算模式是指"政府一般预算中的社会保障项目预算＋社会保险基金预算"，这一阶段一是要规范政府一般预算中的社会保障项目；二是要完善健全社会保险基金预算。一般预算中的有些项目可以调整到基金预算中去，如集体专业人员离休费补助、社会统筹养老保险补助费、城镇就业补助费、国有企业下岗职工基本生活保障和再就业补助。然后，社会保险基金可以主要按照养老、医疗、失业、工伤、生育五大保险体系分别编制。

一揽子社会保障预算模式则吸收了政府公共预算管理办法和社会保障基金预算管理办法的优点，其收支科目清晰、简单，体现的内容更加规范、详细，相比两板块预算更简单、清晰，且内容却更加规范、详细，设计也比较合理。因此，一揽子社会保障预算应是我国社会保障预算的最终目标模式。

四、社会保障预算管理的内容

（一）社会保障预算管理的内涵

社会保障是社会发展的"安全网"和"稳定器"，社会保障预算管理是政府实现社会保障整个目标的有力保证。将社会保障资金收支纳入政府预算管理，有利于保证社会保障资金安全，加强资金监管。通过社会保障预算管理，可以使政府合理掌握资金计划调度的主动性和前瞻性，加强对社会保障资金的收支分析，从而作出合理的预测和决策。

一般而言，社会保障体系由社会救济、社会保险、社会福利、社会优抚等部分构成，其中社会保险是社会保障制度的核心。我国根据国情进一步细化为许多具体的项目。目前，我国社会保障体系尚未健全，各种社会保障制度还有待完善，因此，客观需要强化社会保障预算管理。因此，根据社会保障的职能和目的，我们可以归纳出社会保障预算管理的基本内容。具体而言，社会保障预算是政府在维护社会稳定、保障公民生活、实施扶贫救助及各项社会保障基金投资活动中的收支预算。因此,社会保障预算管理的内容也围绕社会保障事业各项活动的收支展开。

(二) 社会保障预算管理的内容

1. 社会保障预算收支范围

一般而言,社会保障预算收入来源可以有以下三种渠道:一是社会保障预算自身的收入渠道,主要包括各单位和个人的社会保障缴款,纳入预算管理后,表现为社会保障收入,包括职工养老保险收入、职工失业保险收入、社会医疗保险收入、职工工伤保险收入、职工工伤生育保险收入、职工住房公积金、残疾人就业保障基金、社会福利保障收入等;二是政府公共预算转入的社会保障收入;三是政府国有资本经营预算转入的收入,其中,国有资本经营增值收益、出售或转让国有资产的收益在一定时期划拨一部分作为社会保障资金,也是社会保障收入的重要来源之一。

在我国,社会保障预算收入项目主要包括:

(1) 社会保险基金收入。社会保险基金收入是我国社会保障预算收入的基本和主要来源,社会保险基金收入主要是指社会保险收入中由社会统筹的那部分收入,对于列入个人账户的收入原则上还是留在个人账户。根据《2024 年政府收支分类科目》,目前我国社会保险基金收入主要包括企业职工基本养老保险基金收入、失业保险基金收入、职工基本医疗保险基金收入、工伤保险基金收入、城乡居民基本养老保险基金收入、机关事业单位基本养老保险基金收入、城乡居民基本医疗保险基金收入、国库待划转社会保险费利息收入、其他社会保险基金收入。

(2) 公共预算转拨收入。这部分收入是指从公共预算划拨部分资金来形成社会保障基金的收入。主要有公共预算一般性补助;公共预算特定目的补助,如财政对基本养老保险基金的补助、财政对基本医疗保险基金的补助、财政对其他社会保险基金的补助、补充全国社会保障基金等。

(3) 国有资本经营预算转拨收入。其包括补充全国社会保障基金、调入社会保险基金预算资金等。

我国社会保障预算支出则包括社会保险基金支出、社会优抚支出、社会福利支出、社会救济支出等项目。具体而言主要包括以下四个方面:

(1) 社会保险基金支出。根据《2024 年政府收支分类科目》,目前我国社会保险基金支出主要包括企业职工基本养老保险基金支出、失业保险基金支出、职工基本医疗保险基金支出、工伤保险基金支出、城乡居民基本养老保险基金支出、机关事业单位基本养老保险基金支出、城乡居民基本医疗保险基金支出、其他社会保险基金支出。

(2) 社会救济支出。其包括城市、农村最低生活保障金支出,特困人员救助供养支出,临时救助支出,残疾人救济支出,自然灾害救济支出,医疗救助支出,其他生活救助等。

(3) 社会优抚支出。其包括死亡伤残抚恤支出、革命军人转业退伍安置支出、其他优抚支出等。

(4) 社会福利支出。其包括儿童福利、老年福利、社会福利事业单位的补助、养老服务补助支出、其他社会福利支出等。

社会保障预算管理与社会保障预算的收支内容存在着密切的关系。社会保障预算的收支内容直接体现着社会保障事业的具体活动范围。因此,讨论社会保障预算管理前对社会保障收支范围进行梳理可以进一步明晰管理的重点。

2. 社会保障预算管理内容

（1）社会保障收支管理。顾名思义,社会保障的收支管理主要是对社会保障资金筹集和支出管理。一般包括财政拨款的社会保障经费预算管理（即政府经常性预算）、划转社会保障经费预算管理、社会保险基金经办机构管理经费预算管理等。其管理重点主要表现在四个方面:一是查验国家安排的社会保障支出是否到位;二是查验企业筹集的社会保障基金是否及时、足额收缴;三是监督社会保障基金是否按政策规定进行支出;四是编制社会保障收支的周转计划,应付运行中可能存在的暂时性周转危机。

（2）社会保障结余基金的投资管理。社会保障结余基金投资管理是社会保障基金运营管理的重要内容,主要是指财政从保值增值的角度对结余基金的投资方向进行控制,至于具体的决策则是养老保险机构自己的事情,国家不应参与和干预。结余基金主要为应付未来的支付风险做准备。它既带有结余资金的性质,又随时处于待用状态;既可以用于投资,也可以用于社会保障基金的周转。一般而言,社会保障结余基金应尽量投向风险性较小或无风险的领域。

（3）社会保障基金的调剂管理。社保基金的调剂管理主要是对调剂基金的收支在预算上予以列收列支,并监督调剂基金的筹集和使用。

（4）社会保障资金的财务监督管理。从社会保障预算的角度来看,这种管理主要是指财政部门必须制定一系列规章制度,对社会保障基金的收、支、管从财务上加以规定,通过对这些财务制度执行情况的监督检查,实现对社会保障预算的财务监督管理。社会保障资金的财务监督管理原则上应贯穿于社会保障预算管理的全过程。定期和不定期地开展社会保障资金收支管理的大检查,正是社会保障事业良性运行的重要条件。另外,还应加强社会保障资金的财务风险管理,通过编制社会保障收支的周转计划,应付运行中可能存在的暂时性周转危机。

社会保障预算是我国复式预算体系的重要组成部分,也是我国预算体系的一项重要改革。目前,我国尚未建立全面和完全独立的社会保障预算。我国的社会保障资金预算管理主要以中央、省、市、县政府为预算主体,对于社会保障预算而言,一级统筹,就会有一级预算主体。我国现实中的社会保障预算主体的多层次性,决定了所结余的社会保障资金除全国社会保障基金在中央层面外,其余的全部分散在不同层次的地方政府层面和不同的部门机构手中。因此,只有各级财政部门和社会保障部门共同加强社会保障预算编制工作的领导和管理,高度重视社会保障预算执行情况的监督和审查,才能确保社会保障预算的顺利实施。

五、我国的社会保险基金预算改革

2010年1月《国务院关于试行社会保险基金预算的意见》（国发〔2010〕2号）正式颁布实施,决定从2010年起在全国建立社会保险基金预算制度。建立社会保险基金预算制度,既是我国预算体系的重大改革,也是社会保障领域预算制度的重要完善。2018年

12月修正的《中华人民共和国社会保险法》,2018年新修正的《中华人民共和国预算法》都为社会保险基金预算的实施提供了法律保障。2022年5月,财政部、人力资源社会保障部、税务总局等,联合印发《社会保险基金预算绩效管理办法》,旨在对全面实施社会保险基金预算绩效管理,建立科学、合理、规范的预算绩效管理体系,提高社会保险基金管理水平,起到了极大的促进作用,也标志我国社会保险基金预算管理改革进入新的阶段。

(一)建立社会保险基金预算的意义

社会保险基金预算是根据国家社会保险和预算管理法律法规建立,对社会保险缴款、一般公共预算安排和其他方式筹集的资金,专项用于社会保险收支的年度计划。建立社会保险基金预算制度对于强化社会保险基金管理和监督,增强基金收支计划性和约束力,提高基金保障能力和水平,维护人民群众切身利益和社会和谐具有重要意义。建立社会保险基金预算制度也是对预算实施科学化精细化管理的重要手段,对进一步规范政府行政行为,提高行政效率,推进基金管理公开透明,促进社会保险事业的健康稳定发展具有重要意义。建立社会保险基金预算制度还有利于完善政府预算体系,对健全由一般公共预算、国有资本经营预算、政府性基金预算和社会保障预算组成的有机衔接的政府预算体系具有重大意义。通过建立社会保险基金预算制度,将进一步明确各级人民政府对社会保险的责任,提高社会保险基金规范化管理水平。

(二)社会保险基金预算编制的原则

《中华人民共和国社会保险法》规定,社会保险基金通过预算实现收支平衡;社会保险基金专款专用,任何组织和个人不得侵占或者挪用;社会保险基金预算、决算草案的编制、审核和批准,依照法律和国务院规定执行。《中华人民共和国预算法》规定,社会保险基金预算应当按照统筹层次和社会保险项目分别编制,做到收支平衡;社会保险基金预算的收支范围,按照法律、行政法规和国务院的规定执行。这些都为制定社会保险基金预算编制原则提供了法律依据。社会保险基金预算编制的原则具体如下。

1. 依法建立,规范统一

社会保险基金预算依据国家法律、法规建立,严格执行国家社会保险政策,按照规定范围、程序、方法和内容编制。社会保险基金预算依据的法律法规包括《中华人民共和国社会保险法》《中华人民共和国预算法》和《国务院关于试行社会保险基金预算的意见》等。

2. 统筹编制,明确责任

社会保险基金预算按统筹地区编制执行,统筹地区根据预算管理方式,明确本地区各级人民政府及相关部门责任。基本养老保险基金逐步实行全国统筹,其他社会保险基金逐步实行省级统筹,具体时间、步骤由国务院规定。

3. 专项基金,专款专用

社会保险基金包括基本养老保险基金、基本医疗保险基金、工伤保险基金、失业保险基金和生育保险基金。各项社会保险基金按照社会保险险种分别建账,分账核算,执行国家统一的会计制度。社会保险各项基金预算严格按照有关法律法规范收支内容、标准和范围,专款专用,不得挤占或挪作他用。

4. 相对独立，有机衔接

在预算体系中，社会保险基金预算单独编报，与一般公共预算、政府性基金预算和国有资本经营预算相对独立、有机衔接。社会保险基金不能用于平衡一般公共预算，公共预算可补助社会保险基金。

5. 收支平衡，留有结余

社会保险基金预算坚持收支平衡，适当留有结余。《中华人民共和国社会保险法》规定，县级以上人民政府在社会保险基金出现支付不足时，给予补贴。

（三）社会保险基金预算的收支科目与编制范围

1. 社会保险基金预算的收支科目

我国社会保险基金项目较多，既涉及城镇居民的社会保险，也涉及农村居民的社会保险。根据《2024年政府收支分类科目》，目前我国社会保险基金收入主要包括二类十四款。

（1）社会保险基金收入。其包括企业职工基本养老保险基金收入、失业保险基金收入、职工基本医疗保险基金收入、工伤保险基金收入、城乡居民基本养老保险基金收入、机关事业单位基本养老保险基金收入、城乡居民基本医疗保险基金收入、国库待划转社会保险费利息收入、其他社会保险基金收入。

（2）转移性收入。其包括上年结余收入、调入资金、社会保险基金转移收入、社会保险基金上级补助收入、社会保险基金下级上解收入。

我国社会保险基金支出功能分类科目，主要包括二类十二款。

（1）社会保险基金支出。其包括企业职工基本养老保险基金支出、失业保险基金支出、职工基本医疗保险基金支出、工伤保险基金支出、城乡居民基本养老保险基金支出、机关事业单位基本养老保险基金支出、城乡居民基本医疗保险基金支出、其他社会保险基金支出。

（2）转移性支出。其包括年终结余、社会保险基金转移支出、社会保险基金补助下级支出、社会保险基金上解上级支出。

2. 社会保险基金预算的编制范围

保险法规定社会保险基金按照统筹层次设立预算，社会保险基金预算按照社会保险项目分别编制。社会保险基金预算按险种分别编制，主要包括企业职工基本养老保险基金、失业保险基金、城镇职工基本医疗保险基金、工伤保险基金、生育保险基金等内容。根据国家法律法规建立的其他社会保险基金，条件成熟时，也应尽快纳入社会保险基金预算管理。2014年把居民社会养老保险基金、城镇居民基本医疗保险基金、新型农村合作医疗基金等也都纳入社会保险基金预算。2015年1月，《国务院关于机关事业单位工作人员养老保险制度改革的决定》发布。为统筹城乡社会保障体系建设，建立更加公平、可持续的养老保险制度，国务院决定改革机关事业单位工作人员养老保险制度，实行社会统筹与个人账户相结合的基本养老保险制度，机关事业单位基本养老保险基金单独建账，与企业职工基本养老保险基金分别管理使用。基金实行严格的预算管理，纳入社会保障基金财政专户，实行收支两条线管理，专款专用。这标志我国的机关事业单位基本养老保险基金纳入社会保险基金预算管理。

为了保障职工社会保险待遇,增强基金共济能力,提升管理综合效能,降低管理运行成本,2017年1月,国务院办公厅印发了《生育保险和职工基本医疗保险合并实施试点方案》,在重庆等12个城市启动两险合并实施试点。在试点的基础上,2019年3月,《国务院办公厅关于全面推进生育保险和职工基本医疗保险合并实施的意见》,提出要坚持以人民为中心,牢固树立新发展理念,遵循保留险种、保障待遇、统一管理、降低成本的总体思路,推进两项保险合并实施,实现参保同步登记、基金合并运行、征缴管理一致、监督管理统一、经办服务一体化,并在2019年年底前实现两险合并实施。因此,改革到现在,我国的社会保险基金预算已经不再单独编制生育保险基金预算,而是将其并入职工基本养老保险基金预算。到2024年,我国的社会保险基金预算编制范围主要包括:

(1) 企业职工基本养老保险基金预算。其包括基金收入预算和基金支出预算。基金收入主要包括基本养老保险费收入、利息收入、财政补贴收入、转移收入、上级补助收入、下级上解收入、其他收入等;基金支出主要包括基本养老金支出、医疗补助金支出、丧葬抚恤补助支出、转移支出、补助下级支出、上解上级支出、其他支出等。

(2) 失业保险基金预算。其包括基金收入预算和基金支出预算。基金收入主要包括失业保险费收入、利息收入、财政补贴收入、转移收入、上级补助收入、下级上解收入、其他收入等;基金支出主要包括失业保险金支出、医疗补助金支出、丧葬抚恤补助支出、职业培训和职业介绍补贴支出、技能提升补贴支出、稳定岗位补贴支出、其他费用支出、转移支出、补助下级支出、上解上级支出、其他支出等。

(3) 职工基本医疗保险基金预算。预算包括基金收入预算和基金支出预算。基金收入主要包括基本医疗保险费收入、利息收入、财政补贴收入、转移收入、上级补助收入、下级上解收入、其他收入等;基金支出主要包括基本医疗保险待遇支出、转移支出、补助下级支出、上解上级支出、其他支出等。

(4) 工伤保险基金预算。其包括基金收入预算和基金支出预算。基金收入主要包括工伤保险费收入、利息收入、财政补贴收入、转移收入、上级补助收入、下级上解收入、其他收入等;基金支出主要包括工伤保险待遇支出、劳动能力鉴定费支出、转移支出、补助下级支出、上解上级支出、其他支出等。

(5) 城乡居民基本养老保险基金预算。其包括基金收入预算和基金支出预算。基金收入主要包括城乡居民基本养老保险基金缴费收入、财政补贴收入、基金利息收入、基金委托投资收益、集体补助收入、转移性收入、其他收入。基金支出主要包括基础养老金支出、个人账户养老金支出、丧葬补助金支出、其他养老保险基金支出、转移性支出。

(6) 机关事业单位基本养老保险基金预算。其包括基金收入预算和基金支出预算。基金收入主要包括机关事业单位基本养老保险费收入、财政补贴收入、基金利息收入、基金委托投资收益、转移性收入、其他收入等。基金支出主要包括基本养老金支出、丧葬补助金和抚恤支出、其他养老保险基金支出、转移性支出。

(7) 城乡居民基本医疗保险基金预算。其包括基金收入预算和基金支出预算。基金收入主要包括城乡居民基本医疗保险费收入、财政补贴收入、基金利息收入、转移性收入、其他收入。基金支出主要包括城乡居民基本医疗保险基金医疗待遇支出、城乡居民大病保险支出、转移性支出、其他支出。

(四) 社会保险基金预算编制和审批

编制社会保险基金预算草案应综合考虑统筹地区上年基金预算执行情况、本年经济社会发展计划、社会保险事业发展计划、社会保险政策和财政补助政策等因素。社会保险基金收入预算要与国民经济发展水平相适应，与社会平均工资增长情况相适应；编制社会保险基金支出预算草案应按照规定的支出范围、项目和标准进行测算，考虑近年社会保险基金支出变化趋势，综合分析参保人员、待遇标准等影响支出变动因素。社会保险基金支出预算应充分考虑社会保险政策调整对基金支出的影响。

在试编阶段，统筹地区社会保险基金预算草案由社会保险经办机构编制，经本级人力资源社会保障部门审核汇总，财政部门审核后，由财政和人力资源社会保障部门联合报本级人民政府审批。社会保险费由税务机关征收的，社会保险基金收入预算草案由社会保险经办机构会同税务机关编制。

统筹地区财政和人力资源社会保障部门将社会保险基金预算草案报本级人民政府审批后，报上一级财政和人力资源社会保障部门。省级财政和人力资源社会保障部门将本省（区、市）社会保险基金预算草案报本级人民政府后，报财政部和人力资源社会保障部。

全国社会保险基金预算草案由人力资源社会保障部汇总编制，财政部审核后，由财政部和人力资源社会保障部联合向国务院报告。

随着社会保险基金预算试编不断取得新进展，2013年，全国社会保险基金预算首次报送全国人大，社会保险基金预算迈入制度化、规范化、科学化管理的新阶段，社会保险基金预算将在规范社会保险基金收支行为、增强政府宏观调控能力、强化基金管理和监督、保证基金安全完整等方面发挥更为重要的作用。2015年，伴随着新修正《中华人民共和国预算法》的实施，我国明确了社会保险基金预算的法律地位，实现了形式上的预算法定。当前，社会保险基金预算编制主要按照《中华人民共和国预算法》《中华人民共和国社会保险法》《中华人民共和国预算法实施条例》以及国务院有关规定执行。社会保险基金预算按险种和统筹地区分别编制。年度终了前，统筹地区经办机构应按照规定表式、时间和编制要求，综合考虑本年度预算执行情况、下年度经济社会发展水平以及社会保险工作计划等因素，编制下年度基金预算草案，报本级社会保险行政部门审核汇总。由税务机关负责征收的险种，社会保险费收入预算草案由经办机构会同税务机关编制。财政部门负责审核并汇总编制社会保险年度基金预算草案，会同社会保险行政部门上报同级人民政府，经同级人大批准后，批复经办机构具体执行，并报上级财政部门和社会保险行政部门备案。由税务机关负责征收的险种，社会保险费收入预算批复税务机关和经办机构具体执行。

(五) 社会保险基金预算执行和调整

社会保险基金预算经各级人大批准之后，本级政府财政部门应当在20日内向本级各部门批复预算。各部门应当在接到本级政府财政部门批复的本部门预算后15日内向所属各单位批复预算。各统筹地区社会保险基金预算由本级人民政府组织执行。社会保险经办机构和社会保险费征缴部门要严格按照批准的社会保险基金预算组织实施,定期向同级财政、人力资源社会保障和卫生健康部门报告基金预算执行情况。各级财政、人力资源社会保障、卫生健康部门要建立健全社会保险基金预算执行定期分析、通报、监测和预警制度,确保社会保险基金预算收支平衡及安全运行。

社会保险基金预算不得随意调整。在执行过程中因特殊情况或重大政策因素确实需要调整的,财政部门要及时编制社会保险基金预算调整方案,并严格按照预算编制审批程序报批。中央预算的调整方案应当提请全国人民代表大会常务委员会审查和批准,县级以上地方各级预算的调整方案应当提请本级人民代表大会常务委员会审查和批准。未经批准,社会保险基金预算不得调整。在社会保险基金预算执行中,因上级政府返还或者给予补助而引起的预算收支变化,不属于预算调整,但应及时将接受返还或补助的情况向本级人民政府和同级人大报告。

(六)社会保险基金决算

根据2017年财政部、人力资源社会保障部、国家卫生计生委关于印发《社会保险基金财务制度》的通知,按照现行的社会保险基金财务制度规定,年度终了,统筹地区经办机构应按照规定编制年度社会保险基金决算草案,报同级社会保险行政部门审核汇总。经统筹地区财政部门审核并汇总编制,会同社会保险行政部门报本级人民政府审定后,提交同级人大常务委员会审查和批准。

统筹地区社会保险基金决算草案经本级人大常委会审批后,由同级财政部门、社会保险行政部门分别报送上级财政部门和社会保险行政部门。省级社会保险基金决算草案经省级人大常委会审批后,由省级财政部门、社会保险行政部门分别上报财政部、人力资源社会保障部和国家卫生计生委(2018年3月,国务院机构改革,国家卫生和计划生育委员会不再保留,新组建国家卫生健康委员会)。

中央社会保险基金决算草案由人力资源社会保障部社会保险事业管理中心编制,报人力资源社会保障部审核汇总。经财政部审核并汇总编制,会同人力资源社会保障部报国务院审定后,提交全国人大常委会审查和批准。

综合来看,我国的社会保险基金预算制度建设取得很大成效,但是还面临很多问题,党的二十大报告明确提出,"健全覆盖全民、统筹城乡、公平统一、安全规范、可持续的多层次社会保障体系"。2021年发布的《国务院关于进一步深化预算管理制度改革的意见》提出,要"进一步完善预算管理制度,更好发挥财政在国家治理中的基础和重要支柱作用"。

专栏4-1 国家社会保险公共服务平台正式上线

经过试运行,国家社会保险公共服务平台于2019年9月15日正式上线。

党的十九大提出"建立全国统一的社会保险公共服务平台",人力资源社会保障部按照"一号申请、一窗受理、一网通办、一卡通用"的公共服务模式开展了组织建设。国家社会保险公共服务平台是全国统一的社会保险公共服务的总门户,重点为参保人和参保单位提供全国性、跨地区的社会保险公共服务,首期开通8类

18 项全国性统一服务。您可以访问国家社会保险公共服务平台门户(si.12333.gov.cn)或下载"掌上12333"手机APP,通过用户注册登录后体验相关服务。已申领了电子社保卡的人员,可打开电子社保卡"扫一扫"功能,快速扫码登录,并可以直接在电子社保卡页面查询办理相关社保服务。

◆ 当您选择"社保查询"服务时,可按"多地参保、集中展现"的形式来查询自己的社会保险缴费、待遇等年度个人权益信息。

◆ 当您选择"待遇资格认证"服务时,可以"刷脸"完成社会保险待遇资格认证,也可以通过选择"代人认证"服务,帮您的家人进行待遇资格认证。

◆ 当您选择"养老金测算"服务时,可以根据您目前的养老保险缴费情况,估算出未来您能领到的养老金情况。

◆ 当您选择"关系转移"服务时,可以及时了解社会保险关系转移业务的办理进度情况。

◆ 当您选择"境外免缴申请"时,到与我国签订了社保双边协定的国家就业,通过网上即可完成境外免缴证明申请,并实时查询业务办理进度。

◆ 当您选择"异地就医"查询服务时,可以随时查询跨省异地就医费用和备案信息,对异地就医服务做到"心中有数"。

◆ 当您选择"我的社保卡"服务时,可以查询自己的社保卡和电子社保卡的应用状态,获知周边的服务网点和服务渠道。

◆ 您也可以通过"各地办事大厅",直达各地社会保险网上平台,体验更多的本地化、个性化服务。

后续,国家社会保险公共服务平台还将推出更多全国统一的社会保险线上服务,逐步开通更多的授权访问渠道,让您真正感受到"社保服务就在我身边"。

资料来源:人力资源和社会保障部网站.国家社会保险公共服务平台正式上线[EB/OL].[2019-9-16]. http://www.mohrss.gov.cn.

第三节　国有资本经营预算

1988 年政府机构改革后,财政部新"三定"方案将国有资产经营预算的提法改为国有资本金预算。

1993 年党的十四届三中全会通过的《中共中央关于建立社会主义市场经济体制若干问题的决定》中再次提出,要改进和规范复式预算制度,建立政府公共预算和国有资产经营预算,并可根据需要建立社会保障预算和其他预算。这是在中央文件中第一次正式提出建立国有资本经营预算的要求,当时国有资本经营预算的名称是国有资产经营预算。

1994 年,《中华人民共和国预算法》颁布,其实施条例第 20 条规定"各级政府预算按照复式预算编制,分为政府公共预算、国有资产经营预算、社会保障预算和其他预算"。《中华人民共和国预算法》及其实施条例的规定,标志着建立国有资本经营预算正式取得法律地位。但由于当时国家对国有企业实行了暂停上缴税后利润的政策,使建立国有资本经营预算失去了政策基础和收入来源,政府预算仍实行单式预算的编制方法,国有资本经营预算处于有名无实的尴尬状况。

2002年党的十六大提出"国有资本经营预算"的概念,作出了建立国有资本经营预算的决定。

2003年党的十六届三中全会又将国有资产预算修改为国有资本经营预算。

2007年9月,国务院正式下发《国务院关于试行国有资本经营预算的意见》,明确了试行国有资本经营预算的指导思想和原则,确定了国有资本经营预算的收支范围及编制、执行和审批程序后,国有资本经营预算正式进入了实施阶段。

可以说,《国务院关于试行国有资本经营预算的意见》这一文件的下发,标志着我国国有资本经营预算制度正式建立,也标志着国家复式预算制度开始进入新的发展历史阶段。从此,我国国有资本经营预算进入实质性的运行和实践阶段。

在实践过程中,中央和地方政府先后发布了系列政策文件,不断推进国有资本经营预算改革与完善。2011年4月,财政部颁布《关于推动地方开展国有资本经营预算工作的通知》;2011年10月,财政部颁布关于印发《中央国有资本经营预算编报办法》的通知;2016年1月,财政部颁布关于印发《中央国有资本经营预算管理暂行办法》的通知;2017年3月,财政部颁布关于印发《中央国有资本经营预算支出管理暂行办法》的通知;2017年9月,财政部颁布关于印发《中央国有资本经营预算编报办法》的通知;2019年9月,国务院国资委颁布关于印发《中央企业国有资本经营预算支出执行监督管理暂行办法》的通知。很多地方政府也出台了地方性国有资本经营预算管理办法。例如,2013年6月,《四川省国有资本经营预算管理办法》印发;2016年6月,《上海市市本级国有资本经营预算管理办法》印发;2017年5月,《安徽省省级国有资本经营预算管理暂行办法》印发;2023年6月,《四川省省级国有资本经营预算管理办法》印发;2023年8月,《山东省省级国有资本经营预算管理办法》印发;等等。

2023年11月7日,习近平总书记主持召开中央全面深化改革委员会第三次会议,审议通过了《关于进一步完善国有资本经营预算制度的意见》,习近平总书记在主持会议时强调,国有资本经营预算是国家预算体系的重要组成部分,要完善国有资本经营预算制度,扩大实施范围,强化功能作用,健全收支管理,提升资金效能。意见强调,到"十四五"末,基本形成全面完整、结构优化、运行顺畅、保障有力的国有资本经营预算制度。这也是未来国有资本经营预算进一步改革完善的基本方向。

一、国有资本经营预算意义

国有资本经营预算,是指国家以所有者身份依法取得国有资本收益,并对所得收益进行分配而发生的各项收支预算,是我国政府预算体系的重要组成部分。在我国转型经济条件下,国有经济发挥着至关重要的作用。建立国有资本经营预算制度,对增强政府的宏观调控能力,完善国有企业收入分配制度,规范国家与企业的分配关系,推进国有经济布局和结构的战略性调整,集中解决国有企业发展中的体制性、机制性问题,具有重要意义。

(一)确保政府双重经济职能的分离,强化国有资产所有者职能

市场经济条件下的公共财政,原则上要求政企分开:政府负责对企业实行有效的产权制约、引导和监控,维护国有资产的合法权益;企业按照国家有关国有资本与财务管理的规章制度,承担国有资本保值增值的法律责任。政府预算作为反映政府活动范围和方向、保障国家发挥其职能的工具,必须使政府以不同身份行使的职能反映为预算上不同性质的支出,即要分别建立公共预算和国有资本经营预算。然而,长期以来,我国对国有资本经营收支没有单列预算和进行分类管理,而是与经常性预算收支混合在一起,这种做法无法体现政府作为社会管理者和国有资产所有者两种职能及其两类收支活动的运行特征。随着政府职能的转变,通过单独设立国有资本经营预算,集中管理国有资本运营,将国家作为国有资本所有者所拥有的权利与作为社会管理者所拥有的行政权力相分离,从而强化政府作为国有资产所有者的职能。国有资本经营预算的建立和运行,有助于深化国有企业改革,推动国有企业转变发展方式,推进政府改革,促进国民经济又好又快发展。

(二)增强政府的宏观调控能力,推进国有经济布局和结构的战略性调整

1. 国有资本经营预算有助于增强政府的宏观调控能力

目前,为了提高教育和医疗卫生等许多社会服务的公平性和效率,我国政府逐步调整公共支出重点,而国有企业向政府上缴红利为这些问题的解决提供了一条思路。通过建立国有资本经营预算,区分国有资产出资人职能与政府公共管理职能,公共财政体制也可以对基础设施等具有公共性领域的国有企业提供合法和持续的补充资本金,特别是对关系国计民生的重要行业和关键领域进行投入,体现政府行使公共管理职能的需要,切实增强国家的宏观调控能力。

2. 国有资本经营预算有助于推进国有经济布局和结构的战略性调整

国有资本经营预算是国家以所有者身份对依法取得国有资本收益进行收支分配的预算,反映了国家对国有经济布局和结构的全盘掌控和运用。

20世纪90年代中期后,国有企业发展走出低谷,整体竞争力日渐增强,盈利能力不断提高,但国有经济结构布局和国有企业资产质量仍存在很多问题,诸如:企业小、散、乱的局面没有得到根本改善,实现利润主要集中在少数垄断性企业,多数企业效益低下,低水平重复建设等现象屡见不鲜。为了解决当时国有经济结构布局和国有企业资产质量存在的问题,必须积极推进经济布局和产业结构的调整,其中尽快建立国有资本经营预算制度就是解决当时存在的问题的钥匙之一。

第一,通过国有资本经营预算,可以在全面掌握国有资产运营状况的基础上,根据产业政策的目标和国有经济结构调整的需要,通过财政预算的再分配职能,有计划地组织政府资本性投资,调整和引导资金投向,有效控制、引导国有资本投向国家鼓励发展的行业、产业或领域,提高国有资本增量投入与存量调整相结合,实现政府对国有经济的宏观调控和国有资产的优化配置,实现国有资本优化组合及经济布局和产业结构的有序调整,改善国有经济结构,推动产业升级,推动国有经济整体效益的不断提高。

第二,通过建立国有资本经营预算有助于有效实施国有资本经营的战略。国有资

本预算的起点是国有资本经营的战略目标和阶段性目标,因此,国有资本经营预算是实施国有资本经营战略目标的有效手段,国有资本经营的战略目标只有落实到每个预算、每个国有资本的经营主体完成的财务指标上,才能够落实到实处。换言之,推进国有资本预算完成的过程也就是国有资本经营目标逐渐实施的过程。

另外,建立国有资本经营预算可以加强政府对国有资产经营的监督管理,提高政府配置资源的效率和水平。

(三)健全和完善政府预算体系

国有资本经营预算是政府预算体系的重要组成,实行国有资本经营预算有利于健全我国复式预算制度,完善和规范政府预算体系。我国政府预算的目标是建立包括公共预算、政府性基金预算、国有资本经营预算和社会保障预算在内的复式预算体系,以利进一步转变和拓宽国家财政职能,增强财政宏观调控能力,强化预算约束。可见,建立国有资本经营预算是深化我国财政体制改革,促进我国复式预算制度不断完善发展的需要。

预算是管理的重要职能。国有资本经营预算是从现有政府预算中分列出来,专门以国有资本收益为主要来源,有计划地进行国有资本投资经营的财政计划。具体而言,国有资本经营预算是政府以国有资本所有者身份,在进行国有资本存量分析、国有资本营运预测和决策的基础上,对国有资本投资、国有资本收益、国有资本产权交易及国有资本收支进行的规划,与公共预算、社会保障预算和其他预算共同构成社会主义市场经济体制下的政府预算体系。

很长一段时间里,考虑到我国一些国有企业的效率不高、效益不好,国家没有把国有企业的利润收缴上来。因此,加快建设国有资本经营预算,完善国家预算制度体系的任务十分迫切。进一步完善国有资本经营预算,可以推动我国政府预算体系的完善,真正发挥国有资本经营预算的约束作用。

(四)有利于加强对国有资本经营的激励与约束机制,提高国有资本的运营效率

国有资本所有权和经营权随着国有企业的改组和改制实现了分离后,政府与国有企业经营者之间就形成了一种"委托-代理"关系。由于信息不对称,代理人有可能发生损害所有者权益的"道德风险"。从根本上讲,国有资本整体运作效率低下的原因在于其所有权的代理链过长,从而导致了国有资本经营运作过程中激励与约束机制的不足。即便是在健全的公司治理结构中依然存在着道德风险和逆向选择问题,在国有企业中表现得更为严重。为了预防这种"道德风险"的发生,必须建立国有资本经营预算。通过设立完整的国有资本经营预算,对国有资本经营活动进行统筹规划,对国有企业经营者的业绩进行考核和评价,审批和监督各种资产的最终去向,将大大缩短代理链条,使监督和控制变得更加直接有力,从而最大限度地减少"道德风险",确保国有资本的保值增值。

同时,通过国有资本经营预算的收支管理可以更加合理、有序、透明地实现国有资本的战略性重组。抓大放小,将有限的国有资金投入到更具竞争力的大公司、大企业中去,加快国有资本产权的合理流动和优化配置,提高国有资本金的整体使用效率。

(五)建立国有资本经营预算有利于减轻财政支出的压力

近年来,我国财政支出持续增长,财政压力依然较大。我国财政支出任务繁重的重

要原因在于，国有资本经营收支严重不配比，长久以来，一方面，国家基本上放弃了国有资本经营收益，即政府投资举办国有企业，进行资本性投资，但未收取资产收益；另一方面，国有企业生存、改革和发展的一系列支出都是国家财政来承担，几乎包括从国有企业的资本投入到企业经营的亏损补贴等支出内容，特别是对这些支出没有在财政预算上建立专项预算来进行有效约束。因此，可以通过国有资本经营预算进行以收定支、量入为出的预算约束，减轻政府财政的压力。

总之，我国的国有资本经营预算还处于发展完善阶段，也是国企改革的新探索。国有资本经营预算的建立和实施将进一步丰富和发展政府预算管理的内涵，推动政府预算体系的健全和完善，增强政府的宏观调控能力，提高国有资本整体运营效率和效益，逐步解决国有企业发展中的体制性障碍，推进国有经济结构战略性调整和支付改革的必要成本，最终促进国民经济实现可持续发展。

二、国有资本经营预算原则

2007年9月8日，国务院发布的《国务院关于试行国有资本经营预算的意见》中，明确了试行国有资本经营预算，应坚持"统筹兼顾，适度集中""相对独立，相互衔接"和"分级编制，逐步实施"三大基本原则。随着国有资本经营预算的不断改革，预算本身也越来越规范，在传承发展的基础上，国有资本经营预算应该坚持以下原则。

（一）统筹兼顾，适度集中原则

国有资本经营预算要统筹兼顾企业自身积累、自身发展和国有经济结构调整及国民经济宏观调控的需要，适度集中国有资本收益，合理确定预算收支规模。

国有资本经营预算一方面要站在国家的角度，考虑国有经济结构调整和国民经济宏观调控的需要；另一方面需要站在企业的立场，考虑其所处行业的盈利水平、自身经济实力和未来发展的实际情况。国有资本经营预算应以国有资本收益这一特定的预算收入来源保证推进国有经济布局和结构的战略性调整，适度集中国有资本收益，集中解决国有企业发展中的体制性、机制性问题，即既要考虑国有资本经营的长远规划，又要考虑国有资本经营的近期目标，做到统筹兼顾。

（二）完整独立，相互衔接原则

完整独立即单独编制国有资本经营预算，它以国有资本收益的收支为主要内容，预算支出按照当年预算收入规模安排。既要保持国有资本经营预算的完整性和独立性，又要保持其与一般公共预算、社会保障预算等预算的相互衔接。

国有资本经营预算是政府预算体系的重要组成部分，但其与一般公共预算、社会保障预算等在预算基础、资金来源及支出方向、编制的原则等方面有着很大的区别。国有资本经营预算不同于一般公共预算，它的依据是国家作为企业出资人对企业的出资权及其派生出的收益管理权，追求的目标是国有资产的保值增值和经济效益最大化，收支范围限于所出资企业，收入以所出资企业国有资本收益为主，支出一般以资本性投资为主。一般公共预算的依据则是国家行政管理的公共权力及其派生的对国民经济收入的再分配权，其追求最佳社会效益，编制各方主体之间具有行政隶属关系，相关的收支行为具有强制性和无偿性。社会保障预算是国家以法律或行政法规手段筹集收入并用于特定对象人群的专款专用性质的预算,是对社会成员基本生活予以保障的社会安全制度安排,以实现国家社会保障职能。

然而,国有资本经营预算的建立,不仅要着眼于国有资本的保值增值,而且要考虑弥补改革成本与承担社会责任,必要的时候,要为一般公共预算和社会保险基金预算提供支持。预算法明确规定:一般公共预算、政府性基金预算、国有资本经营预算、社会保险基金预算应当保持完整、独立;政府性基金预算、国有资本经营预算、社会保险基金预算应当与一般公共预算相衔接。

(三) 规范透明,注重效益原则

国有资本经营预算工作是一项政策性很强的工作。规范与透明是保证国有资本经营预算工作实现公平与效率的重要条件,在法治的基础上,只有制度和办法规范透明,才能最大限度地提高工作效率。规范主要是指有科学的法律制度依据,做到标准科学、程序规范、方法合理、结果可信;透明主要是指制度、程序公开透明,预算、决算要向社会公开,自觉接受人大和社会各界监督。

国有资本经营具有资本运营的最基本属性,投资必须要有回报,除特殊阶段需要安排一些改革成本等费用性开支外,主要应以市场运作为原则,以效益为目标,这有助于协调国有资产运营局部与整体、眼前与长远的矛盾。因此,国有资本经营预算应该坚持注重效益原则,将预算收支全面纳入绩效管理,不断提升预算绩效管理的水平,这也是国有资产监督管理机构对所出资企业进行监督的有效手段。

从收入的角度讲,注重效益预算,就是在确定国有资本收益上交比例和实际收取过程中,应结合我国国有企业改革和发展的实践以及不同行业国有企业的资本收益情况,区分不同行业、不同情况,根据企业当年的发展实际情况,通过国家行政立法的方式规定合理的收取比例。收取的前提和出发点是确保国家出资企业的持续健康发展,注重其经济效益和社会效益。

从支出的角度讲,注重效益预算,就是在确定相关考核指标时,将经济效益视为主要因素之一,在普遍强调企业经济效益与社会效益并重的今天,追求经济效益和社会效益成为国家出资企业经营发展的目标。注重效益原则成为国有资本经营预算工作应当坚持的一项基本原则。

(四) 收支平衡,不列赤字原则

国有资本经营预算是对国有资本收益作出支出安排的收支预算。国有资本经营预算应当按照收支平衡的原则编制,不列赤字,并安排资金调入一般公共预算。国有资本经营预算按年度编制,但是国有资本经营预算的资本性支出,往往带有很强的跨年性,应该按照国家宏观政策和相关规定编制国有资本经营预算中期收支规划。

三、国有资本经营预算的收支范围

(一) 国有资本经营预算收入范围

根据预算法规定,政府性基金预算、国有资本经营预算和社会保险基金预算的收支范围,按照法律、行政法规和国务院的规定执行。为了强化对国有资本经营预算的管理,我国先后出台了系列相关法律、行政法规和其他规定。

国有资本经营预算的收入预算是指国家按年度和规定比例向企业收取国有资本收益的收缴计划。依法取得国有资本收益,是国家作为国有资本投资者应当享有的权利,也是建立国有资本经营预算的基础。根据《国务院关于试行国有资本经营预算的意见》规定,国有资本经营预算的收入是指各级人民政府及其部门、机构履行出资人职责的企业(即一级企业,下同)上缴的国有资本收益,主要包括五个方面:①应缴利润,即指国有独资企业按规定应当上缴国家的利润;②国有股股利、股息,即国有控股、参股企业国有股权(股份)获得的股利、股息收入;③国有产权转让收入,即转让国有产权、股权(股份)获得的收入;④企业清算收入,即国有独资企业清算收入(扣除清算费用),以及国有控股、参股企业国有股权(股份)分享的公司清算收入(扣除清算费用);⑤其他收入,即指其他国有资本收益。财政部2016年修订印发的《中央企业国有资本收益收取管理办法》,明确国有资本收益是指国家以所有者身份依法取得的国有资本投资收益,具体包括:①应交利润;②国有股股利、股息;③国有产权转让收入;④企业清算收入;⑤其他国有资本收益。

财政部根据行业的差别,具体规定了中央企业国有资本收益的上缴比例。根据《中央企业国有资本收益收取管理暂行办法》(财企〔2007〕309号),采取区别不同行业适用不同比例的方式,将企业划分为三类:第一类是具有资源性特征行业企业,上缴比例为净利润的10%;第二类为一般竞争性行业企业,上缴比例为净利润的5%;第三类为国家政策性企业,暂缓3年上缴或者免交。另外,该办法还对中央企业国有资本收益的申报、核定、上缴等事项进行了明确。

实际上,我国提出完善国有资本经营预算制度,进一步提高国有资本收益上缴公共财政的比例,2020年提高到30%,更多用于保障和改善民生。根据《关于进一步提高中央企业国有资本收益收取比例的通知》(财企〔2014〕59号)规定:①国有独资企业应交利润收取比例在原有基础上提高5个百分点,即:第一类企业为25%;第二类企业为20%;第三类企业为15%;第四类企业为10%;第五类企业免交当年应交利润。财政部明确了企业分类名单。符合小型微型企业规定标准的国有独资企业,应交利润不足10万元的,比照第五类企业,免交当年应交利润。②国有控股、参股企业国有股股利、股息,国有产权转让收入,企业清算收入和其他国有资本收益,仍按照有关经济行为的财务会计资料执行。③事业单位出资企业国有资本收益收取政策,按照《财政部关于中央级事业单位所属国有企业国有资本收益收取有关问题的通知》(财企〔2013〕191号)执行,收益收取比例提高至10%。

根据财政部2016年修订印发的《中央企业国有资本收益收取管理办法》,对于中央企业国有资本收益的分配,财政部会同中央部门(机构),提出国有独资企业应交利润的上交比例建议,报国务院批准后执行。国有控股、参股企业应当依法分配年度净利润。当年不予分配的,应当说明不分配的理由和依据,并出具股东会或者股东大会的决议。

地方政府也在不断推进地方国有资本收益分配制度的改革。例如,2023年印发的《山东省省级国有资本经营预算管理办法》规定,省属国有独资企业、企业化管理事业单位按照不低于30%的比例上缴利润收入,其中金融企业、资源类企业上缴比例不低于35%,省政府另有规定的除外。利润收入上缴比例实行动态调整,由省财政厅会同有关部门提出建议，报省政府批准后执行。

2020年修订实施的《中华人民共和国预算法实施条例》规定，我国现行的国有资本经营预算收入包括：依照法律、行政法规和国务院规定，应当纳入国有资本经营预算的国有独资企业和国有独资公司按照规定上缴国家的利润收入、从国有资本控股和参股公司获得的股息红利收入、国有产权转让收入、清算收入和其他收入。

从《2024年政府预算收支分类科目》看，国有资本经营预算收入包括2个类级科目：①非税收入。其包括1个款级科目即国有资本经营收入，含利润收入、股利利息收入、产权转让收入、清算收入、其他国有资本经营预算收入等5个项级科目；②转移性收入。其包括3个款级科目：国有资本经营预算转移支付收入、上解收入、上年结余收入。

（二）国有资本经营预算支出范围

国有资本经营预算的支出是指国家根据国有资本经营预算收入规模和国民经济发展需要制定的支出计划。主要包括四个方面：①资本性支出，主要是根据国家产业发展规划、国有经济布局和结构调整、国有企业发展要求，以及国家战略、安全等需要，用于支持国有企业改制重组、自主创新、提高企业核心竞争力等方面安排的资本性支出；②费用性支出，主要用于弥补国有企业改革成本以及解决历史遗留问题等方面的费用性支出。国家要重点解决的是困难企业职工养老保险，离退休职工医疗保险，特困企业职工生活补助，分离企业办社会职能、企业后勤服务社会化等涉及职工切身利益的问题，以及支持重点行业企业的节能减排；③转移性支出，主要是指向一般公共预算调出资金、对下级国有资本经营预算转移支付以及向上级国有资本经营预算上解支出等方面的支出；④其他支出，主要是指依据国家宏观经济政策以及不同时期国有企业改革和发展的任务，统筹安排确定的其他支出，包括用于社会保障等方面的支出。具体支出范围依据国家宏观经济政策以及不同时期国有企业改革和发展的任务，统筹安排确定。必要时，可部分用于社会保障等项支出。

2020年修订实施的《中华人民共和国预算法实施条例》规定，我国现行的国有资本经营预算支出主要包括资本性支出、费用性支出、向一般公共预算调出资金等转移性支出和其他支出。

从《2024年政府预算收支分类科目》看，国有资本经营预算支出包括3个类级科目：①社会保障和就业支出。包括补充全国社会保障基金1个款级科目。②国有资本经营预算支出。包括解决历史遗留问题及改革成本支出、国有企业资本金注入、国有企业政策性补贴、其他国有资本经营预算支出等4个款级科目。③转移性支出。包括国有资本经营预算转移支付、上解支出、调出资金、年终结余等4个款级科目。

国有资本经营预算支出方向和重点，应当根据国家宏观经济政策需要以及不同时期国有企业改革发展任务适时进行调整。

四、国有资本经营预算的编制和审批

我国现行国有资本经营预算管理的法律法规依据主要是《中华人民共和国预算法》及其实施条例、《国务院关于试行国有资本经营预算的意见》《中央国有资本经营预算编报办法》《中央国有资本经营预算管理暂行办法》《中央企业国有资本收益收取管理暂行办法》《关于推动地方开展试编国有资本经营预算工作的意见》《关于进一步提高中央企业国有资本收益收取比例的通知》，以及地方出台的有关地方国有资本经营预算管理的办法规定等。2023年11月7日，中央全面深化改革委员会第三次会议审议通过《关于进一步完善国有资本经营预算制度的意见》，该意见已由国务院于2024年1月6日发布，将会成为今后一个时期国有资本经营预算制度改革完善的重要指导意见。

（一）国有资本经营预算的编制

1. 国有资本经营预算的编制主体

在试行期间，根据《国务院关于试行国有资本经营预算的意见》的规定：各级财政部门为国有资本经营预算的主管部门；各级国有资产监管机构以及其他有国有企业监管职能的部门和单位，为国有资本经营预算单位（以下统称预算单位）；试行期间，各级财政部门商国资监管、发展改革等部门编制国有资本经营预算草案，报经本级人民政府批准后下达各预算单位；各预算单位具体下达所监管（或所属）企业的预算，抄送同级财政部门备案。所以，在试编国有资本经营预算的初期，"各级财政部门商国资监管、发展改革等部门编制国有资本经营预算草案"，实际意味这些部门是编制一级政府国有资本经营预算的共同主体，而此时的预算报经本级人民政府批准即可。

但随着国有资本经营预算的不断完善，对国有资本经营预算的编制主体有了更加明确的规定。以中央国有资本经营预算为例，根据2011年10月财政部修订后的《中央国有资本经营预算编报办法》规定：财政部根据预算收入和中央预算单位上报的国有资本经营预算建议草案，统筹安排、综合平衡后，编制中央国有资本经营预算草案。2016年1月财政部出台的《中央国有资本经营预算管理暂行办法》规定：财政部根据当年预算收入规模、中央部门及中央企业报送的国有资本经营预算支出建议草案，进行统筹平衡后，编制中央国有资本经营预算草案。2018年新修正的预算法对预算管理职权进行了明确规定：国务院编制中央预算、决算草案；县级以上地方各级政府编制本级预算、决算草案；乡、民族乡、镇政府编制本级预算、决算草案。因此，一级政府的国有资本经营预算的具体编制主体就是各级财政部门。

2. 国有资本经营预算的编制程序

中央国有资本经营预算编制比较早，有比较成熟的经验，实际也为后来地方国有资本经营预算的编制提供了样板。下面以中央国有资本经营预算为例介绍编制程序。

财政部为国有资本经营预算的主管部门，负责编制中央国有资本经营预算草案；各中央国有资本经营预算单位，包括国资委以及其他纳入中央国有资本经营预算实施范围的中央部门和单位（即"中央预算单位"），负责编制本单位所监管中央企业国有资本经营预算建议草案；中央企业编制国有资本经营预算支出项目计划。因此，财政部—中央预算单位—中央企业实际形成中央国有资本经营预算的链条，各自在预算编制中履行不同的功能。

中央国有资本经营预算收入由财政部根据中央企业年度盈利等情况和中央企业国有资本收益收取政策进行测算编制。因此，中央国有资本经营预算编制的核心实际是支出预算的编制。中央国有资本经营预算支出预算编制流程如图4-3所示。

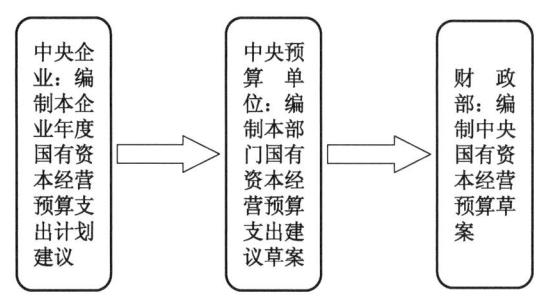

图4-3 中央国有资本经营预算支出预算编制流程

（1）财政部按照国务院编制预算的统一要求，根据中央国有资本经营预算支出政策，布置编报年度中央国有资本经营预算。

（2）中央部门根据财政部的编报要求，向监管（所属）中央企业布置编报年度中央企业国有资本经营预算。

（3）中央部门监管（所属）中央企业根据有关编报要求，编制本企业年度国有资本经营预算支出计划建议报中央部门，并抄报财政部。

（4）中央部门对监管（所属）中央企业报送的年度国有资本经营预算支出计划建议进行初审后，编制本部门国有资本经营预算支出建议草案报财政部。

（5）直接向财政部报送国有资本经营预算的中央企业编制本企业国有资本经营预算支出建议草案报财政部。

（6）财政部根据当年预算收入规模、中央部门及中央企业报送的国有资本经营预算支出建议草案，进行统筹平衡后，编制中央国有资本经营预算草案。

3. 国有资本经营预算的编制内容

以中央国有资本经营预算的编制内容为例，根据2017年修订后的《中央国有资本经营预算编报办法》的规定，财政部编制的中央国有资本经营预算由预算编制说明书和预算表两部分组成。

（1）预算编制说明书。预算编制说明书的具体内容包括：预算编制的指导思想和重点；预算编制范围；预算编制情况说明（包括收支预算总体情况，收入、支出预算具体编制说明）；其他说明事项。

> **专栏4-2　关于2023年中央国有资本经营预算的说明**
>
> 2023年中央国有资本经营收入预算数为2 410.4亿元，其中：利润收入1 871.67亿元，股利、股息收入538.73亿元。加上2022年结转收入88.92亿元，2023年中央国有资本经营预算收入总量为2 499.32亿元。按照收支平衡原则，2023年中央国有资本经营支出预算数为1 749.32亿元，国有资本经营预算调出资金预算数为750亿元。具体情况如下：

一、收入预算

2023年中央国有资本经营收入预算数为2410.4亿元，比2022年同口径执行数增加67.09亿元，增长2.9%。

1. 利润收入1871.67亿元，增加127.03亿元，增长7.3%。国有全资企业税后利润的收取比例主要分为五类执行：第一类为烟草企业，收取比例25%，2023年上交收入540亿元，增长2.3%；第二类为石油石化、电力、电信、煤炭等资源型企业，收取比例20%，2023年上交收入770.93亿元，增长11.8%；第三类为钢铁、运输、电子、贸易、施工等一般竞争型企业，收取比例15%，2023年上交收入439.35亿元，增长5.1%；第四类为军工企业、转制科研院所、中国邮政集团公司、中国国家铁路集团有限公司、中央文化企业、中央部门所属企业，收取比例10%，2023年上交收入121.39亿元，增长11.1%；第五类为政策性企业，免交当年应交利润。符合小型微型企业规定标准的国有独资企业，应交利润不足10万元的，比照第五类政策性企业免交当年应交利润。

2. 股利、股息收入538.73亿元，减少52.25亿元，下降8.8%。主要是上缴国有资本经营预算的企业分红等数额减少。

加上2022年结转收入88.92亿元，2023年中央国有资本经营预算收入总量2499.32亿元。

二、支出预算

2023年中央国有资本经营支出优先落实国家发展战略，着力推进供给侧结构性改革，持续推动国有经济布局优化和结构调整，支持国有资本和国有企业做强做优做大。

2023年中央国有资本经营支出预算数为1749.32亿元，比2022年同口径执行数增加39.32亿元，增长2.3%。具体情况如下：

1. 中央本级国有资本经营预算支出为1704.77亿元，增加43.75亿元，增长2.6%。其中：

（1）解决历史遗留问题及改革成本支出97.1亿元，增加27.32亿元，增长39.2%。主要是老旧小区综合整治支出增加。

（2）国有企业资本金注入841.5亿元，减少41.62亿元，下降4.7%。其中：国有经济结构调整支出489.5亿元，主要用于国有企业优化产业布局、保产业链供应链稳定、文化产业升级与发展、政府投资基金注资等支出。前瞻性战略性产业发展支出224亿元，主要用于支持提升中央企业关键领域自主创新能力等支出。生态环境保护支出10亿元，主要用于支持中央企业加大污染防治等投入力度。支持科技进步支出2亿元，主要用于科技创新及科技成果转化等方面支出。保障国家经济安全支出16亿元，主要用于保障粮食安全等支出。金融企业资本性支出100亿元。

（3）国有企业政策性补贴727.79亿元，主要用于保障铁路运营等支出。

（4）其他国有资本经营预算支出38.38亿元，主要用于保暖保供等支出。

2. 中央对地方国有资本经营转移支付支出预算数为 44.55 亿元,减少 4.43 亿元,下降 9%,主要是据实结算支出减少。

2023 年中央国有资本经营预算调出资金 750 亿元,减少 150 亿元。主要是 2022 年结转收入减少,调入一般公共预算的规模相应下降。

三、中央企业(不含金融)国有资本经营预算编制范围的说明

2023 年中央国有资本经营预算编制范围包括国资委监管企业 98 户、国资委所属企业 163 户,教育部所属企业 147 户,科技部所属企业 10 户,工业和信息化部所属企业 102 户,民政部所属企业 19 户,司法部所属企业 1 户,财政部所属企业 8 户,自然资源部所属企业 40 户,交通运输部所属企业 27 户,生态环境部所属企业 16 户,水利部所属企业 41 户,农业农村部所属企业 21 户,商务部所属企业 1 户,文化和旅游部所属企业 48 户,卫生健康委所属企业 66 户,应急部所属企业 54 户,广电总局所属企业 19 户,体育总局所属企业 34 户,粮食和物资储备局所属企业 78 户,民航局所属企业 98 户,国家文物局所属企业 9 户,国家矿山安全监察局所属企业 68 户,知识产权局所属企业 8 户,中央宣传部所属企业 20 户,中央网信办所属企业 2 户,中央党校(国家行政学院)所属企业 3 户,共青团中央所属企业 1 户,中国文联所属企业 11 户,全国妇联所属企业 4 户,中国贸促会所属企业 30 户,老龄协会所属企业 5 户,中国地质调查局所属企业 18 户,科技日报社所属企业 4 户,全国人大常委会办公厅所属企业 7 户,政协全国委员会办公厅所属企业 2 户,最高人民法院所属企业 2 户,最高人民检察院所属企业 1 户,中国地震局所属企业 38 户,国家民族事务委员会所属企业 15 户,国务院发展研究中心所属企业 2 户,海关总署所属企业 260 户,市场监管总局所属企业 21 户,药监局所属企业 1 户,银保监会所属企业 1 户,国家邮政局所属企业 3 户,能源局所属企业 3 户,光明日报社所属企业 3 户,中国工程院所属企业 2 户,中国社会科学院所属企业 8 户,中国外文局所属企业 25 户,中国作协所属企业 5 户,中国气象局所属企业 18 户,疾控局所属企业 1 户,中国残联所属企业 9 户,中医药局所属企业 3 户,中科院所属企业 93 户,国家林草局所属企业 37 户,其他有关单位所属企业 18 户,财政部代表国务院履行出资人职责的中央文化企业 115 户,中国烟草总公司,中国邮政集团有限公司,中国国家铁路集团有限公司,北大荒农垦集团有限公司,共计 1971 户。

资料来源:财政部网站.关于 2023 年中央国有资本经营预算的说明[EB/OL].[2023-03-27].http://www.mof.gov.cn.

(2)预算表。中央国有资本经营预算表主要包括:①中央国有资本经营预算收支总表(财资预总 01 表),反映中央国有资本经营预算收支汇总情况;②中央国有资本经营预算收入表(财资预总 02 表),反映中央国有资本经营预算收入情况;③中央国有资本经营预算支出表(财资预总 03 表),反映中央国有资本经营预算支出汇总情况;④中央国有资本经营预算支出明细表(财资预总 04 表),反映中央国有资本经营预算支出明细情况;⑤中央国有资本经营预算支出绩效目标批复表(财预资总 05 表),反映审核调整后的支出绩效目标设置情况。

(二) 国有资本经营预算的审批

国有资本经营预算编制程序结束后,即进入预算审批阶段。构建预算制度的宗旨是,人民通过审批预算行使权力,对政府活动进行实质性和程序性的监督控制。按照国有资本的所有权属于全体人民的理念,国有资本经营预算应提交人民代表大会审批。

新修正的《预算法》第 43 条规定:中央预算由全国人民代表大会审查和批准。地方各级预算由本级人民代表大会审查和批准。第 46 条规定:报送各级人民代表大会审查和批准的预算草案应当细化。本级一般公共预算支出,按其功能分类应当编列到项;按其经济性质分类,基本支出应当编列到款。本级政府性基金预算、国有资本经营预算、社会保险基金预算支出,按其功能分类应当编列到项。《中央国有资本经营预算管理暂行办法》规定:中央国有资本经营预算草案应当报国务院审定后,报送全国人民代表大会审查。中央国有资本经营预算经全国人民代表大会批准后,财政部应当在 20 日内向有关中央部门和直接向财政部报送国有资本经营预算的中央企业批复预算。

第四节 政府性基金预算

一、政府性基金界定与管理沿革

(一) 政府性基金概念与特征

目前,对政府性基金尚无法理层面的准确定性,人们对其认识也存在分歧。根据《政府性基金管理暂行办法》(财综〔2010〕80 号),政府性基金,是指各级人民政府及其所属部门根据法律、行政法规和中共中央、国务院文件规定,为支持特定公共基础设施建设和公共事业发展,向公民、法人和其他组织无偿征收的具有专项用途的财政资金。政府性基金是政府财政收入的重要形式,对各级政府筹集资金、加快经济建设和社会事业发展起到了一定的积极作用。可以看出,政府性基金是政府凭借权力强制性无偿征收的、具有特定目的和专项用途的收入,一般不直接与被征收主体发生管理或服务关系,具有"准税收"性质。

一般来说,政府性基金具备如下特征:①财政性。政府性基金是政府财政收入的重要形式,具备财政资金的一般特征,必须要纳入政府预算管理;②政府主体性。政府性基金分配的主体是政府,由政府依据法律法规强制征收;③专用性。政府性基金有专门的资金来源,有特定的使用方向,主要为特定公共基础设施建设和公共事业发展提供资金支持。

(二) 政府性基金与税、费的区别与联系

税收是国家为实现其公共职能而凭借其政治权力,依法强制、无偿地取得财政收入的一种活动或手段。狭义层面上的收费,则是指基于受益负担理论,以现实和潜在的对待给付为要件,在政府与公民之间形成的价格关系和债权债务关系,具体而言,一般包括规费和受益费。前者是指政府为社会成员提供了一定的服务或进行了特定的行政管

理活动而收取的工本费和手续费,如工本费;后者则是指政府对使用公共设施的社会成员按照一定标准而收取的费用,如高速公路使用费。

税与费都是现代国家重要的财政收入形式,征税和收费是重要的行政行为,但二者有重要区别:其一,税收不具有对特别给付的反给付性质,国家与纳税人之间不存在交换关系,纳税人交税的多少与其可能消耗的公共物品数量的多少无直接对等关系,在特定时空内,征税是无偿的。公共收费的有偿性则表现为受益与支出的对应,缴费人通过交费得到政府的某种服务、资源或资格。其二,税收是提供公共产品的主要资金来源,费则是对国家提供的受益范围确定、受益水平差异明显的准公共物品的成本补偿。其三,税收强调更强调量能课税原则,收费则更遵循受益负担原则。其四,税收相对稳定,必须基于法律才能征收,即税收法定主义。在我国,费的收取相对灵活,政府及其相关部门根据实际情况变更费的项目和标准。此外,二者在征收主体、使用范围等方面也有差异。

通常意义上说,基金就是具有特定目的和用途的资金。政府和事业单位只要按照法律规定和出资者的意愿把资金用在指定用途上,就形成了基金。政府性基金与税的共同性是其具有的资金财政性、征收的强制性和无偿性。二者之间的最大区别在其用途上,税收用来满足一般公共产品需要,而政府性基金是为确保专项事业或特定产业的发展而设立的。不过,政府性基金也不使缴费人直接受益,所以其具有"准税收"性质。我国近年来推行的"费改税",主要是将政府性基金改变为特定目的的税。例如,燃油税是以养路费等公路收费为基础的,车辆购置费被改为车辆购置税。所以,政府性基金与税并非不可能相互转化。政府性基金与行政收费的内在沟通性很强,都属于政府的非税收收入。

在很长一段时间内,政府性基金也被作为广义的收费来对待,二者在适用中存在交叉领域。但政府性基金与行政事业性收费有以下不同:其一,前者不与被征收主体发生直接管理或服务关系,后者与提供具体服务或形式管理职责相联系;其二,前者是无偿、强制的,后者是对准公共物品的成本补偿;其三,前者收入来源和形式多样,后者只来源于被管理和被服务的对象;其四,前者数额较大,严格实行专款专用,后者数额相对较小,用于相关管理和服务;其五,前者具有政府支持重大项目建设的特别目的,后者并无此种特别目的性[①]。

(三) 政府性基金管理沿革

政府性基金产生于 20 世纪 80 年代,是为了应对国家在经济体制改革之初的基础设施落后以及财政资金不足的现实困境而开征的。政府性基金的筹集方式多样,是我国一项数额庞大的非税收入,其使用包括工业、农业、交通、教育、城市建设等众多领域。

1990 年以前,国家对政府性基金的管理权限没有明确的规定;后来根据《中共中央国务院关于坚决制止乱收费、乱罚款和各种摊派的决定》(中发〔1990〕16 号)文件规定,设立各种政府性基金的审批权集中在财政部,由财政部会同有关部门审批,重要的报国

---

① 陈融. 我国政府性基金法律问题探讨[J]. 政治与法律,2013(1).

务院批准。1995年,国家对各种基金进行了清理整顿,财政部会同有关部门陆续公布取消了一批不合法、不合理的基金项目。1996年,国务院发布的《关于加强预算外资金管理的决定》规定,从当年起,将养路费、车辆购置附加费和民航机场管理建设费等13项数额较大的政府性基金纳入财政预算。1997年,结合减轻企业负担工作,《中共中央 国务院关于治理向企业乱收费、乱罚款和各种摊派等问题的决定》(中发〔1997〕14号)再次明确并重申"政府性基金由财政部统一审批,重要的报国务院审批"的规定。2000年,财政部印发《关于清理整顿各种政府性基金的通知》,要求对各种政府性基金进行清理整顿。2005年,财政部发布《关于公布取消部分政府性基金项目的通知》,规定从2006年起,取消277项政府性基金项目,标准包括:不适应社会主义市场经济发展要求、国务院其他有关部门越权设立,以及省、自治区、直辖市及其所属部门和省级以下人民政府及其所属部门越权设立。2009年,财政部按照全国人大和国务院的要求制定印发《关于进一步完善政府性基金预算编制的工作方案》,明确了完善基金预算编制的主要目标和任务。2010年,财政部印发《政府性基金管理暂行办法》,进一步规范基金审批、征收、使用和监管等行为,切实加强政府性基金管理和保护公民、法人和其他组织的合法权益[①]。

对比近几年的全国性政府基金种类,数量在30项左右,总体有下降趋势,这也标志着全国性政府基金进入了一个相对稳定的发展阶段。2007年全国性政府基金有46项,2008年34项,2009年33项,2010年30项,2011年29项,2012年30项,2015年25项。财政部2017发布的《全国政府性基金目录清单》中列示的基金项目为20项,2017年之后全国政府性基金目录清单没有发生变化,因此,从2017年到2023年,全国政府性基金项目数量均为20项。

财政部2017发布的《全国政府性基金目录清单》所列示的基金项目共包括20项:铁路建设基金、民航发展基金、高等级公路车辆通行附加费、国家重大水利工程建设基金、水利建设基金、城市基础设施配套费、农网还贷资金、教育费附加、地方教育附加、文化事业建设费、国家电影事业发展专项资金、旅游发展基金、中央水库移民扶持基金、地方水库移民扶持基金、残疾人就业保障金、森林植被恢复费、可再生能源发展基金、船舶油污损害赔偿基金、核电站乏燃料处理处置基金、废弃电器电子产品处理基金。

二、政府性基金预算编制与审批

新修正《预算法》第9条规定,政府性基金预算是对依照法律、行政法规的规定在一定期限内向特定对象征收、收取或者以其他方式筹集的资金,专项用于特定公共事业发展的收支预算。政府性基金预算应当根据基金项目收入情况和实际支出需要,按基金项目编制,做到以收定支。政府性基金预算是指政府通过向社会征收基金、收费、以及土地出让金、发行彩票等方式取得收入,专项用于支持特定基础设施建设和社会事业发展等方面的收支预算,是政府预算体系的重要组成部分。编制政府性基金预算,对于提高政府预算的统一性和完整性,增强预算的约束力和透明度,更好地接受人大和社会监

---

① 章争鸣. 我国政府性基金的发展现状与审计思考[EB/OL].[2013-07-10]. http://www.audit.gov.cn.

督,具有十分重要的意义。

我国政府性基金预算管理遵循的法律法规主要包括《中华人民共和国预算法》及其实施条例、《政府性基金预算管理办法》《政府性基金管理暂行办法》等。

我国政府性基金预算的编制实际是伴随着预算内外关系的调整而产生和发展的。根据国务院《关于加强预算外资金管理的决定》(国发〔1996〕29号)要求,从1996年起,将养路费、车辆购置附加费、铁路建设基金、电力建设基金、三峡工程建设基金、新菜地开发基金、公路建设基金、民航基础设施建设基金、农村教育费附加、邮电附加、港口建设费、市话初装基金、民航机场管理建设费等13项数额较大的政府性基金(收费)纳入财政预算管理。为了做好政府性基金的预算管理工作,特制定了《政府性基金预算管理办法》。

按照《政府性基金预算管理办法》规定,基金的预算级次划分为中央基金预算收入、地方基金预算收入和中央与地方共享基金收入。同时规定,根据《中华人民共和国预算法》要求,政府性基金预算由国务院规定复式预算编制办法,在国务院复式预算办法正式颁发前,在财政预算上暂采用单独编列办法。即各级财政部门单独编列一张"政府性基金收支预算表",将基金收入与基金支出按照一一对应的原则排列,不计入一般预算收入总计和一般预算支出总计。也就是说在20世纪90年代末刚开始编基金预算时还比较简单,主要通过一张"政府性基金收支预算表"来体现,但是其对调整预算内外关系,完善预算体现却具有重要意义。

(一) 政府性基金预算编制遵循的原则

由于政府性基金的性质与税收等收入的性质有所不同,资金的使用领域也有很大不同,政府性基金预算编制主要遵循"以收定支、专款专用、收支平衡、结余结转下年安排使用"的原则。

1. 以收定支

政府性基金主要用于支持特定基础设施建设和社会事业发展等方面,涉及的领域很多,项目很多,需要资金规模巨大,政府性基金预算编制必须坚持以收定支,有多少钱办多少事。根据预算法规定,政府性基金预算应当根据基金项目收入情况和实际支出需要,按基金项目编制,做到以收定支。

2. 专款专用

专款专用应包括两层意思,一是政府性基金预算资金作为一个整体,应该做到专款专用;二是分项基金收入也应该做到专款专用。政府性基金收入类型比较多,包括各种对社会征收的基金、收费以及土地出让、发行彩票收入等,这些分项收入也应做到专款专用,好比打酱油的钱不能用来买菜。

3. 收支平衡

目前,我国财政形势非常严峻,平衡收支面临极大压力。2023年,汇总中央和地方预算,全国一般公共预算收入为217 300亿元,增长6.7%。加上调入资金及使用结转结余19 030亿元,收入总量为236 330亿元。全国一般公共预算支出为275 130亿元(含中央预备费500亿元),增长5.6%。赤字38 800亿元,比2022年增加5 100亿元。加上增发的1万亿国债后,预算赤字率达到3.8%。政府性基金预算必须保持收支平衡。

4. 结余结转

结余结转下年安排使用也是专款专用的基本要求,但是结余结转资金必须加强预算管理,在结转的资金规模、使用进度等方面必须提出明确要求,否则可能会出现相关部门或项目资金使用积极性不高、资金长期滚存,影响基础设施建设和社会事业发展的情况。对政府性基金预算资金应加强绩效考核力度。在必要的情况下,对结余资金要加大一般公共预算统筹的力度。

(二) 政府性基金预算编审

1. 政府性基金预算收支范围

《预算法》第 28 条规定,政府性基金预算、国有资本经营预算和社会保险基金预算的收支范围,按照法律、行政法规和国务院的规定执行。按照《2024 年政府收支分类科目》,2024 年政府性基金预算收入科目中的类级科目包括非税收入、债务收入、转移性收入。其中非税收入包含的政府性基金收入共包括农网还贷资金收入、铁路建设基金收入、民航发展基金收入、国有土地使用权出让收入、彩票公益金收入、车辆通行费等 27 个项级科目。债务收入主要是指地方政府债务收入中的专项债务收入,如车辆通行费债务收入、污水处理费债务收入等。转移性收入主要包括政府性基金转移收入、上年结余收入、调入收入、债务转贷收入等。

按照《2024 年政府收支分类科目》,2024 年政府性基金预算支出功能分类科目下的类级科目主要包括:科学技术支出文化、文化旅游体育与传媒支出、节能环保支出、城乡社区支出、农林水支出、交通运输支出、资源勘探工业信息等支出、金融支出、其他支出、转移性支出、债务还本支出、债务付息支出、债务发行费用支出、抗疫特别国债安排的支出等 14 个类级科目。

2. 政府性基金预算编审

现行的《预算法》主要对预算的编制提出了一般要求,对一般公共预算的编制提出了具体要求,但并没有对政府性基金预算编制提出具体要求。因此政府性基金预算编制在遵循《预算法》的一般要求下,主要根据国务院、财政部的相关制度办法来编制。《政府性基金管理暂行办法》对政府性基金预算编制提出了一些具体规定:政府性基金收支纳入政府性基金预算管理;政府性基金支出根据政府性基金收入情况安排,自求平衡,不编制赤字预算;各项政府性基金按照规定用途安排,不得挪作他用;各级财政部门应当建立健全政府性基金预算编报体系,不断提高政府性基金预算编制的完整性、准确性和精细化程度。

政府性基金使用单位、各级财政部门都需要基金预算。政府性基金使用单位应当按照财政部统一要求以及同级财政部门的有关规定,编制年度相关政府性基金预算,逐级汇总后报同级财政部门审核。

各级财政部门在审核使用单位年度政府性基金预算的基础上,编制本级政府年度政府性基金预算草案,经同级人民政府审定后,报同级人民代表大会审查批准。

财政部汇总中央和地方政府性基金预算,形成全国政府性基金预算草案,经国务院审定后,报全国人民代表大会审查批准。

根据《关于 2023 年中央和地方预算执行情况与 2024 年中央和地方预算草案的报告》,2024 年政府性基金预算收入预计和支出安排情况如下:

中央政府性基金预算收入 4 474.52 亿元,增长 1.3%。加上上年结转收入 391.87 亿元、超长期特别国债收入 10 000 亿元,收入总量为 14 866.39 亿元。中央政府性基金预算支出 14 866.39 亿元,其中,本级支出 8 712.91 亿元,对地方转移支付 6 153.48 亿元。

地方政府性基金预算本级收入 66 327.53 亿元,增长 0.1%。加上中央政府性基金预算对地方转移支付收入 6 153.48 亿元、地方政府专项债务收入 39 000 亿元,收入总量为 111 481.01 亿元。地方政府性基金预算支出 111 481.01 亿元,增长 15.5%。

汇总中央和地方预算,全国政府性基金预算收入 70 802.05 亿元,增长 0.1%。加上上年结转收入 391.87 亿元、超长期特别国债收入 10 000 亿元、地方政府专项债务收入 39 000 亿元,收入总量为 120 193.92 亿元。全国政府性基金预算支出 120 193.92 亿元,增长 18.6%。

三、政府性基金预算完善

我国的政府性基金最初从预算外资金演化而来。与一般公共预算资金管理相比,政府性基金预算管理具有先天不足的特点。今后一个时期,政府性基金预算完善的重点应该主要放在以下几个方面:

第一,完善政府性基金及其预算管理的法规。由于国家目前还没有一个完善的基金管理法规,缺乏必要的监管手段,一些地方政府和部门存在越权设立基金的问题,或者擅自将基金变为收费来规避基金报中央审批的规定。按《政府性基金管理暂行办法》第 11 条规定,国务院所属部门、地方各级人民政府及其所属部门申请征收政府性基金,必须以法律、行政法规和中共中央、国务院文件为依据。实际上有些基金的征收依据不充分。有些基金征收没有期限,没有规模限制,管理不透明,这些问题的出现,都与基金管理的法律法规不完善有密切关系。同时,我国政府性基金的法律定位还不清晰。面对巨额的政府性基金的规模,客观需要在更高的层面出台政府性基金预算管理的法规,对政府性基金预算的收支项目、预算编制、执行、决算、法律责任作出明确规定,保证政府性基金预算的法治性、规范性。

第二,需要进一步明确政府性基金预算的功能定位。《国务院关于深化预算管理制度改革的决定》(国发〔2014〕45 号)明确规定:"完善政府预算体系。明确一般公共预算、政府性基金预算、国有资本经营预算、社会保险基金预算的收支范围,建立定位清晰、分工明确的政府预算体系,政府的收入和支出全部纳入预算管理"。目前还确实存在政府性基金定位不清晰,与其他基金或公共预算的某些专项资金存在征收对象相同、资金用途交叉重复的问题,有些基金就是"准税收",长期征收。如在公布的 2012 年全国政府性基金项目目录中,仅有 5 项标明了征收年限,而对于其他的政府性基金征收期限则无任何说明。在政府性基金中,大多征收时间已超过 10 年,其中城市公用事业附加最为久远,可以追溯至 1964 年,征收期限已有 50 多年。因此,完善政府预算体系,必须要进一步明确政府性基金预算的功能定位。

第三,加大政府性基金预算与一般公共预算的统筹力度。与税收相比,基金的规范性、透明度要低很多,从长期看,压缩政府性基金预算,规范基金预算管理是必然趋势。《预算法》也规定:"政府性基金预算、国有资本经营预算、社会保险基金预算应当与一般公共预算相衔接"。近年我国明显加大了政府性基金预算与一般公共预算的统筹力度。如从 2015 年 1 月 1 日起,将政府性基金预算中用于提供基本公共服务以及主要用于人员和机构运转等方面的项目收支转列一般公共预算,具体包括地方教育附加、文化事业建设费、残疾人就业保障金、从地方土地出让收益计提的农田水利建设和教育资金、转让政府还贷道路收费权收入、育林基金、森林植被恢复费、水利建设基金、船舶港务费、长江口航道维护收入等 11 项基金。2021 年出台的《国务院关于进一步深化预算管理制度改革的意见》,明确提出加大预算收入统筹力度,增强财政保障能力,要完善收费基金清单管理,将列入清单的收费基金按规定纳入预算,将应当由政府统筹使用的基金项目转列一般公共预算。因此,应继续加大对政府性基金预算的统筹力度,尽快将收入比较稳定的政府性基金及时纳入一般公共预算管理,保证财政资源的高效统筹配置。统筹将会进一步提高政府预算的规范性,提高一般公共预算的调控能力。

第四,进一步加大对政府性基金项目进行清理力度。应该在综合考虑我国宏观税收负担和收入分配格局的前提下,需要以"正税清费"的思路对现有政府性基金进行及时清理,坚决控制其总规模。凡是那些事实上已具有税收性质的基金,可通过一定程序归并,纳入税收的整体管理之中;对于价外加收的"费"和具有使用者付费性质的"费",应归并到价格之中,通过价格来体现;属于一般性收费的,则应经过严格审批的程序,该留则留,该去则去①。根据《关于取消停征和整合部分政府性基金项目等有关问题的通知》(财税〔2016〕11 号),从 2016 年 2 月 1 日起,我国将新菜地开发建设基金、育林基金征收标准降为零,停征价格调节基金,将大中型水库移民后期扶持基金、跨省(区、市)大中型水库库区基金、三峡水库库区基金合并为中央水库移民扶持基金。随着政府性基金项目的调整,也会对完善政府性基金预算起到促进作用。

国务院关于 2022 年度国有资产管理情况的综合报告(摘)

根据《中共中央关于建立国务院向全国人大常委会报告国有资产管理情况制度的意见》《全国人民代表大会常务委员会关于加强国有资产管理情况监督的决定》要求,形成了 2022 年度国有资产管理情况综合报告。

一、国有资产总体情况

(一)企业国有资产(不含金融企业)

2022 年,中央企业资产总额 109.4 万亿元、负债总额 73.7 万亿元、国有资本权益 21.8 万亿元,平均资产负债率 67.3%。

---

① 冯俏彬,郑朝阳.进一步规范政府性基金的使用管理[J].中国财政,2013(2).

2022年,地方国有企业资产总额230.1万亿元、负债总额145.0万亿元、国有资本权益72.9万亿元,平均资产负债率63.0%。

汇总中央和地方情况,2022年,全国国有企业资产总额339.5万亿元、负债总额218.6万亿元、国有资本权益94.7万亿元,平均资产负债率64.4%。

(二) 金融国有资产

2022年,中央国有金融资本权益19.1万亿元,中央金融企业资产总额261.6万亿元、负债总额234.7万亿元。

2022年,地方国有金融资本权益8.5万亿元,金融企业资产总额139.3万亿元、负债总额123.5万亿元。

汇总中央和地方情况,2022年,全国国有金融资本权益27.6万亿元,金融企业资产总额400.9万亿元、负债总额358.2万亿元。

(三) 行政事业性国有资产

2022年,中央行政事业性国有资产总额6.5万亿元、负债总额2.0万亿元、净资产4.5万亿元。其中,行政单位资产总额1.4万亿元,事业单位资产总额5.1万亿元。

2022年,地方行政事业性国有资产总额53.3万亿元、负债总额10.4万亿元、净资产42.9万亿元。其中,行政单位资产总额20.2万亿元,事业单位资产总额33.1万亿元。

汇总中央和地方情况,2022年,全国行政事业性国有资产总额59.8万亿元、负债总额12.4万亿元、净资产47.4万亿元。其中,行政单位资产总额21.6万亿元,事业单位资产总额38.2万亿元。

(四) 国有自然资源资产

截至2022年年末,全国国有土地总面积52 360.5万公顷。其中,国有建设用地1 818.6万公顷、国有耕地1 957.5万公顷、国有园地239.3万公顷、国有林地11 261.0万公顷、国有草地19 740.5万公顷、国有湿地2 175.3万公顷。根据《联合国海洋法公约》有关规定和我国主张,管辖海域面积约300万平方公里。2022年,全国水资源总量27 088.1亿立方米。

二、国有资产管理工作情况(略)

(一) 企业国有资产(不含金融企业)

(二) 金融国有资产

(三) 行政事业性国有资产

(四) 国有自然资源资产

三、下一步工作安排

(一) 持续深化国资国企改革,坚定不移做强做优做大国有资本和国有企业。坚持"一利五率"主要经营指标"一增一稳四提升"的中央企业经营任务目标,全力推动经济运行整体回升向好。切实强化企业科技创新主体地位。抓紧打造一批具有国际竞争力的战略性新兴产业集群和产业领军企业。高标准推进国有企业改革深化提升行动,加快推进建设世界一流企业专项行动。加强国有企业党的建设。

(二) 持续完善国有金融资本管理,推动国有金融机构高质量发展。建立健全管制度体系。推动修订金融企业资产评估和财务管理有关制度。继续推进分行业绩效评价办法制定工作,引导国有金融机构充分发挥职能作用、更好服务实体经济。持续优化国有金融资本战略布局。

（三）完善行政事业性国有资产管理制度体系,不断提升资产管理效能。健全行政事业性国有资产管理制度体系。大力加强财政资源统筹,提升行政事业单位低效运转资产、闲置资产等盘活利用水平。强化全生命周期管理,从严审核新增资产配置预算。推动深化预算管理一体化建设。完善公共基础设施等行政事业性国有资产制度建设,抓好公共基础设施等行政事业性国有资产管理工作。

（四）完善自然资源资产管理制度体系,维护自然资源资产权益。实行最严格耕地保护制度,建立耕地保护责任目标考核奖惩机制,改革完善耕地占补平衡制度。继续组织实施新一轮找矿突破战略行动。统筹重大战略和全国国土空间规划纲要落地实施。加强和改进城乡建设用地增减挂钩管理。鼓励地上地下空间立体开发,落实节水优先。健全国家自然资源资产管理体制。深化自然资源统一调查监测和确权登记改革。完善国家自然资源督察工作机制。

（五）健全国有资产报告制度,持续夯实国有资产管理和监督基础。配合全国人大做好国有资产综合性立法工作,加快国有资产报告工作法治化进程。持续加强各类国有资产管理效能,强化对数据资产等新类型新业态国有资产管理的研究论证,深化全口径全覆盖国有资产报告制度。持续推进各领域国有资产管理评价指标体系建设。

资料来源：中国人大网．国务院关于 2022 年度国有资产管理情况的综合报告[EB/OL]．[2023-10-27]．http://www.npc.gov.cn．

案例分析题

1. 结合资料,试分析我国国有资产总体情况。
2. 如何通过国有资本经营预算强化对国有资产的管理？

本章复习思考题

1. 试述政府职能与政府预算体系的关系。
2. 试述政府一般公共预算、社会保障预算与国有资本经营预算三者间的关系。
3. 简述我国一般公共预算的含义、特点和基本内容。
4. 简述我国社会保障预算的产生和发展。
5. 简述我国社会保障预算的编制模式。
6. 试述我国社会保障预算编制模式的选择。
7. 简述我国社会保障预算管理的内容。
8. 简述我国国有资本经营预算的原则。
9. 简述我国国有资本经营预算的收支范围。
10. 试述政府性基金同税、费的区别与联系。

11. 试述我国国有资本经营预算编制的内容。
12. 试述如何完善我国国有资本经营预算。
13. 简述我国政府性基金预算编制的原则。

二维码4-1：
自测自评

二维码4-2：
参考PPT

第五章　政府预算的编制与管理

◎ **知识要点**

政府预算编制是整个预算管理的起点。通过本章学习,要了解政府预算编制的依据,掌握政府预算编制的原则与程序,掌握政府预算收支测算的定性分析方法和定量分析方法,掌握部门预算编制的内容、方法与审批的主要内容,同时,把握财政总预算的编制与审批的一般方法和程序。

◎ **课程思政**

结合宪法关于预算编审的内容,培养宪法法治意识;结合预算法,准确把握预算编审的法定流程与基本原则;结合案例,深化对参与式预算的认识,提升对预算人民性的认知。

◎ **本章结构图**

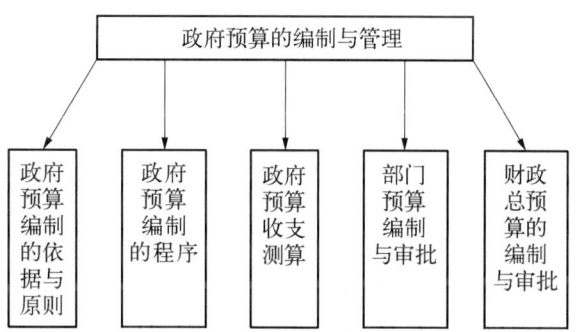

◎ **关键词**

政府预算编制　政府预算编制流程　政府预算收支测算　部门预算　基本支出预算　项目支出预算　部门预算报表体系　财政总预算　中央政府预算　地方政府预算

政府预算编制是指各级政府制定筹集和分配年度预算资金计划的活动,是对预算收支进行综合平衡的过程,它是整个预算管理的起点,编制是否科学直接关系政府预算能否顺利实现。政府预算编制应当遵守政府编制预算的原则,按照法定编制办法和程序进行。既然政府预算体现的是政府的基本财政收支计划,反映预算年度内政府收入和支出的规模以及收入的具体来源和支出的使用方向,那么,政府预算的编制必须符合国家的有关法律、法规和制度的规定,体现国家实施宏观经济政策的要求,满足实现国民经济和社会发展规划的需要,满足政府预算管理的要求。

第一节 政府预算编制的依据与原则

一、政府预算编制的依据

各级政府编制年度预算的主要依据如下。

(一) 国家的法律、法规

国家的法律、法规是指国家现行有效的法律、行政法规、司法解释、地方法规、地方规章、部门规章及其他规范性文件等。广义上讲,法律泛指一切规范性文件;狭义上讲,仅指全国人大及其常委会制定的规范性文件。法规则主要是指行政法规、地方性法规等。法律、法规是国家权力机关和行政机关颁布的具有强制性的行为规范,是国家意志的体现,也是各级政府履行其职能和实施经济管理的依据和行为准则。政府预算是国家分配财政资金的重要手段,要为实现一定时期国家的各项任务服务,它的编制必须要以国家的法律、法规为依据,从预算规模的确定、预算结构的安排,到预算程序的选择,都要做到有法可依、科学合理。

我国政府预算编制的法律依据主要是《中华人民共和国预算法》(以下简称《预算法》)和《中华人民共和国预算法实施条例》及其他相关的法律、法规。我国现行新修正的《预算法》共11章101条,对预算管理职权、预算收支范围、预算编制、预算审查和批准、预算执行、预算调整、决算等作出了全面的规范,是国家对预算进行管理,加强国家宏观调控,保障经济和社会健康发展的一部基本法律。

其他相关的法律、法规也从不同侧面对预算编制提出了要求,如《中华人民共和国农业法》规定:国家逐步提高农业投入的总体水平,中央和县级以上地方财政每年对农业总投入的增长幅度应当高于其财政经常性收入的增长幅度。并规定各级人民政府在财政预算内安排的各项用于农业的资金应当主要用于:加强农业基础设施建设;支持农业结构调整,促进农业产业化经营;保护粮食综合生产能力,保障国家粮食安全;支持农业科研教育、农业技术推广和农民培训;加强农业生态环境保护建设;保障农民收入水平等方面。《中华人民共和国教育法》规定:国家建立以财政拨款为主、其他多种渠道筹措教育经费为辅的体制。国家财政性教育经费支出占国民生产总值的比例应当随着国民经济的发展和财政收入的增长逐步提高。各级人民政府教育财政拨款的增长应当高于财政经常性收入的增长，并使按在校学生人数平均的教育费用逐步增长，保证教师工资和学生人均公用经费逐步增长。《中华人民共和国科学技术进步法》规定：国家逐步提高科学技术经费投入的总体水平；国家财政用于科学技术经费的增长幅度，应当高于国家财政经常性收入的增长幅度。全社会科学技术研究开发经费应当占国内生产总值适当的比例，并逐步提高。

《中华人民共和国预算法》等法律及相关法规共同构成了我国政府预算编制应遵循的法律、法规体系，也是政府预算编制最基本的法律、法规依据。

（二）政府宏观经济政策与预算管理体制安排

宏观经济政策是指政府有意识有计划的运用一定的政策工具，调节控制宏观经济运行，为达到一定的政策目标而制定的一系列解决经济问题的指导原则和措施。不同时期，政府会根据宏观经济的不同形势制定不同的宏观经济政策，以实现充分就业、经济增长、物价稳定和国际收支平衡等目标。而财政政策是政府宏观经济政策的支柱，因此，政府预算编制必须体现一定时期政府宏观经济政策和财政政策的要求。实际上政府预算编制是贯彻国家方针政策、体现政府宏观调控意图的重要形式。预算收支规模的变化，反映政府配置资源规模及政府与市场关系的调整；预算收支结构的变化体现政府活动的重点与产业政策的调整；预算收支范围的变化反映政府职能范围和对社会经济管理范围的变化。政府预算编制必须紧紧围绕当年的宏观经济政策方针来安排，这样才能把政府宏观经济政策落到实处。

预算管理体制是根据国家各级政权的职责范围划分各级预算收支范围和管理权限，并规定收支划分方法的基本制度，它处理的是中央财政和地方财政及地方各级财政之间的关系。预算管理体制的实质是正确处理国家在财政资金分配上的集权与分权问题。国家的各项职能是由各级政府共同承担的，为了保证各级政府完成一定的政治经济任务，就必须在中央与地方政府、地方各级政府之间，明确划分各自的财政收支范围、财政资金支配权和财政管理权，从而实现财力、财权与事权的统一。因此，预算编制应以预算管理体制所规定的预算管理职权和预算收支的范围作为重要依据。根据我国的《预算法》与分税制，政府预算收入可划分为中央预算收入、地方预算收入、中央和地方预算共享收入；预算支出划分为中央预算支出和地方预算支出；在编制环节，各级政府、财政的预算管理职权作了相应划分，各级人民政府负责编制本级总预算草案，各级政府财政部门具体编制本级预算草案，各部门编制本部门预算草案，各单位编制本单位预算草案。各级政府必须根据预算管理职权和体制规定的预算收支的范围编制各自的预算，制度规定的哪一级政府收支，就应该列入哪一级政府的预算，各级政府与财政也应正确履行自己的预算管理职权。

一定时期，政府宏观经济政策与预算管理体制安排构成了政府预算编制的政策与制度依据。

（三）国民经济和社会发展规划（计划）、财政中长期规划

国民经济和社会发展规划是国家或地区对一定时期内经济、社会、文化事业发展所作的统筹规划和安排，是指导经济和社会发展的纲领性文件，体现了国家在宏观上对经济和社会发展的总体设想和要求，主要包括中长期规划。国民经济和社会发展的中长

期规划又要具体化为年度计划。国民经济和社会发展的年度计划是政府有计划地组织国民经济和社会发展的重要手段,是国家进行国民经济宏观管理的重要工具,也是国民经济和社会发展中长期规划实现的重要保证。财政中长期规划则是国民经济和社会发展规划得以实现的财力保障,是与国民经济和社会发展相适应的中长期财力计划,该计划的实现要具体到年度预算的编制。

国民经济和社会发展规划(计划)制定了国民经济和社会发展的目标,规定了国民经济发展的速度、规模、结构,明确了实现国民经济和社会发展的目标的方法、手段和工作重点。经济决定财政,财政反作用于经济。政府预算与国民经济和社会发展规划的关系,实质上就是财政与国民经济和社会发展的关系。一定时期国民经济和社会发展的指标是测算政府预算收支指标的基本依据,国民经济和社会发展的状况决定着财政收支的状况,预算收入主要来源于国民经济各个部门,预算支出反映着国民经济和社会发展的需要。同时,政府预算作为国民经济和社会发展的财力保证,对国民经济和社会发展起到促进、调控和监督的作用。

因此,国民经济和社会发展规划(计划)、财政中长期规划就成为政府预算编制的重要依据,同时,国民经济和社会发展规划的制定也要考虑财政预算的承受能力。1953—2024年,我国共制定了十四个五年计划和规划。2021年是我国"十四五"的开局之年。"十四五"时期是我国全面建成小康社会、实现第一个百年奋斗目标之后,乘势而上开启全面建设社会主义现代化国家新征程、向第二个百年奋斗目标进军的第一个五年。"十四五"时期经济社会发展主要目标包括:经济发展取得新成效;改革开放迈出新步伐;社会文明程度得到新提高;生态文明建设实现新进步;民生福祉达到新水平;国家治理效能得到新提升。在"十四五"以及未来,如何让政府预算编制更好地全面体现国民经济和社会发展规划与计划的要求是我们应该研究的重大课题。

专栏5-1 "十四五"时期经济社会发展的主要目标

经济发展取得新成效。发展是解决我国一切问题的基础和关键,发展必须坚持新发展理念,在质量效益明显提升的基础上实现经济持续健康发展,增长潜力充分发挥,国内生产总值年均增长保持在合理区间、各年度视情提出,全员劳动生产率增长高于国内生产总值增长,国内市场更加强大,经济结构更加优化,创新能力显著提升,全社会研发经费投入年均增长7%以上、力争投入强度高于"十三五"时期实际,产业基础高级化、产业链现代化水平明显提高,农业基础更加稳固,城乡区域发展协调性明显增强,常住人口城镇化率提高到65%,现代化经济体系建设取得重大进展。

改革开放迈出新步伐。社会主义市场经济体制更加完善,高标准市场体系基本建成,市场主体更加充满活力,产权制度改革和要素市场化配置改革取得重大进展,公平竞争制度更加健全,更高水平开放型经济新体制基本形成。

社会文明程度得到新提高。社会主义核心价值观深入人心,人民思想道德素质、科学文化素质和身心健康素质明显提高,公共文化服务体系和文化产业体系更加健全,人民精神文化生活日益丰富,中华文化影响力进一步提升,中华民族凝聚力进一步增强。

生态文明建设实现新进步。国土空间开发保护格局得到优化,生产生活方式绿色转型成效显著,能源资源配置更加合理、利用效率大幅提高,单位国内生产总值能源消耗和二氧化碳排放分别降低13.5%、18%,主要污染物排放总量持续减少,森林覆盖率提高到24.1%,生态环境持续改善,生态安全屏障更加牢固,城乡人居环境明显改善。

民生福祉达到新水平。实现更加充分更高质量就业,城镇调查失业率控制在5.5%以内,居民人均可支配收入增长与国内生产总值增长基本同步,分配结构明显改善,基本公共服务均等化水平明显提高,全民受教育程度不断提升,劳动年龄人口平均受教育年限提高到11.3年,多层次社会保障体系更加健全,基本养老保险参保率提高到95%,卫生健康体系更加完善,人均预期寿命提高1岁,脱贫攻坚成果巩固拓展,乡村振兴战略全面推进,全体人民共同富裕迈出坚实步伐。

国家治理效能得到新提升。社会主义民主法治更加健全,社会公平正义进一步彰显,国家行政体系更加完善,政府作用更好发挥,行政效率和公信力显著提升,社会治理特别是基层治理水平明显提高,防范化解重大风险体制机制不断健全,突发公共事件应急处置能力显著增强,自然灾害防御水平明显提升,发展安全保障更加有力,国防和军队现代化迈出重大步伐。

资料来源:全国人大网. 中华人民共和国国民经济和社会发展第十四个五年规划和2035年远景目标纲要[EB/OL].[2021-03-13].http://www.npc.gov.cn.

(四)上一年度预算执行情况和本年度预算收支变化因素

国民经济和社会发展、政府预算都具有延续性,上一年度预算执行情况反映了上一年度政府预算活动的规模、结构和方向,是编制下一年度政府预算的基础和重要参考。每年除少量预算收支科目进行调整外,大部分预算收支科目都具有相对稳定性,预算资金作为一个连续不断的过程,过去和现在的许多特征都会延续到未来,而很多建设项目本身就需要多年的预算投入。因此,在编制政府预算时,要充分考虑预算收支的连续性,以上一年度政府预算执行情况为基础,充分考虑国民经济和社会发展、财税体制变化、国际经济形势变化等可能影响本年度预算收支变化的因素,对本年度的预算收支指标进行综合测定,从而编制本年度的政府预算。

(五)上级政府对编制本年度预算草案的指示和要求

为了保证预算编制的科学性和统一性,每年国务院、地方政府和财政部门都要下达编制本年度预算草案的指示和要求,明确提出本年度预算编制的指导思想、预算编制的工作重点、预算编报的时间安排、预算编报的要求等,这些指示和要求也构成预算编制的重要依据。

2020年修订的《中华人民共和国预算法实施条例》规定，财政部于每年6月15日前部署编制下一年度预算草案的具体事项，规定报表格式、编报方法、报送期限等；省、自治区、直辖市政府按照国务院的要求和财政部的部署，结合本地区的具体情况，提出本行政区域编制预算草案的要求；县级以上地方各级政府财政部门应当于每年6月30日前部署本行政区域编制下一年度预算草案的具体事项，规定有关报表格式、编报方法、报送期限等。

二、政府预算编制的原则要求

政府预算除了要遵循公开性、可靠性、完整性、统一性、年度性等一般的编制原则外，我国的《预算法》还对政府预算编制提出了一些原则性要求。

1. 合理安排预算收支关系

《预算法》规定：各级预算应当遵循统筹兼顾、勤俭节约、量力而行、讲求绩效和收支平衡的原则；中央一般公共预算中必需的部分资金，可以通过举借国内和国外债务等方式筹措，举借债务应当控制适当的规模，保持合理的结构；对中央一般公共预算中举借的债务实行余额管理，余额的规模不得超过全国人民代表大会批准的限额；地方各级预算按照量入为出、收支平衡的原则编制，除《预算法》另有规定外，不列赤字；经国务院批准的省、自治区、直辖市的预算中必需的建设投资的部分资金，可以在国务院确定的限额内，通过发行地方政府债券举借债务的方式筹措；等等。与旧的《预算法》规定中央政府公共预算不列赤字的要求不同，新修正的《预算法》有关中央一般公共预算中必需的部分资金可以通过举借国内和国外债务等方式筹措的规定，实际意味中央一般公共预算可以赤字。而地方一般公共预算则是严禁赤字，但预算中必需的建设投资的部分，经过批准则可赤字。这些规定都从不同角度对预算收支关系做出了原则安排。

2. 保持预算收支与经济社会发展水平相适应

《预算法》规定，各级预算收入的编制，应当与经济社会发展水平相适应，与财政政策相衔接。各级政府、各部门和各单位应当依照《预算法》的规定，将所有政府收入全部列入预算，不得隐瞒、少列。各级预算支出的编制，应当贯彻勤俭节约的原则，严格控制各部门、各单位的机关运行经费和楼堂馆所等基本建设支出。各级一般公共预算支出的编制，应当统筹兼顾，在保证基本公共服务合理需要的前提下，优先安排国家确定的重点支出。

3. 合理选择预算编制的方式方法

自新中国成立开始至1991年，我国预算均采用单式预算编制方法，从1992年度起，由单式预算编制改按复式预算编制，这是我国预算编制形式的重要探索，当时分为经常性预算和建设性预算两个部分。我国很快不再编制这种形式的复式预算。原《中华人民共和国预算法实施条例》规定，各级政府预算按照复式预算编制，分为政府公共预算、国有资产经营预算、社会保障预算和其他预算，这实际对我国复式预算体系进行了重新界定。新的《预算法》则明确规定，我国的预算包括一般公共预算、政府性基金预算、国有资本经营预算、社会保险基金预算。一般公共预算、政府性基金预算、国有资本经营预算、社会保险基金预算应当保持完整、独立。政府性基金预算、国有资本经营预算、社会保险基金预算应当与一般公共预算相衔接。这样进一步完善了我国的复式预算体系。

4. 保留必要的预备费和周转金

预算周转金,是指各级政府为调剂预算年度内季节性收支差额,保证及时用款而设置的周转资金。各级一般公共预算应当按照本级一般公共预算支出额的1%至3%设置预备费,用于当年预算执行中的自然灾害等突发事件处理增加的支出及其他难以预见的开支。各级一般公共预算按照国务院的规定可以设置预算周转金,用于本级政府调剂预算年度内季节性收支差额。各级一般公共预算按照国务院的规定可以设置预算稳定调节基金,用于弥补以后年度预算资金的不足。

第二节 政府预算编制的程序

一、政府预算编制的准备工作

(一)对本年度预算执行情况进行预计和分析

对本年度预算执行情况进行预计和分析是编制下一年度预算的基础。因为预算在年度之间存在着紧密关系,预算收支科目相对稳定,预算规模在年度之间存在一定变化规律,上下年度之间的预算在很多方面都会存在共同点,通过预计和分析本年度预算执行情况来为下一年预算安排提供基础资料,并测算下一年度的预算收支指标,是世界各国编制预算普遍采用的方法。

预计和分析本年度预算执行情况,一般是在下半年或第四季度初进行。它是根据当年前几个月预算执行的实际情况,结合经济运行的态势,预测后几个月预算收支的执行情况,然后汇总为全年预算预计执行数,从而作为下一年度政府预算编制的参考。预计和分析本年度预算执行情况的步骤:①根据报表资料,整理、分析本年度已执行月份预算收支的情况,分析预算完成情况与影响因素;②根据本年度已执行月份预算收支的情况,结合经济发展的趋势,预计本年度尚未执行月份预算收支的情况;③把已执行月份预算收支的实际数与未执行月份预算收支的预算数汇总为本年度预算收支的预计完成数,为下一年度预算编制做准备。

在对本年度预算执行情况进行预计和分析时,要重点注意以下几个问题:①前几个月的收支是否符合预算要求,影响预算执行的主要因素是什么,是否做到收入应收尽收,支出应拨尽拨;②深入调查研究,把握经济运行态势,分析有可能影响后几个月预算收支和财政经济运行的主要因素;③分析保证预算执行的各项措施的落实情况以及后来几个月要进一步采取的措施。

(二)修订政府预算收支科目和预算表格

政府预算收支科目是对政府预算的总分类和明细分类,它系统反映政府预算收入的来源和预算支出的方向,是编制政府预算、决算、组织预算执行、进行财政统计以及预算单位进行会计明细核算、财务分析的重要工具,也是了解政府预算活动的重要窗口。政府预算收支科目由收入科目和支出科目组成。

为了正确反映政府预算收支的内容,每年在编制下一年度预算之前,财政部都要在上一年度预算收支科目的基础上,按照相关文件规定,结合经济形势的变化和预算管理的实际需要,对下一年度政府预算收支科目进行调整,并及时下发。目前,我国在编制预算之前,财政部每年都要公开出版一本修订过的下一年度的《政府收支科目》,也便于社会公众对政府预算收支及科目的变动有一个更好的认识。

预算收支表格是预算收支指标体系的表现形式,通过预算表格可以清楚地反映预算的全部内容。一般情况下,由财政部在上一年表格的基础上,对下一年度的预算表格进行修订。预算收支表格的主要包括预算收支总表、预算收支明细表、基本数字表。预算收支总表是最基本的预算表格,反映了预算收支规模、预算收入来源、预算支出方向。预算收支明细表反映预算收入的具体来源和预算支出的具体安排。2023 年中央财政公布的预算表主要包括:中央一般公共预算收入预算表、中央一般公共预算收入预算调整表、中央一般公共预算支出预算表、中央一般公共预算支出预算调整表、中央本级支出预算表、中央本级基本支出预算表、中央对地方转移支付预算表、中央对地方转移支付预算调整表、中央对地方一般公共预算转移支付分地区情况汇总表、中央对地方一般性转移支付分地区情况汇总表、共同财政事权转移支付分地区情况汇总表、中央对地方专项转移支付分地区情况汇总表、中央基本建设支出预算表、2022 年和 2023 年中央财政国债余额情况表、中央财政国债限额调整表、2022 年和 2023 年地方政府一般债务余额情况表、中央政府性基金收入预算表、中央政府性基金支出预算表、中央本级政府性基金支出预算表、中央对地方政府性基金转移支付预算表、中央对地方政府性基金转移支付分地区情况汇总表、2022 年和 2023 年地方政府专项债务余额情况表、中央国有资本经营收入预算表、中央国有资本经营支出预算表、中央本级国有资本经营支出预算表、中央对地方国有资本经营转移支付预算表、中央对地方国有资本经营转移支付分地区情况汇总表、中央社会保险基金收入预算表、中央社会保险基金支出预算表、中央社会保险基金结余预算表、全国统筹调剂资金上缴下拨情况表、部分转移支付项目分地区情况表。

(三)拟定计划年度预算收支控制指标

在对本年度预算收支执行情况进行预计分析的基础上,财政部门要结合国家的方针、政策、法律和经济发展的状况,拟定计划年度政府预算收支的控制指标或年度预算限额。预算收支控制指标基本上规定了预算收支规模和增长速度,按照预算的程序,各级财政部门要在各地区、各部门上报的预算收支建议数的基础上,根据国民经济和社会发展计划、各地区和部门承担的职责任务,进行综合平衡,拟定下达主要预算收支控制指标,作为各地区和部门编制预算的重要依据。

拟定预算收支控制指标的依据包括:①国家的有关法律、法规;②国民经济和社会发展计划;③中长期规划中有关的年度收支计划数;④本年度预算收支计划完成数;⑤各地区、各部门提出的预算收支建议数。同时,还要充分考虑影响下一年度预算收支的各种因素及预算收支变化的趋势。

(四) 颁发编制预算草案的通知和具体规定

为了使各级政府预算的编制符合国家的方针、政策及国民经济和社会发展的要求,保证政府预算的统一性、完整性和准确性,每年在政府预算编制之前,财政部要根据国务院关于编制预算草案的指示精神,《中华人民共和国预算法》和《中华人民共和国预算管理条例》的有关规定,颁发编制预算草案的具体规定通知。主要内容包括:①预算编制的指导思想和工作重点;②预算编制的具体要求;③预算编制的时间安排;④预算编制的基本方法和编制软件;⑤预算报送的程序、预算报表报送的份数与期限等。

二、政府预算编制的流程

为了帮助各部门、单位准确理解和执行政策、提高预算编报质量,统一内部预算管理运行机制,实现预算编制的规范化和制度化,预算编制必须实行程序化管理,并通过相关法律法规规定下来。经过多年探索,我国预算编制形成了一些基本流程。

(一) 行政、事业单位预算编制流程

单位预算是部门预算编制的基础,其编制的基本流程包括:

(1) 行政、事业单位根据年度工作计划、事业发展计划和收支增减因素,提出预算建议数或收支概算,经主管部门审核汇总报财政部门,一级预算单位直接报财政部门。

(2) 财政部门参照行政、事业单位提出的收支概算下达预算控制数,审核分配单位预算指标。

(3) 行政、事业单位根据分配的单位预算指标正式编制年度预算,并逐级汇总报送同级财政部门。

(4) 经法定程序审核后,财政部门正式批复行政、事业单位预算,行政、事业按批复的预算执行。

综合来看,行政、事业单位预算编制也要经历"二上二下"流程,如图5-1所示。

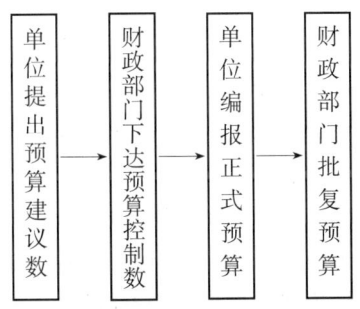

图 5-1 行政、事业单位预算编制流程

(二) 部门预算编制总体流程

根据《中央部门预算编制指南(2024年)》要求,中央部门预算编制流程分为五个阶段,即"准备"阶段和"二上二下"阶段。

预算编制准备阶段。主要参与方为财政部和中央部门。主要是中央部门清理完善预算单位信息,开展项目清理和提前储备项目。财政部布置中央部门年度预算编制工

作,修订《政府收支分类科目》,准备预算编制软件。

"一上"阶段。主要参与方为财政部和中央部门。中央部门根据本部门发展规划、年度工作目标和重点等,从基层预算单位开始编制年度预算建议,逐级审核汇总,由部门编制年度预算建议方案报送财政部,同时报送人员、资产等基础数据和项目库。

"一下"阶段。主要参与方为国务院、财政部和中央部门。财政部对中央部门报送的年度预算建议进行审核,综合考虑财力可能,研究提出中央部门预算安排总体建议方案,按程序报批国务院后下达中央部门年度预算控制数。

"二上"阶段。主要参与方为全国人大、国务院、财政部和中央部门。中央部门根据财政部下达的"一下"预算控制数细化编制部门"二上"预算。中央部门在财政部下达的控制数以内,按规定的预算科目、报表格式等汇总编制本部门年度预算草案,在规定时间内报送财政部。财政部对部门报送的"二上"预算进行审核,汇编中央部门预算草案。

"二下"阶段。主要参与方为财政部和中央部门。在全国人民代表大会批准中央预算后,财政部批复各中央部门预算,中央部门根据财政部批复的部门预算,逐级批复所属单位预算。根据预算法规定,各级预算经本级人民代表大会批准后,本级政府财政部门应当在 20 日内向本级各部门批复预算。各部门应当在接到本级政府财政部门批复的本部门预算后 15 日内向所属各单位批复预算。如图 5-2 所示。

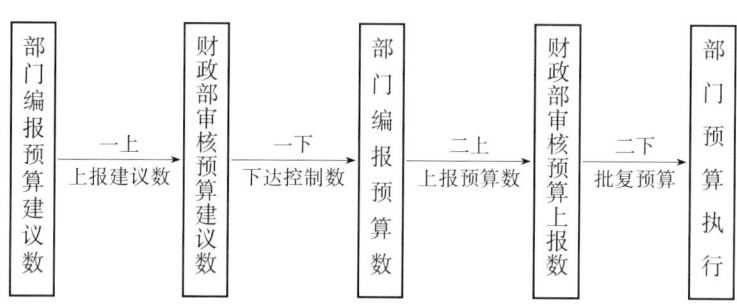

图 5-2　中央部门预算"二上二下"流程

(三) 政府预算编制流程

部门预算是各级政府总预算编制的基础。按照《中华人民共和国预算法》《中华人民共和国预算法实施条例》的有关规定,政府预算的编制一般采用自上而下、自下而上、上下结合、逐级汇总的程序:

(1) 国务院及时下达关于编制下一年预算草案的指示。国务院于每年 11 月 10 日前向省、自治区、直辖市政府和中央各部门下达编制下一年度预算草案的指示,提出编制预算草案的原则和要求。财政部根据国务院编制下一年度预算草案的指示,部署编制预算草案的具体事项,规定预算收支科目,报表格式、编报方法,并安排财政收支计划。

(2) 中央各部门应当根据国务院的指示和财政部的部署,结合本部门的具体情况,提出编制本部门预算草案的要求,具体布置所属各单位编制预算草案。中央各部门负责本部门所属各单位预算草案的审核,并汇总编制本部门的预算草案,于每年 12 月 10 日前报财政部审核。

（3）省、自治区、直辖市政府根据国务院的指示和财政部的部署，结合本地区的具体情况，提出本行政区域编制预算草案的要求。

（4）县级以上地方各级政府财政部门审核本级各部门的预算草案，编制本级政府预算草案，汇编本级总预算草案，经本级政府审定后，按照规定期限报上一级省、自治区、直辖市政府财政部门，财政部门汇总的本级总预算草案，应当于下一年1月10日前报财政部。

（5）财政部审核中央各部门的预算草案，编制中央预算草案，汇总地方预算草案，汇编中央和地方预算草案。

（6）中央预算草案经全国人民代表大会批准后，为当年中央预算。财政部应当自全国人民代表大会批准中央预算之日起20日内，批复中央各部门预算，中央各部门应当自财政部批复本部门预算之日起15日内，批复所属各单位预算。

（7）地方各级政府预算草案经本级人民代表大会批准后，为当年本级政府预算。地方各级政府财政部门应当自本级人民代表大会批准本级政府预算之日起20日内，批复本级各部门预算。地方各部门应当自本级财政部门批复本部门预算之日起15日内，批复所属各单位预算。

根据不同年份的要求，相关时间节点会有所调整。

专栏5-2 **2024年中央部门预算编制流程与时间安排**

一、编制流程

中央部门按照"二上二下"程序，编制一般公共预算、政府性基金预算、国有资本经营预算拨款及其他收支的2024年预算，同步编制一般公共预算和政府性基金预算拨款2024—2026年支出规划，具体要求见附件。

二、时间安排

（一）2023年8月21日前，中央部门完成一体化系统新增项目申报和现有项目调整工作。

（二）2023年9月15日前，中央部门将支出规划和年初预算建议等材料报财政部。

（三）2023年12月26日前，中央部门根据财政部下达的控制数和管理要求，编制2024—2026年支出规划和2024年部门预算草案，报财政部。

资料来源：《财政部关于编制中央部门2024—2026年支出规划和2024部门预算的通知》。

第三节 政府预算收支测算

政府预算收支测算就是要运用各种技术方法合理确定预算收支的规模和各项收支的指标，这是分配预算控制指标、编制政府预算的必要步骤和基础环节。长期以来，在预算收支测算实践的过程中，各国财政探索和创造了许多预算收支测算的方法，概括起来包括定性分析法和定量分析法。

定性分析法主要是经验预测,包括基数法等。定性分析法是通过分析预算过去和现在的延续状况及最新的信息资料,对分析对象的性质、特点、发展变化规律作出判断的一种方法,一般适用于预测技术水平较低或预算项目没有历史数据和经验可供借鉴的情况。定性分析法的优点是可将政治、社会等对预算有重大影响但又无法量化的因素引入到收支指标的测算中,在数据资料不够充分或分析者数学基础较为薄弱时比较适用。缺点是往往依靠经验,不能运用计量或统计预测的方法分析数据之间的前后联系或变化规律。

定量分析法主要是依据预算或经济统计数据,建立经济模型,并用模型计算出分析对象的各项指标及其数值的一种方法。随着经济数学,尤其是计量统计方法的发展与运用,加上计算机技术和计量软件的开发推广,使经济预测工作越来越依靠数学模型和计算机,相应地,经济计量的方法也越来越多地用于预算收支测算。定量分析法包括时间序列预测法、因果分析预测法、经济模型预测法等。这种方法的特点是注重精确、数量分析、计算复杂,往往需要软件支持,实施的前提条件:一是要拥有丰富的历史数据;二是过去的状态和趋势继续保持。

政府预算收支的项目较多,性质有所不同,在进行政府预算收支测算时,往往需要综合运用定性和定量分析方法,做到扬长避短,相互配合,从而保证预算收支测算的准确性与合理性。

一、我国政府预算收支测算的一般方法①

通常,财政部门测算政府预算收支时可分两个步骤:一是大体匡算。这是一种"算大账"的办法,是粗线条的估算。匡算是要在对上年度国民经济活动和财政经济运行状况进行全面的预计和分析的基础上,充分考虑影响计划年度预算收支的各种有利和不利因素,根据国民经济和社会发展的计划,参考历年预算收支的规律,结合收入的可能和财力的需求,匡算出计划年度预算收支的规模。二是具体测算。就是在匡算的基础上,根据有关经济与财务指标、定员定额标准,分别各部门、各单位,对各项预算收支指标逐项进行具体测算,以求得更为准确的预算指标数额,为政府预算编制打好基础。

我国政府预算收支测算的一般方法主要包括以下几种。

(一) 基数法

1. 基数增长法

基数增长法即在编制下一年度预算时,首先确定上一年度的收支的基数,在此基础上考虑计划年度各项收支的增长因素,从而确定计划年度的各项收支数额的预算收支测算方法,其实质是通过基数加增长的方法来编制计划年度的预算。该方法承认既成事实,测算简单,重视预算的连续性,但会带来收支规模的不断扩大。其测算公式为:

$$\text{计划年度某项收入(支出)数额} = \text{上年预算收入(支出)数额} \times (1+\text{增长率})$$

---

① 楼继伟.中国政府预算:制度、管理与案例[M].北京:中国财政经济出版社,2003.

2. 基数分析法

基数分析法也是财政部门测算预算收支指标经常使用的方法之一。它是以上年度预算收支的执行数或预计执行数为基础,通过分析影响计划年度预算收支增减变化的各种因素及其影响程度,从而测算出计划年度预算收支数额的一种方法。其测算公式为:

$$\text{计划年度某项预算收入(或支出)数} = \text{上年度该项预算收入(或支出)基数} \pm \text{计划年度各种增减因素对预算收支影响调节数}$$

影响预算收支变动的因素很多,包括经济增长率、税制、价格、利率、工资、政策等因素。

【例 5 – 1】 某县在报告年度完成工商税收收入 120 亿元,计划年度由于国家税制改革减少税收收入 5 亿元,工商企业发展增加税收 15 亿元,测算计划年度工商税收额。

$$\text{计划年度工商税收} = 120 + 15 - 5 = 130(\text{亿元})$$

(二) 系数法

系数法是利用两项不同性质而又有内在联系的数值之间的比例关系(即系数),根据其中一项已知数值,求得另一项指标数值的方法。在测算时,一般都是根据计划年度的有关经济指标来测算计划年度的预算收支指标。

由于预算收入是来自国民经济各个部门创造的国民收入,预算支出又是直接或间接用于国民经济和各项社会事业的发展,预算收支指标与国民经济和各项社会事业的发展的指标之间必然存在着内在联系,这种内在联系反映出来的比例关系就是系数。因此,运用系数法的关键是要研究预算收支指标与有关国民经济和事业发展各项指标之间的关系,找出它们之间的规律性。

采用系数法测算预算收支指标时,所采用的系数一般有两种:一是两个绝对数指标之比,称为绝对数系数;二是两项指标的增长速度之比,称为相对数系数。

1. 用绝对数系数测算预算收支指标

其测算步骤如下:

第一步:求出系数。其公式为:

$$\text{系数} = \frac{\text{一定时期某项预算收入(或支出)数}}{\text{同期有关经济事业指标数}}$$

第二步:测算计划年度预算收支数。其公式为:

$$\text{计划年度预算收支数} = \text{计划年度有关经济事业指标数} \times \text{系数}$$

【例 5 – 2】 某部门报告年度上缴利润 800 万元,其工业产值为 8 000 万元,计划年度工业产值为 9 000 万元,试测算该部门计划年度上缴利润数。

(1) 绝对数系数 = 800 ÷ 8 000 = 0.1

(2) 计划年度上缴利润数 = 9 000 × 0.1 = 900(万元)

2. 用增长速度系数(相对数系数)测算预算收支指标

其测算步骤如下:

第一步：求出系数。其公式为：

$$系数=\frac{一定时期某项预算收入（或支出）增长速度}{同期有关经济事业增长速度}$$

第二步：测算计划年度预算收支增长速度。其公式为：

$$\substack{计划年度某项预算\\收入（或支出）增长速度}=\substack{计划年度有关经济事业\\指标计划增长速度}\times 系数$$

第三步：测算计划年度预算收支数。其公式为：

$$\substack{计划年度某项预算收入\\（或支出）数}=\substack{基期某项预算收入\\（或支出）完成数}\times\left(1+\substack{计划年度某项预算收入\\（或支出）增长速度}\right)$$

【例5-3】 某部门报告年度工业总产值增长率为10%，上缴利润增长率为5%，计划年度工业总产值增长率为14%，报告年度上缴利润200万元，试测算该部门计划年度上缴利润数。

(1) 增长速度系数=5%÷10%=0.5
(2) 计划年度上缴利润增长速度=14%×0.5=7%
(3) 计划年度上缴利润=200×(1+7%)=214（万元）

（三）比例法

比例法是指利用局部占全部的比例关系，根据其中一项已知数值，计算局部或全部额的一种方法。一般是利用预算单项收支占收支总额的比例关系，运用预算单项收支数来测算预算收支总数，也可以运用预算收支总数来测算预算单项收支数。

第一步：测算报告年度某项预算收支占预算收支总额的比例，其计算公式为：

$$\substack{某项预算收入（或支出）\\占总收入（或支出）的比例}=\frac{基期某项预算收入（或支出）数}{基期预算总收入（或支出）数}$$

第二步：测算计划年度预算收入或支出数。

(1) 根据预算单项收支测算预算收支总额。其公式为：

$$\substack{计划年度预算收入\\（或支出）总额}=\frac{计划年度某项预算收入（或支出）数}{某项预算收入（或支出）占总收入（或支出）的比例}$$

(2) 根据预算收支总额测算预算单项收支数额。其公式为：

$$\substack{计划年度某项预算\\收入（或支出）数}=\substack{计划年度预算收入\\（或支出）总额}\times\substack{某项预算收入（或支出）占\\总预算收入（或支出）的比例}$$

【例5-4】 某地区报告年度预算总支出为60亿元，其中公共安全支出为3亿元，计划年度预算总支出为75亿元，测算该地区计划年度公共安全支出数。

(1) 报告年度公共安全支出占总支出的比例=3÷60=0.05
(2) 计划年度公共安全支出数=75×0.05=3.75（亿元）

（四）定额法

定额法是指利用各项预算定额和有关经济、事业指标来测算计划年度预算收支的一种方法。预算定额是指根据历年统计资料和长期的实践确定的,测算某些预算收支项目时采用的经济指标额度。有的预算定额是国家统一制定的,有的则是在实践过程中形成的。根据有关经济事业计划指标和有关预算定额,便可测算出计划年度有关项目预算收入或支出数额。其基本公式为:

$$计划年度某项预算收入或支出数 = 计划年度有关经济事业发展指标数 \times 预算定额$$

定额法可以分为单项定额法和综合定额法。单项定额法是依据经济事业发展指标计算出有关基本数字,再根据各单项定额,计算出各具体项目的收支数。其基本公式为:

$$计划年度某单项预算收入(或支出)数 = 单项定额 \times 基本数字$$

综合定额法是依据单项收支加权计算得出的综合定额值,与有关基本数字相乘测算预算收支的方法。其基本公式为:

$$计划年度预算收入(或支出)数 = 综合定额 \times 基本数字$$

我国对文教事业单位经费的测算采用综合定额法,适当增减专项补助。

【例 5-5】 计划年度某高校学生人数为 10 000 人,财政部门核定的综合定额为 0.5 万元,基建专项补助为 8 000 万元,测算计划年度财政部门对该校的预算支出数。

$$财政部门对该校的预算支出数 = 0.5 \times 10\ 000 + 8\ 000 = 13\ 000(万元)$$

(五) 综合法

综合法是综合运用系数法和基数法测算预算收支的一种方法。这种方法是在报告年度预算执行的基础上,既使用系数法计算经济、事业增长因素对预算收支的影响,又考虑影响预算收支的其他各种因素,进行综合分析测算,使其计算结果更为准确。其计算公式为:

$$\begin{matrix}计划年度\\预算收入\\或支出数\end{matrix} = \begin{matrix}上年预算收入\\或支出基数\end{matrix} \times \left(1 + \begin{matrix}计划年度预算\\收入或支出\\增长速度\end{matrix}\right) \pm \begin{matrix}各项增减\\因素对收入\\或支出的影响\end{matrix}$$

或

$$\begin{matrix}计划年度\\预算收入\\或支出数\end{matrix} = \begin{matrix}计划年度有关\\经济事业发展指标\end{matrix} \times 各种系数 \pm \begin{matrix}各项增减\\因素对收入\\或支出的影响\end{matrix}$$

【例 5-6】 某地区计划年度国内生产总值增长速度为 12%,根据历史资料,国内生产总值增长每增长 1%,预算收入可增长 0.8%。报告年度预算收入为 500 亿元,计划年度因调整税率减少税收收入 10 亿元,调整商品价格增加预算收入 30 亿元,调整工资减少预算收入 15 亿元,试测算计划年度预算收入总额。

$$计划年度预算收入总额 = 500 \times (1 + 12 \times 0.8\%) - 10 + 30 - 15 = 553(亿元)$$

二、政府预算收支测算的其他方法[①]

各国财政除使用传统的一般预算收支测算方法外,随着现代统计预测方法的运用和发展,运用现代统计与计量的方法,在政府预算收支测算中日益受到欢迎。这类方法主要包括:时间序列预测法、因果分析预测法、经济模型预测法等。

(一) 时间序列预测法

时间序列预测法是一种历史资料延伸预测,也称历史引申预测法,是以时间数列所能反映的社会经济现象的发展过程和规律性,进行引申外推,预测其发展趋势的方法。该种方法运用到财政中,就是要收集需要估计的变量的过去数据,然后利用这些数据去预测计划年度预算收支指标。其基本内容包括:收集与整理相关预算收支的历史资料;对这些资料进行检查鉴别,排成数列;分析时间数列,从中寻找预算收支随时间变化而变化的规律,得出一定的模式;以此模式去预测计划期预算收支的指标。时间序列预测法主要包括移动平均法、指数平滑法等。

1. 移动平均法

移动平均法是在算术平均法基础上发展起来的一种简单平滑预测方法,它的基本思想是:根据时间序列资料、逐项推移,依次计算包含一定项数的序时平均值,以反映长期趋势。移动平均法的使用要有大量的过去数据的记录,加大移动平均法的期数会使平滑波动效果更好,但由于是平均值,预测值总是停留在过去的水平上而无法预计会导致将来更高或更低的波动。

移动平均法包括一次移动平均、二次移动平均法和加权移动平均法等。一次移动平均法是直接以本期(t 期)移动平均值作为下期($t+1$ 期)预测值的方法。在移动平均值的计算中包括的过去观察值的实际个数,必须一开始就明确规定。每出现一个新观察值,就要从移动平均中减去一个最早观察值,再加上一个最新观察值,计算移动平均值,这一新的移动平均值就作为下一期的预测值。一次移动平均法一般只适用于收支没有明显的上升或下降趋势的现象。

(1) 一次移动平均法的预测模型:

$$\bar{x}_{t+1} = M_t^{(1)} = \frac{x_t + x_{t-1} + \cdots\cdots + x_{t-n+1}}{n}$$

式中:$\bar{x}_{t+1}$ 为 $t+1$ 期的预测值;$M_t^{(1)}$ 为第 t 期一次移动平均值,作为 $t+1$ 期的预测值;n 为跨越期数,即参加移动平均的历史数据的个数。

(2) 二次移动平均法的预测模型。二次移动平均法,就是在一次移动平均的基础上再进行一次移动平均,其模型为:

$$M_t^{(2)} = [M_t^{(1)} + M_{t-1}^{(1)} + \cdots\cdots + M_{t-n+1}^{(1)}] \div n$$

式中:$M_t^{(2)}$ 为第 t 期的二次移动平均数,作为 $t+1$ 期的预测值;$M_t^{(1)}$ 为第 t 期一次移动平均数;n 为移动平均的期数。

[①] 陈工. 政府预算与管理[M]. 北京:清华大学出版社,2004.

（3）加权移动平均法。它是根据同一个移动段内不同时间的数据对预测值的影响程度,分别给予不同的权数,然后再进行平均移动以预测未来值。加权移动平均法不像简单移动平均法那样,在计算平均值时对移动期内的数据同等看待,而是根据越是近期数据对预测值影响越大这一特点,不同地对待移动期内的各个数据。一般对近期数据给予较大的权数,对较远的数据给予较小的权数,权数之和为1,这样来弥补简单移动平均法的不足。

加权移动平均法的统计模型为：

$$M_t = a_1 Y_{t-1} + a_2 Y_{t-2} + a_n Y_{t-n}$$

式中：t 为时间序列下标；M_t 为第 t 期的移动平均数；Y_t 为第 t 期的观察数据；n 为跨越期数；$a_1, a_2, \cdots\cdots, a_n$ 为权数。

【例5-7】 某地区近年税收收入如表5-1所示,试用移动平均法预测2011年的税收收入。设 $n=3$（两次移动的 n 取值一致）,分别求一次移动平均数 $M_t^{(1)}$ 和二次移动平均数 $M_t^{(2)}$。

表5-1 2011年税收收入预测值　　　　　　　　　　　　单位：亿元

年份	税收收入	$M_t^{(1)}, n=3$	$M_t^{(2)}, n=3$
2005	260		
2006	290		
2007	310	286.67（2008年预测值）	
2008	350	316.67（2009年预测值）	
2009	400	353.33（2010年预测值）	318.89（2010年预测值）
2010	460	403.33（2011年预测值）	357.78（2011年预测值）

通过计算得出,运用一次移动平均数计算出来的2011年的税收收入预测值为403.33亿元,运用二次移动平均数计算出来的2011年的税收收入预测值为357.78亿元。

2. 指数平滑法

指数平滑法是在移动平均法基础上发展起来的一种时间序列分析预测法,它是通过计算指数平滑值,配合一定的时间序列预测模型对现象的未来进行预测。其原理是任一期的指数平滑值都是本期实际观察值与前一期指数平滑值的加权平均。指数平滑法通过对最新数据加权而预测下一个时期的数值,这一方法克服了移动平均法要求大量观测数据和无法反映数据中包含的最近的、迅速出现的变化的缺陷。指数平滑法包括一次指数平滑法、二次指数平滑法和三次指数平滑法等。

指数平滑法主要使用三个数据要素：上一项的数据观测值；一个估计的因子权数,取值在0~1；最近时期的预测值和该时期实际实现数值之差。

【例5-8】 假设某地区2011年第一季度实际财政收入为100亿元,第二季度的财政收入为105亿元,根据第一季度预测的第二季度的财政收入为108亿元,假设取因子权数为 0.4,用指数平滑法预测第三季度的财政收入。

第三季度的财政收入＝第一季度实际值＋(第二季度实际值－第二季度预测值)×因子权数
　　　　　　　　＝100＋(105－108)×0.4
　　　　　　　　＝98.8(亿元)

上述计算表明,这种方法在很大程度上依赖于因子权数的准确性,预测者开始时应使用多个因子权数,直到发现最为准确的因子权数。

(二) 因果分析预测法

因果分析预测法是运用统计联系方法,依据自变量与因变量之间的关系,由一些变量的数值来推测另外一变量的数值。这种联系可能是前因后果,也可能是同步联系,或者是另外一种未经查明的变量在发挥因果联系作用的结果。揭示这种因果联系用得最多的方法是回归分析。回归分析预测法有多种类型。依据相关关系中自变量的个数不同分类,回归分析预测法可分为一元回归分析预测法和多元回归分析预测法。在一元回归分析预测法中,自变量只有一个,而在多元回归分析预测法中,自变量有两个以上。两者分析原理相同。

一元回归分析法也称简单回归分析法,其大体思路是根据已知估计一条趋势线,利用回归分析使趋势线最能反映事物的发展趋势,再依据确定的趋势线预测下一个时期的数值,适用于因变量只受一个自变量影响情况或自变量与因变量之间的函数关系所需要的大量数据已知的简单情况。最小二乘法是回归分析中的典型方法。

其基本过程为:

(1) 当长期趋势表现为直线趋势时,设所求直线趋势方程为:

$$Y = a + bX$$

式中:Y 代表趋势值,X 代表时间标号,a 是截距,b 是斜率,代表 X 每变化一个单位,Y 的增加或减少值。

(2) 根据最小二乘法,可以得到参数 a、b 的计算公式:

$$\begin{cases} b = \dfrac{n\sum xy - \sum x \sum y}{n\sum x^2 - \left(\sum x\right)^2} \\ a = \bar{y} - b\bar{x} \end{cases}$$

(3) 将 a、b 的结果代入方程中,即可在给定的 X 值的情况下预测 Y 值。

(三) 经济模型预测法

经济模型也称经济计量模型,是指用来描述与所研究的经济现象有关的经济变量之间的依存关系的理论模型,是目前经济预测领域中一种重要方法。从广义上讲,回归分析、因果分析也属于经济计量模型,但回归分析假定自变量不受外界影响,且各自变量之间不发生作用,变量联系是从自变量到因变量的单项联系,而计量经济模型考虑经济变量之间的相互作用和相互依赖。

建立计量经济模型,对所要研究的经济现象需进行深入的分析,根据研究的目的,选择模型中将包含的因素,根据数据的可得性选择适当的变量来表征这些因素,并根据经济行为理论和样本数据显示出的变量间的关系,设定描述这些变量之间关系的数学表达式,即理论模型。理论模型的设计主要包含三部分工作,即选择变量、确定变量之间的数学关系、拟定模型中待估计参数的数值范围。

运用经济模型进行预测往往要建立方程,其基本公式为:

$$Y=f(X)$$

式中:Y 是因变量,受预测变量 X 的影响。在进行预测时,往往需要建立联立方程。

目前,在西方国家的预算收支测算中,计量经济模型预测取得一定成功,但也有其自身的局限性。因为其假设条件很多,变量选择不合适、主观判断出现偏差和带偏差数据资料往往都会影响预测结果。

第四节 部门预算编制与审批

按照预算编制的主体,政府预算包括部门预算和财政总预算。部门预算由各个部门编制,是各单位预算综合而成,是财政总预算的基础;财政总预算是由各级财政部门编制,是各个部门预算的汇总和综合。部门预算是发达国家和大多数发展中国家通行的预算编制模式,也是预算管理的核心环节。从 2000 年开始,我国逐步推行部门预算改革,这是实行分税制改革后我国预算管理制度的又一项重大改革,推动了我国预算管理水平迈上新的台阶。该部分主要结合中央部门预算进行分析。

一、部门预算的概念与特征

部门预算是指政府部门依据国家有关法律法规及其行使职能的需要,由基层预算单位编制,逐级上报、审核、汇总,经政府财政部门审核后提交立法机关依法批准的涵盖部门各项收支的综合财政计划,是由政府各部门编制,反映部门所有收入和支出的预算。2000 年以前我国没有编制部门预算,每年向各级人代会提交的是收入按类别、支出按功能编制和汇总的预算。

综合看,部门预算具备以下特征:

(1)从编制范围看,部门预算涵盖了部门或单位所有的收入和支出,实现一个部门一本预算,属于综合预算。

(2)从支出角度看,部门预算包括部门或单位所有按支出功能分类的不同用途的资金,可以全面反映一个部门或单位各项资金的使用方向和具体使用内容,属于全面预算。

(3)从编制程序看,部门预算是在基层单位预算的基础上,逐级审核汇总而成的,属于汇总预算。

(4)从细化程度看,部门预算既细化到具体预算单位和项目,又细化到按预算科目划分的各支出功能,属于细化预算。

(5) 从法制性看,部门预算必须符合国家有关法律、法规,按照法定程序进行编制、审批,属于法制预算。

二、部门预算改革的背景与发展阶段

(一) 部门预算改革是建立公共财政的必然要求

编制部门预算是发达国家和大多数发展中国家的通行做法,也是我国深化社会主义市场经济体制改革,建立公共财政的必然要求。1994 年实施的分税制财税体制改革后,从收入方面初步理顺了中央与地方间的分配关系,增强了中央财政的宏观调控能力。但是,在财政支出管理方面,传统的功能预算管理模式已不能够适应公共财政建设的要求,其弊端日益显露,迫切需要借鉴西方经验,在预算编制的内容、方式、方法等方面进行系统改革,以建立起与社会主义市场经济体制、公共财政相适应的预算编制与管理模式。

(二) 部门预算改革是消除传统预算弊端的必然选择

传统的功能预算适应了计划经济的要求,但是随着我国改革的深化,政府职能的转变,市场经济体制的建立,传统功能预算模式的弊端也日益暴露出来。

1. 预算编制内容不完整,覆盖不全面

我国传统的功能预算的编制范围仅限于预算内资金,不包括各项预算外资金和政府性基金,这不能体现预算的完整统一原则,不利于对财政资金的全面管理。

2. 预算编制过于粗放,内容不细化

在传统预算制度下,各项支出预算的管理大部分采用切块归口管理的方式,预算年度开始时,预算资金往往还不能安排到部门和具体项目,预算安排不细化也带来监管的困境。

3. 预算编制简单,方法不科学

传统"基数加增长"的预算编制方式,固化了财政资金在部门之间的分配格局,容易造成部门或单位之间的分配不公,甚至会影响社会经济事业的发展。

4. 预算编制时间过短,程序不规范

传统功能预算的编制,一般从上年 11 月份开始,编制时间一般不超过 4 个月。编制时间过短,很难做到科学细致,财政部门往往被迫层层代编预算。

上述问题的存在,严重影响了预算管理的有效性,削弱了财政的职能。进行预算制度改革,实现预算管理的规范、科学、统一、高效,成为迫切要求。

(三) 部门预算改革是预算管理民主化、法制化的客观要求

公共财政的重要特征就是民主化、法制化,这种特征必然要在预算管理制度中体现出来。预算的法制化就是要有完善的预算法律体系,预算的编制、审查批准、预算的执行、决算和监督都要严格按照法定的程序进行。法制化能够保证预算编制信息的充分提供,预算编制和执行机关的责任明确,会计纪律的严格,不严格执行预算和实施违法行为要承担法律责任等,以保证预算的统一、规范、严格。预算的民主化则要求政府的预算活动应该遵循民主原则,并将政府所有的收支行为都置于人民及其代议机构的监督之下。在我国现有的制度框架下,实现预算民主的重要途径,就是由人大审查、批准

和监督预算,社会公众也有了解、监督预算的权力。

适应预算管理民主化、法制化的大趋势,全国人大和地方人大不断加强对政府预算审查和监督,审计的力度也在不断加大。部门预算改革既是预算管理民主化、法制化的客观要求,也是我国人大和审计部门推动的结果。

正是在这种背景下,1999年,经国务院批准,财政部印发了《关于改进2000年中央预算编制的意见》,提出改变预算编制方法,试编部门预算,正式拉开部门预算改革的序幕。自2000年财政年度开始,财政部开始推行中央部门预算改革。科技、农业等部门成为部门预算改革的第一批试点单位。

2000年以来,中央部门预算改革大致经历了三个阶段:第一个阶段是2000—2014年,该阶段建立了部门预算基本制度框架;第二个阶段是2015—2021年,该阶段构建了部门预算管理新框架;第三个阶段是2021年以来,该阶段进一步深化部门预算管理改革。

三、部门预算编制的原则

部门预算编制的原则是部门预算编制过程中应遵循的准则,作为整个政府预算的组成重要部分,其编制过程中应遵循以下原则。

(一) 合法性原则

部门预算的编制要符合《预算法》和其他相关法律、法规的要求。具体来讲:在收入方面,组织税收、政府基金收入、行政事业性收费等要符合国家税法或基金、收费有关方面的政策规定。在支出方面,预算要结合本部门的事业发展计划、任务测算;对预算年度增减因素的预测要与经济和社会发展计划一致,与经济增长速度相匹配;项目和投资支出方向要符合国家产业政策;支出的安排要体现厉行节约,反对浪费,勤俭办事的方针;人员经费支出要严格执行国家工资和社会保障的有关政策、规定及开支标准;日常公用经费支出要按国家、部门或单位规定的支出标准测算;部门预算需求不得超出法律赋予部门的职能。

(二) 真实性原则

部门预算收支的预测必须以国家社会经济发展计划和履行部门职能的需要为依据,对每一收支项目的数字指标应认真测算,力求各项收支数据真实准确。机构、编制、人员、资产等基础数据资料要按实际情况填报;各项收入预算要结合近几年实际取得的收入并考虑增收减收因素测算,不能随意夸大或隐瞒收入;支出要按规定的标准,结合近几年实际支出情况测算,不得随意虚增或虚列支出;各项收支要符合部门的实际情况,测算时要有真实可靠的依据,不能凭主观印象作为测算依据或人为提高开支标准编制预算。

(三) 完整性原则

部门预算编制要体现综合预算的思想。所有收入和支出全部纳入部门预算,对单位的预算内、外各项财政资金和其他收入,统一管理,统筹安排,统一编制综合财政预算。编制预算时,要将部门依法取得的包括所有财政性资金在内的各项收入以及相应的支出作为一个有机整体进行管理,对各项收入、支出预算的编制做到不重不漏,不得在部门预算之外保留其他收支项目。

(四) 科学性原则

部门预算编制要具有科学性,主要体现在:①预算收入的预测和安排预算支出的方向要科学,要与国民经济社会发展状况相适应,要有利于促进国民经济协调健康、可持续发展;②预算编制的程序设置要科学,合理安排预算编制每个阶段的时间,既以充裕的时间保证预算编制的质量,也要注重提高预算编制的效率;③预算编制的方法要科学,预算的编制要制定科学规范的方法,测算的过程要有理有据;④预算的核定要科学,基本支出预算定额要依照科学的方法制定,项目支出预算编制中要对项目进行遴选,分轻重缓急排序,科学合理地选择项目。

(五) 稳妥性原则

部门预算的编制要做到稳妥可靠,量入为出,收支平衡,不得编制赤字预算。收入预算要留有余地,没有把握的收入项目和数额,不要列入预算,以免收入不能实现时,造成收小于支;预算要先保证基本工资、离退休费和日常办公经费等基本支出,以免预算执行过程中不断调整预算。项目预算的编制要力而行,有多少钱办多少事。

(六) 重点性原则

部门预算编制要做到合理安排各项资金,本着"一要吃饭,二要建设"的方针,在兼顾一般支出的同时,优先保证重点支出。根据重点性原则,要先保证基本支出,后安排项目支出;先重点、急需项目,后一般项目。基本支出是维持部门正常运转所必需的开支,如:人员基本工资、国家规定的各种补贴津贴、离退休人员的离退休费、保证机构正常运行所必需的公用经费支出以及完成部门职责任务所必需的其他支出,因此要优先安排预算,不能留有缺口;项目支出根据财力情况,按轻重缓急,优先安排符合国民经济和社会发展计划、符合国家财政宏观调控和产业政策的项目。

(七) 透明性原则

部门预算要体现公开、透明原则。对于单位的经常性支出,要通过建立科学的定员定额体系,以实现预算分配的标准化。对于部门为完成特定行政工作任务或事业发展而发生的各类项目支出,要通过填报项目文本、建立项目库、科学论证,采用择优排序的方法确定必保项目和备选项目,结合当年的财力状况与财政支出重点,优先安排急需、可行的项目,从而减少预算分配中存在的主观随意性与"暗箱操作",使预算分配更加规范、透明。

(八) 绩效性原则

部门预算应建立绩效考评制度,对预算的执行过程和完成结果实行全面的追踪问效,不断提高预算资金的使用效益。在项目申报阶段,要对申报项目进行充分的可行性论证,以保障项目确实必需、可行;在项目执行阶段,要建立严格的内部审核制度和重大项目建设成果报告制度,以对项目进程资金使用情况进行监督,对阶段性成果进行考核评价;在项目完成阶段,项目单位要及时组织验收和总结,并上报项目完成情况。通过强化对部门预算资金使用过程的监督和使用效益的考核分析,促使预算资金的安排由"重分配"向"重管理"转变。

四、部门收入预算编制

部门预算收入是部门或单位编制年度预算时,预计将要从不同渠道依法获取的各种收入的总称,是部门完成各项工作任务的财力保障,必须准确、及时、完整地编制收入预算。

(一) 部门收入预算编制的总体要求

1. 收入合法合规

部门填列的各项收入,必须是预计依法取得的各项收入。各部门必须严格执行国家政策规定,认真做好主管部门集中收入、以政府名义接受的捐赠收入、政府财政资金产生的利息收入等编报工作,上述收入均应上缴国库、纳入一般公共预算管理,不得作为本单位收入反映。

2. 内容全面完整

中央部门收入预算的收入项目较多,资金来源各有不同,中央部门在填报预算时应做到全面反映、完整填报,对单位预计取得的各项收入进行全面反映,不应在部门预算之外保留其他收入项目。

3. 数字真实准确

部门预算收入的预测必须以社会经济发展计划和履行部门职能的需要为依据,结合近几年实际取得的收入并考虑增收减收因素测算,不能随意夸大或隐瞒收入,力求各种收入数字真实可靠,提高预算编制质量。

(二) 部门收入预算编制测算依据

根据部门的发展规划、行使职能的需要对年度部门收入进行测算、分析,是部门预算编制的重要内容。

1. 明确预算目标

各部门要依据国家中长期发展计划和本部门的职能,提出工作重点、任务,列出部门需要安排的重要事项,确定各部门的年度预算目标。

2. 收集相关资料

部门财政预算拨款收入的测算要在拥有大量信息的基础上进行,部门应全面收集与部门预算编制相关的信息。主要包括:部门资产数量、资产分布,部门财务状况,财政、货币政策,经济增长速度,财政对部门需求的满足程度等。

3. 分析、归集部门预算需求

一方面,各部门要对收集的有关部门的各类资料进行深入分析,确保数据真实准确;另一方面,各部门对收集的信息资料进行归类汇总,形成决策信息。

4. 测算部门预算需求

部门预算需求主要分两个部分测算:一是基本支出,该项支出是以定员定额方式确定,定员定额水平由财政部门根据当年财政状况确定;二是项目支出,该项支出是根据部门履行行政职能和事业发展的需要确定,各部门要以项目库为基础,根据国家社会经济发展计划、部门事业发展规划和财政承受能力合理测算项目支出预算。

(三) 部门收入预算构成

从中央部门看,目前部门预算收入主要包括财政拨款收入、财政专户管理资金收入和单位资金收入。财政拨款收入包括一般公共预算拨款、政府性基金预算拨款、国有资本经营预算拨款；财政专户管理资金收入是缴入财政专户、实行专项管理的教育收费收入；单位资金收入是指除财政拨款收入和财政专户管理资金以外的收入，包括事业收入（不含教育收费收入）、上级补助收入、附属单位上缴收入、事业单位经营收入及其他收入。部门预算收入在来源年度上又分为本年收入和上年结转，同时还可以使用以前年度非财政拨款结余弥补年度收支差额。

（1）上年结转。其是指以前年度安排、预计结转到本年度使用的资金，包括财政拨款结转资金、财政专户管理资金结转和单位资金结转。

（2）财政拨款收入。其是指由中央财政拨款形成的部门收入，不包括非本级财政的拨款收入以及预计年度执行中从其他中央部门取得的财政拨款收入。根据《中华人民共和国预算法实施条例》，各部门预算应当反映一般公共预算、政府性基金预算、国有资本经营预算安排给本部门及其所属各单位的所有预算资金。

（3）上级补助收入。其是指预算单位从主管部门或上级单位取得的非财政拨款补助收入。

（4）事业收入。其是指事业单位开展专业业务活动及辅助活动取得的收入，如教育收费收入。

（5）事业单位经营收入。其是指事业单位在专业业务活动及辅助活动之外开展非独立核算经营活动取得的收入。

（6）附属单位上缴收入。其是指本单位所属下级单位（包含独立核算和非独立核算的，相关支出纳入和未纳入部门预算的下级单位）上缴给本单位的全部收入（包括下级事业单位上缴的事业收入、其他收入和下级企业单位上缴的利润等）。

（7）其他收入。填列除上述收入以外的各项收入，主要包括非本级财政的拨款、事业单位的投资收益等收入。

（8）使用非财政拨款结余。其是指预计用非财政拨款结余资金弥补本年度收支差额的数额。只有事业单位预计当年收入小于支出时，才可以用非财政拨款结余资金弥补收支差额。

五、部门支出预算编制

我国部门支出预算包括的项目较多，根据预算编制和管理的需要，划分为基本支出和项目支出。

（一）基本支出预算编制

1. 基本支出预算含义

基本支出预算是部门预算的组成部分，是部门为保障其机构正常运转、完成日常工作任务而编制的年度基本支出计划，按其性质分为人员经费和公用经费。人员经费是有关人员工资福利支出以及部分对个人和家庭的补助支出。公用经费是为保障机构正常运转和完成日常工作任务而用于购买商品、服务、办公设备等方面的支出。从编制2022年预算起，基本支出全部以项目形式纳入项目库。

2. 基本支出预算的编制原则

（1）综合预算的原则。在编制基本支出预算时，对当年财政拨款、以前年度结余和结转资金、其他资金，包括单位财政补助收入、非税收入和其他收入等，要统筹考虑、合理安排。

（2）优先保障的原则。部门预算安排要根据财力可能，首先应当保障单位基本出的合理需要，保证部门的日常工作正常运转。在此基础上，本着"有多少钱办多少事"的原则，安排各类项目支出。

（3）定员定额管理的原则。基本支出预算实行以定员定额为主的管理方式，同时结合部门资产占有状况，通过建立实物费用定额标准，实现资产管理与定额管理相结合。对于基本支出没有财政拨款的事业单位，其基本支出预算可以按照国家财务规章制度规定和部门预算编制的有关要求，结合单位的收支情况，采取其他方式合理安排基本支出预算。

3. 定员定额及资产的含义与基本支出定额项目

（1）定员定额及资产的含义。定员定额及资产是测算和编制部门基本支出预算的重要依据。定员定额测算法是财政部门在核定人员编制数、实有人数、资产数量等基础数据的基础之上，根据定额标准测算安排基本支出预算的方法。

定员是指国家机构编制主管部门根据部门的性质、职能、业务范围和工作任务所下达的人员配置标准。人员信息是基本支出预算编制和管理的重要基础资料。

定额是指财政部根据中央部门机构正常运转和日常工作任务的合理需要，结合财力的可能，对基本支出的各项内容所规定的指标额度。该定额是预算分配定额，它用于公开、透明、规范地分配预算，而不是预算执行定额。

资产是指部门占有、使用的，依法确认为国家所有的公共财产。包括国家调拨的资产、用国家财政性资金形成的资产、按照国家规定组织收入形成的资产、以单位名义接受捐赠形成和其他依法确认为国家所有的资产等，其表现形式为办公用房、车辆、专用设备等固定资产。

（2）基本支出定额项目。为满足基本支出预算以定员定额为主的管理方式需要，财政部根据基本支出的性质，以政府收支分类科目的支出经济分类款级科目为基础进行适当归并，分为人员经费定额项目和日常公用经费定额项目两个部分，每个项目都规定了具体内容：

一是人员经费定额项目。人员经费包括政府收支分类的支出经济分类科目中的"工资福利支出"和"对个人和家庭的补助"。具体定额项目包括：基本工资、津贴补贴及奖金、社会保障缴费、离退休费、医疗费、助学金、住房补贴和其他人员经费等。

二是日常公用经费定额项目。日常公用经费包括政府收支分类的支出经济分类科目中的"商品和服务支出"和"其他资本性支出"中属于基本支出内容的支出。具体定额项目包括：办公及印刷费、水电费、邮电费、取暖费、物业管理费、交通费、差旅费、日常维修费、会议费、专用材料费、一般购置费、福利费和其他公用经费等。

4. 定员定额标准与方法

根据部门预算管理有关规定，基本支出定员定额标准由"双定额"构成，即综合定额和财政补助定额。综合定额是指财政部按人或物核定的部门、单位总体或某个定额项目的大口径支出标准。如核定某单位在职职工人均支出水平为6万元/年,人均支出水平6万元/年即为综合定额。财政补助定额是财政部对其有预算缴拨款关系的部门、单位按人或物核定的财政补助标准,即财政分配定额。如财政部按某单位在职职工人数人均补助1万元/年,人均补助1万元/年即为财政补助定额。

(1) 制定定额标准的原则。第一,制定定额标准要以公平为前提,兼顾单位的实际支出水平;第二,制定定额标准要量力而行,以财力可能为基础,切合实际,具有可行性;第三,制定定额标准要规范化,制定方法要具有科学性。

(2) 制定定员定额标准的依据。制定定员定额标准既要依据国家方针政策和财务制度的有关规定,又要考虑实际支出因素的变化。人员经费的定额标准,严格按照国家工资制度和有关政策规定的开支范围、开支标准核定;日常公用经费定额标准的核定,一般以文件规定为标准,没有文件规定按照基本支出预算管理办法参照相关因素进行核定。对虽有文件规定,但与现实情况差距过大的标准,要根据实际情况做适当调整。

(3) 制定定额标准的方法。第一,依据国家有关的方针、政策,财力状况,社会物价水平及单位的业务性质、工作量、人员、资产等数据资料制定定额标准;第二,根据基本支出的特点,对政府收支分类中的支出经济分类款级科目进行合理调整、归并,形成若干基本支出定额项目。基本支出定额项目包括人员经费和日常公用经费两部分;第三,为规范定额分配行为,根据部门承担的职能、行业及业务特点,将部门分为若干类型。在核准同类单位工作量、占用的资源和相关历史数据资料的基础上,以人或实物作为测算对象,确定各类单位各定额项目的单项基准定额。基本支出日常公用经费定额项目中,水电费、取暖费、物业管理费、交通费等可采取人员定额和实物费用定额相结合的方式确定;第四,确定同类单位单项基准定额的基础上,确定同类单位的分档定额标准,最后确定各单位所应执行的各个单项定额标准;第五,各个单项定额标准的总和构成单位基本支出的综合定额。

单项基准定额是同类部门、同一项目的平均开支水平,它是制定同类部门不同单位之间同一项目定额标准的基础。单项基准定额不是某项具体定额,它是制定同类部门不同单位之间同一项目定额的参照标准,在具体核定某些部门或单位某项定额时,定额标准可能高于、低于或等于基准定额。

例如:有A、B、C、D、E五个业务性质基本相似的部门,可以把它们视为同类部门。在测算定额标准时,首先用加权平均法测算得出这类部门各个单项基准定额。例如,A、B、C、D、E五个部门的邮电费分别为人均400元、500元、600元、700元、800元,邮电费基准定额就是这五部门的加权平均数,为人均650元。以单项基准定额人均650元为基础,兼顾公平和五个部门的支出状况,确定分档定额标准。将上述五个部门的邮电费分为三档:D、E为一档,定额标准为人均780元;C为二档,定额标准为人均660元;A、B为三档,定额标准为人均530元。这样基本支出21个单项定额分别确定后,形成的单位综合定额标准可能为人均32 000元(其中,人员经费15 000元,日常公用经费17 000元)。根据这种方法初步测算出定额标准后还要进行复盘试算,在反复比较测算后,才能确定定额标准。

定额标准的执行期限与预算年度一致,定额标准的调整在预算年度开始前进行,定额标准一经下达,在年度预算执行中不作调整,影响预算执行的有关因素,在确定下一年度定额标准时,由财政部门统一考虑。

(4) 定员定额测算方法。其包括人员经费计算、公用经费计算。

人员经费计算公式:

$$人员经费规模 = 核定编制内实有人数 \times 定额标准$$

公用经费计算公式:

$$公用经费规模 = 核定的人员编制数 \times 人员综合定额标准 + \sum (核定的资产数 \times 实物定额标准)$$

其中:事业单位人员编制存在空编的,空编部分按一半计算。

5. 基本支出预算的编制与审批

(1) 基本支出预算的编制。总体看,按照规范的预算编制流程,基本支出预算的编制流程包括编报基础资料、确定支出标准、审核基础数据、测算下达基本支出预算控制数、细化编制基本支出预算几个阶段。

各部门根据财政部门编制年度部门预算的要求,在规定时间内,组织编制本部门申报基本支出预算的基础数据和相关资料,按照规定格式报送财政部门;财政部门对各部门报送的基础数据和相关资料进行审核,按照定额标准及有关依据,结合各部门基本支出结余情况,测算并下达基本支出预算控制数(包括人员经费和日常公用经费)及财政拨款补助数;各部门在财政下达的基本支出预算控制数额及财政拨款补助数额内,根据本部门的实际情况和国家有关政策、制度规定的开支范围及开支标准,在人员经费和日常公用经费各自的支出经济分类款级科目之间,自主调整编制本部门的基本支出预算,在规定的时间内报送财政部。

(2) 基本支出预算审批。财政部门依法将审核汇总后的本级部门预算上报本级政府审定。经人民代表大会批准后,在规定时间内向各部门批复预算。

(二) 项目支出预算编制

1. 项目支出预算含义与特征

项目支出预算是部门支出预算的组成部分,是部门为完成其特定的行政工作任务或事业发展目标,在基本支出预算之外编制的年度项目支出计划。包括基本建设、有关事业发展专项计划、专项业务费、大型修缮、大型购置、大型会议等项目支出。

项目支出预算是围绕"项目"编制的支出计划,项目支出预算具有三方面特征:一是专项性。预算围绕项目,项目围绕特定的业务目标,预算是为完成特定业务目标而编制的经费支出计划,针对不同目标应分别设立项目。二是独立性。每个项目支出预算应有其明确的支出范围,项目支出之间不能交叉,项目支出与基本支出之间也不能交叉,如果项目支出预算出现交叉则说明项目的目标或任务有重叠,项目边界不清,设置不尽合理。三是完整性。项目支出预算应包括完成特定业务目标所涉及的全部经费支出,应避免将为一个目标而发生的支出拆解分散到多个项目的支出中去。

2. 项目支出分类

(1) 按照部门预算编报要求分类,项目支出可分为 4 类。即为国务院已研究确定项目、经常性专项业务费项目、跨年度支出项目(称"前三类支出项目")和其他项目。

国务院已研究确定项目是指国务院已研究确定需由财政预算资金重点保障安排的支出项目。包括党中央、国务院文件中明确规定中央财政预算安排的项目,党中央和国务院领导明确批示需由中央财政予以安排的项目等。

经常性专项业务费项目是指中央部门为维持其正常运转而发生的大型设施、大型设备、大型专用网络运行费和为完成特定工作任务而持续发生的支出项目。如大型设施、设备、网络或电子系统的运行维护费;"两会"经费;人大立法、监督经费;执法部门办案费;常例性的专项检查经费;监管、监测、审批、审查经费等。

跨年度支出项目是指除以前年度延续的国务院已研究确定项目和经常性专项业务费项目外,经财政部批准并已确定分年度预算,需在本年继续安排预算的项目和当年新增的需在本年度及以后年度继续安排预算的支出项目。

其他项目是指除"前三类支出项目"外,中央部门为完成其职责需安排的支出项目。

(2) 按照项目申报,项目支出可分为 2 类。即新增项目和延续项目。

新增项目是指本年度新增的需列入预算的项目。

延续项目是指以前年度已批准,并已确定分年度预算,需在本年度及以后年度预算中继续安排的项目。延续项目必须明确项目的起止年限,未经财政部批准,部门不得自行变更项目名称、内容。

(3) 按照项目支出的级次,项目支出可以分为两类。中央部门预算项目支出实行分级管理,分为一级项目和二级项目。

一级项目明细细化到支出功能分类的款级科目,按照部门主要职责设立并由部门作为项目实施主体,每个一级项目包含若干二级项目。一级项目要有明确的名称、实施内容、支出范围和总体绩效目标,项目数量要严格控制,项目名称、实施内容和支出范围等在年度间要保持相对稳定。

二级项目包括在现有项目基础上规范整合而成的项目和新设立的项目,立项单位为项目实施主体。二级项目的设立,要与对应的一级项目匹配,有充分的立项依据、具体的支出内容、明确合理的绩效目标。二级项目明细细化到支出功能分类的项级科目,年初部门预算按二级项目批复。

目前我国中央部门的项目支出预算的批复,是在全国人民代表大会批准中央预算后,财政部以"一级项目+二级项目"的形式,批复各中央部门的年度项目支出预算。

3. 项目支出预算管理应遵循的基本原则

(1) 综合预算的原则。通常项目所需的预算资金数额较大,资金来源渠道多样。因此,项目支出预算要体现预算内外资金,当年财政拨款和以前年度结余资金统筹安排的要求。财政部门要根据项目评估结果,确定财政支持的比重,编制项目综合预算。

(2) 科学论证、合理排序的原则。申报的项目应当进行充分的可行性论证和严格审核,分轻重缓急排序后视当年财力状况择优进行安排。项目的设立要体现公共支出的需要,符合公共需要的才能列入项目库。项目支出预算的编制方法采用零基预算。

(3) 追踪问效的原则。与基本支出预算不同,项目支出要讲求经济效益和社会效益。因此,编制项目支出预算时必须要坚持绩效原则,考核项目的成本、效益,并据此作为项目排序的标准之一。财政部门和各部门要对财政预算资金安排项目的执行过程实施追踪问效,并对项目完成结果进行绩效考评。

4. 项目库管理

项目库是由财政部门和各部门设立的对项目进行规范化、程序化管理的数据库系统。进入项目库的项目是经过严格论证、审核后的合规项目。

项目库管理是预算管理的基础,预算支出全部以项目形式纳入预算项目库,预算管理各环节均以项目为基本单元,实施项目全生命周期管理,主要分为前期谋划、项目储备、预算编制、项目实施、项目结束和终止等阶段,全流程动态记录和反映项目信息变化情况。各部门、单位要树立"先谋事后排钱"的理念,坚持"先有项目再安排预算"的原则,提前研究谋划、常态化储备预算项目,单位申请预算必须从项目库中挑选预算项目。项目库管理应遵循统一规划的原则。就中央部门预算项目库管理而言,要由财政部统一制定中央部门项目库管理的规章制度、项目申报文本,统一设计计算机应用软件。

项目库管理流程及规则。从中央部门项目库管理流程及规则看,主要包括四个方面:

(1) 项目储备原则上从部门和单位发起,部门和单位完成评审论证和内部审批程序后,才能将预算项目报送财政部。财政部审核通过的项目,作为预算储备项目,供预算编制时选取;退回修改的项目,部门和单位按照财政部意见修改,并经财政部审核通过后作为预算储备项目;审核不通过的项目,不作为预算储备项目。

(2) 绩效目标是项目入库的前置条件,未按要求设定绩效目标或审核未通过的项目原则上不得纳入项目库。对于新出台重大政策对应的项目需要开展事前绩效评估,评估结果作为申请入库的必要条件。

(3) 预算项目逐年滚动管理,经常性项目、延续性项目及当年未安排的预算储备项目,自动滚入下一年度储备。入库项目要规范、准确、相关信息完整,实行动态调整和定期清理。

(4) 预算项目按照预算支出性质和用途,分为人员类项目、运转类项目和特定目标类项目三个项目类别。

项目库可分为各部门项目库和财政部门项目库。各部门和财政按照规定对各自设立的项目库进行管理。

(1) 部门项目库,由政府各部门按照申报项目支出预算的要求,结合本部门特点,对所属单位申报的项目进行筛选排序后设立。部门项目库实行开放式管理,部门所属单位可随时向部门申报项目预算,在日常管理中,部门可对所属单位申报的项目进行筛选、排序,设立部门项目库,在申请部门年度预算时统一向财政申请项目预算。部门项目库由部门负责本部门预算管理工作的财务主管机构进行具体管理。

(2) 财政项目库,由财政部门根据项目支出预算管理的需要,结合财力可能,对本级各部门所报项目进行筛选排序后设立。具体而言,部门将选择的项目输入部门备选库,按程序报有预算分配权的部门和财政进行初审和终审,审核情况和排序结果在预算总库中反映出来。

5. 项目支出预算的申报

(1) 申报项目的条件。部门向财政申报项目应符合以下条件:符合国家有关方针政策;符合财政资金支持的方向和财政资金供给的范围;属于本部门履行行政职能和促进事业发展需要安排的项目;有明确的项目目标、组织实施计划和科学合理的项目预算,并经过充分的研究和论证。

(2) 项目申报程序。项目申报要按如下程序:首先,项目单位应当按照预算管理级次申报项目,不得越级上报;其次,部门对申报的项目审核后,将符合条件的项目纳入部门项目库;最后,根据年度部门预算编制的要求,部门对其项目库中的项目,择优排序后统一向财政部申报。通过严格的项目申报程序,以保证把合乎要求的项目纳入部门预算。

(3) 项目申报文本。为了加强和规范项目支出预算管理,提高项目支出预算的编制水平和项目资金使用效益,财政部门要制发《项目申报文本》,部门申报当年预算时,应按照财政部门规定,填写项目上报申报书等文本材料。《项目申报文本》是部门向财政申请项目支出预算时所使用的申报材料标准格式,文本由项目申报书、项目可行性报告和项目评审报告组成。

新增项目中预算数额较大或者专业技术复杂的项目,应当填报项目的可行性报告、项目评审报告;延续项目中项目计划及项目预算没有变化的,可以不再填写项目的可行性报告和项目评审报告;延续项目中项目计划及项目预算发生较大变化的,应当重新填写项目可行性报告和项目评审报告。部门应当按照财政规定的时间报送项目申报材料,项目申报材料的内容必须真实、准确、完整。

6. 项目审核与项目排序

(1) 项目审核。项目审核的内容主要包括如下6项:项目单位及所申报的项目是否符合规定的申报条件;项目申报书是否符合规定的填报要求,相关材料是否齐全等;项目的申报内容是否真实完整;项目的规模及开支标准是否符合规定;资产购置项目是否已按规定经财政部审批;项目排序是否合理等。各部门和财政还可以组织专家或者委托中介机构对延续项目中项目计划和项目预算发生较大变化的、新增项目预算数额较大的或专业技术复杂的等项目进行专项评审。

财政部门对各部门申报的项目进行审核后,对符合条件的项目,经商各部门后,排序纳入财政部项目库。

(2) 项目排序。项目排序主要遵循两个原则:"前三类支出项目"中的延续项目予以优先排序;其他项目按照项目的轻重缓急、择优遴选后进行排序。项目排序方式为:各部门对申报的项目按照政府收支分类科目功能分类的类(款)在项目库中进行排序;财政部门对各部门申报的项目按照政府收支分类科目功能分类的类(款)在项目库中分部门进行排序。

7. 项目支出预算的核定与项目实施

财政部门根据国家有关方针、政策和各部门履行职能、事业发展目标,确定当年项目安排的原则和重点,并根据年度财力状况和项目排序,结合各部门以前年度项目资金结余情况，统筹安排项目支出预算，列入部门年度预算。

财政部门依法对部门报送的预算建议数进行审核汇总，上报同级政府审定，经人民代表大会批准后，在规定时间内向各部门批复预算。项目支出预算一经批复，各部门和项目单位不得自行调整。预算执行过程中，如发生项目变更、终止的，必须按照规定的程序报批，并进行预算调整。

各部门应当按照批复的项目支出预算组织项目的实施，并责成项目单位严格执行项目计划和项目支出预算。

8. 项目支出绩效考评

实行项目支出预算管理后，要执行项目完成情况报告和绩效考评制定。为此项目完成后，项目单位应当及时组织验收和总结，并将项目完成情况报送部门；各部门应当将项目完成情况汇总报送财政部门。

按照财政部关于开展项目支出绩效考评工作的有关规定，财政部门负责统一制定绩效考评的规章制度，指导、监督、检查中央部门的绩效考评工作，各部门负责组织实施本部门的绩效考评工作。考虑到各类项目的不同特性，绩效考评指标应分类设计。

各部门应当将项目绩效考评结果报送财政部门，财政部门应当将绩效考评结果作为加强项目管理及安排以后年度项目支出预算的重要依据。

六、部门预算报表体系

填制部门预算报表是预算编制的一项基本工作，财政部门在每年布置预算编制工作时都要制发部门预算报表。部门预算报表是通过规范、统一的数据表形式对部门年度综合收支计划信息予以全面、完整的反映，是部门预算信息的主要格式载体。一套口径完整、重点突出、结构合理、逻辑清晰的部门预算报表体系对于保证部门预算全面、真实、完整的体现，对于部门有计划的开展工作，对于加强预算编制、执行和监督都有十分重要的意义。

部门预算报表体系主要包括"录入表"和"预算表"两部分。"录入表"用于录入或修改基础预算数据，实行数据库管理；"预算表"主要用于审核、汇总、输出预算数据，是根据预算管理的需要，从"录入表"中提取数据由软件自动生成。本着优化结构、合理布局、统一口径、避免重复的原则，结合近期部门预算改革的新要求，每年预算报表都要在上年预算报表的基础上做适当调整。

中央和地方部门预算报表体系略有区别，以 2011 年中央部门预算报表体系为例，对"录入表"和"预算表"进行简单说明。

（一）录入表构成

所有部门预算录入表中存在共同项目与填列方法。单位类型：按"行政单位""参照公务员法管理事业单位""事业单位""其他"四类依次填列；单位名称和代码：预算单位编制预算时所用的单位名称和代码由财政部门统一规范管理，进入财政部门标准代码库；科目名称及编号：部门编制预算时使用的目名称及编号统一按《××××年政府收支分类科目》执行，填列的支出功能分类科目和经济分类科目必须填列到最明细科目。

2011 年中央部门预算录入表共由 15 张报表组成，具体如下。

1. 录入 01 表：收入预算录入表

本表反映部门(单位)本年度对应相关支出科目的总体收入及各来源收入的明细情况。

2. 录入 02 表：基本支出预算录入表

本表反映部门(单位)各项资金来源安排的明细到经济分类的基本支出情况。

3. 录入 03 表：项目支出预算录入表

本表反映部门(单位)预算项目资金来源的总支出、上年执行进度、本年支出安排以及政府采购等情况。

4. 录入 04 表：经营及往来支出预算录入表

本表反映部门(单位)事业经营支出及内部往来的支出情况。

5. 录入 05 表：政府性基金收入预算录入表

本表反映部门(单位)政府性基金收入的总体情况。

6. 录入 06 表：政府性基金支出预算录入表

本表反映部门(单位)政府性基金支出的预算情况。

7. 录入 07 表：基本支出政府采购预算录入表

本表反映部门(单位)基本支出日常公用经费中的政府采购预算情况。

8. 录入 08 表：结余资金来源及科目调整情况录入表

本表反映本年度项目支出中使用以前年度结余资金的来源及相关结余资金的科目调整情况。

9. 录入 09 表：中央行政事业单位住房改革支出预算录入表

本表按照《财政部关于编制 2011 年中央行政事业单位住房改革支出预算的通知》中要求的相关口径填列。

10. 录入 10 表：中央行政事业单位资产存量情况录入表

本表反映中央行政事业单位截至 2010 年年中的车辆和单价 200 万元以上的大型设备资产存量情况。

11. 录入 11 表：中央行政事业单位新增资产配置预算录入表

本表反映中央行政事业单位 2011 年申请购置的车辆和单价 200 万元以上的大型设备资产存量情况。

12. 录入 12 表：三项经费支出预算录入表

本表反映预算单位 2011 年预算中通过基本支出项目和项目安排的出国(境)费、车辆购置及运行费、公务接待费等三项经费支出预算情况。

13. 录入 13 表：教育收费收入预算录入表

本表反映单位纳入财政专户管理的教育收费收入情况。

14. 录入 14 表：中央行政事业单位资产处置收入和行政单位资产出租出借收入预算录入表

本表反映单位缴入国库的中央行政事业单位资产处置收入和行政单位资产出租出借收入情况。

15. 录入 15 表：中央行政事业单位资产处置收入和行政单位资产出租出借收入安排支出预算录入表

中央行政事业单位资产处置收入和行政单位资产出租出借收入缴入国库后，申请财政相应安排相关支出的情况。

（二）预算表构成

2011 年共设置中央部门预算表 20 张，具体如下。

1. 预算 01 表：收支预算总表

本表由录入表 01、02、03、04 表生成，反映部门收入来源及支出功能分类科目的总体情况（不含政府基金性收支）。

2. 预算 02 表：收入预算表

本表由录入表 01 表生成，按支出功能分类科目列示，反映单位的分项收入情况。

3. 预算 03 表：支出预算表

本表由录入表 02、03、04 表生成，按支出功能分类科目列示，反映单位的分项支出情况。

4. 预算 04 表：基本支出预算表

本表由录入表 02 表生成，按支出功能分类科目列示，反映单位资金来源的基本支出情况。

5. 预算 05 表：基本支出人员经费预算表

本表由录入表 02 表生成，按支出功能分类科目列示，反映单位基本支出人员经费分项（在经济分类基础上合并的项目）支出情况。

6. 预算 06 表：基本支出日常公用经费预算表

本表由录入表 02 表生成，按支出功能分类科目列示，反映单位基本支出日常公用经费（在经济分类基础上合并的项目）支出情况。

7. 预算 07 表：项目支出预算表

本表由录入表 03 表生成，按支出功能分类科目列示，反映部门项目的基本信息、总支出情况、上年度执行进度情况、本年度安排支出情况以及政府采购情况。

8. 预算 08 表：财政拨款支出预算表

本表由录入表 02、03 表生成，按支出功能分类科目列示，反映单位财政拨款基本支出（分人员经费和日常公用经费）和项目支出的总体情况。

9. 预算 09 表：政府性基金收入预算表

本表由录入表 05 表生成，按收入分类科目列示，反映单位政府性基金分科目收入情况。

10. 预算 10 表：政府性基金支出预算表

本表由录入表 06 表生成，按支出功能分类科目列示，反映单位政府性基金安排的基本支出（分人员经费和日常公用经费）和项目支出的总体情况。

11. 预算 11 表：政府采购预算表

本表由录入表 07 表生成，分货物、工程、服务等类型反映单位用基本支出日常公用经费进行的政府采购的预算情况。

12. 预算 12 表：使用以前年度财政拨款结余资金安排支出情况表

本表由录入表 03、08 表生成，按科目分基本支出和项目支出列示，反映单位使用以前年度财政拨款结余资金安排基本支出和项目支出情况，以及相关结余资金的科目调整情况。

13. 预算 13 表：中央行政事业单位住房改革支出预算表

本表由录入表 09 表生成，按住房改革支出内容列示，反映单位基本情况、住房改革总需求以及动用公房出售收入、财政拨款结转资金、其他资金和财政拨款安排住房改革支出预算情况。

14. 预算 14 表：中央行政事业单位资产存量情况表

本表由录入表 10 表生成，按单位性质及资产项目列示，反映中央和国家机关本级、垂直管理单位、事业单位截至 2010 年 6 月 1 日资产存量情况和 2011 年计划报废的车辆和单价在 200 万元以上的大型设备的数量。

15. 预算 15 表：中央行政事业单位新增资产配置预算表

本表由录入表 11 表生成，按单位性质及具体单位列示，本表反映中央和国家机关本级、垂直管理单位、事业单位 2011 年购置的车辆和单价 200 万元以上的大型设备的数量和相关支出资金来源情况。

16. 预算 16 表：三项经费支出预算表

本表由录入表 12 表生成，按支出功能分类科目分基本支出项目和项目支出列示，本表反映预算单位 2011 年出国（境）费、车辆购置及运行费、公务接待费等三项经费支出预算和相关支出资金来源情况。

17. 预算 17 表：教育收费收入预算表

本表由录入表 13 表生成，按收入分类科目列示，本表反映单位缴入财政专户管理的教育收费收入结转和本年度教育收费收入预算情况。

18. 预算 18 表：教育收费支出预算表

本表由录入表 02、03 表生成，按支出功能分类科目列示，本表反映单位财政专户核拨的教育收费安排的基本支出项目和项目支出情况。

19. 预算 19 表：中央行政事业单位资产处置收入和行政单位资产出租出借收入预算表

本表由录入表 14 表生成，按收入分类科目列示，本表反映单位缴入国库的中央行政事业单位资产处置收入和行政单位资产出租出借收入情况。

20. 录入 20 表：中央行政事业单位资产处置收入和行政单位资产出租出借收入安排支出预算表

本表由录入表 15 表生成，按支出功能分类科目列示，反映单位申请用中央行政事业单位资产处置收入和行政单位资产出租出借收入安排本单位相关支出的情况。

不同年份，根据部门预算管理的需要，财政部门会对部门预算表体系进行适当调整，但总体上会保持相对稳定，中央政府部门预算表与地方政府部门预算表体系会存在不同。

从公布的中央政府部门预算看，2024 年部门预算表主要包括：

1. 部门收支总表
2. 部门收入总表
3. 部门支出总表
4. 财政拨款收支总表
5. 一般公共预算支出表
6. 一般公共预算基本支出表
7. 政府性基金预算支出表
8. 国有资本经营预算支出表
9. 财政拨款预算"三公"经费支出表

从公布的地方政府省级部门预算看,2024年部门预算表主要包括:
1. 收支总表
2. 收入总表
3. 支出总表
4. 财政拨款收支总表
5. 财政拨款支出表(按功能分类科目)
6. 财政拨款基本支出表(按经济分类科目)
7. 一般公共预算支出表(按功能分类科目)
8. 一般公共预算基本支出表(按经济分类科目)
9. 一般公共预算项目支出表(按经济分类科目)
10. 一般公共预算"三公"经费表
11. 一般公共预算机关运行经费支出预算表
12. 政府性基金预算支出表
13. 国有资本经营预算支出预算表
14. 政府采购支出表
15. 部门(单位)整体绩效目标表
16. 部门预算项目绩效目标汇总表

从公布的部门预算看,中央部门预算公布的报表统一规范、数量一致,起到了表率作用。但从各地的地方政府部门预算看,即使相同级次的预算表,有时差别也较大。从透明、规范的角度看,如何统一、规范公布不同级次的部门预算表,也应是部门预算改革完善的重要内容。

七、部门预算信息化管理

实施预算管理一体化主要是指以统一预算管理规则为核心,以预算管理一体化系统为主要载体,将统一的制度规则嵌入信息系统,提高项目储备、预算编审、预算调整调剂、资金支付、会计核算、决算和报告等工作的规范化、标准化、自动化水平,实现对预算管理全流程的动态反映和有效控制。2022年,在中央各部门和预算单位推广实施预算管理一体化系统。部门预算执行业务从2022年年中分批上线实施,所有中央部门全面应用中央预算管理一体化系统开展2023年预算编制工作。

《财政部关于编制中央部门2024—2026年支出规划和2024年部门预算的通知》，如提高部门预算管理信息化科学化水平，各部门各单位要规范使用预算管理一体化系统，严格遵守执行国家安全保密制度，加强信息定密、数据安全和用户权限管理，严禁录入高于系统密级的信息，防止不同网络交叉混用。加强预算数据分析应用，用好预算管理一体化系统基础信息库、支出标准库、预算项目库，全面掌握预算收支、预算执行和会计核算等信息，更好统筹部门预算资源，增强预算管理能力。

第五节 财政总预算的编制与审批

财政总预算是指各级政府财政以部门预算为基础，加上财政部门自身掌握的有关收支编制的综合反映某一级政府收支计划的预算。按照行政级别划分，总预算可以划分为由财政部汇编的中央预算和地方总预算，以及各级地方财政部门汇编的本级地方总预算，地方各级总预算包括省（直辖市、自治区）总预算和市、州、县（市）总预算。各级总预算由本级政府预算（即本级预算）和汇总的下一级总预算组成。

本级政府预算是指经过立法程序批准的一级政府的年度财政收支计划。按照我国《预算法》的规定，政府预算包括一般公共预算、政府性基金预算、国有资本经营预算、社会保险基金预算。其中，一般公共预算是对以税收为主体的财政收入，安排用于保障和改善民生、推动经济社会发展、维护国家安全、维持国家机构正常运转等方面的收支预算。中央一般公共预算包括中央各部门（含直属单位）的预算和中央对地方的税收返还、转移支付预算。中央一般公共预算收入包括中央本级收入和地方向中央的上解收入。中央一般公共预算支出包括中央本级支出、中央对地方的税收返还和转移支付。地方各级一般公共预算包括本级各部门（含直属单位）的预算和税收返还、转移支付预算。地方各级一般公共预算收入包括地方本级收入、上级政府对本级政府的税收返还和转移支付、下级政府的上解收入。地方各级一般公共预算支出包括地方本级支出、对上级政府的上解支出、对下级政府的税收返还和转移支付。

地方各级总预算由本级预算和汇总的下一级总预算组成；下一级只有本级预算的，下一级总预算即指下一级的本级预算。没有下一级预算的，总预算即指本级预算。地方各级总预算由各级地方财政部门汇编。

政府总预算包括中央预算和地方总预算，由财政部汇编。

一、中央政府预算编制

中央政府预算，即中央预算，是经法定程序批准的中央政府年度财政收支计划，是整个国家预算的重要组成部分。它规定中央财政各项收入来源和数量、中央财政支出的各项用途和数量，反映中央的方针政策，体现中央预算的收支范围。中央预算收入在不同的预算管理体制下有不同的规定。我国的分税制规定，中央预算收入主要由中央固定收入、共享收入的中央收入部分、地方上解收入等组成。中央预算支出由中央本级支出和补助地方支出组成，主要包括一般公共服务、外交、国防、公共安全、教育、科学技术、文化体育与传媒、社会保障和就业、医疗卫生、节能环保、城乡社区事务、农林水事务、住房保障支出、国债付息支出、对地方税收返还、对地方转移支付等。

《预算法》规定，预算包括一般公共预算、政府性基金预算、国有资本经营预算、社会保险基金预算。按此要求，目前，我国中央政府预算包括：①中央一般公共预算。中央一般公共预算收入主要反映税收收入、非税收入及调入中央预算稳定调节基金；中央一般公共预算支出主要反映一般公共服务、外交、国防、公共安全、教育等公共消费性支出；②中央政府性基金预算。中央政府性基金收入预算主要反映中央农网还贷资金收入、铁路建设基金收入、民航基础设施建设基金收入、中央水利建设基金收入等多种中央政府性基金收入来源；中央政府性基金支出预算主要反映中央农网还贷资金支出等相应各项基金用于中央本级支出及对地方转移支付的情况；③中央国有资本经营预算。中央国有资本经营收入预算主要反映相关中央企业利润收入、股利和股息收入、产权转让收入、清算收入等来源；中央国有资本经营支出预算主要反映收入用于资本性支出、费用性支出和其他支出等方面的状况；④中央社会保险基金预算。中央社会保险基金收入预算主要反映企业职工基本养老保险基金收入、机关事业单位基本养老保险基金收入、地方上解全国统筹调剂资金等来源；中央社会保险基金支出预算主要反映企业职工基本养老保险基金支出、机关事业单位基本养老保险基金支出、中央下拨全国统筹调剂资金等支出。

综合看，中央预算编制的内容包括：①本级预算收入和支出；②上一年度结余用于本年度安排的支出；③返还或者补助地方的支出；④地方上解的收入。

中央预算草案由财政部汇编。财政部在审核中央各部门预算草案无误后即进行汇编，在汇编时，并不是简单地将各部门的预算收支进行汇总，而是要根据预算汇编的口径和预算管理的办法，把同中央预算有缴款、拨款关系的预算数字汇总编制。此外，还要把财政部掌握的收支如债务收支、总预备费、预算稳定调节基金等一并汇编，经过审核、汇总和综合平衡后，编制成中央预算草案。

中央预算草案报国务院审定后，提请全国人民代表大会审查和批准。

（见附录一：2024年中央财政预算表）

二、地方政府预算编制

地方政府预算，即地方预算，是经法定程序批准的地方各级政府年度财政收支计划的统称。根据现行的预算管理体制，地方预算收入主要来源于地方税收、中央和地方共享收入中的分成收入、地方所属企业上缴利润、地方基金收入及其他非税收入等，地方预算支出主要承担本地区政权机关运转所需支出，本地区经济、事业发展所需要支出，主要也是包括一般公共服务、公共安全、教育、科学技术、文化体育与传媒、社会保障和就业、医疗卫生、节能环保、城乡社区事务等支出。

按《预算法》要求，我国地方政府预算也按照复式预算编制，编制的预算包括一般公共预算、政府性基金预算、国有资本经营预算、社会保险基金预算。但2021年3月国务院印发的《关于进一步深化预算管理制度改革的意见》规定："规范国有资本经营预算编制，经本级人大或其常委会批准，国有资本规模较小或国有企业数量较少的市县可以不编制本级国有资本经营预算。"因此,在实际的预算实践中,一些国有资本规模较小或国有企业数量较少的市县,经本级人大或其常委会批准,可以不单独编制本级国有资本经营预算,而将其收支纳入一般公共预算管理。

综合看,地方各级政府预算的编制内容包括:①本级预算收入和支出;②上一年度结余用于本年度安排的支出;③上级返还或者补助的收入;④返还或者补助下级的支出;⑤上解上级的支出;⑥下级上解的收入。

县级以上地方各级政府财政部门审核本级各部门的预算草案,编制本级政府预算草案,并把汇编的本级总预算草案,经本级政府审定后,按照规定期限上报省、自治区、直辖市政府财政部门,由省级财政部门汇总本级总预算草案,并按照规定期限上报财政部。县级以上各级政府财政部门审核本级各部门的预算草案时,发现不符合编制预算要求的,应当予以纠正,汇编本级总预算时,发现下级政府预算草案不符合国务院和本级政府编制预算要求的,应当及时向本级政府报告,由本级政府予以纠正。

地方预算草案经本级人民政府审定后,提请本级人民代表大会审查和批准。
(见附录二:上海市2024年财政预算表和政府债务情况表)

三、全国总预算的编制

全国总预算是由中央政府预算和各省、自治区、直辖市的总预算构成。财政部审核中央各部门的预算草案,编制中央预算草案,汇总地方预算草案,汇编中央和地方预算草案。2020年修订的《中华人民共和国预算法实施条例》规定,省、自治区、直辖市政府财政部门汇总的本级总预算草案或者本级总预算,应当于下一年度1月10日前报财政部。

审查和批准国家的预算和预算执行情况的报告审核和汇总编成的政府总预算,经国务院审核后,报全国人民代表大会批准。

四、政府预算的审批

(一) 政府预算的审批的意义

政府预算的审查和批准是政府预算必须履行的法律手续,它是指相关部门机构按照法定程序对预算草案进行审查和批准的过程。政府预算草案只有经过立法机构的审查批准之后,才成为具有法律意义的文件。对政府预算的审查和批准具有重要意义,财政部门对预算的审查可以使政府预算更具科学性和统筹性;立法机构对政府预算的审查和批准使政府预算具有公共性和法律性,立法机构代表民众行使预算的审批权,反映了社会公众的意见,体现了社会公众的预算权利;通过政府预算的审批,并向社会公开预算,极大地增加了预算的透明度,有利于全体社会成员对预算的监督。

很多发达的国家都赋予预算审批非常重要的地位,英美等不少国家甚至直接将立法程序适用于预算审批的过程,审批通过的预算即成为法案,与议会通过的其他法律具有同等的法律效力。而无论是在实行一院制议会国家,还是实行两院制议会的国家,预算的具体审核都是由议院的各种常设委员会与其属下的各种小组委员会负责进行,最后才由议会大会审议表决。如美国国会设有预算局,参、众两院都设有预算委员会。国会预算局负责在经济形势预测和财政收入估计方面给两院的预算委员会提供技术上的帮助,预算委员会则具体组织对预算草案的审核。除此之外,参、众两院的拨款委员会及其小组委员会实际上也在很大程度上行使着预算审核权。英国下议院的财政委员会、拨款委员会,日本参、众两院的预算委员会都属于同样类型。

虽然发达国家政府预算审批的做法不太一样,但有些成功的经验值得我们借鉴:①制定相关预算法律,政府预算的审批严格按照法定程序进行,制定有严格的预算决策时间表;②设立科学的组织体系。发达国家通常从行政到立法具有完善的预算审批组织机构和高素质的审批人员,这为高质量的预算审批奠定了良好的组织保证;③预算审批时间充裕。发达国家预算审批时间都较为充裕,这有利于深入细致地进行预算审批。美国的财政年度是从每年的10月1日到次年的9月30日,预算编审时间都较长,在每个财政年度前18个月就开始准备预算方案,从每年2月份国会预算局向两院预算委员会提出预算报告到最后审批,大约需要8个月的时间;④对预算的审查非常严格,往往存在激烈的辩论。

(二) 财政部门对预算草案的审批

财政部审核中央各部门的预算草案,编制中央预算草案,并汇总地方预算草案,编制全国预算草案。财政部在编制中央预算草案和汇总地方总预算草案之前,必须对主管部门上报的部门预算以及各省、自治区、直辖市上报的总预算进行审查,以保证预算符合党和政府的方针、政策,指标要积极可靠,并处理好各种平衡关系。

县级以上地方各级政府财政部门审核本级各部门的预算草案,发现不符合编制预算要求的,应当予以纠正;汇编本级总预算时,发现下级政府预算草案不符合国务院和本级政府编制预算要求的,应当及时向本级政府报告,由本级政府予以纠正。

地方各级政府预算草案,经过本级人民政府核准后,提交本级人民代表大会审查批准;中央预算草案和全国预算草案,经过国务院核准后,提交全国人民代表大会审查批准。

(三) 各级人民代表大会对政府预算的审查批准

我国宪法规定,全国人民代表大会有"审查和批准国家的预算和预算执行情况的报告"的职权,"县级以上的地方各级人民代表大会审查和批准本行政区域内的国民经济和社会发展计划、预算以及它们的执行情况的报告",这是宪法赋予各级人民代表大会的重要职权,是民主集中制的具体体现。

各级人民代表大会对预算审查批准分两个阶段:初审阶段和审批阶段。

1. 预算初审

初审是指在召开人民代表大会之前,由各级人民代表大会相关机构或专门委员会对预算草案的内容进行初步审查。根据《预算法》的规定,国务院财政部门应当在每年全国人民代表大会会议举行的45日前,将中央预算草案的初步方案提交全国人民代表大会财政经济委员会进行初步审查。全国人民代表大会财政经济委员会对中央预算草案初步方案及上一年预算执行情况、中央预算调整初步方案和中央决算草案进行初步审查,提出初步审查意见。

省、自治区、直辖市人民代表大会有关专门委员会对本级预算草案初步方案及上一年预算执行情况、本级预算调整初步方案和本级决算草案进行初步审查,提出初步审查意见。

设区的市、自治州人民代表大会有关专门委员会对本级预算草案初步方案及上一年预算执行情况、本级预算调整初步方案和本级决算草案进行初步审查,提出初步审查意见,未设立专门委员会的,由本级人民代表大会常务委员会有关工作机构研究提出意见。

县、自治县、不设区的市、市辖区人民代表大会常务委员会对本级预算草案初步方案及上一年预算执行情况进行初步审查,提出初步审查意见。县、自治县、不设区的市、市辖区人民代表大会常务委员会有关工作机构对本级预算调整初步方案和本级决算草案研究提出意见。

设区的市、自治州以上各级人民代表大会有关专门委员会进行初步审查、常务委员会有关工作机构研究提出意见时,应当邀请本级人民代表大会代表参加。

全国人民代表大会常务委员会和省、自治区、直辖市、设区的市、自治州人民代表大会常务委员会有关工作机构,依照本级人民代表大会常务委员会的决定,协助本级人民代表大会财政经济委员会或者有关专门委员会承担审查预算草案、预算调整方案、决算草案和监督预算执行等方面的具体工作。

2. 审查批准

国务院在全国人民代表大会举行会议时,向大会作关于中央和地方预算草案的报告。中央预算由全国人民代表大会审查和批准。地方各级政府在本级人民代表大会举行会议时,向大会作关于本级总预算草案的报告。地方各级政府预算由本级人民代表大会审查和批准。全国人民代表大会和地方各级人民代表大会对预算草案及其报告、预算执行情况的报告重点审查下列内容:

(1) 上一年预算执行情况是否符合本级人民代表大会预算决议的要求。

(2) 预算安排是否符合《预算法》的规定。

(3) 预算安排是否贯彻国民经济和社会发展的方针政策,收支政策是否切实可行。

(4) 重点支出和重大投资项目的预算安排是否适当。

(5) 预算的编制是否完整,是否符合预算法第46条的规定。

(6) 对下级政府的转移性支出预算是否规范、适当。

(7) 预算安排举借的债务是否合法、合理,是否有偿还计划和稳定的偿还资金来源。

(8) 与预算有关重要事项的说明是否清晰。

预算草案经过人民代表大会的讨论审查,如果作出修改预算的决议,人民政府应据此对预算草案进行修改和调整。经过全国人民代表大会或地方各级全国人民代表大会批准的中央预算或地方预算即成为具有法律效力的文件。

同时,地方各级预算批准后,还要进行备案。乡、民族乡、镇政府应当及时将经本级人民代表大会批准的本级预算报上一级政府备案。县级以上地方各级政府应当及时将经本级人民代表大会批准的本级预算及下一级政府报送备案的预算汇总,报上一级政府备案。国务院将省、自治区、直辖市政府按规定报送备案的预算汇总后,报全国人民代表大会常务委员会备案。

(四) 政府预算的批复

各级预算在各级人民代表大会批准后,财政部门应该及时批复,以保证各级预算及时有效执行。我国《预算法》规定,各级预算经本级人民代表大会批准后,本级政府财政部门应当在20日内向本级各部门批复预算。各部门应当在接到本级政府财政部门批复的本部门预算后15日内向所属各单位批复预算。

中央对地方的一般性转移支付应当在全国人民代表大会批准预算后30日内正式下达。中央对地方的专项转移支付应当在全国人民代表大会批准预算后90日内正式下达。

省、自治区、直辖市政府接到中央一般性转移支付和专项转移支付后,应当在30日内正式下达到本行政区域县级以上各级政府。

县级以上地方各级预算安排对下级政府的一般性转移支付和专项转移支付,应当分别在本级人民代表大会批准预算后的30日和60日内正式下达。

对自然灾害等突发事件处理的转移支付,应当及时下达预算;对据实结算等特殊项目的转移支付,可以分期下达预算,或者先预付后结算。

县级以上各级政府财政部门应当将批复本级各部门的预算和批复下级政府的转移支付预算,抄送本级人民代表大会财政经济委员会、有关专门委员会和常务委员会有关工作机构。

各级政府预算在各级人民代表大会批准后,应当及时向社会公布,各地区、各部门、各单位都要依法严格执行预算。

温岭市参与式预算的做法与成效

温岭市的参与式预算,是指人民群众以民主恳谈为主要形式参与政府年度预算方案协商讨论,人大代表审议政府全口径预算并决定预算的修正和调整,进而实现实质性参与的预算审查监督。它是温岭市人大将最早发源于当地的民主恳谈引入预算审查监督的一种创新,也是协商民主与代议制民主的有机结合。温岭市从2005年开始探索,历经"由点到面、由下而上、由表及里、由柔变刚"的十年实践,深入推进预算全口径、监督全过程、参与全方位,取得较大进展和突破。

一、基本做法

(一)人代会前围绕政府及部门预算草案进行初审和民主协商

(1)开展部门预算民主恳谈。部门预算民主恳谈会一般在人代会两个月前举行。从2008年至2016年,交通、教育、城市新区等9个单位已举行29场预算民主恳谈会,参加恳谈的人大代表和民众近3 000人次。在每场恳谈中,与会人员先集中听取市发改委、财政及恳谈部门(如交通局)有关情况的汇报,然后采取分组与集中相结合的方式,就部门预算进行深入恳谈讨论,相关部门积极回应并回答询问,市政府分管副市长作表态发言。会后,市人大汇总整理公众意见并反馈给财政及相关部门研究处理,主任会议专门听取有关情况汇报,督促抓好落实。如2016年,参加恳谈的社会各界代表共提出意见149条,促使7个部门调整预算项目60项,涉及预算资金21 784万元。

(2)开展代表工作站(代表联络站)预算征询恳谈。将部门预算送交各代表工作站进行征询恳谈,广泛征求工作站辖区内选民意见,为人代会审查部门预算打好基础。恳谈活动由工作站负责人主持,辖区内不少于 50 名选民参加。相关部门和财政部门介绍预算编制情况,回答人大代表和选民问题,并就有关事项作表态承诺。今年,在 32 个代表工作站分别召开了 32 个部门预算征询恳谈会,总共 1 500 余名选民参加恳谈,提出有价值的意见建议 250 条。

(3) 常委会初审票决部门预算草案。围绕市委市政府重点工作部署,每年选几个部门,比如 2016 年选择了市农办、民政局、国土资源局、海洋与渔业局等 4 个部门的预算草案,由常委会会议初审并票决后,再提交人代会审查批准。

(4) 开展政府重大投资项目审查。在人代会前,常委会会议逐个审查当年拟新增的 3 000 万元以上政府性重大投资项目和重大前期项目,并选择部分重大项目举行初审听证,对有争议的项目进行表决。2010 年至 2016 年,共对 145 个拟新增重大项目和 84 个重大前期项目进行审查,促使政府重新论证或调整项目 25 个、取消 5 个(涉及资金 23.7 亿元)。

(5) 对政府性债务进行审查。从 2009 年开始,专门组建市人大常委会政府性债务跟踪监督小组,在每年人代会前审查当年度政府性债务收支计划,年中听取政府债务管理情况报告,督促政府防范和化解债务风险。

(二) 人代会围绕预算进行深入审查

逐年推进全口径预算审查,2016 年实现公共财政预算、政府性基金预算、社保基金预算、国有资本经营预算等四本预算单独编制并全部提交人代会审查。并在审查中形成了四个"专"的做法:

(1) 专题报告。从 2010 年起恢复口头报告预算制度。2016 年在财政局局长作预算报告之后,还专门安排 4 个票决单位的主要负责人向全体代表作部门预算报告。

(2) 专题审议。2010 年以来,每年人代会均安排半天以上时间,分代表团对部门预算草案开展专题审议。2016 年,12 个代表团对 24 个部门预算进行"一对二"专题审议,提出建议意见 208 条,促使部门对 59 个项目进行调整,涉及资金 2 270.49 万元。

(3) 专题票决。即人代会票决部门预算。自去年首次对市科技局、农林局预算进行票决后,今年将票决的部门预算延伸至整条科技"资金链",由全体代表对经信、科技、农林、科协等 4 个部门预算进行票决。为了做好票决工作,12 个代表团共花半天时间,对 4 个部门预算进行专题审议,提出意见 121 条,市政府及相关部门认真研究,共调整优化 23 个预算项目,调整资金总额达 483.9 万元。

(4) 专题决议。全体代表表决通过批准预算的决议。

(三) 人代会后围绕预算执行进行深入监督

(1) 推动预算、决算公开。每年就预算、决算公开的内容、程序、范围、时间、载体等向政府提出明确要求,促进预决算公开不断取得突破。如 2008 年全文公开审计工作报告,2009 年网上公开 8 个部门预算,2010 年报纸上整版刊登建设规划局预算,2011 年网上公开 5 个部门"三公"经费,2013 年实现部门预算及"三公"经费公开全覆盖、35 个部门决算公开,2016 年全面公开市镇两级及部门预决算和"三公"经费预决算,不留任何死角。同时预决算已实现在温岭人大网、参与式预算网、阳光工程网、市政府门户网站、各部门网站等"五网"联动公开,以及在报纸上常态化公开。

(2) 专题询问预算执行审计问题。结合审议审计工作报告开展专题询问,督促相关部门对预算执行中存在的问题作出整改落实,促使政府部门重视加强预算管理。如教育系统 94 所公办中小学纳入集中核算,整合利用结余资金 9 000 万元;全市社保基金五年期存款从零增加到 16.8 亿元,全年净增收益近 1 亿元。

(3) 注重预算绩效监督。每年听取财政部门对预算绩效评价项目抽查情况的汇报。今年,首次探索对 3 个政府重大预算项目进行绩效评估,开启人大预算绩效评估新征程。

二、主要收获

(一) 破解了七大难题

一是破解了监督力量不足的难题。把预算监督工作从财经工委提升到整个人大常委会层面来做,打造了一支全员监督的团队。二是破解了民众参与难的问题。按照"只要有意愿,就会有机会"的思路,通过定向邀请、广而告之、随机抽取、科学抽样、代表征询、媒体追踪等多种途径,并在市级建立涵盖社会各个层面的预算审查监督参与库(40 159 人)和专业库(569 人),解决了民众不愿参与、难以参与以及如何有序参与等三大问题。三是破解了民众和人大代表对预算不了解的难题。一方面强化培训,专门组建"阳光预算宣讲小组",常年深入人大代表和选民当中开展预算知识宣讲;在每年人代会前,邀请国内知名专家辅导讲座。另一方面通过实践实战,使民众和人大代表不断积累经验,提高能力。四是破解了人民代表大会审查批准预算难的问题。如开启分项分部门预算表决机制、规定人大代表 10 人以上联名(乡镇为 5 人以上联名)可以提出预算修正议案等,打破了长期以来对预算只能整体通过或整体否决、无法进行修正和调整的尴尬局面,使人代会审查批准预算更具刚性、更趋真实。五是破解了预算编制难的问题。现在政府及部门更加用心地编预算,基本上做到了"政府早部署、原则早确定、财政早编制、每年有改进"。六是破解了债务控制难的问题。形成了债务监督有组织、有标准、有检查、有预警、有审查的"五有"机制,目前债务率、负债率、偿债率都在可控范围。七是破解了重大事项决定难的问题。如对 3 000 万元以上政府重大投资项目进行审查把关,每年通过人代会将与预算资金安排有关的议案作出大会决议,使人大的重大事项决定权得到了较好行使。

(二) 取得了七大成效

一是人民代表大会制度的活力得到进一步激发。预算审查监督既有民众的参与,又从制度上完善了人大审查批准预算与监督预算执行的各个环节,使人大代表的询问权、建议权和预算修正权的行使更加有力,使根本政治制度不断焕发出它应有的活力。二是有限的财政资金得到有效监督和使用。促进提高了财政资金的使用绩效,群众格外关注的民生项目资金得到有力保障。如部门预算民主恳谈后,投资规模达 19.17 亿元的湖漫隧洞排涝工程项目被暂缓建设;市政府将各部门压缩的 2 992.2 万元"三公"经费用于"五水共治"。三是政府部门的作风和形象得到很大改进。通过参与式预算,政府行政行为与财政资金的投向得到约束,减少了决策中的失误和腐败,真正做到了把财权关进人民代表大会制度的笼子里。四是领导干部的执政理念不断得到深化。在与民众的沟通、交流、协调过程中,促使执政者更加用心去思考自己想法与民众想法的一致性,提高了科学执政、民主执政、依法执政水平。五是协商民主与人大工作得到有效对接。通过人大搭建多个层面的预算协商平台,组织人大代表和民众围绕本区域年度预算与政府进行协商、对话、恳谈、辩论,增强了民意表达和公民在决策中的影响力,使协商民主的活力不断得到了激发。六是基层社会治理能力现代化得到有益尝试。参与式预算是一个接受人大代表和民众参与决策的过程,是一个汇聚民众利益诉求的过程,是一个决策得到民众认同的过程,也是一个治理能力不断得到提升的过程,进一步促进了民众在社会治理中的自我管理、自我服务、自我教育和自我监督,促进了社会善治。七是人大干部队伍得到锻炼。多年的实践,在人大干部中形成了"推进经济社会发展义不容辞、推进民主法治义不容辞"的共识,打造了良好的创新团队,提高了预算监督本领和能力,同时推动了人大各项工作的创新发展。

资料来源:中国人大网. 温岭市参与式预算的做法与成效[EB/OL]. [2016-06-03]. http://www.npc.gov.cn.

案例分析题

1. 分析"参与式预算"所体现的核心价值。
2. "参与式预算"如何让基层人大和代表的活力得到有效激发?通过本案例谈谈如何有效激发各级人大和代表的活力。

本章复习思考题

1. 简述政府预算编制的主要依据。
2. 简述政府预算编制的原则要求。
3. 简述政府预算编制的准备工作。
4. 试述部门预算编制总体流程。
5. 试述政府预算编制流程。
6. 简述政府预算收支测算主要方法。
7. 什么是部门预算?简述其基本特征。
8. 试述部门预算编制的原则。
9. 简述基本支出预算的编制原则。
10. 简述项目支出预算管理应遵循的基本原则。
11. 简述各级人民代表大会对预算审查批准的阶段。
12. 什么是定员定额管理?
13. 什么是项目库管理?

二维码 5-1:
自测自评

二维码 5-2:
参考 PPT

第六章 政府预算的执行与管理

◎ **知识要点**

政府预算执行是预算管理工作的中心环节。通过本章学习,要掌握政府预算执行的目标与任务,了解政府预算执行的组织体系,掌握政府预算收入执行的内容,把握政府预算收入缴库的方式与程序;掌握政府预算支出执行的内容,把握政府预算支出的支付方式与程序;掌握政府预算调整的内容,熟悉政府预算执行检查分析的方法。

◎ **课程思政**

结合预算法,准确把握预算执行的法律规范,培养法治精神;结合案例,深化对预算执行与调整的法定性、人民性的认知。

◎ **本章结构图**

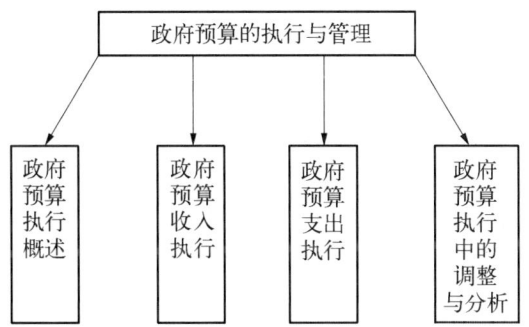

◎ **关键词**

政府预算执行　政府预算收入执行　直接缴库　集中汇缴　政府预算支出执行　财政直接支付　财政授权支付　政府预算调整

政府预算经过立法机构审查批准后就具有法律效力,并进入执行阶段。政府预算执行是指经过法定程序批准的预算进入具体实施阶段,是各级财政部门实现预算收入、支出、平衡和监督过程的总称,是把政府预算收支计划由可能变为现实的必经阶段,也是政府预算管理工作的中心环节。政府预算执行通常包括预算收入执行、预算支出执行和预算调整。政府预算执行涉及各级政府、各级财政、收入征管部门、国库、银行以及各有关部门和单位,因此工作十分复杂,任务十分艰巨。预算执行工作的好坏直接关系政府预算能否高质量地实现。

第一节 政府预算执行概述

一、政府预算执行的目标与任务

(一)政府预算执行的目标

政府预算执行的目标应该包括两个层次:一是政府预算执行的直接目标,就是要把预算收支的计划通过合理的组织安排变为现实,实现预算安排的各项指标。从收入角度看,要根据计划保证收入及时、足额入库,并实现收入入库成本最低;从支出角度看,要根据计划保证及时、合理拨付财政资金,并实现资金拨付成本最低;从管理角度看,实现制度严明,体制合理,管理高效。二是政府预算执行的间接目标,即通过政府预算执行的组织工作,在实现政府预算执行的直接目标的同时,促进和保障国民经济和社会事业发展目标的实现。可见,在组织政府预算执行时,不能简单地就预算论预算,还应站在国民经济和社会事业发展的高度,协调好政府预算执行与国民经济和社会事业发展计划之间的关系。

(二)政府预算执行的任务

政府预算执行的基本任务概括起来可以分为五个方面。

1. 完善制度

预算执行的时间周期比较长,涉及的环节比较多,各项工作的开展需要以制度作保证。这就需要预算执行的相关部门,要从实际出发,在各自权限范围内,制定政府预算执行的政策、法令和制度,提出完成预算的措施和办法,以保证预算规范有效执行。

2. 收入执行

根据国家政策、财税法律制度,按照收入预算安排,把各地区、各部门和各单位应缴的收入,及时足额的收缴入库,这是预算执行的首要任务。同时,在预算收入的组织过程中,要监督检查企事业单位的经营活动和财务收支状况,促进企业不断提高经济效益,为收入计划的完成打好基础。

3. 支出执行

按照政府制定的支出计划和各项经济事业发展计划,及时合理地拨付预算资金,保证各项经济事业发展的资金需求,是预算执行的又一重要任务。在预算资金的拨付构成中,要严格按照预算拨款的原则,及时合理拨付资金。预算执行管理部门应该对用款单位的资金使用情况加强监督,提高资金的使用效益。

4. 调整平衡

预算的执行是经过从平衡到不平衡再达到新的平衡的过程。在预算执行过程中,可能由于主观或客观的原因会导致预算与实际情况发生比较大的偏离。这就要求根据国家或地区经济形势的变化、政策的调整,针对预算执行过程中出现的问题,采取有力的措施,对预算进行必要的调整,不断地组织新的预算收支平衡,保证收支任务的完成。

5. 监督管理

加强预算执行的监督管理,一方面,要监督检查各地方、各部门、各单位预算执行情况,促使其正确贯彻执行国家的各项方针、政策及财税、财务的法令和制度;另一方面,要将监控的重心转向预算绩效,要求支出部门和单位要对预算资源使用的结果负责。通过监督管理,要防止和纠正预算执行中的各种偏差,维护财经纪律,提高财政资金的使用效率。

二、政府预算执行的组织体系

政府预算的执行是一个系统工程,涉及各地区、部门和单位,需要它们之间的相互分工、协调与配合,各自承担不同的职责,共同完成预算执行的任务。政府预算执行组织体系由领导机关、管理机关、执行机构、监督机构等组成。根据《预算法》的规定,各级预算由本级政府组织执行,具体工作由本级政府财政部门负责。各部门、各单位是本部门、本单位的预算执行主体,负责本部门、本单位的预算执行,并对执行结果负责。按政权级次、行政区划和行政管理体制实行"统一领导,分级管理,分工负责"。

(一) 领导机构

负责政府预算执行的组织领导机构是国务院及各级地方人民政府。它们分别承担不同的职责。

国务院领导全国政府预算的执行,其职责主要为:制定和执行国家预算法律、法规,制定预算管理的方针、政策和制度;组织中央和地方预算的执行;决定中央预算预备费的动用;编制中央预算调整方案;监督中央各部门和地方政府的预算执行;改变或者撤销中央各部门和地方政府关于预算、决算的不适当的决定、命令;向全国人民代表大会、全国人民代表大会常务委员会报告中央和地方预算的执行情况。

地方各级地方人民政府领导地方政府预算的执行,县级以上地方各级政府的职责主要为:制定颁发本级预算执行的规定、制度;组织本级总预算的执行;决定本级预算预备费的动用;编制本级预算的调整方案;监督本级各部门和下级政府的预算执行;改变或者撤销本级各部门和下级政府关于预算、决算的不适当的决定、命令;向本级人民代表大会、本级人民代表大会常务委员会报告本级总预算的执行情况。

乡、民族乡、镇政府主要制定本级预算执行的制度;组织本级预算的执行;决定本级预算预备费的动用;编制本级预算的调整方案;向本级人民代表大会报告本级预算的执行情况。

(二) 管理机构

各级政府财政部门是国家预算执行的具体负责和管理机构,是执行预算收支的主管机构。财政部在国务院的领导下,具体负责组织政府预算的执行工作,执行中央预算并指导检查地方预算的执行工作;提出中央预算预备费的动用方案;具体编制中央预算的调整方案;定期向国务院报告中央和地方预算的执行情况;负责制定与预算执行有关的财务会计制度。

地方各级政府财政部门主要任务职责包括:①研究落实财政税收政策的措施,支持经济社会健康发展;②制定组织预算收入和管理预算支出的制度和办法;③督促各预算收入征收部门和单位、各有预算收入收缴职责的部门和单位依法履行职责,征缴预算收入;④根据年度支出预算和用款计划,合理调度、拨付预算资金,规范库款和国库单一账户体系管理,监督检查各部门、各单位预算资金使用管理情况,建立覆盖预算执行全过程的动态监控机制,厉行节约,提高效率;⑤统一管理政府债务的举借、支出、偿还,对使用单位和债务资金使用情况进行监督检查和绩效评价;⑥指导和监督各部门、各单位建立健全财务制度和会计核算体系,规范账户管理,健全内部控制机制,按照规定使用预算资金;⑦汇总、编报分期的预算执行数据,分析预算执行情况,按照本级政府和上一级政府财政部门的要求定期报告预算执行情况,并提出相关政策建议;⑧指导和监督各部门、各单位建立健全资产管理制度,监督检查各部门、各单位资产使用情况;⑨组织和指导预算资金绩效监控、绩效评价,充分应用绩效评价结果;⑩协调预算收入征收部门和单位、国库和其他有关部门的业务工作。

(三) 执行机构

1. 收入的征收机构

政府预算收入的执行工作,由财政部门统一负责组织,并按各项预算收入的性质和征收方法,分别由财政部门、税务机关、海关及其他收入征收机构征收。

税务机关主要负责征收和管理各项税收,同时负责办理国家交办的其他有关预算收入的征收管理。从1994年起,税务机构因分设国家税务总局和地方税务局而使其职能范围有所不同。2018年3月,十三届全国人大一次会议审议通过《国务院机构改革方案》,决定将省级和省级以下国税地税机构合并,国税地税机构合并后,实行以国家税务总局为主与省(自治区、直辖市)党委和政府双重领导管理体制。合并后国家税务总局的主要职责是:具体起草税收法律法规草案及实施细则并提出税收政策建议,与财政部共同上报和下发,制定贯彻落实的措施;承担组织实施税收及社会保险费、有关非税收入的征收管理责任;参与研究宏观经济政策、中央与地方的税权划分并提出完善分税制的建议;负责组织实施税收征收管理体制改革,制定和监督执行税收业务、征收管理的规章制度;负责规划和组织实施纳税服务体系建设;负责编报税收收入中长期规划和年度计划,加强税收收入的分析预测,组织办理税收减免等具体事项;负责税收管理信息化建设;开展税收领域的国际交流与合作;等等。

海关主要负责关税的征收管理,另外还应对进口货物代征增值税、消费税等有关税收以及海关罚没收入等进行征收管理。

各项纳入预算管理的政府性基金主要由税务或财政部门负责征收管理。根据《政府性基金管理暂行办法》规定，政府性基金按照规定实行国库集中收缴制度，各级财政部门可以自行征收政府性基金，也可以委托其他机构代征政府性基金。委托其他机构代征政府性基金的，其代征费用由同级财政部门通过预算予以安排。委托税务部门征收的政府性基金，一般通过税务部门征收的政府性基金目录清单向社会公布。

各级财政、税务、海关等预算收入征收部门和单位，必须依法组织预算收入，按照财政管理体制、征收管理制度和国库集中收缴制度的规定及时将预算收入缴入国库，按照《中华人民共和国社会保险法》规定将社会保险基金收入存入依法设立的财政专户。

2. 政府预算支出的执行机构

财政部门是国家预算支出的管理机构，此外，还有其他各职能机构配合。

一是银行等金融机构。主要包括中央银行、商业银行、政策性银行。银行是资金结算中心，也是政府资金的清算系统，以银行存款为切入点联动绝大部分社会资金的结算业务，关系政府资金的安全和效率。中央银行经理国库，政府预算一切收入都由国库收纳，一切支出都要通过国库拨付。同时作为"银行的银行"，中央银行还要履行相应管理职能；各商业银行分工协作，通过财政部门、预算单位的账户分别对各项财政的购买支出、转移支出资金进行结算、划转、清算；政策性银行主要负责国家重点建设的贷款及贴息业务、农业政策性贷款和进出口政策性贷款等。

二是各部门、单位。各个支出预算部门和单位具体负责执行预算支出和预算资金的使用，预算收入主要来自国民经济各部门，预算支出都要通过各部门、各单位进一步分配和使用。各部门、各单位预算执行中的主要任务职责包括：①制定本部门、本单位预算执行制度，建立健全内部控制机制；②依法组织收入，严格支出管理，实施绩效监控，开展绩效评价，充分应用绩效评价结果，提高资金使用效益；③对单位的各项经济业务进行会计核算；④编制财务报告，汇总本部门、本单位的预算执行情况，定期向本级政府财政部门报送预算执行情况报告和绩效评价报告。

3. 国库

国库是办理预算收入的收纳、划分、留解和库款支拨的专门机构，分为中央国库和地方国库。中央国库业务由中国人民银行经理。地方国库业务由中国人民银行分支机构经理。2020年修订的《中华人民共和国国家金库条例》规定，国库机构按照国家财政管理体制设立，原则上一级财政设立一级国库。中央设立总库；省、自治区、直辖市设立分库；省辖市、自治州设立中心支库；县和相当于县的市、区设立支库。支库以下经收处的业务，由专业银行的基层机构代理。因此，我国的国国库体系，由五级国库组成：总库、分库、中心支库、支库与乡镇国库等。伴随机构改革，根据2023年印发的《党和国家机构改革方案》安排，统筹推进中国人民银行分支机构改革，撤销中国人民银行大区分行及分行营业管理部、总行直属营业管理部和省会城市中心支行，在31个省（自治区、直辖市）设立省级分行，在深圳、大连、宁波、青岛、厦门设立计划单列市分行。不再保留中国人民银行县（市）支行，相关职能上收至中国人民银行地（市）中心支行。根据人民银行分支机构改革工作要求,各地原区县级人民银行国库业务并入市级支行办理。中央国库与地方国库应当按照有关规定向财政部门编报预算收入入库、解库及库款拨付情况的日报、旬报、月报和年报。各级国库和有关银行必须遵守国家有关预算收入缴库的规定,不得延解、占压应当缴入国库的预算收入和国库库款。各级国库必须凭本级政府财政部门签发的拨款凭证于当日办理库款拨付,并将款项及时转入用款单位的存款账户。中央国库业务应当接受财政部的指导和监督,对中央财政负责。地方国库业务应当接受本级政府财政部门的指导和监督,对地方财政负责。

中央国库业务经理机构和地方国库业务办理机构要履行下列国库管理职责:①按照财政部规定及时准确办理预算收入的收纳、划分、留解、退付、更正和预算支出的拨付;②按照财政部门指令及规定时间,办理国库单一账户与零余额账户资金清算业务;③按规定监督代理国库集中收付业务的银行业金融机构的资金清算业务;④对国库库款收支有关凭证要素的合规性进行审核;⑤按照财政部规定向财政部门编报预算收入入库、解库及库款拨付情况的日报、旬报、月报和年报及明细情况;⑥建立健全预算收入对账制度。

(四) 监督机构

强有力的监督管理是预算执行的重要保证。监督机构主要涉及各级人民代表大会及其常务委员会、各级政府、各部门单位、各级审计机关等。按照《预算法》及实施条例的规定,各机构的监督职责主要包括:

全国人民代表大会及其常务委员会对中央和地方预算、决算进行监督。县级以上地方各级人民代表大会及其常务委员会对本级和下级政府预算、决算进行监督。乡、民族乡、镇人民代表大会对本级预算、决算进行监督。各级人民代表大会和县级以上各级人民代表大会常务委员会有权就预算执行、决算中的重大事项或者特定问题组织调查,有关的政府、部门、单位和个人应当如实反映情况和提供必要的材料。

各级政府应当加强对下级政府预算执行的监督,对下级政府在预算执行中违反法律、行政法规和国家方针政策的行为,依法予以制止和纠正,对本级预算执行中出现的问题,及时采取处理措施。下级政府应当接受上级政府对预算执行的监督,根据上级政府的要求,及时提供资料,如实反映情况,不得隐瞒、虚报,严格执行上级政府作出的有关决定,并将执行结果及时上报。

各级财政部门应当加强对本级各部门、各单位预算编制、执行的监督检查。

各部门及其所属各单位应当接受本级财政部门有关预算的监督检查,按照本级财政部门的要求,如实提供有关预算资料,执行本级财政部门提出的检查意见。

各级审计机关应当依照《中华人民共和国审计法》以及有关法律、行政法规的规定,对本级预算执行情况、对本级各部门和下级政府预算的执行情况和决算,进行审计监督。

另外,在预算执行中还应充分发挥新闻媒体和社会公众的监督力量,不断推进我国预算工作的民主化进程。

第二节 政府预算收入执行

政府预算收入执行是指按照年度预算确定的收入任务,在预算执行中组织实现,是预算执行的首要任务。包括预算收入的组织征收和管理、收纳入库、划分报解和退库等各项业务工作。只有及时完成收入任务,才能保证预算支出的资金供应,从而顺利完成整个预算执行的任务。按照新的政府收入分类划分,政府预算收入包括税收收入、社会保险基金收入、非税收入、贷款转贷回收本金收入、债务收入和转移收入等六类。

政府预算收入执行的基本任务,就是要通过各收入征收机关的分工合作,处理好税收与经济的关系,按照政策把应收的各项预算收入及时、正确、足额征收入库,并不断加强对预算收入的征收管理。

我国《预算法》规定,各级财政、税务、海关等预算收入征收部门和单位,必须依照法律、行政法规的规定,及时、足额征收应征的预算收入,不得违反法律、行政法规规定,多征、提前征收或减征、免征、缓征应征的预算收入,不得截留、占用或者挪用预算收入;各级政府不得向预算收入征收部门和单位下达收入指标;政府的全部收入应当上缴国家金库,任何部门、单位和个人不得截留、占用、挪用或者拖欠,对于法律有明确规定或者经国务院批准的特定专用资金,可以依照国务院的规定设立财政专户。各级国库必须按照国家有关规定,及时准确地办理预算收入的收纳、划分、留解。

一、政府预算收入的缴库

国家实行预算收入"国库集中收缴制度",即是指预算收入按照规定的程序,通过国库单一账户体系缴入国库的办法。

(一) 政府预算收入缴库的依据

政府预算收入执行基本要求:一是组织预算收入与坚持政策法规相结合。征收机构必须应收尽收,不收过头税费;缴款单位应缴尽缴,及时、足额上缴入库,不能直接作为单位收入;取得的各项收入要及时入账,不得坐支;主管部门和财政部门对单位应缴未缴资金要督促催缴。二是组织预算收入与促进生产发展相结合,充分调动各方面的积极性,为更多地组织预算收入创造条件。三是加强预算收入执行的日常管理,提高预算收入执行的质量。

按照政府预算收入执行的基本要求,无论是收入征收机关征收的收入,还是缴款单位上缴的各项预算收入,都要有一定的依据,即主要按照各种缴款计划进行。

1. 税收收入计划

根据《2024 年政府收支分类科目》,目前我国税收收入计划中共涉及增值税、消费税、企业所得税、个人所得税等共 22 个款级科目。各级税务机关根据政府预算确定的工商等税收任务按季编制分月的税收执行计划,作为税务机关组织工商税收入库的依据,以及考核税收工作的基本指标。按旬掌握收入进度,按月进行分析,并发出收入计划执行情况的通报,按季作出收入计划执行情况的分析检查报告,层层分析,逐级汇总上报,保证各项税收及时、有序地入库。

2. 非税收入计划

非税收入,是指除税收以外,由各级政府、国家机关、事业单位、代行政府职能的社会团体及其他组织依法利用政府权力、政府信誉、国家资源、国有资产或提供特定公共服务、准公共服务取得并用于满足社会公共需要或准公共需要的财政资金,是政府财政收入的重要组成部分,是政府参与国民收入分配和再分配的一种形式。政府非税收入管理范围包括:行政事业性收费、政府性基金、国有资源有偿使用收入、国有资产有偿使用收入、国有资本经营收益、彩票公益金、罚没收入、以政府名义接受的捐赠收入、主管部门集中收入、政府财政性资金产生的利息收入等。我国政府非税收入实行计划管理,每年各执收部门和单位都要根据财政部门关于编制政府非税收入计划的要求,编制执收范围的政府非税收入计划。该计划经财政部门审核汇总后上报同级人民政府批准,作为财政预算的一部分提请同级人民代表大会会审查;人民代表大会批准后,由财政部门下达各单位执行。非税收入计划为非税收入征缴的依据。

3. 企业财务收支计划

企业财务收支计划由企业根据财务会计制度和有关法律法规及企业生产经营状况编制,企业年度收支计划中向国家缴款的部分构成了政府预算收入的内容。国有资本经营预算有关国有企业利润上缴部分,构成了政府预算收入的一项来源。

4. 社会保险基金收入计划

社会保险是由政府举办的主要由单位和职工缴费筹资的社会保障计划,其缴费收入是政府重要的财政收入。社会保险基金收入是一种强制性的专款专用的财政收入形式,其收入要专项用于政府社会保险计划的开支。根据《中华人民共和国预算法实施条例》,目前我国的社会保险基金预算收入主要包括各项社会保险费收入、利息收入、投资收益、一般公共预算补助收入、集体补助收入、转移收入、上级补助收入、下级上解收入和其他收入。社会保险基金收入存入财政专户。所谓社会保险基金预算是根据国家社会保险和预算管理法律、法规建立,反映各项社会保险基金收支的年度计划。按照2018年修正的《中华人民共和国社会保险法》的规定,社会保险基金按照统筹层次设立预算,除基本医疗保险基金与生育保险基金预算合并编制外,其他社会保险基金预算按照社会保险项目分别编制。社会保险基金收入计划构成社会保险基金收入缴库的依据。

5. 债务收入计划

债务收入是财政收入的重要来源。按照行政级次,债务收入包括中央政府债务收入和地方政府债务收入。政府债务分为一般债务和专项债务,债务收支分类纳入全口径预算管理。一般债务纳入一般公共预算管理,专项债务纳入政府性基金预算管理。各级政府应该编制政府债务收支计划表,其中债务收入计划包括发行新增政府债券收入、发行再融资政府债券收入等。政府债务收入计划构成债务收入缴库的依据。

(二)政府预算收入缴库方式

政府预算收入缴库方式是指政府将部分国民收入转化为预算资金的形式、程序、手续和过程。在确定预算收入缴库方式时应遵循以下原则:便利——方便缴款单位或纳税人向国库缴款;合理——符合财政、财务管理的体制;及时——有利于政府预算收入及时入库。

适应财政国库管理制度的改革要求,我国将过去预算收入缴款的就地缴库、集中缴库和自行缴库三种方式,调整为直接缴库和集中汇缴两种方式。

(1)直接缴库。直接缴库是由缴款单位或缴款人按有关法律法规规定,直接将应缴收入缴入国库单一账户或财政专户。这是我国预算收入缴库的主要方式,它既方便了缴款者,又可保证政府预算收入及时入库,减少了层层汇总缴款的繁琐手续,提高了收入入库效率。

直接缴库程序:直接缴库的税收收入,由纳税人或税务代理人提出纳税申请,经征收机关审核无误后,由纳税人通过开户银行将税款缴入国库存款账户。非税收入直接缴库流程如图6-1所示。对非税收入,除批准实行集中汇缴的项目外,比照税收入库程序,由缴款人直接缴入国库存款账户或财政专户。如图6-2所示。

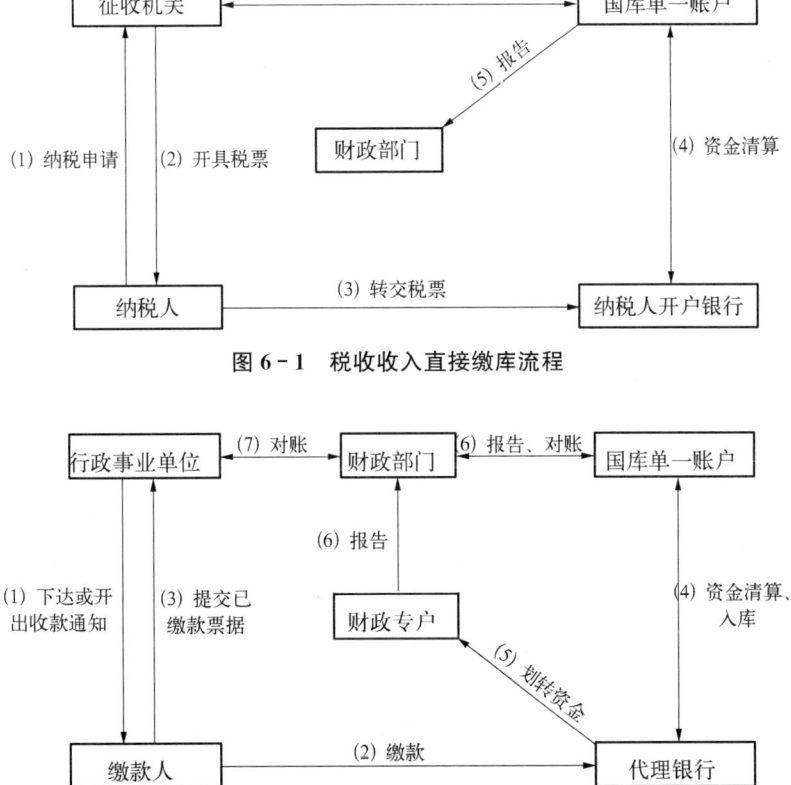

图6-1 税收收入直接缴库流程

图6-2 非税收入直接缴库流程

(2)集中汇缴。集中汇缴是由征收机关按有关法律法规规定,将所收的应缴收入汇总缴入国库单一账户或财政专户。其流程见图6-3。实行这种缴库方式的收入,包括小额零散税收和非税收入中的现金缴款。即小额零星税收和经批准必须实行现场执收、执罚的非税收入和预算外收入,由征收机关在收入的当日汇总缴入国库存款账户或财政专户。这种缴款方式既体现了预算收入缴库的灵活性,又方便了相关缴款人缴款,可减少收入流失。

非税收入集中汇缴的程序:执收单位向缴款人开具财政部门统一监(印)制的收款收据,直接向缴款人收取款项后,由执收单位按日汇总填制《非税收入一般缴款书》,每日到代理银行将所收应缴款项及时缴入国库单一账户或财政专户。

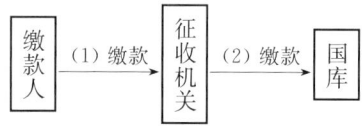

图 6-3 集中汇缴流程

二、政府预算收入库款的划分和报解

(一) 预算收入划分和报解的含义

预算收入划分是指国库对收纳入库的预算收入,根据国家预算管理体制规定的各级预算固定收入的划分范围和中央与地方、地方上下级之间共享收入的分成比例,划分和计算中央预算收入和地方预算收入。

预算收入报解是指在收入划分的基础上,按照规定的程序和手续将各级预算收入的库款分别报解各级国库,相应增加各级财政金库存款,以保证各级财政及时取得预算收入。其中,"报"是指国库通过编报"预算收入统计表",向各级财政机关报告预算收入的情况,使各级财政机关及时掌握预算收入进度和情况;"解"是指各级国库在对各级预算收入进行划分后,将库款按其所属关系逐级上解到所属财政机关在银行的存款账户。

(二) 预算收入划分和报解的要求

及时、准确地办理预算收入的划分和报解关系政府各级财政预算资金的灵活调度和对经济社会事业发展所需资金的及时供应,也关系预算资金信息的及时传递和反馈。预算收入划分和报解的基本要求:①及时、准确。为了保证各级预算及时取得收入,各级国库办理库款的划分和报解工作,原则上应当于收到预算收入的当日办理,最迟不得超过次日上午办理完毕,不得积压拖延库款。个别边远的基层金库收入很少的,可适当延长期限,但报解期限最迟不得超过五天。但月终日收纳的预算收入,则必须当日结清报解,不能延至下月;②库解报表按规定的方式报解;③严格进行对账。每当月终和年度决算时,各级国库要分别预算级次按照规定要求编制预算收入对账单,同财政部门、征收机关互相核对,上级国库和同级主管收入机关进行汇总对账,以确保预算收入及其划分报解的完整与准确。

(三) 预算收入划分和报解的程序

预算收入划分和报解是由基层国库(支库)自上而下逐级分别进行,其程序如下。

1. 分清级次

国库对于每天收纳入库的预算收入,首先分清预算级次,按照中央、省、地区、县四个级次,及时办理预算收入和库款的划分报解。

2. 编制预算收入日报表

国库凭预算收入缴款书审核无误后,按照预算收入科目分"款"进行统计,编制预算收入日报表,同时根据预算收入日报表中属于分成收入项目的会计数,按确定的分成比例编制分成收入日报表,作为分成收入报解的依据。

3. 办理各级预算收入的划分

按照《预算法》的规定,中央和地方实行分税制,预算收入划分为中央预算收入、地方预算收入、中央和地方预算共享收入。中央预算收入部分按统计报表的数额逐级报解中央总金库;地方预算收入部分按统计报表的数额逐级报解同级地方金库;中央和地方预算共享收入按照财政部规定的收入留成比例,分别报解中央总金库和地方各级金库,并相应增加中央财政国库存款和地方各级财政国库存款。

三、政府预算收入的退库管理

预算收入退库,是指财政及征收机关根据财税体制的有关规定,在政策允许的范围内,将已经入库的预算收入退还给原缴款单位或缴款人。入库的预算收入即构成国家财政收入,一般情况下是不能退还的,如果由于特殊原因需要退库,要根据预算收入退库的权限、手续、规定的退库范围,按照规定的程序,认真审核,严肃对待。

(一) 预算收入退库的审批权限

各级预算收入退库的审批权属于本级政府财政部门。中央预算收入、中央和地方预算共享收入的退库,由财政部或者财政部授权的机构批准。地方预算收入的退库,由地方政府财政部门或者其授权的机构批准。涉及中央预算收入退库的办法,由财政部制定,地方预算收入退库的办法,由省、自治区、直辖市财政部门制定。

退库的审批管理由财政部门或财政部门委托的征收机关(税务或海关)和国库密切配合,共同负责。各级财政、征收部门和国库在退库工作中应当紧密配合,严格按国家有关文件规定办理,防止收入流失。

(二) 预算收入退库的范围

属于下列情况,可以办理预算收入退库:①现行政策规定在一定期限内对某些企业实行先征收后退付的税款;②企业按规定预缴税收收入,经年终汇算清缴或结算对超缴部分需要办理退库的;③由于调整税率,需要退还多缴预算收入办理退库的;④改变企业隶属关系,办理财务结算需要退库的;⑤由于技术性差错,错缴、多缴的预算收入;⑥各种税款的代扣代征手续费、征管费、业务费的退库;⑦其他按规定应予退库的项目。

凡不符合规定范围的预算收入退库,任何部门、单位和个人不得办理退库审批手续,各级国库不得办理退库。

(三) 预算收入退库需要注意的问题

(1) 预算收入的退库,应当按照预算收入的级次办理。中央预算收入的退库,从中央国库中退付;地方预算收入的退库,按照级次,从地方金库中退付。中央与地方共享收入的退库,按入库比例分别从中央国库和地方金库中退库。

(2) 预算收入的退库,由各级国库统一办理。国库经收处只办理预算收入的收纳,不办理预算收入的退付。

（3）各单位和个人申请退库，应向财政、征收机关填具退库申请书。退库申请书的基本内容包括：单位名称或个人姓名、主管部门、预算级次、征收机关、原缴款书日期、编号、预算科目、缴款金额、申请退库原因、申请退库金额以及审查批准机关的审批意见和核定的退库金额等。各级财政机关和征收机关，应当严格审查，不得随意填发收入退还书。

（4）各级预算收入的退库，原则上通过转账办理，不支付现金。对个别特殊情况，必须退付现金时，财政、征收机关应从严审查核实后，在收入退还书上加盖"退付现金"的明显戳记，由收款人持向指定的国库按规定审查退款。

（5）财政部门原则上不能自批自退已经缴库的预算收入，除国家明文规定，如各项地方财政附加可由国库按规定转账退库外，遇有特殊情况，财政部门需要作为申请单位办理退库时，须经上级财政部门审批，方能办理收入退库。

（6）办理预算收入退库，应当直接退给申请单位或者申请个人，按照国家规定用途使用。任何部门、单位和个人不得截留、挪用退库款项。

（7）各级国库对所经办的退库事项，应当逐笔进行登记，并定期分析检查。各级国库每年应编制"预算收入退库统计报表"，同时抄送同级财政部门。

（8）各级财政部门要定期对预算收入退库情况进行监督检查，对不符合国家规定的退库予以纠正，并及时向上级部门反映。对违反规定的退库，要按照国家有关法律、法规规定，责令其追回所退库款，并给予相应的经济处罚。

（9）各级财政、税务部门和国库在退库工作中，应当紧密合作，相互配合，严格按规定办理，保证预算收入的准确、完整，防止收入流失。

第三节 政府预算支出执行

政府预算支出执行就是按照政府支出预算分配和使用财政资金的过程，也是提供财政资金，满足社会公共需要的过程。预算支出是为实现政府的各项职能提供相应的财力保证，涉及用财之道，要求统筹兼顾，保证重点，照顾一般。因此，政府预算支出的执行情况，直接关系政府的各项职能和社会公共需要满足的程度，也是政府预算管理的非常重要的环节。政府预算支出执行也是一项系统工程，涉及财政部门、国库部门、主管部门、预算单位、金融机构等，因此，在政府预算支出执行过程中，客观需要各个相关部门、单位通力合作，共同努力，才能很好地完成预算支出的任务。

一、政府预算支出执行的基本要求和任务

（一）预算支出执行的基本要求

为了保证预算支出的正确执行，及时合理地供应和使用财政资金，以保证经济社会各项事业的发展，预算支出执行应坚持如下基本要求：

（1）坚持按支出预算执行。各级预算是经过各级人民代表大会审查批准的，具有

法律效力,是预算执行的依据。各项支出必须严格控制,不得突破支出预算,如因特殊原因确需调整的,应该按照法定程序进行支出预算调整。

(2) 严格预算支出管理。预算支出管理是政府预算管理的重要内容,首先,要完善预算支出管理的制度并严格执行制度;其次,要根据不同性质的支出采用不同的管理方式,划清各类资金的界限,不得相互挤占。

(3) 推进预算绩效管理,提高资金使用效益。预算绩效是指预算资金所达到的产出和结果,预算绩效管理就是一个由绩效目标管理、绩效运行跟踪监控管理、绩效评价实施管理、绩效评价结果反馈和应用管理共同组成的综合系统。预算绩效管理的推行,有利于完善公共财政体系,推进财政科学化精细化管理,强化预算支出的责任和效率,提高财政资金使用效益。

为此,我国《预算法实施条例》明确要求,各级政府、各部门、各单位应当加强对预算支出的管理,严格执行预算和财政制度,不得擅自扩大支出范围、提高开支标准,严格按照预算规定的支出用途使用资金,建立健全财务制度和会计核算体系,按照标准考核、监督,提高资金使用效益。各级国库和有关银行不得占压财政部门拨付的预算资金,各级国库必须凭本级政府财政部门签发的拨款凭证或者支付清算指令于当日办理资金拨付,并及时将款项转入收款单位的账户或者清算资金。

(二) 预算支出执行的基本任务

政府预算支出执行由预算执行的领导机关、管理机关、执行机关及相关部门单位共同完成,并由各个支出预算机关具体负责实行,它们的共同任务就是要遵照预算支出计划,采取各种有效措施,按照预算支出的原则,及时合理地供应经济社会事业发展所需要的资金,最大限度地提高资金的使用效益,保证高质量完成支出预算。其中财政部门的基本任务是:制定管理预算支出的制度和办法;根据年度支出预算和季度用款计划,合理调度、拨付预算资金;监督检查各部门、各单位管好用好预算资金,节减开支,提高效率;编报、汇总分期的预算支出执行数字,分析预算支出执行中出现的新情况、新问题。

二、政府预算拨款的原则

政府预算拨款即财政部门根据核定的预算办理预算支出的拨付,拨款给用款单位。办理政府预算拨款应该遵循如下原则。

1. 坚持按预算拨款

坚持按预算拨款即按照批准的年度预算和用款计划拨付资金。除《预算法》第五十四条规定的在预算草案批准前可以安排支出的情形外,不得办理无预算、无用款计划、超预算或者超计划的资金拨付,不得擅自改变支出用途。

2. 坚持按进度拨款

根据事业进度和上期用款单位的资金结存情况合理拨付资金。既要保证资金需要,又要防止资金分散积压;既要考虑本期资金需要,又要考虑上期资金的使用和结余情况,以保证国家预算资金的统一安排、灵活调度和有效使用。同时,还应考虑国库库款情况。

3. 坚持按核定用途拨款

坚持按核定用途拨款即按照一般公共服务、外交、国防、社会保障、农林水利事务等支出拨款的不同用途，分别拨付。各级财政部门办理预算拨款时，应根据预算规定的用途拨付，不得随意改变支出用途，以保证国民经济和社会事业发展计划正确地执行。

4. 坚持按预算级次和程序拨款

坚持按预算级次和程序拨款即根据用款单位的申请，按照用款单位的预算级次、审定的用款计划和财政部门规定的预算资金拨付程序拨付资金。各级主管部门，一般不能向没有支出预算关系的单位垂直拨款，同级主管部门之间也不能发生支出预算的横向拨款关系。

三、政府预算支出的支付方式

预算单位收到财政或上级部门批复的用款计划后，即可以进行资金支付。伴随着以国库单一账户体系为基础、资金缴拨以国库集中收付为主要形式的现代财政国库制度的改革，我国对预算支出的支付方式和支付程序进行了调整。国家对预算支出实行"国库集中支付制度"，即是指预算支出通过国库单一账户体系，采取财政直接支付或者财政授权支付方式，将资金支付到收款人的办法。县级以上各级政府财政部门应当设立专门的财政国库支付执行机构承担国库集中支付有关具体工作。国库集中收缴制度和集中支付制度统称国库集中收付制度。

（一）支出类型

财政支出总体上分为购买性支出和转移性支出。根据支付管理需要，具体分为：①工资支出，即预算单位的工资性支出；②购买支出，即预算单位除工资支出、零星支出外购买服务、货物、工程项目等支出；③零星支出，即预算单位购买支出中的日常小额部分，除《政府采购品目分类表》所列品目以外的支出，或列入《政府采购品目分类表》所列品目，但未达到规定数额的支出；④转移支出，即拨付给预算单位或下级财政部门，未指明具体用途的支出，包括拨付企业补贴和未指明具体用途的资金、中央对地方的一般性转移支付等。

（二）支付方式

按照不同的支付主体，对不同类型的支出，分别实行财政直接支付和财政授权支付。

1. 财政直接支付

财政直接支付是指由政府财政部门开具支付令，通过财政零余额账户支付到收款人，财政零余额账户再与国库进行资金清算的支付方式。实行财政直接支付的支出包括：

（1）工资支出、购买支出以及中央对地方的专项转移支付，拨付企业大型工程项目或大型设备采购的资金等，直接支付到收款人。以某省级为例，工资支出审核支付程序、物品与服务采购支出审核支付程序如图 6-4、图 6-5 所示（有关政府采购预算支出的问题在第八章中讨论）。

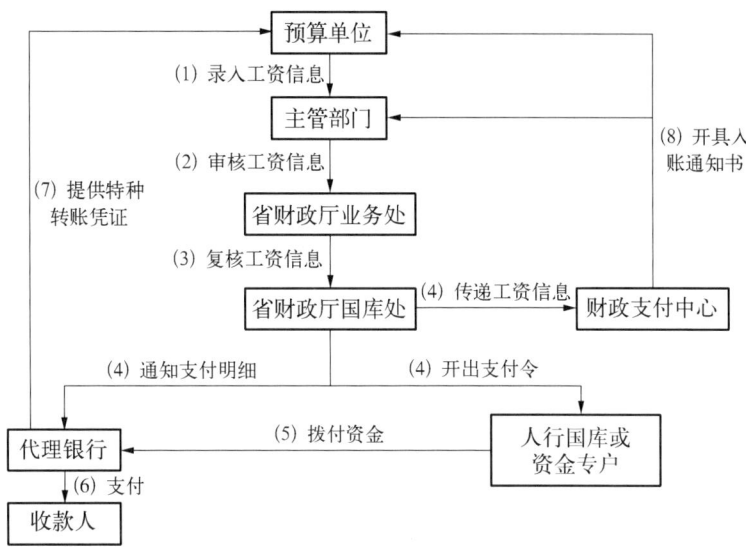

图 6-4 工资支出审核支付程序

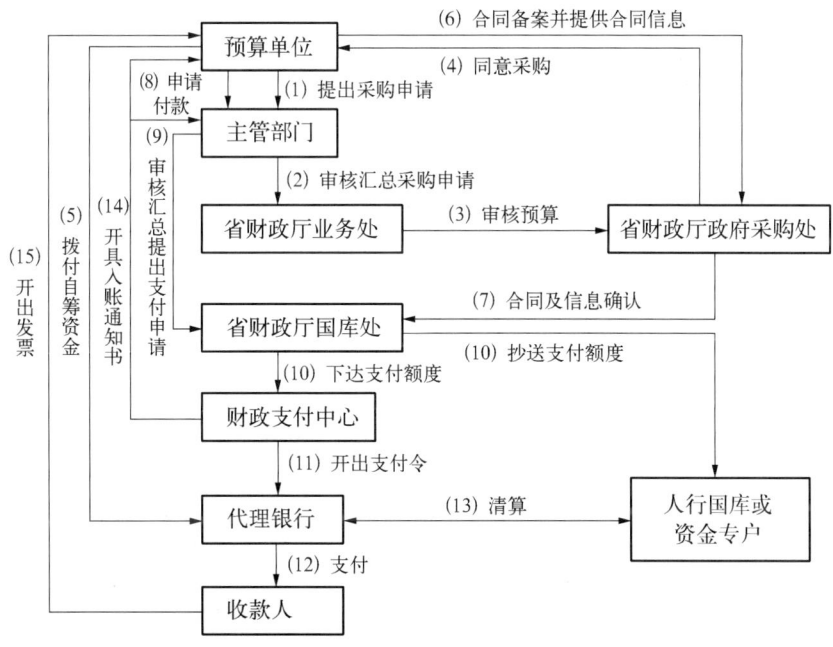

图 6-5 物品、服务采购支出审核支付程序

(2) 转移支出(中央对地方专项转移支出除外),包括中央对地方的一般性转移支付中的税收返还、原体制补助、结算补助等支出,对企业的补贴和未指明购买内容的某些专项支出等,支付到用款单位(包括下级财政部门和预算单位,下同)。

2. 财政授权支付

财政授权支付是指预算单位根据本级政府财政部门授权,自行开具支付令,通过预算单位零余额账户支付到收款人,预算单位零余额账户再与国库进行资金清算的支付方式。实行财政授权支付的支出包括未实行财政直接支付的购买支出和零星支出。

(三) 支付程序

1. 财政直接支付程序

预算单位按照批复的部门预算和资金使用计划,向财政国库支付执行机构提出支付申请,财政国库支付执行机构根据批复的部门预算和资金使用计划及相关要求对支付申请审核无误后,向代理银行发出支付令,并通知中国人民银行国库部门,通过代理银行进入全国银行清算系统实时清算,财政资金从国库单一账户划拨到收款人的银行账户。

财政直接支付主要通过转账方式进行,也可以采取"国库支票"支付。财政国库支付执行机构根据预算单位的要求签发支票,并将签发给收款人的支票交给预算单位,由预算单位转给收款人。收款人持支票到其开户银行入账,收款人开户银行再与代理银行进行清算。每日营业终了前由国库单一账户与代理银行进行清算。工资性支付涉及的各预算单位人员编制、工资标准、开支数额等,分别由编制部门、人事部门和财政部门核定,支付对象为预算单位和下级财政部门的支出,由财政部门按照预算执行进度将资金从国库单一账户直接拨付到预算单位或下级财政部门账户。以某省级为例,财政直接支付基本程序如图6-6所示。

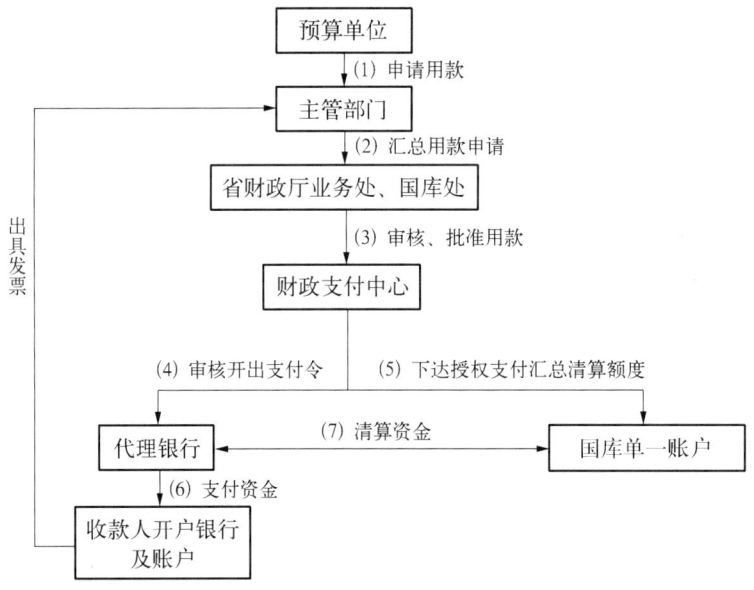

图 6-6 财政直接支付基本程序

2. 财政授权支付程序

预算单位按照批复的部门预算和资金使用计划,向财政国库支付执行机构申请授权支付的月度用款限额,财政国库支付执行机构将批准后的限额通知代理银行和预算单位,并通知中国人民银行国库部门。预算单位在月度用款限额内,自行开具支付令,通过财政国库支付执行机构转由代理银行向收款人付款,并与国库单一账户清算。

上述财政直接支付和财政授权支付流程,以现代化银行支付系统和财政信息管理系统的国库管理操作系统为基础。以某省级为例,财政授权支付基本程序和预算单位的财政资金用款计划审核批复程序分别如图6-7、图6-8所示。

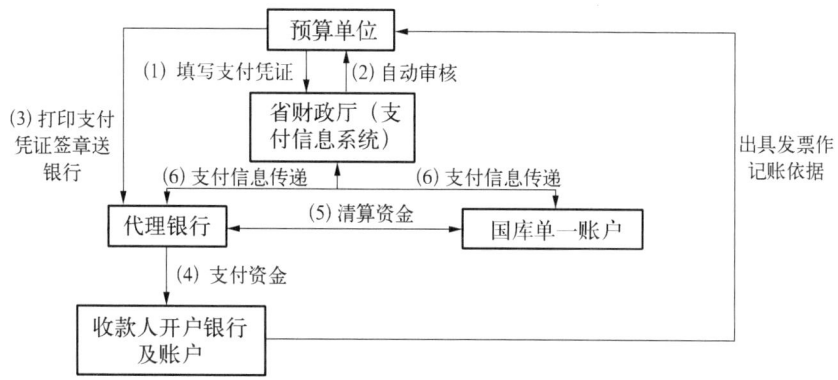

图6-7 财政授权支付基本程序

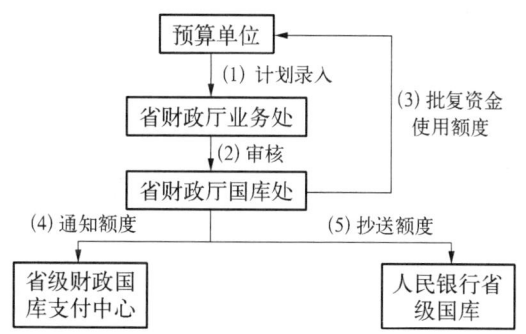

图6-8 财政资金用款计划审核批复程序

第四节 政府预算执行中的调整与分析

一、政府预算调整

在预算执行过程中,由于受经济形势的变化、政策的调整,或者一些突发性的重大事件等客观情况的影响,会导致政府的预算计划赶不上情况的变化,为了避免预算收支与客观实际情况脱节,有必要根据实际情况对预算进行动态调整,以实现预算在执行中的平衡。

(一) 政府预算调整的含义

预算调整是指经全国人民代表大会批准的中央预算和经地方各级人民代表大会批

准的地方各级预算,在执行中需要增加或者减少预算总支出、调减预算安排的重点支出、调入预算稳定调节基金或需要增加举借债务数额而造成的预算部分变更。根据《预算法》应当进行预算调整的情况包括:①需要增加或者减少预算总支出的;②需要调入预算稳定调节基金的;③需要调减预算安排的重点支出数额的;④需要增加举借债务数额的。从形式上看,政府总预算、部门预算、单位预算、国有资本经营预算、社会保险基金预算等都会涉及预算调整问题。

(二) 政府预算调整的方法

政府预算调整的方法实际就是通过调整预算收支的规模或改变收入来源和支出用途,来组织新的预算平衡的重要方法。按照预算调整的程度不同,预算调整的方法可分为全面调整和局部调整。

1. 全面调整

全面调整是一种在"盘子"外的大调整,这种情况并不总是发生。全面调整的背景条件有:遭遇特大自然灾害、战争等事件;国民经济发展出现严重危机,经济大幅波动;国家对原定国民经济和社会发展计划作重大调整等。此时,政府往往相应对预算收支的总"盘子"进行大调整,其特点是涉及面广、工作量大,实际上等于重新编制国家预算。

全面调整一般是在第三季度或第四季度初进行。其基本程序是:首先,由财政部提出调整预算计划,经国务院审核同意,上报全国人民代表大会常务委员会审查批准。其次,下达各地区、各部门执行。在预算调整的过程中,财政部门和主管部门,要经过上下协商,反复平衡。最后,确定政府预算收支的新规模,以适应形势变化的需求。

2. 局部调整

局部调整是对政府预算作出的局部变动。在政府预算执行中,为了适应客观情况的变化,这种重新组织预算收支平衡行为,是经常发生的。

各级财政预备费一般是财政总预算中安排的预备资金,在预算执行中,由于发生自然灾害等突发事件,必须及时增加预算支出的,应当先动支预备费。各级预算预备费的动用方案,由本级政府财政部门提出,报本级政府决定。预备费不足支出的,各级政府可以先安排支出,属于预算调整的,列入预算调整方案。

(1) 预算追加追减。在原核定预算收支总数不变的情况下,追加追减预算收入或支出数额。各部门、各单位需要追加追减收支时,均应编制追加、追减预算,按照规定的程序报经主管部门或者财政部门批准后,财政机关审核并提经各级政府或转报上级政府审定通过后执行。政府财政办理追加追减预算时须经各级人大常委会批准,方可执行。

(2) 经费流用。经费流用也称"科目流用",是在不突破原定预算支出总额的前提下,由于预算科目之间调入、调出和改变资金使用用途而形成的预算资金再分配,而对不同的支出科目具体支出数额进行调整。

为了充分发挥预算资金的使用效果,可按规定在一些科目之间进行必要的调整,以达到预算资金的以多补少、以余补缺。资金用途和物资的计划供应情况密切结合,经费流用的原则包括:一是调剂只能此增彼减,不能突破预算总规模和收支平衡;二是调剂要有利于提高资金使用效益,不能影响各项建设事业的完成;三是遵循流用范围,一般要求基建资金不与流动资金流用,人员经费不与公用经费流用,专款一般不与经费流用;四是通过一定的审批程序,不同科目间的预算资金需要调剂使用的,审批上必须按照国务院财政部门的规定报经批准。

(3) 预算划转。预算划转即由于行政区划或企事业、行政单位隶属关系的改变,在改变财务关系的同时,相应办理预算划转,将其全部预算划归新接管地区和部门。预算的划转应报上级财政部门;预算指标的划转由财政部门和主管部门会同办理;企事业单位应缴的各项预算收入及应领的各项预算拨款和经费,一律按照预算年度划转全年预算,并将年度预算执行过程中已经执行的部分——已缴入国库的收入和已经实现的支出也一并划转,由划出和划入的双方进行结算,即划转基数包括年度预算中已执行的部分。一般来说,预算划转在中央预算和地方预算之间、地方之间及部门之间进行。预算划转要做到及时、准确,既要保证财权与事权的统一,又要保证预算任务的完成。

(三) 政府预算调整的程序与权限

政府预算调整的程序与权限要通过有关法律、法规及规章确定,在我国主要由《预算法》《预算法实施条例》《中央本级基本支出预算管理办法》《中央本级项目支出预算管理办法》《国务院关于试行社会保险基金预算的意见》等规定。

1. 政府总预算的调整

根据《预算法》《预算法实施条例》规定:各级政府对于必须进行的预算调整,应当编制预算调整方案。预算调整方案应当列明调整的原因、项目、数额、措施及有关说明,经本级政府审定后,提请本级人民代表大会常务委员会审查和批准。中央预算的调整方案必须提请全国人民代表大会常务委员会审查和批准。县级以上地方各级政府预算的调整方案必须提请本级人民代表大会常务委员会审查和批准;乡、民族乡、镇政府预算的调整方案必须提请本级人民代表大会审查和批准。未经批准,不得调整预算。地方各级政府预算的调整方案经批准后,由本级政府报上一级政府备案。

未经批准调整预算,各级政府不得作出任何使原批准的收支平衡的预算的总支出超过总收入或者使原批准的预算中举借债务的数额增加的决定。对违反规定作出的决定,本级人民代表大会、本级人民代表大会常务委员会或者上级政府应当责令其改变或者撤销。

各级一般公共预算年度执行中厉行节约、节约开支,造成本级预算支出实际执行数小于预算总支出的,不属于预算调整的情形。

2. 部门预算调整

对于中央部门预算基本支出预算的调整,《中央本级基本支出预算管理办法》规定:中央部门要严格执行批准的基本支出预算。执行中发生的非财政补助收入超收部分,原则上不再安排当年的基本支出,可报经财政部批准后,安排项目支出或结转下年使用;发生的短收,中央部门应当报经财政部批准后调减当年预算,当年的财政补助数不予调整。如遇国家出台有关政策,对预算执行影响较大,确需调整基本支出预算的,由中央部门报经财政部批准后进行调整。

定额标准的执行期限与预算年度一致;定额标准的调整在预算年度开始前进行;定

额标准一经下达,在年度预算执行中不作调整,影响预算执行的有关因素,在确定下一年度定额标准时,由财政部统一考虑。

对于中央部门预算项目支出预算的调整,《中央本级项目支出预算管理办法》规定:中央部门应当按照批复的项目支出预算组织项目的实施,并责成项目单位严格执行项目计划和项目支出预算。项目支出预算一经批复,中央部门和项目单位不得自行调整。预算执行过程中,如发生项目变更、终止的,必须按照规定的程序报批,并进行预算调整。

现行《预算法实施条例》规定:年度预算确定后,部门改变隶属关系引起预算级次或者预算关系变化的,应当在改变财务关系的同时,相应办理预算、资产划转。

3. 单位预算调整

《中华人民共和国预算法》《中华人民共和国预算法实施条例》规定:各单位的预算支出应当按照预算科目执行。严格控制不同预算科目、预算级次或者项目间的预算资金的调剂,确需调剂使用的,按照国务院财政部门的规定办理。

年度预算确定后,单位改变隶属关系引起预算级次或者预算关系变化的,应当在改变财务关系的同时,相应办理预算、资产划转。

4. 国有资本经营预算调整

国有资本经营预算调整主要按照《中华人民共和国预算法》《中华人民共和国预算法实施条例》、中央国有资本经营预算管理办法、地方国有资本经营预算管理办法相关规定执行。

《中央国有资本经营预算管理暂行办法》规定,中央国有资本经营预算支出应当按照经批复的预算执行,未经批准不得擅自调剂。《中央国有资本经营预算编报办法》规定,各中央单位及其监管(所属)中央企业的国有资本经营预算支出应当按照批复的预算支出科目、项目和数额执行,在预算执行中确需作出调整的,必须按照程序报批。

从四川省级国有资本经营预算调整管理看,2023年修订的《四川省省级国有资本经营预算管理办法》规定:省级国有资本经营预算支出应当按照预算批复严格执行,未经批准不得擅自调整;省级国有资本经营预算确需调整的,由财政部门按照《中华人民共和国预算法》及其《中华人民共和国预算法实施条例》有关规定办理。

从山东省级国有资本经营预算调整管理看,2023年印发的《山东省省级国有资本经营预算管理办法》规定:在省级国有资本经营预算执行中出现需要调整的情况时,省财政厅应当编制国有资本经营预算调整方案,说明预算调整的理由、项目和数额,按照规定程序,报省人民代表大会常务委员会审查和批准;因国家和省政策调整等特殊情况需要调整预算的,国资预算单位应当以书面形式提出申请,报省财政厅审核。

5. 社会保险基金预算调整

社会保险基金预算调整主要按照《中华人民共和国预算法》《中华人民共和国预算法实施条例》相关规定执行。

社会保险基金预算不得随意调整,社会保险基金预算执行中因特殊原因需要调整时,统筹地区经办机构应当编制预算调整方案,报同级社会保险行政部门审核汇总。统筹地区财政部门审核并汇总编制预算调整方案,会同社会保险行政部门上报同级人民政府,按要求经同级人大常务委员会批准后,批复经办机构执行,并报上级财政部门和社会保险行政部门备案。由税务机关负责征收的险种,社会保险费收入预算调整方案由经办机构会同税务机关提出,并批复税务机关和经办机构。

（四）我国政府预算调整案例

1. 案例一：2008 年中央预算调整

2008 年 5 月 12 日,四川汶川发生震级里氏 8 级的特大地震。这是新中国成立以来破坏性最强、波及范围最广、救灾难度最大的一次地震,涉及四川、甘肃、陕西、重庆等 10 个省区市,灾区总面积约 50 万平方公里、受灾群众 4 625 万多人,造成了巨大的人员伤亡和财产损失。截至 2008 年 8 月,该地震造成 69 227 人遇难、17 923 人失踪。面对重大的自然灾害,国务院迅速成立了抗震救灾指挥部。全党全军全国各族人民众志成城、迎难而上,迅速展开我国历史上救援速度最快、动员范围最广、投入力量最大的抗震救灾斗争。

为及早谋划和适时开展灾区恢复生产和灾后重建工作,切实保障灾区恢复重建资金需要,国务院迅速调整了 2008 年中央预算,审核通过 2008 年中央预算调整方案（草案）。中央财政拟建立灾后恢复重建基金,专项用于四川及周边省份受灾地区恢复重建。灾后恢复重建基金收入预算 2008 年拟安排 700 亿元。

2008 年 6 月 24 日,第十一届全国人大常委会第三次会议举行,受国务院委托,财政部部长谢旭人作关于提请审议 2008 年中央预算调整方案（草案）的议案的说明。

财政部部长谢旭人对恢复重建基金来源作了说明,700 亿元恢复重建基金来源包括：从中央预算稳定调节基金中调入 600 亿元,从车辆购置税中调整安排 50 亿元,从彩票公益金中调整安排 10 亿元,从国有资本经营预算调入 40 亿元。支出预算拟按基金用途和实际使用情况编制,基金结余结转以后年度继续用于灾后恢复重建。相应地,第十一届全国人民代表大会第一次会议批准的 2008 年中央预算中,"调入中央预算稳定调节基金"增加 600 亿元,同时增列"灾后恢复重建基金支出"600 亿元。

根据国务院预算调整方案,恢复重建基金的主要用途包括以下几方面：一是因灾倒塌损坏民房的重建补助；二是学校、医院、政府机关及事业单位恢复重建；三是交通、电力、通信、城市供水、污水处理、供气、受损水库等基础设施恢复重建；四是农林水、工业生产及商业流通恢复,以及震后地质灾害治理、移民搬迁等方面的支出。

地震灾后恢复重建基金编制预算、决算,收入按转入基金的各项资金实际数列示,支出按实际安排、使用的数额列示。基金结余结转下年继续使用。地震灾后恢复重建基金安排使用情况向全国人民代表大会及其常务委员会报告。

根据国务院预算调整方案,本次调整预算后,中央财政收入仍为 32 531.72 亿元,没有变化；因调入中央预算稳定调节基金增加 600 亿元,中央财政支出相应增加 600 亿元,总额为 35 431.72 亿元。

此前,国务院还决定,中央国家机关 2008 年的公用经费支出一律比预算减少 5%,用于抗震救灾。并要求各级党政机关和国有企事业单位减少会议、接待、差旅和公车使用支出,压缩出国团组,严格控制公车购置,暂停审批党政机关办公楼项目。

根据中国《预算法》规定,各级政府对于必须进行的预算调整,应当编制预算调整方案。中央预算的调整方案必须提请全国人大常委会审查和批准。

第十一届全国人民代表大会常务委员会第三次会议听取了财政部部长谢旭人代表国务院对《国务院关于提请审议 2008 年中央预算调整方案(草案)的议案》所作的说明,审查了国务院提出的 2008 年中央预算调整方案,同意全国人民代表大会财政经济委员会在审查报告中提出的建议。2008 年 6 月 26 日,会议批准 2008 年中央预算调整方案。

2. 案例二:2023 年中央预算调整

(1) 增发 2023 年国债支持灾后恢复重建和提升防灾减灾救灾能力的必要性。2023 年,我国多地遭遇暴雨、洪涝、台风等灾害,部分地区受灾严重、损失较大,地方灾后恢复重建任务较重。同时,近年来,各类极端自然灾害多发频发,对我国防灾减灾救灾能力提出了更高要求。2023 年 8 月 17 日,中央政治局常委会会议研究部署防汛抗洪救灾和灾后恢复重建工作,要求加快恢复重建,进一步提升我国防灾减灾救灾能力,建强各级应急指挥部体系,加强国家区域应急救援中心能力建设,着力提升基层防灾避险能力,加快完善流域特别是北方地区主要江河流域防洪工程体系,加强城市防洪排涝能力规划和建设。

为贯彻落实中央政治局常委会会议精神,以强有力的资金保障有关工作落实,拟在今年四季度增加发行一定规模的国债,作为特别国债管理,集中力量支持灾后恢复重建和弥补防灾减灾救灾短板,整体提升我国抵御自然灾害的能力,更好保障人民群众生命财产安全。

(2) 增发 2023 年国债规模及用途建议。根据财政部副部长 2023 年 10 月 20 日在第十四届全国人民代表大会常务委员会第六次会议上所作《关于提请审议增发 2023 年国债支持灾后恢复重建和提升防灾减灾救灾能力以及调整 2023 年中央预算的议案的说明》,根据灾后恢复重建和防灾减灾救灾工作需要,并统筹考虑财政可承受能力,建议增发 2023 年国债 10 000 亿元。2023 年国债限额将由 298 608.35 亿元增加到 308 608.35 亿元,中央财政赤字将由 31 600 亿元增加到 41 600 亿元,全国财政赤字将由 38 800 亿元增加到 48 800 亿元,预计财政赤字率由 3% 提高到 3.8% 左右。

为缓解地方财政支出压力,增发的 10 000 亿元国债全部通过转移支付方式安排给地方,根据有关工作进展,2023 年安排使用 5 000 亿元,其余 5 000 亿元结转 2024 年使用,全部用于支持中央政治局常委会会议确定的重点任务。主要包括以下几项重点任务:一是灾后恢复重建补助资金。二是以海河、松花江流域等北方地区为重点的骨干防洪治理工程。三是自然灾害应急能力提升工程。四是其他重点防洪工程。五是灌区建设改造和重点水土流失治理工程。六是城市排水防涝能力提升行动。七是重点自然灾害综合防治体系建设工程。八是东北地区和京津冀受灾地区等高标准农田建设。

(3) 2023 年中央预算调整情况。按照上述方案,2023 年中央对地方转移支付预算将由 100 625 亿元增加到 105 625 亿元,增幅将由 3.6% 提高到 8.7%。由于中央对地方转移支付增加,地方一般公共预算支出预算将相应由 236 740 亿元增加至 241 740 亿元,增幅将由 5.2% 提高到 7.4%,全国一般公共预算支出预算将由 275 130 亿元增加至 280 130 亿元,增幅将由 5.6%提高到 7.5%。2023 年全国、中央和地方一般公共预算收入预算保持不变。2023 年全国财政赤字将由 38 800 亿元增加到 48 800 亿元。

(4) 2023 年中央预算调整方案审议情况。2023 年 10 月 20 日,第十四届全国人民代表大会常务委员会第六次会议听取了财政部副部长受国务院委托作的《关于提请审议增发 2023 年国债支持灾后恢复重建和提升防灾减灾救灾能力以及调整 2023 年中央预算的议案的说明》,审查了《国务院关于提请审议增发 2023 年国债支持灾后恢复重建和提升防灾减灾救灾能力以及调整 2023 年中央预算的议案》,同意全国人民代表大会财政经济委员会提出的审查结果报告。会议决定,批准增发国债和 2023 年中央预算调整方案。

二、政府预算执行检查分析

预算执行检查分析是为了及时掌握预算收支状况,改进和指导预算工作,政府各级预算执行机关或其他有关部门,通过采取多种形式和方法,对政府预算资金的筹集、分配和使用的活动情况,进行的检查和分析。政府预算执行情况的检查分析是保证实现预算收支任务、加强预算管理,促进国民经济协调发展的一个重要环节,也是财政、国库等预算执行部门的一项基本工作。政府预算执行检查分析的形式包括定期检查分析、专题检查分析和典型调查分析。

预算执行检查分析的意义主要表现为:①预算执行的检查和分析是对政府预算执行的重要反映。预算执行检查和分析是一个动态过程,以预算执行的全部内容和整个过程为分析对象,可以全面反映政府预算的整体情况和发展变化;②预算执行的检查和分析是对国民经济和社会事业发展状况的重要反映。经济决定财政,财政运行状况是整个经济运行状况的综合反映。预算执行分析的各项指标在一定程度上反映国民经济各项发展指标的状况;③预算执行的检查和分析能够及时发现预算执行过程中存在的各种问题,并可以根据情况制定切实可行的解决问题的方法。

(一) 预算执行检查分析的主要内容

预算执行政策性强,涉及面广,除了分析预算收支执行情况外,还要对影响国家预算收支发展变化的相关因素进行分析。

1. 检查分析党和国家相关经济和预算政策的贯彻执行情况

一是要分析预算执行是否贯彻了党和国家的方针政策和重大措施。二是要分析贯彻相关方针政策对预算执行的影响,以便于及时调整预算,组织预算的新的平衡。三是从贯彻方针政策方面检查各级预算收支情况,做到收入按政策,支出按计划;追加追减符合规定程序;各项收支管理制度切实遵守执行等。

2. 检查分析预算收支项目的完成情况

一是检查分析各项收入是否及时、足额地纳入国库。分析检查预算收入的报解是否及时,科目使用是否正确,预算级次的划分有无差错等。二是检查分析预算拨付是否合理。有无违反国家财经纪律和制度的现象,各项预算支出进度同各项生产建设以及事业行政计划的完成情况是否相适应;检查资金使用效果和定员定额情况以及存在的问题;分析检查预算资金的使用效果是否达到预期目标等。

3. 分析影响政府预算执行完成情况的原因

一定时期影响预算执行完成情况的因素很多，可从国内与国外、宏观与微观、内部与外部等多层面、多角度进行分析。这些影响因素包括：国际经济形势、国内经济运行、国民经济重要指标的完成情况，国家宏观经济政策的变化与重大经济措施的出台，企业经营状况等。

4. 预算收支平衡和综合平衡的态势

预算、信贷、外汇和物资四者之间有着密切的联系，涉及商品可供量与社会购买力之间的平衡，以预算收支平衡为核心的综合平衡是国家预算是否顺利执行的重要标志，因而是预算检查分析的工作重点。不仅要分析检查预算收支本身的平衡，还要根据国家政治、经济等形势发展的客观需要，分析检查预算收支结合银行信贷、外汇收支组织的综合平衡。

（二）政府预算执行检查分析的方法

政府预算执行分析方法，是指在深入调查研究、充分掌握各种预算执行的调查资料、各种报表的基础上，对相关信息进行归纳、整理、分析，进而得到预算执行情况结论的手段工具。预算收支指标表现的经济现象之间具有一定的因果关系，预算检查分析对这些因果关系不仅从本质上进行定性分析，认识预算资金的运动，还应进行定量分析。常用的分析方法包括比较分析法、因素分析法、逻辑推理法、动态分析法等。

1. 比较分析法

比较分析法是实际工作中一种常用的方法，主要以本期实际数与有关各期指标数进行比较分析。指标数间的比较分析包括将预算指标和实际完成指标对比；本期实际完成指标和前期实际完成指标对比；地区、部门、企业之间实际完成指标对比等。

比较分析法简单易用，使用广泛，但其只能用于同质指标间数量对比，无法分析诸变化因素对预算和实际差异的影响程度，因而限制了检查分析的广度和深度。

2. 因素分析法

采用比较法确定了各种差异之后，还应分析引起差异的因素，衡量诸因素对差异的影响程度，如果某项差异是受多因素交叉作用影响的结果，则需用因素分析法确定各因素对差异的影响程度。

因素分析法也称连环替代法，是从影响收支的诸多因素中分别测定每项因素对收支影响程度的一种方法。它通过对组成某一经济指标诸因素的顺序分析，用数值来测定由诸因素动作对产生差异的影响程度。只要顺次地把其中一个因素视为可变，把其他因素视为不变，就会得到任何一种可能的组合结果。因素分析法的基本原理可概括为"依次替换，顺序分析，得出结论"。

在实际操作时，事先要严格规定诸因素排列顺序，并在不同时期均按既定排列顺序分析，才具有可比性，才能得到正确的组合结果，否则，因素失真，得到的是错误的组合结果。

3. 逻辑推理法

逻辑推理法是指通过对有关财经信息资料、预算执行资料的分析研究，根据以往的经验，分析预测预算收支发展变化趋势及其规律性的方法。

4. 动态分析法

动态分析法是指分析研究预算收支在时间上的变化及其规律性的方法。

所有执行政府预算的机关都必须对本地区、本部门、本单位预算执行情况进行认真的检查分析。现行《预算法实施条例》规定：

各级政府财政部门应当每月向本级政府报告预算执行情况，具体报告内容、方式和期限由本级政府规定。

地方各级政府财政部门应当定期向上一级政府财政部门报送本行政区域预算执行情况，包括预算执行旬报、月报、季报，政府债务余额统计报告，国库库款报告以及相关文字说明材料。具体报送内容、方式和期限由上一级政府财政部门规定。

各级税务、海关等预算收入征收部门和单位应当按照财政部门规定的期限和要求，向财政部门和上级主管部门报送有关预算收入征收情况，并附文字说明材料。

各部门应当按照本级政府财政部门规定的期限和要求，向本级政府财政部门报送本部门及其所属各单位的预算收支情况等报表和文字说明材料。

各级国库应当及时向本级政府财政部门编报预算收入入库、解库、库款拨付以及库款余额情况的日报、旬报、月报和年报。

拓展训练

中央部门预算执行审计情况（摘）

2022年11月至2023年2月，审计署重点审计了41个部门及所属188家单位2022年收到的财政预算拨款2 285.59亿元，并对相关事项进行了延伸，发现各类问题金额109.85亿元。从主体看，部门本级23.64亿元，所属单位86.21亿元；从性质看，管理不规范问题87.35亿元，违纪违规问题22.5亿元。结果表明，通过连续20多年的预算执行审计，部门本级预算执行总体相对规范，但所属单位仍问题多发，是今后一个时期部门预算执行审计的重点。

（一）利用部门职权或行业资源违规牟利、收费或转嫁摊派6.19亿元。29家所属单位通过将依政策获取的业务转包、利用特许经营权与外部企业合作、出借资质证书帮助其他单位承揽业务等方式违规牟利或收费5.58亿元；3个部门和7家所属单位违规举办评比表彰或论坛庆典、利用部门影响力等收费或转嫁摊派3 176.51万元；5家所属单位违规举办培训班、合作办学或远程教育等收费2 937.23万元。

（二）依法理财依规决策意识不强。13家所属单位将培训费、资产处置收入等4.36亿元长期账外存放或核算形成"小金库"，2个部门和8家所属单位以虚列支出等方式套取资金8 079.67万元，其中471.85万元被用于吃喝、送礼等或涉嫌个人侵占。3个部门和29家所属单位铺张浪费，有的多花费2 700多万元租用办公场所致人均办公面积达137平方米；有的超合同进度年底突击花钱8 458.07万元。17家所属单位违反行业规定等开展业务或违规决策，造成损失（风险）4.31亿元。25家所属单位违规发放津补贴或承担应由个人支付的商业保险等费用8 795.66万元。5家所属单位100名领导干部违规持股或兼职取酬 3 578.39 万元。

（三）公务用车管理制度落实还需加强。2 个部门和 3 家所属单位无偿占用、换用下级单位公车或违规出借 23 辆；2 个部门和 9 家所属单位超编制、超标准配备公车 36 辆；34 家单位仍未完成公车改革，涉及公车 55 辆。

资料来源：审计署网站.国务院关于 2022 年度中央预算执行和其他财政收支的审计工作报告[EB/OL].[2023-06-26]. https://www.audit.gov.cn.

案例分析题

1. 政府审计部门在预算执行中有哪些职责？
2. 如何更好发挥政府审计部门在预算执行中的监督作用？

本章复习思考题

1. 简述政府预算执行的任务。
2. 试述政府预算执行的组织体系。
3. 简述政府预算收入缴库方式。
4. 简述预算收入划分和报解的基本要求。
5. 简述预算支出执行的基本要求。
6. 简述政府预算拨款的原则。
7. 试述政府预算支出的支付方式。
8. 试述政府预算调整的方法。
9. 简述预算执行检查分析的主要内容。

二维码6-1：自测自评　　二维码6-2：参考PPT

第七章　国库管理制度

◎ 知识要点

国库管理制度构成现代预算管理制度的重要内容。通过本章学习,要掌握国库管理制度的基本理论,正确认识现代财政国库管理制度的理论基础与基本内容,掌握财政国库管理制度改革的主要内容及完善的方向。

◎ 课程思政

结合预算法等,准确把握国库管理的法律法规,培养法治精神;结合案例,把握财政国库制度改革的历程与成就,培养创新意识,坚定制度自信。

◎ 本章结构图

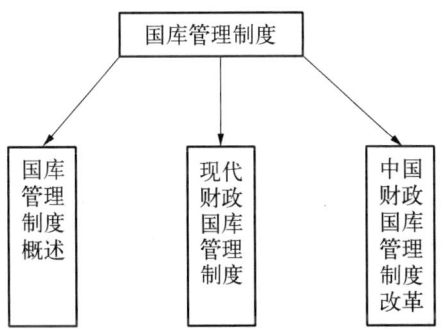

◎ 关键词

国库　国库管理体制　独立国库制　委托国库制　国库集中收付制度　国库单一账户　财政直接支付　财政授权支付

第一节　国库管理制度概述

预算在进入执行环节后,每一项收支都要经过国库,因此国库及其管理制度对预算的执行起着非常重要的作用。国库伴随国家的产生而产生,随着政府职能的逐步加强而不断完善。财政国库作为各级政府预算资金的收纳和库款拨付的唯一机构,在不同时期,其含义和职能也有很大差别。

一、国库的一般理解

(一) 国库的含义

1. 狭义国库

国库是国家金库的简称,是专门负责办理国家预算资金收纳和支出的机构。国家全部预算收入都要纳入国库,一切预算支出都由国库进行拨付。这是对国库的传统理解,其职能也比较狭窄,国库活动相对被动。

2. 广义国库[①]

按照国际货币基金组织的定义,国库不单是指国家金库,更重要的是指代表政府控制预算的执行、保管政府资产和负债的一系列管理职能。现代意义上的国家金库已不再仅仅是政府资金的托管者,而是一个主动的政府现金和财务的管理者,并在此基础上凭借全面及时的信息优势,成为对政府财政收支活动进行全方位管理的管理机构。该定义下对应的是国库广义的财政管理职能,主要包括:现金管理、政府银行账户管理、财务规划、现金流量预测、公共债务管理、国外捐赠和国际援助管理、基金、金融资产管理等。

狭义国库与广义国库的区别:

(1) 内涵区别:狭义国库是指实现预算收支的专门管理机构;广义国库是指代表政府管理财政的一系列活动。

(2) 职能区别:狭义国库明确指出国库的职能是负责办理预算资金收付,这是国库核心职能;广义国库是一个系统概念,其职能在核心职能上大大拓宽和延伸。

(3) 国库机构区别:狭义国库的主要机构是预算实现部门和预算执行部门,即财政部门下负责财政支出的机构和中央银行下的国库机构;广义国库的主要机构有议会、财政部门的预算机构、税务部门、具体办理支付部门、中央银行、事后监督的审计部门等,是一个由多机构构成的财政体系。这种体系说明现代国库职能更丰富,国库关系更复杂。

3. 我国国库

2020 年国务院修订实施的《中华人民共和国预算法实施条例》规定,国库是办理预算收入的收纳、划分、留解、退付和库款支拨的专门机构。国库分为中央国库和地方国

[①] 中国人民银行国库局,等. 国库改革与发展[M]. 北京:中国金融出版社,2007.

库。这是行政法规意义上的定义，也是关于我国国库的权威定义。

从政府的角度，国家金库的概念也在调整。现在国家金库是1985年7月国务院《中华人民共和国国家金库条例》后，为和国际惯例接轨而修改的名称，简称国库。而之前使用的是1950年政务院《中央金库条例》中使用的概念，一直称为金库。而且《中央金库条例》指出"各级金库均由中国人民银行代理"，2020年国务院修订的《中华人民共和国国家金库条例》规定，国家金库（简称"国库"）负责办理国家预算资金的收入和支出，"中国人民银行具体经理国库"，这反映随着国库概念的变化，国库职能也在变化。

(二) 国库与国家、财政的关系

从国库与国家的关系看，一方面，国库是与国家相伴而生的。国库是社会生产力发展到一定阶段，伴随国家、财政的出现而产生的。国家产生后，需要通过收支来参与一部分社会产品分配。这样就需要有专门的机构和专门的人员和制度来管理国家征收的各种收入和支出以后剩余的金、银、贵重物品和其他实物，具体承办这些事务的机构就是国库的雏形。另一方面，国库是国家赖以生存的管理工具。古今中外任何一个国家，都需要建立一个机构健全、管理有效的国库来承办收支，国库是国家的重要管理工具。

从国库与财政的关系看，国库与财政共同服务于政府预算收支与管理，而存在许多必然联系和共同点，如根本目的一致，核算内容相同等。财政通过筹集资金、供应资金，来满足社会公共需要。而国库通过办理预算收支业务，来最大限度地满足社会公共需要。可见两者根本目的一致。

但两者也有很大区别：

(1) 充当角色不同。完成国家预算管理工作至少涉及两个部门：一个是管账的部门，即传统意义上的"会计"；另一个是管钱的部门，即传统意义上的"出纳"。上述两个部门的职能分别由财政和国库行使，两者相互配合、协作，又相互监督、制约。

(2) 职责性质不同。国库是负责办理国家预算收支的机构，行使国家资金的保管和出纳职责，成为国家和各级政府的"钱袋子"；财政是负责管理国家预算收支的部门，是国家和各级政府的"管家"。

(3) 发挥作用不同。国库主要是在预算收支中发挥财政管理、收支核算、预算执行和监督促进等作用。财政主要是筹集资金、制定预算、执行预算、合理分配财政资金、对财政分配活动全面监督管理、制定和实施最佳财政政策等。

(4) 管理环节不同。国库在预算管理中处于中间环节，也是财政政策和货币政策的接合部，在两者间起到桥梁和纽带作用。财政则是负责预算等编制、执行、监督等全面工作，要对各级政府预算进行全面平衡与协调。

正是由于国库与财政既联系又区别，使国库与财政之间既要配合又要协调，从而使两者关系在不同时期表现出不同特点。尤其在公共财政时期，国库制度的构建一定要体现公共财政的特点和要求。

二、国库的职能

从理论上分析,随着政府职能的变化,财政职能的不断强化,国库职能也在不断丰富和发展,其职能逐步由单一的执行和保管出纳职能演变为集保管出纳、协调促进、监督管理、信息反映分析为一体的综合职能,并在协调财政政策和货币政策中发挥重要作用[①]。

(1) 预算执行职能。这是国库的基本职能,即及时准确地办理预算收支的各项业务。包括收入的收纳、划分、留解、入库,所有的预算支出和收入退付等。

(2) 协调促进职能。在国库协助财政、税务等机关组织预算收入、库款支拨和收入退还等业务中都能体现国库的协调促进职能。

(3) 监督管理职能。主要体现在临柜监督上,即国库在办理预算收支过程中,通过临柜严格审核相关凭证和资料,及时发现问题,从而保证国家《预算法》《中华人民共和国预算法实施条例》《中华人民共和国国家金库条例》等法律法规得到严格执行和预算资金的完整与安全。

(4) 信息反映职能。国库不仅是政府和财政的资金库,更是政府、财政、央行等有关方面的信息库。国库核算的数据信息具有及时、完整、真实、准确等特点,这有利于正确认识财政经济运行的态势,可以为政府决策提供可靠、准确的信息和参考。同时,通过预算管理一体化、国库智能化,整合国库系统数据,能有效让大数据赋能数字财政、数字国库建设。

由于经济发展的阶段不同,经济管理体制和财政管理体制不同,国库所承担的任务不同,这决定了不同国家国库的职能也会有所差别。《中华人民共和国国家金库条例》第10条规定我国国库的基本职责包括:①办理国家预算收入的收纳、划分和留解;②办理国家预算支出的拨付;③向上级国库和同级财政机关反映预算收支执行情况;④协助财政、税务机关督促企业和其他有经济收入的单位及时向国家缴纳应缴款项,对于屡催不缴的,应依照税法协助扣收入库;⑤组织管理和检查指导下级国库的工作;⑥办理国家交办的同国库有关的其他工作。

上述分析表明,我国国库的职能还比较传统单一,随着现代国库制度的建立,国库的职能会进一步丰富。

三、国库管理体制与组织体系

(一) 国库管理体制种类

国库管理体制是指国家组织、管理国库运行的体制,是国库运行及发挥其职能的制度安排。包括国家授权办理预算收支业务的机关选定,该机关内国库工作机构的设立安排,及国库与政府、财政等部门之间的分工等。

根据办理国家预算资金收纳和支拨机构设置的不同,世界各国的国库体制可分两种类型:

---

① 中国人民银行国库局.国库理论与实务[M].北京:中国金融出版社,2008.

(1) 独立国库制。独立国库制是国家成立专门机构办理预算资金收纳和支拨工作。它又可分两种：一是在财政部门外另设国库机构；二是在财政部门内设立国库机构。独立国库制使国家财力高度集中，有利于严格控制和监督各项预算收支，保证国库的各项职能得以实现。其缺点是运行成本较高，不利于提高资金利用效率。实行独立国库制的国家较少。

(2) 委托国库制。委托国库制是国家不单独设立国库机构，而是委托银行——通常是中央银行经理或代理国库业务，如国家预算资金的收纳、保管和支拨。委托国库制的优点是利用银行运作，降低业务成本。缺点是管理难度大，国库业务在被委托银行是一个业务部门，不受重视。世界大多数国家都采用委托国库制，如美国、英国、法国、德国、日本、韩国、俄国等。

在美国这两种体制都实施过，从其演变可以看到不同体制具有不同特点和实施的历史条件：

(1) 1791—1840年的委托国库制。1789年美国财政部建立。1791—1833年分别由美国第一银行、第二银行等商业银行代理联邦国库，代理政府发行债券、收缴税款、存储财政收入和拨付财政支出等业务。这一时期，由于美国没有设立中央银行，使政府直接与各商业银行发生联系。实践中，通过商业银行实现国库资金的收缴与拨付，具有快捷、便利、成本低等优点。但财政收支、政府债券的买卖等行为一定程度上对货币市场产生不利影响。更为严重的是，将公共资金存储于各商业银行，大大助长了商业银行的扩张倾向。且商业银行经营风险高，其逐利性，很难使其公平、公正地行使国库职能。

(2) 1840—1914年的独立国库制。1837年，纽约发生了金融恐慌，导致大批银行倒闭，国库为此蒙受重大损失，促使联邦政府于1840年实行独立国库制度，自行设库管理财政收支。1846年的《独立国库法》明确规定，联邦政府彻底与银行体系隔离，不得将财政收入存储于任何银行，必须使用黄金等硬币处理一切财政收支，所有银行券不得用于财政收支。实践证明独立国库制成本很高，国库很难脱离银行而单独发挥作用，反而为财政越俎代庖中央银行职能提供了便利。

(3) 1914年至今的委托国库制。1913年，美国联邦储备体系的建立，是美国中央银行办理国库业务的新开端，同年，《联邦储备法》授权联邦储备体系代理财政筹集、保存、转移、支付国库资金，为政府保管资金并代理财政收支，代理发行政府债券，代理黄金、外汇交易。财政资金存放在中央银行体系中，有利于货币政策管理，且不需要另设一套独立的国家金库系统，节省人力、物力和财力，有利于精简机构。实践证明联邦储备体系为美财政部提供了较为满意的财政代理人。

美国国库的制度变迁表明：财政与金融既不能彻底隔离，也不可亲密无间。在财政与金融之间建立完善、协调的关系，国库作为重要桥梁具有不可替代的作用。委托中央银行代理国库逐渐成为国库的基本制度形式。

世界各国普遍采用委托国库制，其中心要义是：国库不能由财政自己管理，或置于财政部门的直接管辖之下，而是要由国家依法授权某个与它地位对等的部门如中央银行经理，其核心在于要切实加强部门间的监督和制衡，确保国库运行的稳健、安全、高效。

（二）我国的国库管理体制

我国的国库管理体制是委托国库制，即由国家依据法律和行政法规的规定，委托中国人民银行及其分支机构经理国库，就是中央银行经理国库。中央国库业务由中国人民银行经理。未设中国人民银行分支机构的地区，由中国人民银行商财政部后，委托有关银行业金融机构办理。地方国库业务由中国人民银行分支机构经理。未设中国人民银行分支机构的地区，由上级中国人民银行分支机构商有关地方政府财政部门后，委托有关银行业金融机构办理。具备条件的乡、民族乡、镇，应当设立国库。具体条件和标准由省、自治区、直辖市政府财政部门确定。这一体制由《中华人民共和国预算法》《中国人民银行法》《中华人民共和国国家金库条例》决定。《中华人民共和国预算法》规定："中央国库业务由中国人民银行经理，地方国库业务依照国务院的有关规定办理。各级国库必须按照国家有关规定，及时准确地办理预算收入的收纳、划分、留解、退付和预算支出的拨付。"《中华人民共和国国家金库条例》第3条规定："中国人民银行具体经理国库。组织管理国库工作是人民银行的一项重要职责。"

中央银行经理国库业务是其履行政府银行职能的具体体现，中央银行经理国库收缴方便，调拨灵活，资金安全，数字准确，有利于中央银行的宏观调控，有利于发挥银行的监督作用。

新中国建立后，我国国库管理经历了从人民银行代理国库到人民银行经理国库的发展历程，国库机构逐步健全、制度日益完善、电子化水平不断提高、职能不断扩充。国库管理体制的发展是同我国经济发展和经济体制改革紧密联系，建立后，其演变主要可分四个阶段：集中统一国库制（1953—1957年），分级管理国库制（1958—1977年），四级国库制（1978—1984年），委托经理制（1985年至今）。尽管不同时期，我国的国库管理体制在不断变化，但基本保持了委托国库制。

（三）我国国库的组织体系

我国国库的组织体系是由国库体系和国库工作机构体系组成。

按照《中华人民共和国国家金库条例》规定，国库机构按照国家财政管理体制设立，原则上一级财政设立一级国库。中央设立总库；省、自治区、直辖市设立分库；省辖市、自治州设立中心支库；县和相当于县的市、区设立支库。支库以下经收处的业务，由商业银行的基层机构代理。

1. 我国的国库体系

我国的国库体系由五级国库组成：总库、分库、中心支库、支库和乡镇国库。国库随行政机构变化而变化，除总库1个不变，其他各级国库数量都可能发生变化。

对应于中央财政和地方财政的划分，国库也分为中央国库和地方国库。除总库外，其他各级国库都是双重身份，既是地方国库，又是中央国库，是中央国库在地方的分支机构。中央国库对应于中央财政，为中央财政服务；地方国库对应于地方财政，为同级地方政府、财政服务。

2. 我国的国库工作机构体系

我国的国库工作机构体系是指中国人民银行为经理国库而按国务院的要求设立的国库工作机构所构成的体系。国库工作机构设在中国人民银行。其中，总行设立国库局，经理总库业务；上海总部、分行、营业管理部、省会城市中心支行,大连市、青岛市、宁波市、厦门市、深圳市等副省级城市中心支行设立国库处,经理分库业务；地（市）中心支行设立国库科,经理中心支库业务；县（市、区）支行设立国库股,经理支库业务(部分支行也经理乡镇国库)；商业银行和信用社代理个别中心国库、部分支库和乡镇国库。如图 7-1 所示。

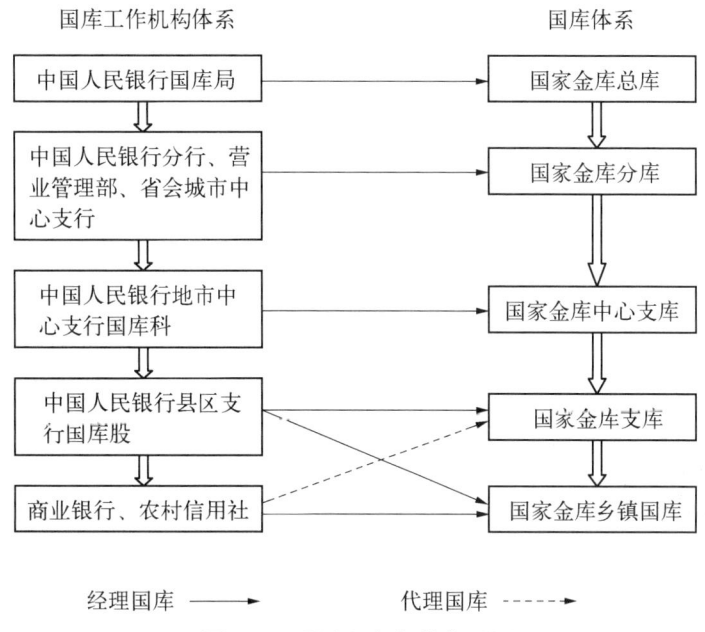

图 7-1　国库组织机构体系图

根据 2023 年中共中央、国务院印发的《党和国家机构改革方案》,提出统筹推进中国人民银行分支机构改革,撤销中国人民银行大区分行及分行营业管理部、总行直属营业管理部和省会城市中心支行,在 31 个省(自治区、直辖市)设立省级分行,在深圳、大连、宁波、青岛、厦门设立计划单列市分行。中国人民银行北京分行保留中国人民银行营业管理部牌子,中国人民银行上海分行与中国人民银行上海总部合署办公。

不再保留中国人民银行县(市)支行,相关职能上收至中国人民银行地(市)中心支行。根据改革方案要求,各地原区县级人民银行国库业务纷纷并入市级支行办理。

第二节　现代财政国库管理制度

一、现代财政国库管理制度的理论基础[①]

建立现代财政国库管理制度,是财政管理制度上的一次重大创新。研究这一制度

---

① 翟钢.现代国库制度研究[M].北京：中国宇航出版社,2006.

创新的理论基础,有助于我们更好地理解现代财政国库管理制度,更好地推进改革工作。结合当代经济学研究的最新研究成果,建立现代财政国库管理制度主要有五大理论基础:公共选择理论、公共财政理论、委托-代理理论、博弈理论、制度变迁理论。

(一) 公共选择理论

公共选择理论是一门介于经济学和政治学之间的交叉学科,是对非市场决策的经济学研究或是把经济学运用于政治科学的分析的一种理论。公共选择机制本质上是一种把国家和社会中的个别成员的偏好转换成社会决策或政府公共选择的机制,这种机制在多大程度上显示个人的真实偏好,直接影响决策的效果和资源配置的效率。财政及国库的决策是典型的公共选择。国库制度的改革必须要充分了解人民的偏好,反映人民的意愿,满足公共需求。建立国库单一账户,推行国库集中收付正是公共选择的结果。

(二) 公共财政理论

公共财政是国家或政府为市场提供公共服务的分配活动或经济活动,是与市场经济相适应的财政类型。公共财政理论是建立现代财政国库管理制度的基础性理论,我国财政改革的重要目标,就是要建立社会主义公共财政。根据公共财政理论,建立健全公共财政的管理框架,重点是要推进预算管理制度建设。财政国库管理制度是预算管理制度的重要组成部分,深化与完善现代财政国库管理制度,也是社会主义市场经济条件下建立公共财政管理框架的重要内容。按照公共财政的要求,我国现代财政国库管理制度改革框架已基本确立,但距离理想目标还有相当大的差距,还需要进一步深化改革。

(三) 委托-代理理论

现代财政国库管理改革,也是委托-代理理论以及信息不对称理论在经济活动实践中的新发展。经济学中,处于信息优势的一方称为代理人,处于信息劣势的一方称为委托人。根据经济学假设,委托人和代理人各自有其独立的经济利益。在经济活动中,委托人、代理人都以其自身利益最大化为目标。在信息对称下,即使委托人与代理人目标不一致,代理人行为仍会被觉察,不会产生目标背离。当存在信息不对称时,就会产生道德风险,造成目标背离。为减少这种目标背离,就需要设计一种合理、科学的机制,使代理人在实现自身利益最大化的同时,也实现委托人利益的最大化,现代财政国库制度就是一种很好的制度设计。实际上,在现代国库制度中,从选民到政府、再到各个公共部门,从财政部门到银行、预算单位,从中央到地方,这些关系中都存在委托-代理关系。财政国库部门代表政府履行受托责任,涉及多方面的委托-代理关系,委托-代理理论就成为现代财政国库制度改革的理论基础。

(四) 博弈理论

博弈论是研究决策主体(个人或单位)的行为发生直接相互作用时候的决策,以及这种决策的均衡问题的理论。也就是说,当一个主体的选择受到其他主体选择的影响,而且反过来影响其他主体选择时的决策问题和均衡问题。所以,博弈论又可称为对策论。博弈理论在现实生活中广泛存在,国家与国家之间,中央政府与地方政府之间,企业与企业之间,乃至夫妻之间,都存在博弈关系。在财政预算执行管理方面,财政部门与预算单位之间也存在博弈关系。预算单位强调预算支出要满足实际需要,希望自由、灵活地使用预算经费;财政部门要求预算支出要符合规定,要按照批准的预算和相关制度规定支出预算经费。这就产生了相互博弈关系。博弈结果形成了新的财政资金运行机制:财政部门通过对用款计划和资金拨付的审核及监控,虽然增加了审核监控成本,但保证了预算单位按预算和规定使用预算经费;预算单位按财政部门要求使用预算经费,虽然不能自由、灵活地支配预算资金,但可以方便、快捷地使用预算资金,满足工作需要。通过博弈实现双方利益的均衡,即实现所谓的"纳什均衡"。财政部门与预算单位及其他相关单位的不断博弈过程,也就是矛盾不断产生又不断解决的过程,推进了制度的创新和完善,最终实现双方利益的最大化。从这个角度看,现代国库管理制度可以理解为预算管理中多方博弈的结果。

(五) 制度变迁理论

新制度经济学中的制度变迁理论,是研究导致一项制度发生改变或创新的制度均衡原因以及变迁路径问题。制度变迁有诱致性制度变迁和强制性制度变迁两种。诱致性制度变迁指的是各主体响应因制度不均衡引致的获利机会而进行的自发变迁,强制性制度变迁指的是来自政府高层统一法令、强制要求而引起的制度变迁。诱致性制度变迁的动机源于主体间的一致同意原则和经济原则,是制度变迁中富有效率的方式之一,但通过这一制度变迁方式实现改革目标,则会耗时长,进展慢。强制性制度变迁,其优势在于能通过政府强制力,在最短时间内快速推进制度变迁,降低制度变迁成本。

与传统的国库制度相比,建立现代国库制度是一次制度上的创新,从我国财政国库管理制度改革看,应该是强制性和诱致性制度变迁的有机结合。但是应该注意,任何制度变迁都存在成本,在国库制度创新过程中不仅要注意制度成本分担问题,还要注意协调与其他制度改革的配套问题。

二、现代财政国库管理制度的定位

现代财政国库管理制度,是市场经济国家财政国库管理的基本制度,也是我国财政国库管理制度改革的目标取向。它是建立以国库单一账户为基础,资金缴拨以国库集中收付为主要方式的财政资金管理制度。

现代财政国库管理制度是基于现代财政国库的职能定位。目前国际上对国库职能的定位,一般采用国际货币基金组织(IMF)的定义,即国库不单是指国家金库,更重要的是指财政代表政府控制预算执行,保管政府资产和负债的一系列管理职能。国际货币基金组织的这一定义,从本质上将现代财政国库管理制度与传统意义上的国库区别开来,赋予了现代国库管理更为丰富的内涵[①]。主要体现为:第一,财政国库是财政部门受政府委托、代表政府履行职能的一种体现;第二,财政国库不是简单意义上的国库资金收支操作,而是一系列管理职能的集中体现;第三,财政国库重在控制预算执行,要保证财政资金收支严格按照部门预算规定执行;第四,财政部门要对政府资产和负债实施管理,要提高政府资产和负债的管理效率。上述财政国库职能定位,代表着当前各国

---

① 詹静涛.现代财政国库管理制度理论与实践[J].经济活页文选,2005(9).

现代财政国库管理的发展方向,也是丰富与完善现代财政国库职能的基础。

现代财政国库管理制度是国库实践长期探索的结果。从国际经验来看,市场经济国家在国库管理方面进行了长期的探索,逐步形成先进的现代国库制度。财政国库管理制度发展大体有三个阶段:第一是分散设置账户阶段。即财政资金通过征收单位和预算单位层层设置账户,分散收缴和拨付。第二是实行国库单一账户制度阶段。这项制度要求所有政府性资金都必须缴入国库单一账户体系才能进行支付,实现一级政府的收支只有一本账,不允许有游离于国库单一账户体系外的政府性资金。这种制度最早产生于英国,已有 200 多年的历史。在国库单一账户体系下,对政府性资金既可实行分散支付,也可实行集中支付。第三是集中收付阶段。以国库单一账户体系为基础,收入通过国库单一账户直接缴入国库,支出通过国库单一账户体系直接支付到商品和劳务供应者或最终用款单位,征收单位不设立过渡性存款账户。这项制度在市场经济国家已有多年历史,很多发展中国家从 20 世纪 60 年代以来,逐步实行了这项制度,它体现了市场经济、现代公共财政对财政国库制度的要求。

与传统的国库管理制度相比,现代财政国库管理制度具备三大基本特征,即:效益、透明、监控。

效益是指提高财政资金效益和运行效率。主要体现在三个方面:一是通过制度设计,简化资金收付流程,减少资金收付中间环节,提高财政资金入库效率和支付效率;二是通过高效管理国库现金流量,使国库资金保值增值,提高国库资金使用效益;三是通过国库资金调度与短期政府债发行的有机结合,降低政府债筹资成本,提高政府债发行效益。传统体制下,我国对财政资金效益重视不够,账户分散重复设置而且资金分散、层层支付,导致财政资金使用效益不高、运转效率低下,必须要进行现代财政国库管理制度改革。

透明就是通过国库活动使政府财政收支活动向纳税人、社会公众透明,不断提高透明度。政府是受全体纳税人委托管理政府资产和资源,因此政府有责任向纳税人披露履行受托责任情况,包括政府资产负债等财务状况、政府运营情况和宏观经济运行情况。一是财政部门在预算执行上程序透明;二是预算部门及预算单位资金支付使用过程透明;三是预算执行对社会公众透明,增强社会公众对政府活动的监督。

监控是指对预算执行进行监督和控制。通过制度设计和利用现代信息网络系统,对所有财政资金的收付活动进行动态监控,对违规或不规范操作进行及时核查处理,强化预算执行,保证财政资金支付使用的安全性、规范性和有效性。现代财政国库管理制度下,一般都要建立预算执行的动态监控系统,财政部门可以实时监控到每一笔财政资金的具体活动情况。系统不仅能够实时提供预算活动动态信息,而且能对违规或不规范活动进行预警,及时发现疑点和问题,重大问题立即核查,能够在较短的时间内纠正或解决。

三、现代财政国库管理制度的主要内容

现代财政国库管理制度是以国库单一账户为基础,资金缴拨以国库集中收付为主要方式的财政资金管理制度,主要包括国库集中收付制度、政府采购制度、国库现金管

理制度、政府债务管理制度等几个组成部分。

（一）国库集中收付制度

国库集中收付制度是市场经济国家普遍采用的国库管理制度，是现代财政国库管理制度的核心基础。它指的是对财政资金实行集中收缴和支付的制度，其核心是通过国库单一账户对国库资金进行集中管理。这项制度起源于英国，在西方发达市场经济国家经过几十年甚至上百年的探索，逐渐形成并发展成一套行之有效的现代国库管理制度，并成为国际的通行做法。其主要有三个基本特征：一是财政部门统一开设国库单一账户（即国库），预算单位不再设立银行账户，所有财政资金收付活动都要通过国库单一账户办理。二是财政资金收付方式规范。税收和非税收入通过银行系统及时缴入国库单一账户；财政资金支出由国库支付给商品和劳务供应者或用款单位。财政资金余额只保存在国库单一账户。三是实现财政收支实时动态监控。《预算法》第61条规定："国家实行国库集中收缴和集中支付制度，对政府全部收入和支出实行国库集中收付管理。"

（二）政府采购制度

政府采购制度是市场经济国家管理政府公共支出的有效手段，是指以各级政府及其所属机构，为开展日常政务活动或为满足社会公共需要，运用财政资金按照国家法律、法规及相关政策规定及相关程序和方式采购工程、货物和服务的行为。政府采购制度则是对政府采购行为的制度化和规范化，是为规范政府采购行业而制定的一系列法律、法规、规章和办法的总称。对政府采购实行国库集中收付，可以有效提高政府采购的规范化、科学化和透明度。

（三）政府债务管理制度

政府债务包括中央政府债务和地方政府债务，政府债务管理制度是以政府借贷方式，集中部分社会资金支持经济发展，并实现宏观经济政策目标的有效手段。政府债务管理包括债务政策管理、现金流量管理、债务规模与结构管理、债务发行与利率管理等。政府债务管理也是实现财政政策与货币政策的有效结合的重要途径。近年来随着我国地方政府债务的发行，强化对地方政府债务的管理，避免出现债务危机，这是国库管理制度建设应该考虑的重要问题。

（四）国库现金管理制度

国库现金管理是指按照安全性、流动性、收益性的原则，充分协调财政政策与货币政策目标，有效地管理财政部门内部和财政部门与其他部门之间涉及短期国库现金流和现金头寸的一系列管理活动[①]。国库现金管理就是在确保国库资金安全完整和财政支出需要的前提下，对国库现金进行有效的运作管理，实现国库闲置现金余额最小化、投资收益最大化的一系列财政资金管理活动。国库现金管理的操作方式包括商业银行定期存款、买回国债、国债回购和逆回购等。在国库现金管理初期，主要实施商业银行定期存款和买回国债两种操作方式。

另外，现代财政国库管理制度构建还要重视国库管理信息系统建设，这是现代财政

[①] 财政部国库司.国库现金管理基础与实务[M].北京：经济科学出版社，2007.

国库管理制度有效运行的重要技术保障,也是国库管理不可或缺的组成部分;不断完善总预算会计制度和行政单位会计制度,加大政府会计改革步伐,提升国库管理的综合性。

第三节　中国财政国库管理制度改革

一、财政国库管理制度改革背景

(一) 财政国库管理制度改革是建立公共财政的客观需要

财政国库管理制度是整个财政管理的有机组成部分,是预算执行的制度性保障。建立以国库单一账户体系为基础、资金缴拨以国库集中收付为主要形式的财政国库管理制度,是理财观念和方式的一场"财政革命",也是公共财政体制下通行的做法。改革传统的财政国库管理制度,从根本上来说,是建设社会主义市场经济体制下公共财政的客观要求。计划经济体制延续下来的,以征收机关和预算单位设立多重存款账户为基础的分级分散收付制度,很难适应建立公共财政的要求。改革财政国库管理制度,实行国库集中收付制度,将从根本上改变现行财政性资金运转效率低、漏洞多的状况,实现财政收支管理的制度化、规范化、科学化,增强预算收支过程的透明度,提高财政资金运行效率和使用效益。

(二) 财政国库管理制度改革源于传统国库管理制度存在弊端

改革开放以来,我国财税体制进行了一系列改革,重点是调整收入分配关系,基本未对预算管理和国库管理制度进行大的调整。原来财政性资金的缴库和拨付主要是通过征收机关和预算单位设立多重账户分散进行。这种办法适应了一定时期的预算管理方式,发挥了当时应有的作用。随着社会主义市场经济体制下公共财政的建立和发展,这种在传统体制下形成的国库分散支付的模式显露的弊端越来越突出。一是重复和分散设置账户,导致财政收支活动透明度不高,大量预算外资金游离于预算管理外,不利于实施有效管理和全面监督。据有关资料统计,1999 年全国预算外资金收入达 3 385 亿元,其中有 907 亿元未缴入专户管理,截留、坐支应缴未缴财政专户资金的现象相当严重;二是财政收支信息反馈迟缓,难以及时为预算编制、执行分析和宏观调控提供可靠依据;三是收入执行中征管不严,退库不规范,财政收入流失问题时有发生;四是支出执行中资金分散拨付,相当规模的财政资金滞留在预算单位,难免出现截留、挤占、挪用等问题,既降低了资金使用效率,又容易诱发腐败现象。因此,以多头设置账户为基础,分散进行的资金缴拨方式,已经不适应新形势下加强预算管理的需要,也不适应国库集中收付制度的发展要求,必须从根本上进行改革。

(三) 实行国库管理制度改革是加强党风廉政建设的一项有效措施

党风廉政建设存在问题是多方面原因造成的,但其中一个重要原因,就是财政资金管理制度上的漏洞没有堵住,监督制约机制不健全。改革财政国库管理制度,实行国库集中收付制度,将从制度上、源头上解决多头开户、私设"小金库"等顽症,使所有政府性资金来源和使用全部纳入规范管理轨道,在公开、透明条件下运行,财政监督由通过单位财务报表进行事后监督,而变成事前、事中、事后的全过程监督,人大和社会各界对财政资金的流向、使用也可以进行更及时、更全面、更真实的了解和监督。因此,改革财政国库管理制度,实行国库集中收付,既是财政管理体制上的实质性的改革,也是加强党风廉政建设的一项重要措施。

二、财政国库管理制度改革的指导思想和原则

财政国库管理制度改革的目标是建立现代财政国库管理制度,国际上又称"国库单一账户制度"。从主要内容上看,现代财政国库管理制度是以国库单一账户为基础,资金缴拨以国库集中收付为主要方式的财政资金管理制度,主要包括:国库集中收付制度、政府采购制度、国债与现金管理制度几个组成部分。

财政国库管理制度改革的指导思想是:按照社会主义市场经济体制下公共财政的发展要求,借鉴国际通行做法和成功经验,结合我国具体国情,建立和完善以国库单一账户体系为基础、资金缴拨以国库集中收付为主要形式的财政国库管理制度,进一步加强财政监督,提高资金使用效益,更好地发挥财政在宏观调控中的作用。这一指导思想体现了多重含义:首先,财政国库管理制度改革要按照社会主义市场经济体制下公共财政的发展要求进行,要体现市场经济与公共财政的特征;其次,要借鉴国际通行做法和成功经验。现代财政国库管理制度在世界上有一套成功的做法,被证明行之有效,值得我们借鉴;再次,改革要结合我国具体国情,把国际通行做法与我国具体实践相结合;最后,改革要有利于发挥财政及国库的职能作用。

根据上述指导思想,财政国库管理制度改革遵循以下原则:

(1)有利于规范透明。合理确定财政部门、征收单位、预算单位、中国人民银行国库和代理银行的管理职责,不改变预算单位的资金使用权限,使所有财政性收支都按规范的程序在国库单一账户体系内运作。并要在规范的基础上,逐步提高预算执行的透明度。

(2)有利于管理监督。增强财政收支活动透明度,基本不变预算单位财务管理和会计核算权限,使收入缴库和支出拨付的整个过程都处于有效的监督管理之下。

(3)有利于方便用款。减少资金申请和拨付环节,使预算单位用款更加及时和便利。

(4)有利于提高效益。在保证财政资金安全的前提下,确保资金低成本运行,防患和化解资金损失风险,提高财政资金的整体效益。

三、财政国库管理制度改革进程[①]

(一)改革准备阶段(2000—2001年)

为适应社会主义市场经济发展需要和建立公共财政框架体系要求,2000年6月,财政部国库司成立,标志着我国国库管理模式与国际通行做法正式接轨,为我国推行国

---

① 谢旭人.中国财政改革三十年[M].北京:中国财政经济出版社,2008.

库集中收付制度改革奠定了组织基础。设立国库司的主要任务之一是进行财政国库管理制度改革,建立国库集中收付制度。2000年8月,财政部向国务院呈报了《关于实行国库集中收付制度改革的报告》,详细汇报了建立现代财政国库管理制度的必要性和基本构想。根据国务院领导指示,中央财政从2000年10月起,对山东、湖北、河南和四川省的44个中央直属粮库建设资金实行财政直接拨付。2001年1月起,又对黑龙江、江苏、海南、云南、山西省和新疆维吾尔自治区的车辆购置税交通专项资金实行财政直接拨付到建设项目或用款单位。在此期间,地方财政部门也积极进行了国库管理制度改革试点,包括实行财政供养人员工资由财政统一发放、对基本建设投资、政府采购支出等大额支出实行财政直接支付。这些工作的开展,标志着财政国库管理制度改革开始起步。

(二) 改革试点阶段(2001—2005年)

2001年3月,国务院批准了《财政国库管理制度改革方案》,我国财政国库管理制度改革正式开始实施。改革的基本目标是改革传统的财政资金银行账户管理体系和资金缴拨方式,建立国库单一账户体系为基础、资金缴拨以国库集中收付为主要形式的现代财政国库管理制度。改革的主要做法是,建立国库单一账户体系基础上的国库集中收付运行机制,收入收缴的资金及时进入国库单一账户或财政专户,财政资金支付按照规范程序,支付到供货商或最终收款单位,取消支付中间环节,使财政资金在未支付到收款人之前一直保存在国库。为了保证试点工作顺利进行,财政部、中国人民银行制定发布了《中央财政国库管理制度改革试点资金支付管理办法》,并选择水利部、科技部、财政部、国务院法制办公室、中国科学院、国家自然科学基金会等部门作为第一批试点单位。2001年8月,新成立不久的财政部国库支付中心拨出了改革试点的第一笔资金,标志着改革进入实质性操作阶段。

2002年,实行国库集中支付改革的中央部门增加到38个。同年,财政部、中国人民银行联合制定发布了《预算外资金收入收缴管理制度改革方案》和《中央预算单位预算外资金收入收缴管理改革试点办法》,启动了收入收缴制度改革,并分两批对15个中央部门实施了收入收缴改革。

各地也积极推进国库集中收付改革。四川、安徽两省于2001年11月在全国率先进行了国库集中支付改革试点后,2002年全国已有十几个省份进行了集中支付改革试点试验,有十几个省份进行了收入收缴改革试点试验。为顺利推进改革,财政部与中国人民银行联合发布了《国库存款计付利息管理暂行办法》,开始实行国库存款计息,这是新中国成立以来财政资金首次按照货币市场化计价。

2003年,改革又向前迈出了一大步,中央实施国库集中支付改革的部门增加到80个,收入收缴改革试点范围也不断扩大。在大力推动中央部门进行改革的同时,财政部也努力推进地方国库管理制度改革。2003年7月财政部发布《财政部关于深化地方财政国库管理制度改革有关问题的意见》,要求地方于2005年全面推行财政国库管理制度改革。

2004年,中央实施国库集中支付改革的部门达到140个。为进一步提高支付效率,财政部对国库司、国库支付中心机构职能进行了整合,按照资金管理规范、安全、有效的原则,设计了一条尽可能短的资金拨付流水线,极大优化了支付流程。

截至2005年年底,所有160多个中央部门均实施了国库集中支付改革,70多个有非税收入的中央部门全部纳入非税收入收缴制度改革范围;36个省、直辖市、自治区和计划单列市也全面推行了国库集中支付改革,如期实现了国务院确定的"十五"期间全面推行改革的目标,基本形成了新型的预算执行管理运行机制。

(三) 改革深化阶段(2006—2007年)

在2005年国库集中收付制度改革全面推行的基础上,财政国库管理制度改革进一步向纵深发展。2006年,专项转移支付资金实行国库集中支付取得突破,率先对农村义务教育专项资金实行国库集中支付。

经国务院批准,2006年,我国开始实施中央国库现金管理,在确保国库现金支出需要的前提下,通过买回国债、商业银行定期存款和减少国债发行等方式,降低财政筹资成本,获得收益。

2007年,财税库银税收收入电子缴库横向联网工作正式启动。横向联网是指财政部门、税务机关、国库、商业银行利用信息网络技术办理税收收入征缴入库等业务,税款直接缴入国库,实现税款征缴信息共享的缴库模式,是我国税收征缴管理制度和信息共享机制的重大变革。同年,公务卡改革正式启动,利用"刷卡支付、消费有痕"的特点,使公务消费置于阳光之下。

(四) 改革升华阶段(2008—2011年)

2008年,财政国库管理制度改革继续深入推进。国库集中支付改革全面深化,专项转移支付资金国库集中支付范围不断扩大,绝大部分中央预算部门和地方绝大多数省级部门推行了公务卡改革试点,非税收入收缴管理改革顺利推进。

2009年、2010年,公务卡改革全面推行,不断完善国库集中支付运行机制,收入收缴运行机制,完善预算执行动态监控,着力推动建立覆盖各级财政的一体化预算执行动态监控机制。

2011年,全面深化国库集中支付改革,进一步扩大改革级次和范围,实现所有中央预算单位和所有一般预算、政府性基金和国有资本经营预算资金实行国库集中支付。

(五) 改革新征程(2012年至今)

党的十八大以来,以习近平新时代中国特色社会主义思想为指引,我国紧紧围绕建立现代国库制度,聚焦预算执行、政府采购、政府债券管理"一体两翼"基本框架,系统谋划、整体推进财政国库管理制度改革。经过十余年建设,服务保障、决策支撑、运营管理、风险防控"四型"国库建设取得积极进展。国库集中支付制度改革范围从2012年的52.71万个预算单位,到2019年底扩大到涵盖中央、省、市、县、乡五级的70余万个预算单位,占全部预算单位的99%左右;中央国库集中支付电子化逐步推开,全国36个省区市(含计划单列市)和新疆生产建设兵团、495个地市、3 397个区县已全部实施国库集中支付电子化管理;全国95%以上的预算单位实行了公务卡制度,累计发行公务卡超过2 500万张[①]。国库集中支付制度基本实现全覆盖。

---

① 财政部国库司. 十年笃行不息 蹄疾步稳走好财政国库管理制度改革新征程[J]. 中国财政,2022(21).

经过几个阶段的改革,我国的国库集中收付制度改革正是经历了由量变到质变这样一个发展过程,一个现代财政国库管理制度正在形成。尤其是新《预算法》确立了国库改革的法律地位,现代国库管理制度建设正在向更高层次、更高水平迈进。

四、财政国库管理制度改革主要内容

按照我国《财政国库管理制度改革方案》的安排,财政国库管理制度改革就是要建立国库单一账户体系,所有财政性资金都纳入国库单一账户体系管理,收入直接缴入国库或财政专户,支出通过国库单一账户体系支付到商品和劳务供应者或用款单位。按此目标,国库管理制度改革内容主要集中在三个方面:建立国库单一账户体系;规范收入收缴程序;规范支出拨付程序。

(一)建立国库单一账户体系

1. 国库单一账户

国库单一账户体系是实现国库集中收付制度改革的关键,也是改革的核心内容。国库单一账户是指将所有的政府资金集中于一家银行的账户,即财政部门在人民银行开设的国库存款账户,同时所有的财政支出均通过这一账户进行,取消各预算部门、预算单位及其他相关部门在商业银行开设的资金账户,各部门、各单位发生的支出,直接从国库单一账户支付给个人或商品供应商及劳务提供者。国库单一账户的设立,可以实现预算资金收付、使用、银行清算,直到资金达到商品或劳务提供者账户的全过程直接控制。

国库单一账户包括以下要点:①所有财政收入都要进入国库单一账户,所有财政支出都要通过国库单一账户总账户或分账户支付;②总账户或分账户应该由财政部门管理;③只有最终支付拨款时,资金才从国库单一账户流出;④国库单一账户的本质是实现对财政收支和现金余额的集中化管理和控制。

2. 我国国库单一账户体系的构成

在财政国库管理制度改革之初,按照改革方案,我国国库单一账户体系是由国库单一账户、财政部门零余额账户和预算单位零余额账户、预算外资金财政专户、小额现金账户、特设专户构成。

(1)国库单一账户由财政部门在中国人民银行开设,按收入和支出设置分类账,收入账按预算科目进行明细核算,支出账按资金使用性质设立分账册。该账户为国库存款账户,用于记录、核算和反映纳入预算管理的财政收入和支出活动,并用于与财政部门在商业银行开设的零余额账户进行清算,实现支付。

(2)财政部门的零余额账户是财政部门按资金使用性质在商业银行开设的零余额账户,用于财政直接支付和与国库单一账户支出清算;预算单位零余额账户是财政部门在商业银行为预算单位开设的账户,该账户用于财政授权支付和清算。财政部门和预算单位零余额账户与国库单一账户相互配合,构成财政资金收付的基本账户。

(3)预算外资金财政专户是财政部门在商业银行开设的财政专户,按收入和支出设置分类账。该专户,用于记录、核算和反映预算外资金的收入和支出活动,并用于预

算外资金日常收支清算。

（4）小额现金账户是财政部门在商业银行为预算单位开设的现金账户。该账户，用于记录、核算和反映预算单位的零星支出活动，并用于与国库单一账户清算。

（5）特设专户是经国务院和省级人民政府批准或授权财政部门开设的特殊过渡性专户。特设专户，用于记录、核算和反映预算单位的特殊专项支出活动，并用于与国库单一账户清算。

建立国库单一账户体系后，相应取消各类收入过渡性账户。预算单位的财政性资金逐步全部纳入国库单一账户管理。我国各地国库制度改革都建立起了国库单一账户体系，结构基本相同。以某省级国库单一账户体系为例，其结构如图 7-2 所示。

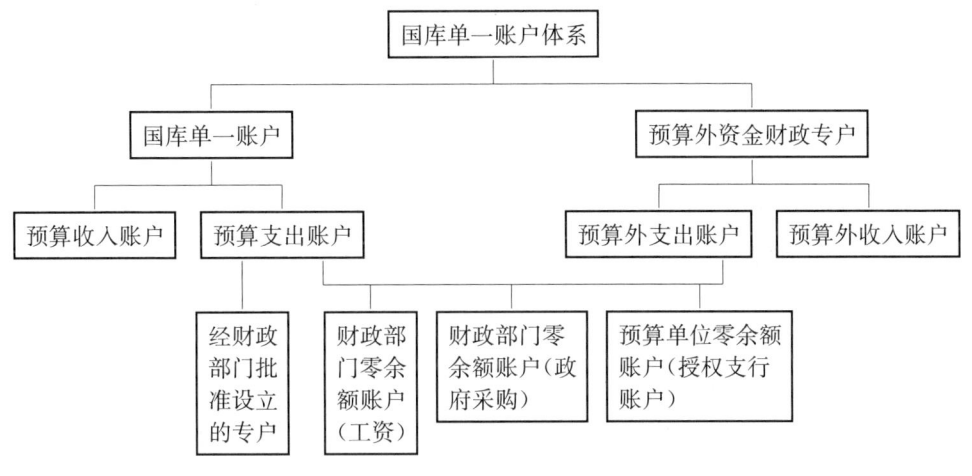

图 7-2　国库单一账户体系

伴随着我国预算体系的完善，现代国库制度的不断改革，目前，我国国库单一账户体系主要由国库单一账户、零余额账户、财政专户等账户构成。其中，零余额账户包括财政零余额账户、预算单位零余额账户。

按照《中华人民共和国预算法》第 56 条的规定，对于法律有明确规定或者经国务院批准的特定专用资金，可以依照国务院的规定设立财政专户。

《中华人民共和国预算管理条例》第 52 条规定，预算法第 56 条所称财政专户，是指财政部门为履行财政管理职能，根据法律规定或者经国务院批准开设的用于管理核算特定专用资金的银行结算账户；所称特定专用资金，包括法律规定可以设立财政专户的资金，外国政府和国际经济组织的贷款、赠款，按照规定存储的人民币以外的货币，财政部会同有关部门报国务院批准的其他特定专用资金。

开设、变更财政专户应当经财政部核准，撤销财政专户应当报财政部备案，中国人民银行应当加强对银行业金融机构开户的核准、管理和监督工作。

财政专户资金由本级政府财政部门管理。除法律另有规定外，未经本级政府财政部门同意，任何部门、单位和个人都无权冻结、动用财政专户资金。

财政专户资金应当由本级政府财政部门纳入统一的会计核算，并在预算执行情况、决算和政府综合财务报告中单独反映。

（二）规范收入收缴

1. 收入类型

按政府收支分类标准，对财政收入实行分类。政府预算收入包括税收收入、社会保险基金收入、非税收入、贷款转贷回收本金收入、债务收入和转移收入等六类。

2. 收缴方式

适应财政国库管理制度的改革要求，将财政收入的收缴分为直接缴库和集中汇缴。直接缴库是由缴款单位或缴款人按有关法律法规规定，直接将应缴收入缴入国库单一账户或预算外资金财政专户。集中汇缴是由征收机关（有关法定单位）按有关法律法规规定，将所收的应缴收入汇总缴入国库单一账户或财政专户。

3. 收缴程序

财政国库管理制度的改革后，收入收缴包括直接缴库和集中汇缴两种形式，并对其程序进行规范，具体流程见第六章"政府预算收入执行"部分。

（三）规范支出拨付

1. 支出类型

财政支出总体上分为购买性支出和转移性支出。根据支付管理需要，具体分为：工资支出，即预算单位的工资性支出；购买支出，即预算单位除工资支出、零星支出外购买服务、货物、工程项目等支出；零星支出，即预算单位购买支出中的日常小额部分，除《政府采购品目分类表》所列品目以外的支出，或列入《政府采购品目分类表》所列品目，但未达到规定数额的支出；转移支出，即拨付给预算单位或下级财政部门，未指明具体用途的支出，包括拨付企业补贴和未指明具体用途的资金、中央对地方的一般性转移支付等。

2. 支付方式

按照不同的支付主体，对不同类型的支出，分别实行财政直接支付和财政授权支付。实行财政直接支付的支出包括：①工资支出、购买支出以及中央对地方的专项转移支付，拨付企业大型工程项目或大型设备采购的资金等，直接支付到收款人；②转移支出（中央对地方专项转移支出除外），包括中央对地方的一般性转移支付中的税收返还、原体制补助、过渡期转移支付、结算补助等支出，对企业的补贴和未指明购买内容的某些专项支出等，支付到用款单位（包括下级财政部门和预算单位，下同）。实行财政授权支付的支出包括未实行财政直接支付的购买支出和零星支出。

财政直接支付和财政授权支付的具体支出项目，由财政部门在确定部门预算或制定改革试点的具体实施办法中列出。

3. 支付程序

财政直接支付和财政授权支付流程，以现代化银行支付系统和财政信息管理系统的国库管理操作系统为基础，我国国库制度改革明确规定了财政直接支付和财政授权支付的程序。具体流程见第六章"政府预算支出执行"部分。

通过财政国库制度改革，我国建立起了现代财政国库制度的框架，实现国库分散收付到集中收付的转变和财政收支流程再造，缩短了资金流通渠道，提高了资金流通效率。

改革前后财政资金缴拨程序如图7-3所示。

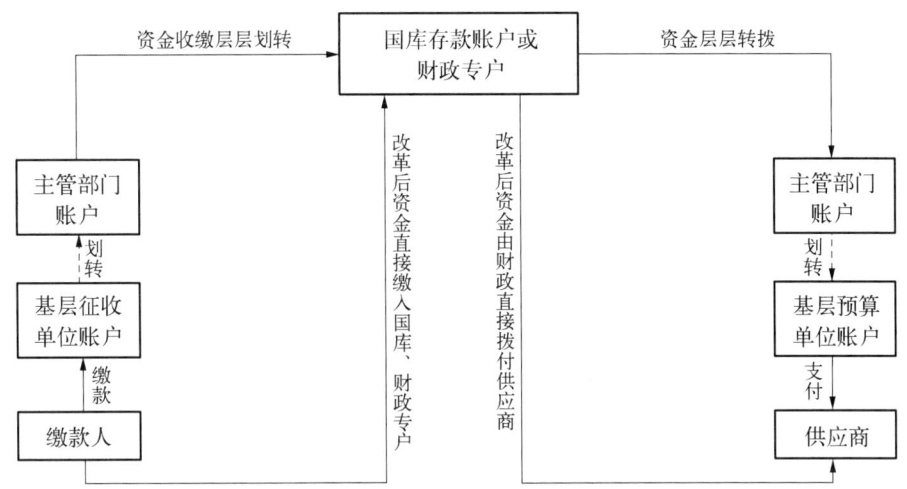

图7-3 改革前后财政资金缴拨程序图

建立现代财政国库管理制度,是对财政资金的账户设置和收支缴拨方式的根本性变革,是一项十分庞大和复杂的系统工程。国库管理制度改革要达到预期效果,必须要进行相关配套改革:

(1)进一步推进预算编制改革。参照国际通行做法并结合我国国情,进一步完善政府收支分类,科学地反映各类财政收支活动,细化预算编制,全面推行部门预算制度,为顺利实施国库单一账户制度创造条件。

(2)修正、修订和制定相关法律法规和管理办法。先后修正、修订了《中华人民共和国预算法》《中华人民共和国预算法实施条例》《中华人民共和国国家金库条例》,制定了《财政总会计制度》《财政专户管理办法》《中央国库现金管理暂行办法》《地方国库现金管理试点办法》《中央财政预算管理一体化资金支付管理办法(试行)》《财政预算资金拨付管理暂行办法》,完善了税收征管法律法规,为改革提供法律法规与制度保障。

(3)建立完善财政管理信息系统和国库管理操作系统。主要包括:预算编制系统和预算执行管理系统、收入管理系统、国库现金管理系统、国库收支总分类账系统、债务管理系统等。近年来,中央和地方积极推进预算管理全流程整合和信息系统的一体化建设。2019年财政部审议通过预算管理一体化系统建设的实施方案,部署在全国推进预算管理一体化建设。2020年财政部印发《预算管理一体化规范(试行)》,2023年财政部修订印发《预算管理一体化规范(2.0版)》。

(4)建立健全现代化银行支付系统。要改变目前我国全国性电子化银行清算系统尚不完善的状况,逐步建立健全中国现代化支付系统,加快财政资金拨付的到账时间,提高国库单一账户清算业务的效率。

(5)建立完善财政国库支付执行机构。借鉴国际通行做法,建立完善财政国库支付执行机构。适当充实中国人民银行国库部门人员。

(6)加强监督制约机制。财政部门、国库部门、审计部门等要切实履行自己的监督职能,逐步建立和完善科学合理的监督制约机制,确保财政资金安全。

五、财政国库管理制度改革取得的成效[①]

以国库集中收付制度为主要特征的现代财政国库管理制度,是我国公共财政管理体制创新的重要内容。在"十五"时期取得突破性进展基础上,经过"十一五""十二五"的发展,"十三五"时期,财政国库工作紧紧围绕经济社会发展大局,不断加大改革力度,着力夯实制度基础,深入开展信息化建设,财政国库管理水平实现新跨越,基本建立起现代化的财政国库管理框架。

(一)持续推进国库集中收付制度改革,基本实现五级预算单位全覆盖

一是国库集中支付制度改革级次更加深化。截至2019年底,中央、省、市、县、乡五级70余万个预算单位实施了国库集中支付制度改革,占全部预算单位的99%左右,全国95%以上的预算单位实行了公务卡制度,累计发行公务卡2 500万张。

二是全面推进国库集中支付电子化管理。全国36个省区市(含5个计划单列市)、328个地市、1 601个区县实施了国库集中支付电子化管理。

三是加快推进收入收缴管理改革。"十三五"时期,全国40万个执收单位实施了非税收入收缴管理改革,占全部执收单位的97%以上。

四是稳步推进非税收入收缴电子化管理。中央财政于2016年全面实施非税收入收缴电子化管理,地方非税收入收缴电子化管理也加快实施。截至2019年底,107个中央部门、23个省区市(含计划单列市)、54个地市、356个县区已全面实施收缴电子化管理。

五是不断健全预算执行动态监控体系。2018年7月,印发《财政扶贫资金动态监控工作实施方案》,全力推进监控平台和机制建设。2020年1月,印发《中央财政预算执行动态监控管理办法》,进一步完善了动态监控的职责、内容、程序和方式。

(二)持续推进政府采购制度改革,加快现代政府采购制度建设

一是全国政府采购规模和范围不断扩大。"十三五"时期,全国政府采购规模由2015年的21 070.5亿元增加到2019年底的33 067.0亿元,年均增长率为11.93%。

二是政府采购法律法规体系不断完善。"十三五"时期,财政部密集出台《政府采购货物和服务招标投标管理办法》《政府采购评审专家管理办法》《政府采购代理机构管理暂行办法》等多项部门规章和规范性文件,政府采购制度体系进一步健全。

三是政府采购政策功能不断丰富。健全完善绿色采购政策,对节能产品和环保产品实施强制采购或者节能采购,采购的节能环保产品规模占同类产品政府采购规模的90%以上。授予中小企业的政府采购合同占采购总规模的77%以上。

四是政府采购开放谈判稳步推进,对外交流不断扩大。"十三五"时期,我国加入世界贸易组织《政府采购协定》(government procurement agreement,GPA)谈判取得重要进展,2019年10月20日向世界贸易组织正式提交中国加入GPA第7份出价,进一步扩大承诺的开放范围。2020年5月29日,向世贸组织提交《中国政府采购国情报

[①] 财政部国库司."十三五"财政国库管理水平实现新跨越[J].中国财政,2020(21).

告》，在推进出价谈判的同时，同步推进法律调整谈判。

（三）着力提升政府债券发行管理水平，促进政府债券市场健康发展

"十三五"时期，科学拟订国债发行计划，扎实做好国债地方债发行兑付工作，持续推进国债管理市场化改革，不断健全国债收益率曲线，深入推进地方政府债券发行机制改革，促进政府债券市场健康发展，使我国国债发行管理达到国际先进水平。

"十三五"期间，累计发行国债19.69万亿元。其中，发行记账式国债718期（次），18.23万亿元；发行储蓄国债80期，面值1.46万亿元。累计发行地方债28.45万亿元。2016—2020年，地方政府累计发行置换债券12.4万亿元。

（四）强化预算执行分析和库款管理，积极稳妥开展国库现金管理

"十三五"期间，加强预算执行分析和监测预计工作，狠抓中央本级支出进度，强化库款管理，稳步推进国库现金管理，为应对经济下行压力提供新举措。

"十三五"时期，中央国库现金管理累计实施定期存款操作34期，操作金额2.76万亿元，可获得利息收入约240亿元。2017年，全面开展省级地方国库现金管理。"十三五"时期，地方国库现金管理累计实施定期存款操作626期，操作金额达10.47万亿元，可获得利息收入约636亿元。

（五）规范财政专户和预算单位账户管理，为资金运行安全提供有力保障

"十三五"时期，健全完善国库单一账户体系，全面推进地方财政专户清理整顿，强化总预算会计核算，进一步夯实了国库管理基础。研究修订《财政专户管理办法》，印发《财政部关于进一步加强地方财政部门和预算单位资金存放管理的通知》，综合评估《财政总预算会计制度》执行情况，研究起草《政府总会计制度》。

（六）扎实开展财政总决算编制，推进政府财务报告制度改革

"十三五"期间，财政总决算工作实现新跨越，部门决算管理水平更加提升，政府财务报告制度改革取得积极进展。建立了与全口径预算管理相对应的财政总决算报表体系，数据报送级次实现全覆盖。改进部门决算草案编报内容，组织部门报送项目绩效自评结果，深入推进中央部门决算公开，新增中小企业政府采购支出和项目绩效评价结果等信息公开。印发《政府财务报告编制办法（试行）》《政府部门财务报告编制操作指南（试行）》《政府综合财务报告编制操作指南（试行）》《地方政府综合财务报告合并编制操作指南（试行）》并及时修订。"十三五"时期，逐步扩大试点范围，编制试点由2个中央部门和7个地方，扩大到108个中央部门和所有地方政府，扎实推进政府财务报告制度改革。

六、财政国库管理制度面临的主要问题与改革重点方向

（一）财政国库管理制度面临的主要问题

经过不断探索，财政国库管理制度改革取得巨大成效，但还存在一些不容忽视的问题，主要表现为：①国库集中收付制度还没有真正实现完全覆盖财政资金。对于预算单位自有资金，包括事业收入、经营收入、其他收入等非财政拨款收入的收缴、支付和核算等业务主要通过预算单位自有账户开展，未完全纳入国库单一账户体系。存在部分财政性资金支出缺乏实时监控的情况；②政府采购政策功能尚未充分发挥，操作执行还不

够规范,监管机制需进一步健全和完善,政府采购市场对外开放还需推进;③国库集中收付与预算管理深度融合不够。预算资金的收缴、支付、报告等各项业务通过信息系统一体化衔接的程度不够,现行国库集中收付模式下的财政收支数据主要依靠事后统计收集,部分征缴数据和明细信息获取较为滞后,对财政收支和国库现金流预测响应能力偏弱;④国库管理信息化水平还有待大幅度提高。近年来,各级财政部门大力开发预算编制、执行、债务管理、资产管理等业务系统,但还存在各级财政部门信息化建设分散、全国上下级断层断档等问题,全国财政总账数据自动汇总、全国预算执行数据的集中管理和大数据分析机制还未有效建立起来,决算数据、非税收入数据、动态监控数据、差旅电子凭证数据等财政国库数据的深度分析应用还有待提升,部分征缴数据和明细信息获取滞后;⑤国库现金与政府债务管理的水平还需提升;⑥政府综合财务报告制度建设还需加快推进。政府综合财政报告的编制工作涉及面广、专业性强,工作难度大,政府综合财务报告的审计制度和公开机制还未有效建立起来。

(二)"十四五"财政国库管理制度改革的重点方向

"十四五"期间,财政国库工作围绕现代财政国库"控制、运营、报告"三项主要功能展开,重点提升财政国库各项改革的系统性、整体性和集成性,按照预算执行、政府采购、政府债券管理"一体两翼"的基本框架全面完善现代财政国库管理体系。

1. 完善现代财政国库制度中的预算执行体系

《中华人民共和国预算法》规定,"国家实行国库集中收缴和集中支付制度,对政府全部收入和支出实行国库集中收付管理",根据法律要求,加快实现对政府全部收入和支出实行国库集中收付管理;持续提升非税收入收缴管理水平,全面实施收缴电子化管理,中央、省、市、县四级实现改革全覆盖;完善国库集中支付控制体系和集中校验机制,实行全流程电子支付,优化预算支出审核流程,全面提升资金支付效率;围绕财政收支,继续完善预算控制与核算体系;围绕库款管理,建立并完善国库现金控制与核算体系;完善财政资金直达机制,在保持现行财政体制、资金管理权限和保障主体责任基本稳定的前提下,稳步扩大直达资金范围;加强部门预算资金动态监控;加强国库集中支付资金监控,重点监控无预算列支、违规发放工资津补贴、超范围使用项目资金等问题。

2. 全面深化政府采购制度改革

优化顶层设计,努力增强政府采购法律制度的系统性、整体性和协同性;推进制度创新,聚焦采购人主体责任,着力完善采购需求管理制度,加快构建与采购需求特点相适应的交易制度;扩大对外开放,不断提升政府采购市场开放程度,统筹推进其他多双边政府采购议题谈判,参加联合国采购推广大会,推进中国企业参与国际公共采购;服务宏观调控,持续强化支持经济社会发展的政府采购政策功能,建立政府采购需求标准体系,鼓励相关部门结合部门和行业特点提出政府采购相关政策需求,推动在政府采购需求标准中嵌入支持创新、绿色发展等政策要求;细化政府采购预算编制,确保与年度预算相衔接;完善监督管理,以公正监管保障公平竞争,开展政府采购领域违法违规行为专项整治,探索建立部门协同、央地联动、社会参与的工作机制,逐步完善行业治理。

3. 着力强化政府债发行与现金管理改革

完善政府债券发行管理机制,深化国债市场建设,充分发挥国债金融属性,加强政府债券发行与预算执行、库款管理、国库现金运作的协调配合;根据预算收入进度和资金调度需要等,合理安排国债、地方政府债券的发行规模和节奏,节省资金成本;优化国债品种期限结构,发挥国债收益率曲线定价基准作用;完善财政收支和国库现金流量预测体系,建立健全库款风险预警机制,统筹协调国库库款管理、政府债券发行与国库现金运作。

4. 推进政府综合财务报告制度改革

《中华人民共和国预算法》第97条规定,各级政府财政部门应当按年度编制以权责发生制为基础的政府综合财务报告,报告政府整体财务状况、运行情况和财政中长期可持续性,报本级人民代表大会常务委员会备案。《中华人民共和国预算法实施条例》指出,政府综合财务报告,是指以权责发生制为基础编制的反映各级政府整体财务状况、运行情况和财政中长期可持续性的报告,政府综合财务报告包括政府资产负债表、收入费用表等财务报表和报表附注,以及以此为基础进行的综合分析等。

根据法律法规要求,应该加快完善政府财务报告的法规制度体系,修订印发《政府财务报告编制办法》《政府部门财务报告编制操作指南》《政府综合财务报告编制操作指南》等,更好地与新财政总会计制度衔接、厘清政府财务报告和决算报告的差异以及满足新时代财政财务管理的需求;全面完成政府财务报告编制任务,建立完善权责发生制政府综合财务报告制度,全面客观反映政府资产负债与财政可持续性情况;健全财政总预算会计制度,将财政财务信息内容从预算收支信息扩展至资产、负债、投资等信息;推动预算单位深化政府会计改革,全面有效实施政府会计标准体系,完善权责发生制会计核算基础;完善国有资产管理情况报告制度,做好与政府综合财务报告的衔接。

5. 深入推进预算管理一体化建设

一是完善预算管理一体化顶层制度设计。制定印发《预算管理一体化规范(2.0版)》,将社保基金管理、政府债务管理、资产管理和绩效管理等业务纳入一体化。制定印发《中央预算管理一体化系统操作规程(试行)》,为中央部门全面规范应用一体化系统提供支撑。研究起草《关于深入推进地方预算管理一体化建设的通知》。二是全力推进中央预算管理一体化建设。建立中央一体化系统建设及运行保障机制,全力保障预算执行模块平稳运行,推进系统优化。三是督促指导地方深入推进预算管理一体化建设。加强地方一体化工作培训指导,举办专题培训班,面向市县基层财政干部开展培训指导,掌握各地一体化建设情况和财政运行监测情况。

面向国家治理体系和治理能力现代化
加快建立现代国库现金管理机制

国库现金管理作为积极财政政策和稳健货币政策有机结合的重要政策工具,是以保障财政的国库支付需要为前提,以实现国库留存现金余额最小化、投资收益最大化为目标的财政资金管理工作,在提高财政资金使用效益、拓宽金融机构融资渠道、减少因库款波动而引起金融市场流动性变化等方面发挥着重要作用。随着经济发展进入新常态和供给侧结构性改革的持续深入,全面深化改革进入关键期,粗放式财政库款管理制度已难以适应新时代对财政管理提出的新要求,必须主动适应、积极作为,加快财政职能转变,构建与现代财政制度相配套的国库现金管理机制,推动实现新常态下国库管理工作的新发展。

一、国库现金管理改革发展历程

（一）中央国库现金管理。随着国库集中收付制度的全面实施、经济体量的不断增大,我国财政国库现金不断增加。2004年底财政部上报国务院《关于开展国库现金管理的请示》,经国务院批准,2006年财政部会同中国人民银行制定了《中央国库现金管理暂行办法》,开始实施中央国库现金管理操作。自国务院批准开展国库现金管理以来,中央国库现金管理经不断摸索和推进,闲置库款资金量逐步减少,国库资金截至2020年12月31日,累计实施中央国库现金管理操作124期,其中:商业银行定期存款122期,操作规模64 396.4亿元,共获得利息收入908.63亿元,扣除按中国人民银行活期利率计付利息后,净收益约826.87亿元;买回国债操作2期,累计操作金额234.90亿元,获得净收益0.76亿元。

（二）地方国库现金管理。财政部从2009年起就着手研究制定指导地方开展国库现金管理的有关政策办法,各地也不断进行尝试探索,并积累了一定经验。2014年12月报经国务院,财政部与中国人民银行联合印发了《地方国库现金管理试点办法》,并确定北京、黑龙江、上海、湖北、广东、深圳6个省市为首批地方国库现金管理试点地区。地方国库现金管理以商业银行定期存款为操作工具,以国债或地方债为质押;地方财政部门根据国库现金流量预测结果商中国人民银行分支机构制定地方国库现金管理分月操作计划,并向财政部、中国人民银行总行报备;地方国库现金管理采取公开招标方式,每次招标前3个工作日通过财政部门网站、中国人民银行网站公告信息,招标完成当日及时公布招标结果;试点地区国库现金管理商业银行定期存款利率要在省级市场利率自律定价机制协商议定的范围内。2016年4月,在总结首批试点地区经验基础上,财政部会同中国人民银行印发《关于确定2016年地方国库现金管理试点地区的通知》,新增15个试点地区。在总结地方国库现金管理试点经验的基础上,2017年年初印发《关于全面开展省级地方国库现金管理的通知》,地方国库现金管理实现省级全覆盖。

截至2020年12月31日,共实施操作677期,操作金额达115 970.99亿元,可获得利息收入758.12亿元,取得可观成效。

二、国库现金管理改革取得的成效

（一）有效提高了财政资金使用效益。在确保国库资金安全和资金支付需求的前提下,对闲置库款进行定期存款操作,有效提高了财政资金使用效益。中央国库现金管理商业银行定期存款操作实行利率招标,利息收入是存放在国库按活期存款计算利息收入的10倍多。地方省级国库现金管理定期存款操作,存款利率在省级利率自律委员会确定的范围内,利息收入也能达到存放在国库按活期存款计算利息收入的4倍多,大大提高了收益水平,进一步增加了地方可用财力。

(二)充分发挥了财政政策和货币政策的协同作用。将暂时闲置的财政资金投放金融市场,充分发挥了财政政策和货币政策的协同作用,有效缓解了市场流动性紧张,特别是近两年受金融去杠杆影响,商业银行存款短缺,国库现金管理定期存款有效弥补了商业银行一般性存款不足,提高了商业银行放贷能力,为金融业更好地支持经济发展注入了"新活力"。国库现金管理使财政资金回流市场,这将有助于提高资本供给的有效性和稳定性,充分发挥市场在资源配置中的决定性作用,推进全社会资金的统一有效配置,提高财政资金使用效益和财政资金服务实体经济效率。同时国库现金管理能为市场提供示范,促进金融市场创新,增加金融市场深度和层次。

(三)进一步提升了政府财务管理水平。国库现金管理是国库管理的重要和核心内容,国库现金管理将资金时间价值、现金流预测和资产负债管理等现代财务管理概念引入国库管理中。开展国库现金管理,使国库从单纯的核算财政收支扩展到对财政收支实行全面控制,成为政府财务、现金管理和宏观管理者,加速国库管理体系的现代化建设,从整体上提高国库管理水平。各地不仅强化预算支出执行管理、加强财政库款收支动态监控,还加强预算编制管理,从源头上强化预算管理的精细化,并进一步推动各预算单位提高资金管理水平以及政府财务管理水平的全面提升。

资料来源:财政部国库司.面向国家治理体系和治理能力现代化 加快建立现代国库现金管理机制[J].中国财政,2021(10).

案例分析题

1. 什么是国库现金管理?其主要形式是什么?
2. 为什么要开展国库现金管理?

1. 简述国库的职能。
2. 试述现代财政国库管理制度的理论基础。
3. 试述现代财政国库管理制度的基本特征。
4. 简述现代财政国库管理制度的主要内容。
5. 简述财政国库管理制度改革的指导思想和原则。
6. 简述我国国库单一账户体系的构成。
7. 试述我国财政国库管理制度面临的主要问题与完善思路。

二维码7-1:
自测自评

二维码7-2:
参考PPT

第八章　政府采购制度

◎ **知识要点**

政府采购是指各级国家机关、事业单位和团体组织，使用财政性资金采购依法制定的集中采购目录以内的，或者采购限额标准以上的货物、工程和服务的行为。本章的重点内容包括政府采购的概念、政府采购原则、政府采购方式、政府采购的预算编制、政府采购制度的发展等。

◎ **课程思政**

结合《中华人民共和国预算法》《中华人民共和国政府采购法》，认识政府采购与政府采购预算的法律规范；学习政府采购原则，树立平等、公正、诚信等价值观；结合加入政府采购协议谈判，拓展国际视野，培养大国预算意识；结合乡村振兴采购案例，分析政府采购预算的政策效应。

◎ **本章结构图**

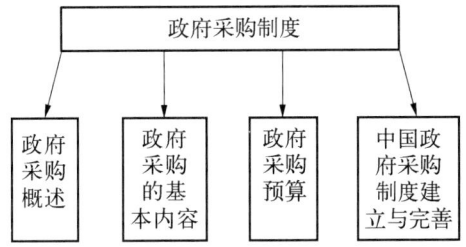

◎ **关键词**

政府采购　集中采购　分散采购　混合采购　政府采购预算
政府采购制度　政府采购模式　公开招标采购　邀请招标采购
竞争性谈判采购　询价采购　单一来源采购

第一节 政府采购概述

一、政府采购概念与特点

(一)政府采购的概念

政府采购是指各级国家机关、事业单位和团体组织,使用财政性资金采购依法制定的集中采购目录以内的,或者采购限额标准以上的货物、工程和服务的行为。

理解政府采购含义,应该把握以下要点:

(1) 采购当事人。采购当事人是指在政府采购活动中享有权利和承担义务的各类主体,包括采购人、供应商和采购代理机构。采购人是依法进行政府采购的国家机关、事业单位、团体组织;采购代理机构包括集中采购机构和社会代理机构,集中采购机构是由政府设立的非营利事业法人,社会代理机构是经财政部门认定具有资格的采购中介机构;供应商是为采购人提供商品的企业。

(2) 采购资金。政府采购的资金是财政性资金。《中华人民共和国政府采购法》明确规定,政府采购使用的资金是"财政性资金",2015年3月1日起施行的《中华人民共和国政府采购法实施条例》第2条规定:财政性资金是指纳入预算管理的资金。以财政性资金作为还款来源的借贷资金,视同财政性资金。国家机关、事业单位和团体组织的采购项目既使用财政性资金又使用非财政性资金的,使用财政性资金采购的部分,适用政府采购法及条例;财政性资金与非财政性资金无法分割采购的,统一适用政府采购法及条例。

(3) 采购项目。采购项目是指纳入集中采购目录以内或者限额标准以上的项目。集中采购目录是指由政府列出,应当实行集中采购的货物、工程和服务品目类别目录,凡是纳入集中采购目录的项目必须进行政府采购。采购限额标准是指集中采购目录以外应实行政府采购的货物、工程和服务品目类别的最低金额标准。虽然一些采购项目在集中采购目录以外,但采购金额较大,在限额标准以上,也要纳入政府采购范围。

政府采购制度是指对政府采购行为进行管理的制度,是对政府采购行为的制度化和规范化。政府采购制度是市场经济条件下加强财政支出管理、规范政府机构采购行为、发挥对国民经济宏观调控作用的一项制度。从国际上看,凡是市场经济比较发达的国家,政府采购的历史就比较悠久,法律和制度也比较完善。在一些国家,政府采购制度内容涵盖了管理政府采购活动的所有规则和惯例。就采购管理而言,政府采购制度包括采购政策制定及实施、采购组织管理、采购预算管理、采购活动的监督和审查、对采购不当的补救和采购绩效评价等;就具体的采购活动而言,政府采购制度包括采购计划的制订、采购合同的管理等。

(二)政府采购的特点

1. 资金来源的公共性

政府采购的资金来源为财政性资金。财政性资金是指纳入预算管理的资金。以财政性资金作为还款来源的借贷资金、以事业单位和团体组织占有或使用的国有资产作担保的借贷资金视同财政性资金,这些资金来源于税收和政府部门及所属事业单位依法收取的费用,以及履行职责获得的其他收入,资金来源具有公共性质。

2. 采购主体的特定性

政府采购的主体,也称采购实体或采购人,为依靠国家财政资金运作的公共支出单位,如国家机关、事业单位和社会团体。包括各级国家权力机关、行政机关、审判机关、检察机关、政党组织、政协组织、工青妇组织以及文化、教育、科研、医疗、卫生、体育等事业单位。国有企业和国有控股企业不包括在政府采购的采购人之内;军事采购也未纳入政府采购的适用范围,应当按照中央军事委员会制定的军事采购法规执行。但随着政府采购制度的发展,可考虑将为实现公共目的、从事公用事业、运营公共基础设施或者公共服务网络等的公益性国有企业纳入采购人的范围。

3. 采购活动的经济性和非盈利性

政府采购是非商业性(非盈利性)采购,它不以盈利为目标,而是通过采购为政府部门公共支出提供消费品或向社会提供公共利益。由于政府采购资金来源于财政性资金,来自纳税人,所以,要求采购人在使用这些资金时不断提高资金使用效率。

4. 采购对象广泛性、复杂性

政府采购的对象是依法制定的集中采购目录以内的或者采购标准以上的货物、工程和服务。政府采购的对象包罗万象,既有标准产品也有非标准产品,既有有形产品也有无形产品,既有价值低的产品也有价值高的产品,既有军用产品也有民用产品。为了便于统计,国际上通行的做法是按性质将采购对象划分为货物、工程和服务三大类。各个国家根据自己的情况规定政府采购的范围。

欧美国家的政府采购范围非常广泛,涵盖了政府及公共部门的所有采购活动,其范围不仅是政府部门使用政府预算购买货物、工程和服务项目,还包括涉及国计民生的铁路、市政工程、电力、通讯、机场、停车场、港口等公共基础设施项目。尤其是近些年来,欧美国家只要涉及国家利益和社会公共利益的项目,不论资金来源于政府预算还是向私人融资,也不论是政府部门采购还是由私人企业承办,都必须实行政府采购。

5. 采购目标的政策导向性

政府采购人在采购时不能体现个人偏好,必须遵循政府采购政策的要求,如最大限度地节约财政资金、优先购买本国产品、保护中小企业发展、保护环境、保护自主创新产品和节能产品等。采购政策的确定,能够影响市场的供求关系,可以引导市场向政策希望的方向发展。

6. 采购流程的规范性和公开性

政府采购是按有关政府采购的法规,根据不同的采购规模、采购对象及采购时间要求等,采用不同的采购方式和采购程序,使每项采购活动都要规范运作,体现公开、竞争等原则,接受全社会的监督。政府采购流程主要包括:①确定采购需求,包括采购人编报采购预算和采购计划;②确定采购组织形式,实行集中采购或分散采购;③依法选定采购方式;④按采购方式程序组织采购活动;⑤采购合同的签订、履约和验收;⑥申请支付采购资金;⑦政府采购文件的保存;⑧采购效果评价。

7. 政府采购影响力大

政府采购不同于家庭采购和企业采购,政府采购是一个国家最大的单一消费者,采购规模大,其购买力非常巨大。有关资料统计,通常一国的政府采购规模都会占到整个国家国内生产总值的10%以上,因此,政府采购对社会的影响力很大。采购规模的扩大或缩小、采购结构的变化都将对整个社会的总需求和供给、国民经济产业结构的调整等产生举足轻重的影响。根据财政部公布的资料,2022年全国政府采购规模为34 993.1亿元,占当年全国财政支出和GDP的比重分别为9.4%和2.9%。我国政府采购还有比较大的发展空间。

8. 政府采购的强制性

政府采购项目及其资金计划必须编入年度政府采购预算,并经本级财政部门和人大审核批准方可实施。未编报政府采购实施计划的临时性采购项目或追加预算的采购项目,由采购人提出申请说明,经财政部门按照职责权限批准后,才能组织实施。

政府采购的强制性还体现在符合政府采购规定条件的项目必须强制纳入政府采购范围。政府集中采购目录中的采购项目必须实行集中采购。政府集中采购目录之外的采购项目,达到采购限额标准的,也要进行政府采购。同时,在采购方式上也规定首选采购方式为公开招标,采用其他方式必须经政府采购监督管理部门批准。

二、政府采购的目标与原则

(一) 政府采购的目标

1. 经济性和有效性目标

经济性和有效性目标是指政府采购所购入的商品或劳务,要求做到规格适当、价格合理、品质合乎需要,也就是说,要用尽可能小的投入,获得尽可能大的产出。政府采购的经济性是指采购资金的节约和合理使用;政府采购有效性是指采购物品的质量要保证满足使用部门的要求,同时要注意采购的效率,要在合同规定的合理时间内完成招标采购任务,以满足使用部门的需求。因此说,追求经济性与有效性,理应成为有关政府部门在政府采购运营过程中所必须具备的基本要求。

2. 政策调控目标

经济、有效地满足政府的消费需求是政府采购的主要目标,调控经济、保护环境等其他目标是在主要目标完成的情况下政府所"追求"的目标。政府采购有助于实现国家的经济和社会发展政策目标。通过政府采购促进国家有关政策目标的实现,是国家在市场经济条件下实施宏观调控的重要措施之一,也是各国政府采购立法和法律实施中普遍采用的做法。比如澳大利亚、美国等国在利用政府采购扶持中小企业方面就作出了明确规定,澳大利亚要求联邦一级采购合同的10%要授予中小企业,美国依阿华州规定每年政府总额10%的政府采购合同要授予小企业。

3. 鼓励竞争目标

在市场经济条件下,政府的经济行为不可能游离于市场外,必然要受到市场竞争规律的影响,只有竞争才能使政府采购的价格降低,购买的商品或劳务的质量得以提高。

在政府采购活动之初,鼓励竞争的方式可以使所有有能力的潜在供应商均能参与投标,提出要约,这就需要让所有潜在的供应商知悉政府采购的信息。公开政府采购信息的主要方式有两个:一是法律强制采购部门提前公开其需求;二是建立一个专门负责提供政府采购信息的机构,通过定期发布采购公报、向公众提供咨询意见等方式履行其职责。在政府采购活动之中,鼓励竞争的方式主要包括两个方面:一是制定统一的评估标准,对中标供应商实施标准化的管理;二是制定政策性的区别对待规则,有重点地保护民族产业、扶持中小企业以及培育自主创新。

4. 扶持民族产业目标

各国政府都通过政府采购合同来管理本国市场,最终目的是发展本国的经济。为了本国经济的发展甚至国家的经济安全,在符合国际准则条件下,需要通过政府采购的购买国货政策,积极支持本国的商品、劳务、技术、工程等的发展,尤其是对那些暂时缺乏竞争力但对国计民生非常重要的产业。在此问题上,发达国家比发展中国家更积极。美国政府通过政府采购立法——《美国产品购买法》,直接干预国内经济,用法律形式确立了美国产品在政府采购中的优先地位。

5. 抑制腐败目标

在传统的财政直接拨款、单位自行采购的体制下,政府采购活动是分散地、封闭地进行,财政部门无法对支出的具体使用进行有效的管理,导致财政资金的分配与使用相脱节,财政监督形同虚设,支出规模难以控制,造成资金浪费、效率低下。由于财政支出的范围广、数量多以及金额大,使用过程又缺乏监督,往往成为滋生腐败的根源。

全面推行政府采购制度,成立政府集中采购机构,可以大大降低对政府支出行为的监督成本。党的十五届六中全会通过的《中共中央关于加强和改进党的作风建设的决定》也要求把推行政府采购制度作为党风廉政建设的一项重要内容抓紧抓好,把政府采购制度作为从源头上、机制上预防和治理腐败的重要措施之一。

(二) 政府采购的原则

1. 公开透明原则

公开透明原则是政府采购必须遵循的基本原则之一,因为政府采购合同是采购机关使用纳税人的税款或其他公共专项资金签订的买卖合同,所以在采购中必须对纳税人及社会公众公开。公开透明是指政府采购整个流程中,必须使每个采购供应商掌握的信息是一样的,采购行为接受有关单位监督。因此,政府采购被誉为"阳光下的交易"。

公开透明要求做到所有与政府采购活动有关的信息和行为,都要向社会全面公开,并且要完全透明,禁止搞暗箱操作,为供应商参加政府采购提供公平竞争的环境,为公众有效监督政府采购活动创造有利的条件。除涉及商业秘密以外,政府采购的信息应当在政府采购监督管理部门指定的媒体上及时向社会公布;公开招标应当作为政府采购的主要采购方式;采购人对供应商所提质疑的答复,应当书面通知质疑供应商和其他有关供应商;政府采购监督管理部门对质疑供应商投诉所作的处理决定,应当书面通知投诉人和与投诉事项有关的当事人;政府采购项目的采购标准、采购结果应当公开;政府采购监督管理部门对集中采购机构的考核结果应当公布,使政府采购活动在完全透明的状态下运作,全面、广泛地接受监督。

2. 公平竞争原则

公平竞争原则保障所有参加竞争的投标商都能获得平等的竞争机会,并受到同等待遇。亦即政府采购部门应向所有符合条件的,并有兴趣参加投标的供应商、承包商、服务商提供平等的参加竞争的机会。政府采购机构应一视同仁地向投标人提供相关信息,不得采取歧视性的策略;政府主管部门对所有参与政府采购的供应商资格审查和投标评价,应当采用同一标准;政府采购机关必须向所有投标人提供无差异的并与其相一致的信息。

公平竞争原则是市场经济运行的重要法则,是政府采购的基本规则,要求在竞争的前提下公平地开展政府采购活动。首先,要将竞争机制引入采购活动中,实行优胜劣汰,让采购人通过优中选优的方式,获得价廉物美的货物、工程或者服务,提高财政性资金的使用效率;其次,竞争必须公平,不能设置妨碍充分竞争的不正当条件。

3. 公正原则

公正原则是指政府采购对所有的供应商采用同一标准,享受同等权利,负担同样义务。公正原则要求政府采购要依法采购,具体的采购活动要按事先约定进行,对供应商不得有歧视行为,任何单位或个人不得干预采购活动的正常开展,评标时不能存在主观倾向,要严格按照评标标准评定中标或成交供应商。

公正原则是为采购人与供应商之间在政府采购活动中处于平等地位而确立的。在政府采购活动中,采购人与供应商之间应当处于平等的地位。采购人及采购代理机构对所有供应商都要一视同仁,不能因其身份不同而区别对待。任何单位和个人不得采用任何方式,阻挠和限制供应商自由进入本地区和本行业的政府采购市场,无权干预采购活动的正常开展;在政府采购活动中,采购人员及招标采购中评标委员会的组成人员、竞争性谈判采购中谈判小组的组成人员、询价采购中询价小组的组成人员等相关人员与供应商有利害关系的,必须回避;采购人可以根据采购项目的特殊要求,规定供应商的特定条件,但不得以不合理的条件对供应商实行差别待遇或者歧视待遇;禁止采购人、采购代理机构在招标采购过程中与投标人进行协商谈判。

4. 诚实信用原则

诚实信用原则是指政府采购当事人在政府采购活动中应该遵循真实、可靠原则。诚实信用原则本是民事活动的基本原则。政府采购既包括民事因素也包括公共管理的因素,也应遵守民事活动的基本原则。诚实信用原则要求政府采购各方都要诚实守信,不得有欺骗背信的行为,以善意的方式行使权利,尊重他人利益和公共利益,忠实地履行约定义务。政府采购当事人不得相互串通损害国家利益、社会公共利益和其他当事人的合法权益;供应商不得以向采购人员及相关人员行贿或者采取其他不正当手段谋取中标或者成交;采购代理机构不得以向采购人行贿或者采取其他不正当手段谋取非法利益;采购人与中标、成交供应商应当在中标、成交通知书发出后,按照采购文件确定的事项签订政府采购合同;中标、成交通知书发出后,采购人改变中标、成交结果或不与中标、成交供应商签订采购合同的,或者中标、成交供应商放弃中标、成交项目的,应当依法承担法律责任;政府采购合同的双方当事人不得擅自变更或者终止合同;政府采购合同继续履行将损害国家利益和社会公共利益的,双方当事人应当变更、中止或者终止合同。

三、政府采购制度的产生与发展

1. 政府采购的产生

自从人类社会开始从事商品交换活动,采购就随之产生。随着国家的产生和社会的发展,采购主体日趋多元,出现了政权机构、企业、团体等采购主体。当时的政权机构采购就是现在政府采购的雏形。由于当时采购规模较小、范围窄,而且是分散进行,政府采购没有统一的规范,只是存在政府采购行为,而不是一种制度。

2. 政府采购制度的形成

政府采购制度最早形成于18世纪末的西方自由资本主义国家,其主要特点就是对政府采购行为进行法制化的管理。如美国早在1761年就颁布了《联邦采购法》。英国政府在1782年设立了文具公用局,专门负责政府部门所需办公用品的采购工作,同时开始对政府采购的管理进行立法。政府机构开始就政府采购问题进行制度建设和机构建设,标志着政府采购制度的初步形成。

随着各国政府在市场经济发展过程中角色的不断变化,采购制度的目标和作用也发生着相应的变化。同时,政府也在不断改进其采购方式,采购制度的规则也在不断地更新。在自由资本主义时期,市场经济国家信奉"看不见的手"理论,政府基本上不参与、干预国民经济活动,政府采购十分有限,政府采购市场并不发达也不完善。

在现代市场经济阶段,特别是在20世纪30年代经济危机以后,"市场不是万能的"已成共识,政府开始广泛运用"看得见的手"干预经济,其方式之一就是扩大政府采购规模。为兴利除弊,各项有关政府采购的法规便应运而生,并在实践中不断得到完善。也可以说,现代市场经济是政府采购制度最终形成的前提条件。

3. 政府采购的国际化

在1979年以前,由于世界各国普遍采购本国产品、保护本国产业,政府采购是封闭的,不对外开放,政府采购与贸易的关系很好协调。最突出的表现是,1947年由各国共同制定的《关税和贸易总协定》(以下简称《关贸总协定》)就将规模巨大的政府采购刻意排除在外。

随着贸易自由化呼声越来越强烈,一些工业化国家亟待为本国产品开拓海外市场,部分国家打破贸易壁垒藉以解决本国贸易失衡问题,政府采购潜在的巨大市场,在国际领域日益受到重视。一些欧美国家提出应将政府采购纳入国际协议,并利用关贸总协定东京回合谈判之机,在1979年制定了《政府采购守则》,但其性质是非强制的,由各缔约国在自愿的基础上签署,通过相互谈判确定政府采购开放的程度。1995年世界贸易组织(WTO)成立后,《政府采购协议》(以下简称GPA)取代了《政府采购守则》,政府采购市场进一步开放。GPA于1996年1月1日正式生效,仅对签字成员有约束力。许多发达国家先后签署了该协议,并采取一些强制措施迫使一些想加入世界贸易组织的国家签署该协议。为"给那些希望按照一个经济有效的采购体系所通常接受的最低标准和保障措施进行采购立法,或将其采购立法现代化的国家提供指导",联合国国际法贸易法律委员会(UNCITRAL)1994年在其第27届年会上通过了《贸易法委员会货物、工程和服务采购示范法》(以下简称《示范法》)，同时发布了一个《示范法》的配套文件《立法指南》。随后，世界上众多国家，如新加坡、韩国纷纷比照《协议》和《示范法》改革和完善自己的政府采购制度。一些双边、多边地区性组织的成员也签署了各自政府采购协议，如墨西哥、哥伦比亚、美国、以色列等。欧共体制定了针对政府机构的四个指令(简称《公共指令》)和针对公用事业公司的两个指令(简称《公用事业指令》)。

2012年3月，WTO政府采购委员会通过修订后的《政府采购协定》；2011年7月，联合国国际贸易法委员会审议通过《公共采购示范法》，并取代了1994年的《贸易委员会货物、工程和服务采购示范法》；2015年7月，世界银行批准了《投资项目贷款(IPF)借款人采购规则》。上述政府采购国际规则主要涉及适用范围、基本原则、采购政策、采购方式和程序、采购电子化等内容，为完善我国政府采购法律制度提供了有益的经验和启示。

2007年12月，我国政府向WTO秘书处提交了加入GPA申请和初步出价清单，启动政府采购市场开放谈判。

第二节　政府采购的基本内容

一、政府采购的管理

政府采购管理就是规范和处理监管人、采购人、采购执行机构和供应商之间的关系。科学的政府采购管理，就是要处理好由谁管理、谁采购、谁验收、谁付款、谁监督、谁仲裁等一系列问题。建立一套主体明确、权责清晰、运转高效、管理科学，既符合社会公众要求，又符合政府行政原则与市场规则的良性运行的政府采购管理体制，有利于增强财政预算的约束力和透明度，减少盲目采购和重复采购，提高财政资金使用效益，确保财政职能更好地转变和发挥。

(一) 政府采购管理的原则

1. 管采分离、机构分设、政事分开

管采分离就是政府采购监管与执行职能相分离，财政部门作为政府采购监督管理部门，履行政府采购的计划、管理与监督职能。政府采购中心作为集中采购机构，负责政府采购计划的实施与执行。

政府采购管理与操作执行职能分离，是政府采购管理规范化的具体体现。管采分离、机构分设要求财政部门更新管理理念，履行好监督管理职责，做到依法管理、监管有规；采购人和集中采购机构要依法执行政府采购，做到操作有方。

2. 相互制约、规范管理、强化监督

政府采购监管部门和集中采购机构共属一项事业，监督管理和操作执行是政府采购工作的两个方面，是政府采购制度改革的基本力量。任何一项制度都需要通过规范的操作执行去实现，而操作执行好坏关系着政府采购制度的成败。所以，财政部门要履行好监督管理职责，以监督促管理；集中采购机构要通过专业化操作，将各项制度规定落实到每项具体采购活动中,确保采购各个环节程序规范合法。监管部门和采购机构都在政府采购法的约束之下,在法律范围内相互制约。

(二) 政府采购监督管理部门

政府采购监督管理部门是指负责政府采购管理和监督工作的职能机关。从国际惯例看,政府采购的主管部门主要是财政部门,因为政府采购与政府采购预算和财政资金以及支付联系紧密,属于财政支出管理事务。

我国《政府采购法》规定政府采购的主管部门为财政部门。根据《政府采购法》第13条规定:"各级人民政府财政部门是负责政府采购监督管理的部门,依法履行对政府采购活动的监督管理职责。各级人民政府其他有关部门依法履行与政府采购活动有关的监督管理职责。"

政府采购监督管理部门主要职责是:

(1) 政府采购制度监管。组织执行《中华人民共和国政府采购法》(以下简称《政府采购法》)及其有关行政法规,拟定政府采购规章、制度,制定政府采购监督管理的具体办法、程序。

(2) 政府采购预算管理。拟定政府集中采购目录或限额标准以及公开招标数额标准,参与本级政府采购预算的编制、批复及政府采购资金的管理,具体组织本级政府采购计划的编制、执行及资金的审核等。

(3) 政府采购信息管理。指定政府采购信息发布媒体,管理政府采购信息发布,维护、管理政府采购网络,统计、分析政府采购报表。

(4) 政府采购方式管理。审批采购人货物、服务类采购因特殊情况需采用公开招标以外的采购方式。

(5) 政府采购合同管理。监督执行政府采购合同条款,规定政府采购合同样式,受理政府采购项目合同备案,制定政府采购的委托程序、委托书格式。

(6) 政府采购投诉管理。受理和处理政府采购投诉,受理政府采购的行政复议。

(7) 政府采购资格管理。负责政府采购评审专家的资格认定,管理本级政府采购"专家库";负责采购代理中介机构的资格申报或认定。

(8) 政府采购人员管理。规定政府采购人员专业岗位任职要求,负责其资格认证和业务培训。

(9) 政府采购监督检查。监督检查政府采购法律、行政法规和规章的执行情况;监督检查政府采购范围、方式和程序的执行情况;监督检查政府采购项目的采购活动;处理政府采购活动中的违法违规行为。

(10) 规定并实施对同级集中采购机构业绩考核的内容、标准、方式,并定期如实公布考核结果;监督检查同级集中采购机构的采购活动和内部机构设置、管理制度执行情况;参与规定同级集中采购机构的预算体制以及政府采购经费的管理办法。

(三) 政府采购当事人

政府采购当事人应当包括:政府采购人、政府采购代理机构和供应商。

1. 政府采购人

政府采购人是指依法进行政府采购的国家机关、事业单位、团体组织。根据我国宪法规定,国家机关包括国家权力机关、国家行政机关、国家审判机关、国家检察机关等。事业单位是指政府为实现特定目的而批准设立的事业法人。团体组织是指各党派及政府批准的社会团体,如协会、学会、工青妇组织等。按此规定,政府采购适用范围不包括企业单位,但应当包括专职承办行政事业单位委托采购任务的企业。

政府采购的采购人应该包括使用财政性资金进行采购的各类政府采购机构。只要是纳入财政预算管理的单位,采购资金来源于财政预算拨款,不管是政府,还是法院、检察院,也不管是国家机关,还是事业单位或者其他的社会团体,都可以成为政府采购人,并且除了特殊情况外(如涉及国家秘密和国家安全的采购事项),也都要受有关政府采购的法律、法规的约束。采购人不包括集中采购机构,但包括部门内设的部门集中采购机构。

2. 政府采购代理机构

政府采购代理机构是指政府设立的集中采购机构和经认定资格的采购代理机构。认定资格的采购代理机构是指经省级以上财政部门认定资格的,从事政府采购货物、工程和服务采购代理业务的社会中介机构。

从国际经验看,集中采购通常是政府采购的主要形式。实行政府采购制度的国家在20世纪80年代以前,集中采购机构的设置主要有两种形式:一是政府独立设置,如美国、英国等;二是设在财政部门,如韩国、比利时等。几乎所有的集中采购机构都是政府机关。目前,集中采购机构的设置主要是上述两种形式。但有些国家将这些机构改革成了企业性质的经营实体,如法国、英国等。主要原因:一是西方国家人力资源短缺,政府工作繁重,能让市场承担的事务尽量市场化;二是政府机构承担采购事务,效率不高,不能满足采购单位要求。

我国政府采购代理机构分为两类:一类是由政府设立的集中采购机构(即政府采购中心),属事业法人;另一类是由财政部门认定的社会代理机构,为企业法人。

(1) 政府集中采购机构。政府集中采购机构是由政府设立的非营利事业法人,根据采购人的委托办理采购事宜。非营利事业法人是指集中采购机构为事业单位,并且不能以营利为目的,表明集中采购机构或全额财政拨款,或财政差额补助,但无论采取什么预算体制,其收费等项收入都要上缴国库,实行"收支两条线"管理。

(2) 政府采购社会代理机构。政府采购社会代理机构,是指经省级以上人民政府部门认定资格的,依法接受采购人委托,从事政府采购货物、工程和服务的招标、竞争性谈判、询价、单一来源采购代理业务,以及政府采购咨询、培训等相关专业服务的社会中介机构。

与政府集中采购机构不同,集中采购机构属于公益性组织,不以营利为目的,它的运行和从事的集中采购活动全部依靠国家财政来维持,为党政机关各部门办理采购的工作服务;社会代理机构则是以营利为目的,面向社会上各类市场主体,除了公共部门以外,更多的是为企业提供中介代理服务。

3. 供应商

供应商是指向采购人提供货物、工程或者服务的法人、其他组织或者自然人。为了满足政府机构更好地提供社会公共服务的需要,必须保证政府采购的效率和质量,所以，对进入政府采购市场的供应商要作出资格规定。我国《政府采购法》规定参加政府采购活动的供应商应当具备六个方面的基本条件：①具有独立承担民事责任的能力；②具有良好的商业信誉和健全的财务会计制度；③具有履行合同所必需的设备和专业技术能力；④具备依法纳税和缴纳社会保障资金的良好记录；⑤参加政府采购活动前3年内，没有重大违法行为；⑥法律、法规规定的其他条件。

（四）政府采购评审专家

政府采购评审专家是指符合规定条件和要求，以独立身份从事和参加政府采购招标、竞争性谈判、询价、单一来源等采购活动评审以及从事相关咨询工作的各类经济、技术、法律方面的专家。政府采购评审专家参加政府采购的评审活动，一是代表学术或技术权威，以第三方的身份参加政府采购活动；二是代表法律的尊严，以执法者的身份，履行法律所赋予的职责，能够提高政府采购的透明度和效率。

按照"统一建库，属地审核，分级管理，资源共享，随机抽取，管用分离"的原则，评审专家通过政府采购专家库进行管理。

评审专家的管理与使用相对分离。财政部门建立专家库维护管理与抽取使用相互制约的管理制度。财政部门负责本部门建立的政府采购评审专家资格管理，通过公开征集、推荐与自我推荐相结合的方式招聘各类专家入选专家库，并实行集中管理。各级财政部门负责本地区评审专家资格和专家库的日常管理，并建立评审专家信息反馈制度和资格审验制度。对在政府采购评审工作中有违规行为、不再胜任评审工作、复审不合格的，或者本人提出不再担任评审专家申请的，财政部门可以随时办理有关解除资格聘用手续。

财政部门建立政府采购评审专家信息反馈制度，听取有关各方对评审专家业务水平、工作能力、职业道德等方面的意见，核实并记录有关内容。定期组织专家进行政府采购法律、法规和政策方面的学习。评审专家考核工作由财政部门负责。采购代理机构和有关监督人员应当协助对评审专家的考核。评审专家考核实行日常考评和集中考核相结合的办法。集中考核原则上每年进行一次。日常考核由采购代理机构负责组织实施。

二、政府采购的模式

（一）政府采购模式的类型

政府采购的模式，在不同国家、地区间存在着较大差异。即使实行相似管理体制的国家之间，也存在差异。一个国家在不同历史时期，也实行不同的采购组织形式，大致可分为三种。

1. 完全集中型（集中采购）

完全集中采购是指由政府设立的职能机构统一为其他政府机构提供采购服务的一种采购组织实施形式。一个部门统一组织本部门、本系统采购活动，也称集中采购。

集中采购的实施主体为集中采购机构，一级政府的集中采购机构一般是一个，也可以是多个。集中采购机构的职能是受采购人委托开展的采购活动，实际上是一个代理机构，不具备政府采购的行政管理职能。集中采购机构的采购范围视集中程度而定，一般情况下，主要是跨部门的通用商品。实行集中采购有利有弊。其有利之处是：能形成批量，取得规模效益；减少重复采购，降低采购成本；统一策划，统一采购，统一配置标准,便于维修和管理;容易培养一支专业化采购队伍,保证采购质量;方便管理和监督;有利于政府采购有关政策取向的贯彻落实。其弊端主要是:容易滋生官僚习气,采购效率不高;难以满足用户多样性的需求;采购周期较长等。

2. 完全分散型(分散采购)

完全分散采购是指由各预算单位自行开展采购活动的一种采购组织实施形式。分散采购的组织主体是各预算单位。分散采购有利之处主要是:增强采购人自主权,能够满足采购对及时性和多样性的需求。分散采购不利之处主要是:失去了规模效益,加大了采购成本,不便于监督管理等。

3. 适当集中型(混合采购)

适当集中型是集中采购与分散采购相结合的模式,是指一级政府的政府采购。组织政府采购实施形式既有集中采购,也有分散采购。集中采购与分散采购相结合的模式,可以发挥集中和分散各自的优势,这是当前国际上的主流组织形式。

世界各国政府采购的事实表明,适度集中采购模式适应了政府采购的经济性和有效性目标,有利于国家制定和实施统一的采购政策和方针,代表了政府采购制度的发展趋势。自20世纪中期以来,许多国家采取的是适度集中采购制度。美国自1949年起确立了以联邦政府集中采购为核心的管理体制,确立了联邦事务局为适度集中采购的实施机构。韩国于1955年开始全面推行政府物资的适度集中采购制度,于1966年建立和完善了适度集中采购制度和供应制度,规定中央部门20亿韩元以上和地方100亿韩元以上的采购项目由采购厅集中进行。

(二) 我国的政府采购模式

我国的政府采购组织形式是集中采购与分散采购相结合的混合采购模式。

1. 政府集中采购

政府集中采购是指由政府设立的集中采购机构依据政府制定的集中采购目录,受采购人的委托,按照公开、公平、公正的采购原则,以及必须采取的市场竞争机制和一系列专门操作规程进行的统一采购。集中采购是政府采购的一种主要组织实施形式,由政府将其有规模的,包括批量规模的采购项目,纳入集中采购目录。属于通用的政府采购项目的,采购人应当委托集中采购机构代理采购,有特殊情况报经同级财政部门批准的除外。集中采购机构不得把采购人委托的采购项目再委托其他采购代理机构采购。通用的政府采购项目,是指采购人普遍使用,可归集形成采购规模的标准化产品,必须由集中采购机构代理采购,部门和单位不允许自行采购。

2. 部门集中采购

部门集中采购是指主管部门(采购人)统一组织实施纳入部门集中采购目录以内的货物、工程、服务的采购活动。部门集中采购也属于集中采购,其范围主要是本部门、本系统有特殊要求的采购项目。对于这些采购项目,相关部门具有丰富的采购经验,对市场的了解也超过了集中采购机构,由这些部门组织集中采购,效益更好,效率更高,也能更好地满足采购人需求。

集中采购目录中涉及某些部门、系统有特殊要求的项目,集中采购目录中属于非通用的,只适合某一部门或者系统使用的项目,应当由相关部门实行集中采购,不必委托集中采购机构代理采购。

3. 单位分散采购

单位分散采购是指采购人自行组织实施采购活动,分散采购的主体是采购人,各级政府行政事业单位,不包括集中采购机构。分散采购是相对于集中采购而言的,也是政府采购的一种组织实施形式。分散采购的范围是指除本级政府纳入集中采购目录以外,采购限额标准以上的政府采购项目。如果纳入集中采购目录中的采购项目,属于个别单位的特殊需求,采购人按其专业要求需要特别定制,不宜实行集中采购,而且不具备批量特征,可以由该单位自行组织采购。但事前必须得到省级以上人民政府的批准,否则,视为违法行为。分散采购项目可以由采购人自行组织采购,也可以委托集中采购代理机构代理采购。

三、政府采购的方式

政府采购方式按政府采购的不同情形划分为以下方式:公开招标、邀请招标、竞争性谈判、单一来源采购、询价和其他采购方式。公开招标采购是政府采购首选的采购方式。

1. 公开招标采购

公开招标采购是指招标采购人依法以招标公告的方式邀请不特定的供应商参加投标,由招标人在报刊、电子网络或其他媒体上刊登招标公告,吸引众多供应商参加投标竞争,招标人从中择优选择中标单位的招标方式。

公开招标采购是政府采购主要采购方式,凡达到公开招标数额标准的货物和服务采购,都必须采取公开招标方式。采购人采购公开招标数额标准以下的货物、工程或服务项目,可以采用公开招标或非公开招标方式。公开招标采购以外的其他采购方式均被认为是公开招标采购方式的补充。

公开招标采购的优点在于:选择范围广、竞争范围大、竞争更充分;公开程度高、公告时间较长、信息发布透明;操作规范、效率高。不足之处在于:当采购环境比较复杂,采购客体价值比较小,采购情势比较急迫时,会使竞争性招标采购方式的使用受到限制,不能获得最佳的经济效益和实现政府采购的目标。

2. 邀请招标采购

邀请招标采购是指招标单位依法从符合相应资格条件的供应商中随机邀请三家以上供应商,并以投标邀请书的方式,邀请其参加投标。也称有限竞争性招标或选择性招标,一般选择 3~10 个供应商参加投标较为适宜。由于被邀请参加的投标竞争者有限,可以节约招标费用,提高投标者的中标机会。但邀请招标限制了充分的竞争。

邀请招标采购只适用于以下两种情形:一是采购项目比较特殊,如保密项目和急需或者因高度专业性等因素使提供产品的潜在供应商数量较少的;二是若采用公开招标方式,所需时间和费用与拟采购的项目总金额不成比例的。

3. 竞争性谈判采购

竞争性谈判采购是指采购人或代理机构通过与多家供应商(不少于三家)进行谈判,最后从中确定中标供应商。政府采购中的谈判是指采购人或代理机构和供应商就采购的条件达成一项双方都满意的协议的过程。与公开招标方式采购相比,竞争性谈判采购具有较强的主观性,评审过程也难以控制,容易导致不公正交易,甚至腐败。因此,必须对这种采购方式的适用条件加以严格限制并对谈判过程进行严格控制。

竞争性谈判采购方式适用于紧急情况下的采购或涉及高科技应用产品和服务的采购。

4. 询价采购

询价采购是指对几个供货商(至少三家)的报价进行比较以确保价格具有竞争性的一种采购方式。这就是通常所说的货比三家,这是一种相对简单而又快速的采购方式,是一种限制性集中议价采购方式。

询价采购不发布议价公告,只向特定的供应商发出询价单。每一个供应商或承包商只许提出一个报价,而且不许改变其报价,不得同某一供应商或承包商就其报价进行谈判。被询价的供应商不少于三家。

询价采购适用于对合同价值较低且价格弹性不大的标准化货物或服务的采购。

5. 单一来源采购

单一来源采购也称直接采购,是指采购人直接向某一家供应商采购的方式。单一来源采购是一种没有竞争的采购方式。采购实体在适当的条件下向单一的供应商、承包商或服务提供者征求建议或报价,未采购货物、工程或服务。采购标的即使达到了竞争性招标采购的金额标准,但来源渠道单一,只能由一家供应商供货。

单一来源采购供应商唯一,没有其他供应商与其竞争。因此,采用这种采购方式的采购成本相对其他采购方式来讲比较高。

6. 其他采购方式

(1) 定点采购,是指通过公开招标确定某类商品或服务的定点供应商,采购人根据一定的原则在定点供应商范围内选择供应商。其适用于集中采购目录中通用的小额零星的采购项目。

(2) 协议供货,是指通过公开入围方式确定各类商品的入围品牌形成协议供货商品库,在商品库中选择商品,通过竞价确定供应商和成交价格。这种方式能简化采购程序、降低采购成本、缩短采购周期、便于财务结算、提高工作效率。其适用于一般办公用品(办公自动化设备和电器设备),公务用车的保险、维修和加油等。

(3) 电子采购,是指以互联网为平台进行的现代采购模式,是由采购方发起的一种采购行为,是一种不见面的网上交易,如网上招标、网上竞标、网上谈判等。政府电子采购是电子商务和电子政务的统一,是指政府利用信息技术,确立公共部门采购货物、工程和服务的一种采购形式。

为贯彻落实中央深化政府采购制度改革精神,优化政府采购营商环境,我国正全面推进政府采购全流程电子化。政府采购全流程电子化是指政府采购项目的采购预算编列、意向公开、需求拟订、计划管理、项目委托、采购执行、合同签订、履约验收、资金支付、信用管理、绩效评价、档案管理、大数据服务等环节全部通过政府采购信息化系统在线实施,实现不见面开标、评审,采购活动全程留痕且无纸化运行,以全流程电子化驱动政府采购智能化。全流程电子化是政府采购制度改革发展的大势所趋,是深入推进"放管服效"改革,推动经济高质量发展及反腐倡廉的重要手段,也是大力推进"互联网+政府采购"的必然要求。为此,一些省份纷纷制定政府采购全流程电子化交易管理办法,发布推进政府采购全流程电子化工作的通知。例如，2022年8月《内蒙古自治区政府采购全流程电子化交易管理办法》发布，2023年12月《山西省财政厅关于全面推进政府采购全流程电子化工作的通知》发布，等等。

四、政府采购的程序

政府采购基本操作程序分为以下几个阶段。

1. 编报政府采购预算

政府采购预算反映各预算单位年度采购项目及资金使用计划，是部门预算的组成部分，是开展政府采购的前提。政府采购预算一般包括采购项目、采购资金来源、采购项目数量、规格和采购项目时间等内容。这一环节是确定采购需求和编制采购计划的重要依据。采购人应按部门预算编制要求，依据政府公布的年度采购目录，认真编制本部门本单位的政府采购预算，并严格按照批复的政府采购预算执行。

2. 政府采购计划的确定

政府采购计划是财政部门对政府采购预算执行管理的一种方式，是政府采购工作的依据。政府采购计划为政府采购提供采购单位的可能性需求，而采购单位根据采购计划填报政府采购申报表是采购单位的现实需要，是整个政府采购过程的起点。每次具体采购都要求采购单位填报采购申报表，政府采购申报表由采购单位根据批准的政府采购计划编制。它既反映采购单位实施政府采购项目的具体要求，包括性能、规格、技术参数、用途及采购时间要求和售后服务要求，也反映了采购项目的采购预算，是采购机关组织实施集中采购、制订政府采购方案的依据。

3. 确定采购模式

我国政府采购模式采用集中采购与分散采购相结合的混合采购形式。政府采购目录和标准，是政府采购监督管理部门制定并公布的应纳入政府采购管理的工程、货物和服务项目的清单以及额度限制标准和相关说明，也是确定政府采购模式的重要依据。目前，政府采购目录和公开招标限额标准没有统一规范的格式。根据政府采购法的规定，属于中央预算的政府采购项目，其集中采购目录由国务院确定并公布；属于地方预算的政府采购项目，其集中采购目录由省、自治区、直辖市人民政府或者其授权的机构确定并公布。政府采购限额标准，属于中央预算的政府采购项目，由国务院确定并公布；属于地方预算的政府采购项目，由省、自治区、直辖市人民政府或者其授权的机构确定并公布。

4. 选择政府采购的方式

政府采购的主要方式有公开招标、邀请招标、竞争性谈判、询价、单一来源采购等。招标采购方式是政府采购广泛使用的一种方式，在实际的采购工作中，采购人员会发现某些采购进行竞争性招标方式并不适用，使用这种采购方式并不能很好地达到预定目的，采用其他的采购方式可能更加适合于某一次具体采购。这是由于采购项目不同特点及各种采购方式的利弊不同而造成的。

正确选择采购方式，应考虑几个方面的因素：法规规定；采购规模；潜在供应商数量；采购单位提出的技术、性能、规格、时间及售后服务要求；采购政策以及采购惯例等。政府采购法及其实施条例对政府采购方式、选用条件进行了明确规定。

5. 组织实施采购活动

根据批准的政府采购方式组织政府采购活动,分别采用公开招标和邀请招标方式的一般程序;采用竞争性谈判方式的程序;采用询价采购方式的程序;采用单一来源采购方式的程序等。

6. 政府采购合同签订

政府采购合同是采购机关制定的采购单位与供应商双方都必须共同遵守的具有法律效力的采购规则及采购合同条款,它是政府采购机关明确规定采购单位与供应商权利、义务与责任的法律文本,对双方具有同等的法律约束力。政府采购合同可以根据政府采购的具体内容和选择的采购方式不同制定不同的条款。

7. 采购合同履行与验收

政府采购合同执行完毕后,采购人或受委托的采购代理机构应该按照规定和要求组织合同履行情况的验收。采购人应组织验收小组,对供应商履约情况及合同执行结果进行检验和评估,大型或者复杂的采购项目,采购人还应请专业机构参加验收。验收完成后,验收方成员应当在验收书上签字,并承担相应的法律责任。

8. 政府采购货款结算

政府采购履约验收后,采购人向财政部门报送合同履行报告等资料,申请支付采购资金。财政部门负责审核和支付资金。政府采购合同价款的支付方式有国库直接支付和采购人支付。国库直接支付的,财政部门将采购合同价款直接付给供应商。

9. 政府采购文件的保存和政府采购绩效评价

采购人、采购代理机构应妥善保存政府采购文件,保存期限为从采购结束之日起至少15年。政府采购文件包括采购活动记录、采购预算、采购人与采购代理机构签订的委托代理协议书、招标文件及其澄清文件、投标文件、评标标准、评标报告、定标文件、合同文本、验收证明等。

全面实施预算绩效管理是政府治理方式的深刻变革,政府采购绩效评价是推动预算绩效目标落地的重要手段。政府采购绩效评价是对政府采购项目全过程进行全面、客观、科学的评价,旨在规范政府采购行为、提高财政资金使用效益,并为政府采购监督管理提供依据。政府采购绩效评价内容主要包括政府采购法律法规和相关政策、制度的执行情况;政府采购活动的专业性、效率性、公开性、公平性和公正性;政府采购结果的需求相关性、经济性、效益性和有效性;政府采购当事人和服务对象的满意度;政府采购当事人诚实信用情况;其他需要绩效评价的内容。

第三节 政府采购预算

一、政府采购预算界定

(一)政府采购预算的概念

政府采购预算是全面反映各预算单位实施采购活动的计划,是指政府在一个财政年度内为满足公共需要,对各预算单位实施采购货物、工程或服务的计划。它反映预算单位年度政府采购项目及资金计划,是财政部门预算的重要组成部分。政府采购预算反映着政府的职能,政府采购预算作为政府重要支出计划,反映政府预算中用于货物、工程或服务采购项目的开支,规定了政府在预算年度内的活动范围、方向和重点。预算的编制过程即财政资源配置的过程,政府采购预算由部门单位采购预算和财政采购预算组成,主要包括经常性预算专项资金安排的货物和服务项目以及建设性预算支出中的工程类项目。政府采购预算在年度预算政府预算或部门预算编制时同时编报。我国《政府采购法》第6条明确规定,"政府采购应当严格按照批准的预算执行"。《政府采购法》第32条规定,"负有编制部门预算职责的部门在编制下一财政年度部门预算时,应当将该财政年度政府采购的项目及资金预算列出,报本级财政部门汇总。部门预算的审批,按预算管理权限和程序进行"。

(二)政府采购预算的分类

(1)政府采购预算按采购品目划分为货物类采购预算、工程类采购预算和服务类采购预算。

(2)政府采购预算按级次划分为中央政府采购预算、地方政府采购预算。

(3)政府采购预算按部门性质划分为各部门单位政府采购预算。

(4)政府采购预算按资金来源划分为预算内资金政府采购预算、预算外资金政府采购预算。

(5)政府采购预算按支出性质划分为经常性支出采购预算、资本性支出采购预算。

(三)政府采购预算的特点

与其他预算相比,政府采购预算既涉及功能分类,也涉及经济分类,是政府为了加强对政府采购活动的管理与控制,实现政府采购目标而编制的预算。因此,政府采购预算实质上是一种预算政策和对预算执行情况考核的预算。特征如下:

(1)政府采购预算具有从属性。政府采购预算的编制不能脱离财政支出总预算这个框架,是部门预算的一个重要组成部分。政府采购预算必须根据财政预算限定的拨款数额来确定货物、工程或服务购买的数量和品质,同时还要贯彻国家的方针、政策和国民经济发展计划。

(2)政府采购预算具有完整性。政府采购预算不仅包括财政支出总预算内安排的专项采购资金,而且包括单位自筹资金等纳入预算管理的全部资金,对于财政性资金与非财政性资金无法分割采购的部分,也要纳入政府采购范围,从而全面反映采购人整个采购活动。

(3)政府采购预算具有公开性。由于政府采购预算细化到每个项目,并且作为财政预算的一个重要组成部分须经过人民代表大会审批,向全社会公布,使采购单位的采购需求公开化,使政府采购预算置于社会的监督之下,从而提高了政府采购预算的透明度。

(4)政府采购预算具有控制性。政府采购预算体现出对政府支出的控制,从某种意义上看,政府采购预算就是政府采购行为成本的体现。

二、政府采购预算编制原则

1. 法制性原则

部门预算中编制的政府采购预算项目要符合《中华人民共和国预算法》《中华人民共和国政府采购法》《中华人民共和国政府采购法实施条例》及相关的国家法律、法规，充分体现国家的有关方针、政策，还要在法律赋予部门的职能范围内部编制政府采购项目要符合财政宏观调控目标，遵守现行的各项财务、规章制度。预算年度购买支出增减要充分体现与国民经济和社会发展的一致性，要与经济增长速度相匹配。单位在编制政府采购预算时，要按照国家统一设置的预算表格、统一的口径、统一的程序以及统一的计算方法填列有关数字指标。

2. 真实性原则

政府采购规模的测算必须运用科学、合理的方法，力求数据的真实、准确，购买支出要按规定的标准，结合近几年实际购买情况测算，不能随意虚增支出。各项购买支出要符合部门实际情况，测算时要有真实、可靠的依据，不能凭主观印象或人为提高购买标准。单位在编制政府采购预算时，必须将单位取得的财政拨款和其他各项收入以及各项支出形成的政府采购，完整、全面地反映在单位预算中，不得在预算之外，另留收支项目。

3. 全局性原则

政府采购预算编制的全局性原则是指在预算编制过程中，要顾及大局，考虑到政府的整体利益，政府采购预算是财政总预算的一个子预算。它不能脱离财政支出总预算。在编制采购预算时要求根据当年财力状况，要符合财政支出总预算的资金支出总体趋向和规模结构，尤其是地方预算要符合《预算法》中所规定的量入为出、收支平衡的编制总原则要求。

4. 平衡性原则

在编制政府采购预算时顾及各个部门和单位的利益，协调好各级政府之间的关系，审查各部门和单位的采购计划时，要在保障重点项目和紧急项目采购需求得以满足的同时，兼顾一般的建设项目和物品的采购需求，保证各部门和单位建设的均衡发展。

5. 效益性原则

在编制政府采购预算时要注重采购资金使用的成本效益分析，在财政部门审定批准的指标范围内，考虑各单位上报的采购计划的合理性，选择最有效的采购项目规模和结构组合，确保采购资金获得最大效益。

6. 明晰性原则

在编制政府采购预算时要求将预算细化到每一个项目，根据每个单位的采购需求开设相关的科目，进行账目的明晰核算。

三、政府采购预算编制的程序与方法

（一）政府采购预算的基本内容

政府采购预算是采购机关根据事业发展计划和行政任务编制的，并经过规定程序批准的年度政府采购计划。政府采购预算是事业行政单位财务预算的一个组成部分，一般包括：采购项目、采购资金来源、数量、型号、单价、采购项目截止（开工、使用）时间、政府采购组织形式等。

1. 采购项目

政府采购项目按当年财政部门公布的政府采购目录进行编制。政府采购目录是政府采购中需要重点管理的货物、工程和服务的归集，是预算单位编制年度政府采购计划的依据。

货物类：一般包括计算机、复印机等办公用品，科研、教学、医疗用仪器设备，公检法等执法监督部门配备的通用设备和统一制装，办公家具，交通工具，锅炉用煤等。

服务类：一般包括会议、公务接待、车辆维修、加油、大宗印刷、机票订购等项目。服务类项目一般实行统一定点采购。

工程类：一般包括基建工程，修缮项目，财政投资工程项目中由建设单位负责采购的大宗材料（如钢材、铝材、木材、水泥等）和主要设备（如空调、电梯、消防、电控设备等）。

2. 数量

数量是指各采购项目的计划采购量。

3. 型号

型号是指各计划采购项目的配置标准。

4. 资金来源

资金来源是指单位用于政府采购项目的支出计划。一般包括：①财政拨款：财政预算拨款中用于政府采购项目的支出；②财政专户拨入资金：单位用存入财政专户的收入安排政府采购项目的支出；③单位留用收入：单位用经批准直接留用的收入安排政府采购项目的支出；④其他收入：单位用上述资金来源以外的资金安排政府采购项目的支出，包括：自筹资金、国家财政转贷资金、银行贷款、国际金融组织贷款等。

从实际工作来看，单位的支出一般分为三大类：人员经费、正常经费和专项经费，政府采购的项目是货物、服务和工程，因此其资金来源主要限定在各项收入安排的公用经费和专项经费部分。

5. 组织形式

在我们国家，政府采购的组织形式主要包括政府集中采购、部门集中采购、单位分散采购等几种方式的选择。

（二）政府采购预算的编制程序

政府采购预算的编制程序与现行财政预算管理体制相适应，一般采取自下而上的方法和"两上两下"的程序。

第一步："一上"——由下至上逐级填报、汇总政府采购预算草案申请。负有编制部门预算职责的部门在编制部门预算时，按照财政部门规定的部门预算表格及政府采购预算表格和要求，将本财政年度政府采购的项目及资金来源等列入预算，列出汇总报财政部门审核。

第二步："一下"——由上至下审核、修改政府采购预算，部门预算分为收入预算、基本支出预算、专项（项目）支出预算和政府采购预算。专项支出预算是政府采购预算的主要资金来源。财政部门接到各部门报来的政府采购预算后，结合核定的各部门的支出控制数以及专项支出预算一起进行审核。审核各部门自报的项目是否符合政策规定，审核各部门上报的政府采购预算是否完整等。在审核的基础上重新编制各部门政府采购预算，并将重新编制的政府采购预算下达给各采购人征求意见。

第三步："二上"——由下至上重新编制政府采购预算表。各单位根据财政部门下达的预算控制数，结合本单位预算年度收支情况，特别是财政拨款（补助）数变动情况，本着"量入为出、不留缺口"的原则，对相关收支项目进行调整，包括调整政府采购预算，编制正式部门预算。部门在调整政府采购预算时，应根据事业发展和工作计划，提出具体采购项目预算金额及实施时间。各单位要按规定时间将正式预算报送主管部门审核汇总，由主管部门报财政部门汇总报批。

第四步："二下"——由上至下批复下达政府采购预算。财政部门将各单位包括政府采购预算在内的部门预算汇总编入本级财政预算，按法定程序批准后，随同各单位的部门预算一起逐级下达给各部门预算单位。预算下达各部门后，各部门要按照随同下达的政府采购预算编制《政府采购计划表》，并应在下达部门预算时规定的时间之内上报政府采购计划。

（三）政府采购预算的编制方法

政府采购预算应与年度部门预算同时编报。政府采购预算由单位采购预算和财政采购预算组成。

1. 单位政府采购预算的编制方法

由各单位按预算级次、项目和品目等内容向财政部门报送货物采购、工程采购和服务采购预算。财政部门经审核确定单位采购项目资金，编制单位汇总政府采购预算。

2. 财政采购预算编制方法

财政预算的资金来源主要是财政支出总预算安排的建设性资金和专项资金，按价值管理和实物管理相结合的办法，在财政支出总预算中单独按货物采购、工程采购、服务采购三大类编制财政采购预算，并细化到每一个单位和项目，汇编成财政采购预算。这一部分预算的编制主要由有预算分配权的部门，如发展改革委与财政业务部门一起编制。

财政部门根据财政采购预算和单位采购预算，将采购项目和采购资金来源分类汇总，构成本级的政府采购预算。

第四节　中国政府采购制度建立与完善

一、中国政府采购制度改革

为了加强财政支出管理，规范政府采购行为，在广泛借鉴国际经验基础上，1995年，上海市率先试行大宗物品集中招标采购，1996年，深圳试行了公务车辆集中招标采购。财政部支持各地开展政府采购的试点工作,自此政府采购工作像雨后春笋般地在我国蓬勃发展开来。

1. 中国政府采购制度改革的提出

长期以来,我国各预算单位的采购行为都是各自为政、分头进行的。这种分散采购的方式带来了诸多弊端:一是政府采购资金的分配和使用脱节,资金使用效益不高,财政无法实行有效监督;二是采购过程不透明,不公开,容易产生腐败现象;三是强化了地方保护主义,不利于全国统一市场的形成;四是不能形成规模效应,不能体现国家的产业政策,削弱了财政对经济的调控职能。因此,传统的分散采购制度越来越不能满足我国经济社会发展对政府采购管理的客观需要。

1995年11月,APEC在日本大阪召开了领导人会议。在这次会议上,通过了《大阪行动议程》。在这个议程中,政府采购被列入了APEC贸易和投资自由领域。在当时APEC的18个成员中,除中国外,其他成员都建立了政府采购制度。为了尽快缩小与APEC发达成员的差距,国务院领导指示有关部门要将建立我国政府采购制度提上议事日程。

2. 中国政府采购制度的建立

在广泛借鉴国际经验的基础上,1996年,我国开始了政府采购制度改革的试点工作。上海市率先启动了政府采购试点活动。1996年,上海市财政局和市卫生局联合下发了《关于市级卫生医疗单位加强财政专项采购经费管理的若干规定》;随后,全国各省、自治区、直辖市不同程度地开展了政府采购试点工作。1998年,深圳市率先制定了我国政府采购的第一个地方性法规《深圳经济特区政府采购条例》。此后,其他许多省、自治区、直辖市都颁布了相应的政府采购法规。

1998年,国务院实行机构改革,明确财政部为政府采购的主管部门,财政部建立了专门机构,负责履行政府采购管理职责,从而在我国初步建立了政府采购管理机构和执行机构。一些省、自治区、直辖市和计划单列市也开始在财政部门设立政府采购管理机构,有的还同时建立了集中采购机构,负责集中采购事务。

1999年4月,财政部颁布了《政府采购管理暂行办法》,这是我国第一部有关政府采购的全国性管理办法。2000年6月,财政部在《关于进一步加强地方政府采购管理工作的通知》中,从预算管理、采购范围及规模、资金管理、队伍建设、信息管理和监督机制等八个方面进一步明确了政府采购工作的总体要求和工作目标。2001年,财政部起草了一系列办法,如《中央单位2001年政府采购实施方案》《政府采购资金财政直接拨付管理暂行办法》等,进一步规范了政府采购预算编制和资金支付管理,初步建立了政府采购招标业务代理机构管理制度。

2002年正式颁布了《中华人民共和国政府采购法》,对政府采购的范围作了原则性规定。《政府采购法》的颁布,标志着政府采购由试点阶段转向全面推行阶段。

《政府采购法》颁布后,财政部根据改革的需要,研究制定了十多个配套办法,如《政府采购货物和服务招标投标管理办法》《政府采购信息公告管理办法》《政府采购供应商投诉处理管理办法》《中央集中采购机构监督考核暂行办法》和《政府采购评审专家管理办法》等。

随着立法工作的进一步推进,政府采购规模和范围不断扩大,财政部发布的2022年全国政府采购简要情况数据显示,2022年全国政府采购规模为34 993.1亿元。政府采购政策功能作用日益凸显,有效促进经济社会发展。

3. 中国政府采购制度改革的深化与完善

自2002年、2003年政府采购由简单的货物扩大到工程类和服务类采购。并且货物采购份额逐年下降、工程类采购份额明显上升之后,2005年,政府采购在促进节能、环保、自主创新以及维护国家公共利益等方面均取得进展。财政部根据实际情况扩大了节能产品政府采购范围,并会同有关部门研究国货认定标准以及扶持环保型产品、自主创新产品的政府采购政策;2005年12月,财政部会同国家发展改革委员会、信息产业部出台了无线局域网产品政府采购政策,标志着政府采购政策功能得到进一步发挥,对于维护国家利益和社会公共利益发挥了应有的作用。

在此阶段,我国政府还推进了财政采购管理机构与集中采购机构分离,即"管采分离"改革,理顺了政府采购管理体制。

为应对开放政府采购市场后带来的挑战,2005年9月,财政部成立了WTO《政府采购协议》研究工作组,就我国加入WTO政府采购协议(GPA)谈判问题开展专题讨论。同时,我国政府在中美第16届商贸联委会上承诺,与包括美国在内的GPA成员国开展技术性磋商。2005年11月,中国与欧盟签署了《中欧政府采购合作谅解备忘录》(以下简称《备忘录》),《备忘录》明确在中欧财金对话机制下,财政部国库司与欧盟委员会内部市场和服务总司政府采购政策司将共同开展政府采购交流合作。《备忘录》的签订标志着中欧政府采购对话机制正式建立。2007年12月28日,中国政府向WTO提交了加入《政府采购协议》的申请和初步出价清单,对深化中国政府采购制度改革和促进WTO有关目标的实现,都将产生非常重要的影响。

从1996年开始试点,到2024年,我国政府采购制度改革已经走过了近30年,政府采购制度日益健全完善。尤其是2018年11月,中央全面深化改革委员会审议通过了《深化政府采购制度改革方案》,明确深化政府采购制度改革要坚持问题导向,强化采购人主体责任,建立集中采购机构竞争机制,改进政府采购代理和评审机制,健全科学高效的采购交易机制,强化政府采购政策功能措施,健全政府采购监督管理机制,加快形成采购主体职责清晰、交易规则科学高效、监管机制健全、政策功能完备、法律制度完善、技术支撑先进的现代政府采购制度。方案系统阐述了深化政府采购制度改革的指导思想、基本原则和改革任务,是新时期深化政府采购制度改革的行动纲领和科学指南。根据《深化政府采购制度改革方案》,财政部和地方相继制定了深化政府采购制度改革的具体方案,有力推进了现代政府采购制度建设。

专栏8-1 世界贸易组织《政府采购协议》的基本目标及原则

《政府采购协议》(以下简称《协议》)是在政府采购领域首次达成的有关各缔约国权利义务的法律框架,为政府采购在法律、规则、程序和措施方面设立了统一的国际标准。

一、《政府采购协议》的基本目标

（1）通过建立一个有效的关于政府采购的法律、规则、程序和措施方面的权利与义务的多边框架，实现世界贸易的扩大和更大程度的自由化，改善协调世界贸易运行的环境。

（2）各国关于政府采购的法律规章和程序做法均不得对国内供应商提供保护，以在国内外供应商之间实行差别待遇。

（3）各国应提高政府采购法规及程序做法的透明度。

（4）建立成熟、监督和争端解决的国际程序，以确保有关政府采购的法则能得到公正、迅速和有效的执行，维持权利和义务的平衡。

（5）发展中国家特别是最不发达国家的发展、财政与贸易需要，应给以特别的考虑。

二、《政府采购协议》的原则

（1）国民待遇和非歧视性待遇。《协议》第3条规定，各缔约方应保证无条件地向来自另一方的产品、服务及供应商提供不低于向国内产品、服务及供应商所提供的待遇；不低于向任何其他一方的产品、服务及供应商所提供的待遇。各缔约方还应保证，不能基于外国属性和所有权成份的比重而在当地设立的供应商之间实行差别待遇；不能基于被提供的产品与服务的生产国别而歧视在当地设立的供应商，如果该生产国是《协议》的缔约方。

（2）发展中国家的特殊与差别待遇。《协议》第5条详尽地规定了对发展中国家的种种特殊与差别待遇，目的在于保障发展中国家的国际收支平衡，保证他们有足够的外汇储备来执行经济发展方案；促进发展中国家国内工业的建立和发展，包括促进农村或落后地区的小型工业和家庭手工业的发展及其他经济部门的发展；扶持发展中国家那些完全或基本上依赖政府采购的工业单位；在向世贸组织部长会议提出并征得同意的情况下，鼓励发展中国家通过区域或全球安排来发展经济。

（3）透明度原则。《协议》第17条规定，每一缔约方应鼓励其实体说明受理来自非缔约方国家投标的条件，以确保各实体授予合同的透明度。①按第6条有关技术规格的规定来拟定合同；②用WTO的一种官方语言公布采购通告及其摘要，以及受理来自非缔约有供应商投标的条件；③确保一般不在采购过程中改变其采购规则，一旦这种改变不可避免，应保证有满意的补救手段。

资料来源：中国政府采购网.世界贸易组织的《政府采购协议》的签订、基本目标及原则[EB/OL].[2003-11-24]. http://www.ccgp.gov.cn.

二、中国政府采购制度改革成效

（一）政府采购的范围和规模不断扩大

政府采购制度是公共财政管理的重要内容，也是政府调控经济的有效手段。我国的政府采购制度从1996年开始试点到1998年全面启动，特别是2003年《政府采购法》

开始实施以来,政府采购制度步入法制化管理的轨道,沿着扩面增量和规范管理的主线稳步推进。采购实施范围从货物类采购向工程类、服务类采购扩展,从传统的通用类货物服务向专业新型货物服务扩展,从满足机关单位办公需要向为社会提供公共服务扩展。全国政府采购规模由2002年的1 009亿元增加到2022年的34 993.1亿元,占财政支出的比重相应由4.6%提高到9.4%,占GDP的比重也由0.2%提高到2.9%。

在政府采购规模不断扩大的同时,采购的结构更趋合理。2022年的政府采购,从结构来看,货物、工程、服务政府采购规模分别为9 027.5亿元、15 664.1亿元和10 301.5亿元,占全国政府采购规模比例分别为25.8%、44.8%和29.4%;从组织形式来看,政府集中采购、部门集中采购、单位分散采购规模分别为7 676.8亿元、2 609.7亿元和24 706.5亿元,分别占全国政府采购规模的21.9%、7.5%和70.6%;从采购方式来看,公开招标、邀请招标、竞争性谈判、竞争性磋商、询价、单一来源采购规模分别占全国政府采购规模的77.2%、0.8%、2.2%、11.0%、0.9%和3.3%。

(二)政府采购法规制度体系不断健全

政府采购法律制度建设作为改革的制度基础和工作保障,对于规范政府采购制度、促进政府采购改革与发展具有重要意义。自2003年《中华人民共和国政府采购法》正式实施以后,目前我国已初步形成了以政府采购法为统领、以部门规章为依托的政府采购法律制度框架,涵盖了体制机制、执行操作、基础管理及监督处罚等各个方面的内容。政府采购法实施后,我国相继制定了《政府采购货物和服务招标投标管理办法》《政府采购信息公告管理办法》《政府采购供应商投诉处理办法》《政府采购代理机构资格认定办法》《政府采购评审专家管理办法》和《集中采购机构监督考核管理办法》等配套规章和规范性制度。2014年8月,全国人大常委会对《中华人民共和国政府采购法》进行了修正。根据管理的需要又出台了《政府采购非招标采购方式管理办法》(2014年2月1日起施行)《政府和社会资本合作项目政府采购管理办法》(2014年12月31日通过施行)《政府采购竞争性磋商采购方式管理暂行办法》(2014年12月31日通过施行)等10余个制度办法。尤其是2015年3月1日起施行的《中华人民共和国政府采购法实施条例》,进一步完善了我国政府采购制度管理体系。财政部又先后发布了《政府采购货物和服务招标投标管理办法》(2017年10月1日起施行)《政府采购质疑和投诉办法》(2018年3月1日起施行)《政府采购信息发布管理办法》(2020年3月1日起施行)《政府购买服务管理办法》(2020年3月1日起施行)等。依据公平、公正、公开原则架构的政府采购制度,我国逐步建立了以政府采购法为统领的政府采购法律制度体系,为政府采购制度改革提供了制度保障。

与此同时,地方法规制度建设取得很大进展。有的地方通过人大立法颁布实施本区域的政府采购条例,不少地方以人民政府法规或规章的形式制定了本地区政府采购管理实施办法和具体操作规程。地方政府采购法规制度建设使政府采购法及其配套规章制度的实施更具针对性和可操性。

(三)政府采购管理体制机制不断完善

按照《政府采购法》关于政府采购管理职能与操作职能相分离的要求,全国政府采购管理机构与操作机构分离工作取得了明显进展。基本建立了"管采分离、机构分设、政事分开、相互制约"的工作机制,形成了政府集中采购、部门集中采购、单位分散采购等多种形式相互配合的采购格局,确立了以公开招标为主要采购方式的交易模式,促进了统一规范、有序竞争并对外开放的政府采购市场的形成。逐步建立了在采购管理机构统一监督管理下的集中采购机构和采购单位具体操作执行的采购管理体制。2022年公开招标占全国政府采购规模的77.2%,公开招标方式在政府采购中占主导地位。

(四)政府采购政策成效进一步显现

一是完善政府强制采购和优先采购制度。探索实行促进节能减排的绿色采购政策,建立了强制采购节能产品和优先采购环保产品的基本制度。在支持绿色发展方面,2022年全国强制采购、优先采购节能节水产品520.4亿元,占同类产品采购规模的89.7%;优先采购环保产品847.6亿元,占同类产品采购规模的87.1%。二是扎实推进支持中小企业发展政策。2022年全国政府采购授予中小企业合同金额25 884.2亿元,授予中小企业合同总金额占全国政府采购规模的74.0%;其中,授予小微企业合同金额15 148亿元,占全国政府采购规模的43.3%。三是积极支持乡村振兴。2022年各级预算单位通过脱贫地区农副产品网络销售平台("832"平台)采购贫困地区农副产品超过120亿元,有效带动贫困农户增收,促进乡村产业发展。

(五)政府采购应对国际化能力不断提升

随着我国财经对外交流与合作的深入开展,政府采购的国际化进程不断加快,领域也不断扩大。财政部先后建立了中国-欧盟政府采购对话机制、中国-美国政府采购技术性磋商机制;参加了APEC政府采购专家组、联合国贸易法委员会政府采购工作组会议,并以观察员身份参加WTO政府采购委员会活动;先后与澳大利亚、新西兰和韩国,在自贸区框架下开展政府采购谈判。

为了履行入世承诺,2007年底我国向WTO提交了加入《政府采购协定》(GPA)的申请书和初步出价,启动了加入谈判工作,我国启动了加入《政府采购协定》(GPA)谈判。加入GPA谈判主要分为两方面:一是出价谈判,明确我国加入GPA的市场开放范围。经国务院批准,财政部于2019年10月20日,向WTO提交了中国加入《政府采购协定》(GPA)第7份出价。本次出价首次列入军事部门,增加了7个省,出价范围涵盖了除自治区外的全部26个省和直辖市,新增了16家国有企业和36所地方高校。同时,增列了服务项目,调整了例外情形。这份出价是我国加快加入GPA谈判进程的重大举措,充分展现了我国扩大开放的形象,表明了我国加入GPA的诚意和维护多边贸易体制的决心。二是法律调整谈判,明确我国有关政府采购法律如何与GPA规则协调一致。只有两个谈判都与参加方达成共识,我国才能加入GPA。伴随政府采购的市场经济环境发生了较大变化,以及加入GPA谈判进程的深化,我国政府采购法律制度的问题也日益暴露出来。对此,2020年12月,财政部发布了《中华人民共和国政府采购法(修订草案征求意见稿)》;在征求意见的基础之上,2022年7月,财政部发布最新版本的《中华人民共和国政府采购法(修订草案征求意见稿)》,再次向社会公开征求意见。政府采购法的修订将有利于推进我国的政府采购法律制度与GPA规则的协调一致性。与此同时,积极应对中美、中欧高层对话机制下政府采购议题谈判,参与我国与有关国家地区自贸区协定、亚太经济合作组织(APEC)、经济合作与发展组织(OECD)等双边和多边机制下的政府采购磋商和交流。我国政府采购应对国际化的能力在不断提高。

三、中国政府采购制度改革完善的基本思路

(一) 改革总体目标

2018年11月14日,习近平总书记主持召开中央全面深化改革委员会第五次会议,审议通过了《深化政府采购制度改革方案》(以下简称《深改方案》)。《深改方案》系统阐述了深化政府采购制度改革的指导思想、基本原则和改革任务,是新时期深化政府采购制度改革的行动纲领和科学指南。根据《深改方案》的精神,按照深化财税体制改革的要求,政府采购制度改革的改革总体目标是要建立采购主体职责清晰、交易规则科学高效、监管机制健全、政策功能完备、法律制度完善、技术支撑先进的现代政府采购制度。

(二) 改革基本思路

1. 进一步完善政府采购法律制度体系

以《中华人民共和国政府采购法》及其实施条例为核心的政府采购法律制度体系,是政府采购制度改革的基础。政府采购法律制度建设的核心任务是在完善政府采购法与实施条例的基础上,不断完善操作层面的制度,落实采购需求管理、加强履约验收等创新举措,制定政府采购信用体系建设与管理办法、政府采购绩效评价管理办法、政府采购数据管理办法等,进一步完善地方政府采购的法规制度,尽快形成有利于构建现代政府采购制度的法律法规体系。

为了贯彻落实《深改方案》有关要求,适应政府采购的新要求,2020年12月、2022年7月,财政部先后两次发布《中华人民共和国政府采购法(修订草案征求意见稿)》,并公开征求意见。《中华人民共和国政府采购法》的修订,将对完善政府采购法律制度体系,起到极大的引领作用。

2. 不断强化政府采购人的主体责任

落实权责对等要求,按照"谁采购,谁负责"的原则,采购人应该对采购过程和采购结果负主体责任。强化采购人主体责任,包括采购人自主选择采购方式、对部分标准化需求的采购项目评审专家选择方式,强化采购人在需求管理、履约验收标准等方面的管理责任,完善采购人内部控制机制,建立政府采购行业自律制度。推进采购人加强政府采购内设机构和专业队伍建设,建立健全内部决策机制。同时,以确立采购人的政府采购主体责任为重点,理顺采购人、评审专家、代理机构、监管部门等政府采购各方主体的权利和责任。

3. 推进科学高效的政府采购交易制度建设

完善采购交易制度,推动实现"物有所值"的采购目标。引导采购人按照"先明确需求、后竞争报价"的原则执行政府采购程序,规范竞争性采购方式运用,减少评审自由裁量权,优化项目评审因素设定,优化规范简易采购方式,创新政府采购合同管理。以健

全政府采购交易机制为重点,提高采购集中度和运行效率。促进采购人根据项目需求特点确定对应的采购方式、竞争范围、评审方法和合同类型,推行多种网上交易方式,完善项目采购交易规则。严格执行政府集中采购目录和标准,不断探索推进建立集中采购机构竞争机制,积极推进批量集中采购,充分发挥集中采购的规模优势,提高采购运行效率和绩效。

4. 进一步优化政府采购的政策功能

政府采购具有很强的政策性。《中华人民共和国政府采购法》第9条规定,"政府采购应当有助于实现国家的经济和社会发展政策目标,包括保护环境,扶持不发达地区和少数民族地区,促进中小企业发展等"。以健全政府采购政策落实机制为抓手,发挥政府采购促进经济社会发展作用。健全采购政策落实机制,要将采购人落实政策功能的重点从交易环节前移到需求编制环节,督促采购人切实贯彻落实预留份额、价格扣除、残疾人福利单位等支持中小企业、支持绿色发展以及推进优先采购贫困地区农副产品、支持脱贫攻坚战等政府采购政策措施,充分发挥政府采购政策和资金在促进经济稳增长、惠民生等功能作用,增强政府公共服务能力。

5. 统筹国内外政府采购大市场的建设

(1) 大力推进全国统一政府采购市场建设。政府采购市场规模巨大,是全国统一大市场的重要组成部分。近年来,我国大力推进政府采购领域的公平竞争,2019年财政部专门出台了《关于促进政府采购公平竞争优化营商环境的通知》,要求各地区、各部门全面清理政府采购领域妨碍公平竞争的规定和做法,严格执行公平竞争审查制度,加强政府采购执行管理,加快推进电子化政府采购,进一步提升政府采购透明度。这些举措极大地降低了各类市场主体参与政府采购的成本,较好地促进了政府采购领域的公平竞争、优化营商环境,有力推动了政府采购市场体系建设。以优化政府采购营商环境为契机,继续贯彻落实国务院统一部署,坚决集中清理政府采购领域妨碍统一市场和公平竞争的规定和做法,有效保障各类市场主体平等参与政府采购活动的权利,激发市场主体活力,推动构建统一开放、竞争有序的政府采购市场体系。同时,完善政府采购信用体系建设,强化与相关领域的失信联合惩戒,做好代理机构、评审专家和供应商的信用评价及不良行为记录,加强信用信息在政府采购活动中的运用。

(2) 加快政府采购市场对外开放进程。自2007年12月,我国政府向WTO秘书处提交了加入GPA申请和初步出价清单,启动政府采购市场开放谈判以来,到2019年10月20日,中国向WTO提交了加入GPA的第7份出价,出价范围已涵盖了除自治区外的全部26个省和直辖市,出价清单的覆盖范围更加接近GPA现有缔约方。我国应结合加入GPA的谈判进程,按照出价和要价并重的原则进一步完善谈判方案,积极争取互惠对等的谈判结果。同时,积极抓好配套改革,尤其是要完善以《政府采购法》为核心的法律制度体系,为进一步的法律一致性谈判做好准备。要进一步分析加入GPA对我国经济社会带来的影响,按照兴利除弊的要求,为加入GPA解决后顾之忧。

6. 不断完善政府采购的技术支持体系

以加快政府采购电子化改革为支撑,不断提升"互联网+政府采购"融合效应,提升采购便利度和监管水平。完善政府采购电子化交易平台,推行全流程电子化,实现政府采购业务全领域、各环节在线办理,并与预算编制、国库支付紧密衔接,提升政府采购的效率与供应商参与政府采购活动的便利程度。出台统一的电子卖场管理办法,逐步推动实现各地电子卖场和各类平台间的互联互通和信息共享。充分利用信息化手段,实现对政府采购全过程的动态监管,提升政府采购监管水平和监管效能。同时,通过信息综合利用和大数据分析,为监督管理提供科学依据和参考。

让政府采购持续助力乡村产业振兴

近日,财政部、农业农村部、国家乡村振兴局、中华全国供销合作总社联合印发《关于进一步做好政府采购脱贫地区农副产品有关工作的通知》(以下简称《通知》)。作为《关于深入开展政府采购脱贫地区农副产品工作推进乡村产业振兴的实施意见》贯彻落实的细化举措,《通知》提出依托脱贫地区农副产品网络销售平台(以下简称"832平台")深入推进政府采购脱贫地区农副产品工作,并从供应商申请条件、供应商审核推荐流程、供应商管理与服务、加强组织实施等四方面作出具体要求。

"乡村振兴,关键是产业要振兴。"政府采购脱贫地区农副产品工作是支持乡村产业振兴的一个重要抓手。《中共中央、国务院关于实现巩固拓展脱贫攻坚成果同乡村振兴有效衔接的意见》指出,"对支持脱贫地区产业发展效果明显的贷款贴息、政府采购等政策,在调整优化基础上继续实施"。《关于深入开展政府采购脱贫地区农副产品工作推进乡村产业振兴的实施意见》明确了继续实施政府采购脱贫地区农副产品工作,并提出力争用3到5年时间,依托"832平台",实现预算单位食堂食材采购与脱贫地区农副产品供给有效对接,培育壮大乡村特色产业,推动脱贫地区农副产品进一步融入全国大市场等任务目标。

实施政府采购,对生产行为和市场运行能起到需求牵引作用。我国《政府采购法》《政府采购法实施条例》规定,政府采购应当有助于实现国家的经济和社会发展政策目标,其中包括"扶持不发达地区和少数民族地区"。巩固拓展脱贫攻坚成果,防止返贫,确保乡亲们持续增收致富,"扶上马送一程"非常必要。有关数据显示,自2020年1月1日"832平台"上线以来,累计销售额突破300亿元,助推832个脱贫县的近300万农户巩固了脱贫成果。

确保政府采购这一政策落实好,甚至超出预期成效,必须精准施策。《通知》明确要求,申请入驻"832平台"的供应商应当是注册在832个脱贫县域内生产农副产品的企业、农民专业合作社、家庭农场等市场主体,有较强的产业带动能力和明确的联农带农机制;所售农副产品应出产自脱贫县,符合农产品质量和食品安全国家标准,对本地区脱贫群众增收带动作用明显;平台对绿色食品、有机农产品、地理标志农产品、脱贫县特色产业规划确定的主导产业相关产品优先展示等。从供应商入驻条件,到产品优先推荐规则;从供应商审核推荐流程、机制,到供应商动态管理、产品价格质量监测的职责分工;从平台运营数据的定期反馈,到强化宣传引导进一步激发全社会参与积极性……施策精准,部署精细体现于细微末节。

政府采购作牵引,助力打通脱贫地区农副产品生产流通中各难点、堵点,最终将服务于培育脱贫地区发展生产的内生动力。这既离不开机制创新,也力求突出产业提升。《关于深入开展政府采购脱贫地区农副产品工作推进乡村产业振兴的实施意见》提出"将政府采购工作与打造农业特色品牌、提升产品品质相结合""根据预算单位采购需求优化创新脱贫地区农副产品产销模式"等要求。进一步细化并落地,《通知》此次提出比如"'832平台'制定完善交易规则,编制用户操作手册,免费提供方便快捷的在线展示、网上交易、物流跟踪等服务""围绕供应商需求,拓展运营培训、包装设计、仓储物流、品牌推广等市场化增值服务,推动脱贫地区产业升级发展""'832平台'定期向省级以上财政、农业农村、乡村振兴和供销合作社等部门报告供应商入驻、产品销售、平台运营情况,为相关部门统筹推进乡村产业振兴提供工作支撑"等细化举措,每一项都围绕、服务于持续激发脱贫地区发展生产的内生动力,巩固拓展脱贫攻坚成果同乡村振兴有效衔接的核心目标。

"脱贫摘帽不是终点,而是新生活、新奋斗的起点。"巩固拓展脱贫攻坚成果同乡村振兴有效衔接,继续实施政府采购脱贫地区农副产品工作,以此为抓手着力打通脱贫地区农副产品在信息流、物流、资金流等环节的堵点、难点,以有效需求激活乡村产业发展的内生动力,"让农业成为有奔头的产业,让农民成为有吸引力的职业"正在加快实现。

资料来源:赵静.人民网评:让政府采购持续助力乡村产业振兴[EB/OL].[2022-12-08].http://www.people.com.cn.

案例分析题

1. 为什么将推进乡村产业振兴纳入政府采购政策目标?
2. 政府采购在推进乡村产业振兴方面可以有哪些作为?

本章复习思考题

1. 为什么要实行政府采购制度,应遵循哪些原则?
2. 政府采购的方式有哪些?都适用于什么样的政府采购?
3. 政府采购预算主要包括哪些内容?
4. 试分析我国政府采购制度改革完善的基本思路。
5. 简述政府采购预算编制的原则。

二维码8-1:
自测自评

二维码8-2:
参考PPT

第九章　政府决算编制与管理

◎ **知识要点**

政府决算是政府预算执行的总结,它反映着年度政府预算收支的最终结果,也是政府经济活动在财政上的集中反映。本章主要涉及政府决算的概念、意义、原则和决算编制的方法及审查批准等内容,这些也是本章需要掌握了解的重点。

◎ **课程思政**

结合《中华人民共和国宪法》《中华人民共和国预算法》,培养预算、决算的法治意识;结合财政预算执行审计监督案例,深化职业理想和职业道德教育。

◎ **本章结构图**

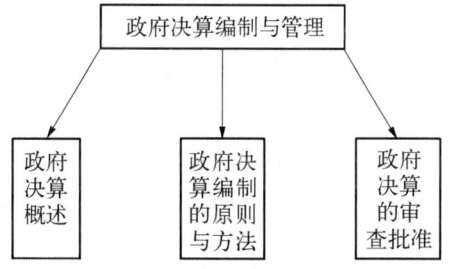

◎ **关键词**

政府决算　决算草案　年终收支清理　决算表格

第一节 政府决算概述

一、政府决算的组成

政府决算是年度政府预算收支执行情况的总结,它反映着年度政府预算收支的最终结果,也是国家经济活动在财政上的集中反映。因此,政府决算编制工作是财政、财务部门的一项重要任务,各地区、各部门、各单位要重视决算工作,年度终了,都要按照国家的规定,正确、完整、及时地编制政府与单位决算。

与政府预算一样,政府决算也同样由中央决算和地方决算组成。根据我国《中华人民共和国宪法》和政府预算管理体制的具体规定,有一级政权,要建立一级预算,凡是编制预算的地区、部门、单位都要编制决算。

中央决算是年度中央财政预算收支执行结果的反映,包括中央财政收入和支出两个方面的内容。中央决算的体系包括中央一般公共预算收支决算、中央政府性基金预算收支决算、中央国有资本经营预算收支决算、中央社会保险基金预算收支决算。中央决算是在中央各主管部门按财务规定汇总所属的各行政、事业、企业单位财务决算的部门决算基础上,加上国库年报和税收年报等相关内容组成的,由财政部负责审核汇总编制而成。中央部门决算是年度中央部门及其所属单位预算收支执行结果的反映,中央部门在审核汇总所属各单位决算草案基础上,连同本部门自身的决算收入和支出数据,汇编成本部门决算草案。

地方决算是年度地方财政预算收支执行结果的反映,由各省(直辖市、自治区)总决算汇总而成,具体可分为省(自治区、直辖市)决算、市(市、州)决算、县(市、区、旗)决算、乡(镇)四级决算。四级总决算汇总组成省(直辖市、自治区)总决算。地方各级总决算由同级各主管部门汇总所属的行政、事业单位决算、企业财务决算和所属下级总决算以及国库年报、税收年报等组成。地方决算由地方财政部门审核汇总编制,按规定程序审批后上报汇总,最后由财政部审核汇总后形成地方决算草案,汇入政府财政决算。

总之,凡是参与预算执行,经办预算资金收纳和拨款业务的机构,如国家金库、税务部门、企业利润监缴机关、政策性银行等,都要编制年报或决算。决算草案由各级政府、各部门、各单位在每一预算年度终了后按照政府规定的时间编制。

二、政府决算的意义

政府决算是预算执行的最终结果,它综合反映了国民经济和社会发展的情况,体现了经济文化建设的成果。因此,编制政府决算是关系国计民生全局的大事,不仅具有政治意义,而且具有重大的经济意义。具体表现在以下几个方面。

(一) 政府决算是国家经济社会活动在财政上的集中反映

政府决算是国家经济社会活动在财政上的集中反映,体现着一年来政府活动的范围和施政活动的方方面面,反映了国家社会经济活动的情况。通过政府决算的编制可以掌握年度政府预算的实际执行情况,全面、系统地了解政府施政政策和政策导向的贯彻执行情况,全面了解预算年度内财政资金的实际流量、流向和结构。

(二) 政府决算反映着政府预算执行的最终结果

政府决算反映着政府预算实际执行的结果。其中,政府决算收入反映了年度预算收入的规模、来源和构成,体现政府资金集中的程度和资金积累的水平;政府决算支出反映年度预算支出的方向和用途,体现了国家经济社会发展的规模、产业结构调整的重点以及公共福利水平的提高程度,体现着公共财政的发展方向。

(三) 通过政府决算的编制,可以系统地整理和积累财政统计资料

政府决算统计资料是制定未来宏观经济政策,从事经济管理的财政研究的重要文献,而政府决算恰恰是整理与积累财政统计资料的重要途径。以编制政府决算的方式,系统整理预算执行的最终实际数据,全面分析预算管理和预算资金使用效果的正反两方面的经验教训,对于提升后续年度的政府预算管理水平、更加科学地制定宏观财政经济政策,具有重要的参考价值。

改革开放以来,党中央、国务院领导及财政部领导有关财政工作的重要讲话,国家预算、决算报告以及人代会审查报告、决议、国家预算、决算有关问题的说明,预算、决算收支表等内容及文献资料,对于积累和整理政府财政统计资料具有重要的意义。

(四) 政府决算是实现预算监督管理的重要手段

财政年度结束后,对政府预算进行监督的重要工具就是决算。长期以来,我国政府预算法治监督弱化的表现之一,就是忽视了决算管理和政府会计计量体系的作用。在市场经济国家,决算的流程体现了对执行预算法案而发生的账目,由行政机关编制决算报告,经司法审查后,提交立法机关审议,由此最终确认政府公共收支的合法性。因此,决算是实现政府预算法制化监督的重要手段。同时,通过政府决算的编制、审核与分析过程可以从收支两方面对政府预算资金管理进行考核和监督,从而为政府预算管理流程绩效水平的不断提升创造条件。

第二节 政府决算编制的原则与方法

一、政府决算编制的原则

政府决算编制的原则是指各级政府、各部门、各单位编制决算时应遵循的指导思想与准则。新《预算法》第 75 条明确规定,"编制决算草案,必须符合法律、行政法规,做到收支真实、数额准确、内容完整、报送及时"。政府决算的编制一般应遵循以下原则。

(一) 合法性原则

合法性原则是决算编制的法制化要求,体现政府决算编制的每一环节都要符合严格的法定程序和规定。

(二) 准确性原则

政府决算是政府预算执行的总结,是国民经济活动在财政上的重要反映。只有集

中反映一年来预算执行的客观结果，才能真正做到向人民如实报账，并对一年来国民经济和社会发展、预算执行和管理作出正确的评价与总结，为指导今后的财经工作提供可靠的资料依据。因此，决算的编制工作要坚持实事求是，如实反映情况。各级决算报表、年报中的数字都必须是真实可靠的，不准弄虚作假，各级决算都要坚持自上而下、逐级汇总的原则，不能以领代报、以估代编，只有坚持决算的准确性原则，才能保证决算的质量，充分发挥其经济作用。

（三）完整性原则

政府预算要求政府收支都要在预算中得到充分完整的反映，决算作为预算执行结果的会计报告，也要求完整体现政府的实际收支结果。因此，必须严格按照国家和上级决算编制的要求和布置的决算表格等，全面落实，认真填报，不能自行取舍、遗漏或任意减并。在决算编制中，还应写出有情况、有分析、有总结的决算说明书。

（四）及时性原则

决算编制对于下年度的预算编制具有重要的参考价值，因此对其有很强的时间要求，要按规定时间编报和上报决算，以保证上级单位、部门和各级财政部门及时汇总和使用，并在规定时间由人大常委会或人民代表大会审查和批准，否则就难以发挥决算应有的作用，也就失去了决算编制的意义。各地区、各部门、各单位都必须把决算工作作为预算管理的一个重要环节来完成。

二、政府决算编制的准备工作

（一）财政部拟定和下达政府决算的编报办法

根据《中华人民共和国预算法实施条例》的规定，财政部应当在每年第四季度部署编制决算草案的原则、要求、方法和报送期限，制发中央各部门决算、地方决算以及其他有关决算的报表格式。

省、自治区、直辖市政府按照国务院的要求和财政部的部署，结合本地区的具体情况，提出本行政区域编制决算草案的要求。

县级以上地方政府财政部门根据财政部的部署和省、自治区、直辖市政府的要求，部署编制本级政府各部门和下级政府决算草案的原则、要求、方法和报送期限，制发本级政府各部门决算、下级政府决算以及其他有关决算的报表格式。

为了提高政府决算的质量，保证国家决算数字口径的统一，每个预算年度终了前（一般在第四季度），财政部都要在总结上年决算编制工作经验的基础上，根据当年预算执行情况、财政经济政策、财政预算和企业财务管理体制、财政预算管理制度以及当年预算执行中存在的问题，提出本年度编制政府决算草案的基本要求和具体办法，以通知的形式向中央各主管部门和省（自治区、直辖市）下达，并逐级补充，作为编制年度决算的指导性文件。政府决算的编报办法一般包括以下内容：

（1）根据年度政府预算执行的特点和提高预算管理工作水平的要求，提出逐步抓紧做好年前增收节支和平衡预算工作。

（2）认真做好年终清理工作，核实当年各项收支数字。根据收支清理的具体要求，财政、税务和国家金库密切配合，做好对账工作。各级政府预算收入以当年12月31日缴入基层国库的预算收入列报,政府预算支出以 12 月 31 日各级财政拨款数列报。

(3) 加强编报决算草案的组织领导,提出决算编审重点和原则。每年决算草案编审办法提出的重点和原则各有侧重,但主要包括中央和地方之间的收入分成、上解、补助以及借垫款项等的结算办法,地方预算年终结余处理,允许结转下年继续使用的支出项目,以及其他需要明确规定的具体问题等。对此,在决算编审办法中要提出当年编审重点和原则,并就相关具体问题提出处理意见或建议。

(4) 对决算草案编审工作的组织领导要求。为了保证决算草案的及时、完整和正确编制,应通过有效的领导体系来组织落实,并要求认真组织专业审查和群众审查。

(5) 决算报送。各省、自治区、直辖市、计划单列市应于年度终了后 4 个月内,将本地区全套年度财政总决算,经本级人民政府审定后(连同电子文件)报送财政部;各省、自治区、直辖市、计划单列市应于年度终了后 4 个月内完成本地区部门决算审核和汇总工作,将年度部门决算报表及相关资料(连同电子文件)报送财政部;中央部门(单位)应于年度终了后 3 个月内,将年度部门决算报表及相关资料(连同电子文件)报送财政部。

财政总决算和部门决算报表格式、报送要求、报送时间等具体编报事宜,财政部一般会发文具体明确。

(二) 进行年终收支清理工作

为了正确反映预算年度预算执行的结果,保证决算数字的准确和完整,便于及时编制决算草案,各级财政部门和行政事业单位、企业单位、基本建设单位,在年度终了时要对全年的预算收支、会计账目、财产物资及其有关财务活动等,进行一次全面的核对、结算和清查,这项工作就叫年终收支清理。年终收支清理工作是编制决算的前期准备工作,是编好决算草案的重要前提条件,年终收支清理工作主要包括以下几个方面内容。

1. 核对年度预算收支数字

预算数字是考核决算和办理收支结算的依据,也是进行财政、财务决算的基础数字。核对的内容主要有:各级财政总预算、部门和单位预算本身的全年预算收支数字;各级总预算之间、各级政府总预算与部门和单位预算之间、单位预算的上下级间全年预算收支数字;年度终了前,各级预算执行单位之间的预算追加追减、科目流用、预备费动用、预算划转等调整。为便于年终收支清理工作的顺利进行,每年的 12 月份不再办理预算的追加追减和预算划转手续,本年经费限额的下达,也截至 12 月 25 日。

2. 清理本年预算应收应支款项

预算收支清理是为了核实收支,做到预算收入应收尽收,预算支出应拨尽拨。在年终前应对年度内各项应缴库的预算收入进行认真清理,及时足额地缴入国库;应由当年弥补的计划亏损,要按政策要求审查核实后及时办理退库手续;应在本年度列支的支出也要在年终前办理完毕。

3. 结清预算拨借款

各级财政部门之间、财政部门和主管部门之间、主管部门和下属单位之间的拨借款项,都应当在 12 月 31 日之前结算清楚。各级财政部门之间的预算补助款和预算上解款,应按政府预算管理体制的有关规定和最后确定的收入留解比例,结合借垫款项进行结算,多退少补。

4. 清理来往款项

在预算执行中，各级财政部门、企业、基建、行政、事业等单位暂存暂付、应收、应付等往来款项，要在年终前进行清理结算，一切往来账款在编制决算时原则上应无挂账。

5. 清理财产物资

所有预算执行单位，在年终前应对固定资产和库存材料等所有财产物资进行清理盘点，做到账目相符；对库存现金也要进行清查核算，做到账款相符；对财产物资的各种账目也要进行认真核对，做到账账相符。

6. 进行决算收支数字的对账工作

对于决算收入，各级财政部门、国家金库、企业利润监缴机关，必须会同预算缴款单位进行年终对账，经核对相符后填制对账单办理签证后，分别按系统上报，对于决算支出，各级财政部门要会同主管部门、用款单位和开户银行，将决算支出数字共同核对一致，按规定程序逐级进行年终对账签证后，按规定的程序逐级上报。

（三）制定和颁发决算表格

财政部在下达决算草案编审办法的同时，还要制定和颁发各省（自治区、直辖市）财政决算统一表格、中央各部门决算表格及其他有关决算表格。县级以上地方政府财政部门根据财政部的部署，在部署编制本级政府各部门和下级政府决算草案编审办法的同时，也要结合本地区、本部门的具体情况，制定和颁发本级政府各部门决算、下级政府决算及其他有关决算的报表格式。

决算表格是政府决算数字的载体，它把决算数字及有关资料和核算根据等科学地安排在一定的表格中，可以总括而清晰地反映政府决算的全貌。决算表格是编制决算的重要工具，主要反映当年政府决算收支数字。它是在上年度决算的基础上，根据本年度预算管理体制及其他制度变化情况，本着有利于总结全年预算收支执行情况，符合预算管理的要求制定的。通常，政府决算表格每年要修订一次。

制定决算表格应遵循的原则：一是应有利于总结全年预算执行情况以及兼顾本年度决算和下年度预算设计的要求；二是应有利于保持主要决算表格形式的相对稳定，一般要在上年决算表格基础上进行修订，尽量保持决算表格的项目、内容和格式的统一，保证政府决算的连续性和统一汇编；三是决算表格既要满足需要，又要简便易行。

决算表格按预算财务系统可划分为财政总决算表格、行政事业单位决算表格、企业财务决算表格和基本建设财务决算表格。决算表格按使用范围划分为两种：一是各级财政部门使用的总决算表格；二是各级主管部门和所属预算单位使用的部门、单位决算表格。

决算表格按照反映的主要内容包括决算收支表、资产负债表以及反映全年预算收支执行结果和预算资金活动结果的会计数字表等。具体分为四类。

1. 决算收支表和资金活动情况表

决算收支表和资金活动情况表主要指用来反映预算收支实际执行结果和年终预算资金活动结果的会计报表，是根据财政总预算或单位预算会计账簿编制，包括全部政府性资金的收支总表和明细表。如一般公共预算收支、政府性基金预算收支、国有资本经营预算收支、社会保险基金预算收支的总决算表、明细表、变动情况表等。支出明细表分别设置功能分类表和经济分类表,适当突出功能分类表格。

2. 政府资产和债务情况表

政府资产和债务情况表主要指用来反映各级总预算和单位预算的财务收支情况和执行结果的报表,按相应预算会计制度要求编制,包括一般预算收支的资产负债表和政府性债务报表等。作为财政总决算的补充表,以完整反映政府的资产和负债情况。

3. 基本数字表

基本数字表主要指用来分别反映各项行政事业单位的机构、人员、开支标准等定员定额执行情况和事业成果的财务统计报表,由各预算单位根据财务统计和业务统计资料整理编制。此外,基本数字表还应包括用于反映政府基金等收支范围人员情况表,作为一般预算收支人员情况表的补充表,从而使基本数字更加全面。

4. 其他附表

其他附表主要是指上述各类决算表格和决算说明书的补充资料,表的多少和内容根据当年决算分析的需要而定。其内容根据每年预算执行情况,由财政部制定相应的附属表格。这类表格按其内容基本上可以分为两种:一是属于决算各表的明细资料;二是报告一些与预算收支有关的资料。

以地方政府财政决算报表体系为例,根据广东省2022年省级财政决算报告草案,省级决算报表体系主要包括六部分41张报表,具体如下:

一、一般公共预算

表1:2022年省级一般公共预算收支决算总表。

表2:2022年省级一般公共预算收入决算表。

表3:2022年省级一般公共预算中央补助收入决算表。

表4:2022年省级一般公共预算支出决算表。

表5:2022年省本级一般公共预算支出表(按功能分类)。

表6:2022年省本级一般公共预算支出决算表(按经济分类)。

表7:2022年省本级一般公共预算基本支出决算表(按经济分类)。

表8:2022年省级一般公共预算税收返还及转移支付决算表。

表9:2022年省级一般公共预算税收返还分地区表。

表10:2022年省级一般公共预算一般性转移支付分地区表。

表11:2022年省级一般公共预算专项转移支付分地区表。

表12:2022年省级一般公共预算专项转移支付分项目分地区表。

表13:2022年全省一般公共预算收入决算表。

表14:2022年全省一般公共预算支出决算表。

二、政府性基金预算

表15:2022年省级政府性基金预算收支决算总表。

表16:2022年省级政府性基金预算收入决算表。

表17:2022年省级政府性基金预算支出决算表。

表18:2022年省本级政府性基金预算支出决算表。

表19:2022年省级政府性基金预算专项转移支付分项目分地区表。

表20:2022年全省政府性基金预算收入决算表。
表21:2022年全省政府性基金预算支出决算表。

三、国有资本经营预算

表22:2022年省级国有资本经营预算收支决算总表。
表23:2022年省级国有资本经营预算收入决算表。
表24:2022年省级国有资本经营预算支出决算表。
表25:2022年省本级国有资本经营预算支出决算表。
表26:2022年省级国有资本经营预算转移支付分项目分地区表。
表27:2022年全省国有资本经营预算收入决算表。
表28:2022年全省国有资本经营预算支出决算表。

四、社会保险基金预算

表29:2022年省级社会保险基金预算收入决算表。
表30:2022年省级社会保险基金预算支出决算表。
表31:2022年省级社会保险基金预算结余表。
表32:2022年全省社会保险基金预算收入决算表。
表33:2022年全省社会保险基金预算支出决算表。
表34:2022年全省社会保险基金预算结余表。

五、地方政府债务

表35:2022年广东省地方政府一般债务限额及余额决算情况表。
表36:2022年广东省地方政府专项债务限额及余额决算情况表。
表37:2022年广东省本级地方政府债券使用情况表。
表38:2022年地方政府债务发行及还本付息情况表。

六、其他报表

表39:2022年省本级行政事业单位"三公"经费表。
表40:2022年省级财政基本建设投资支出表。
表41:2022年省级重点绩效评价情况表。

三、政府决算的编制程序与方法

预算年度终了,政府决算的准备工作结束后,就进入政府决算草案的编制阶段。新《预算法》第75条明确规定:"决算草案应当与预算相对应,按预算数、调整预算数、决算数分别列出。一般公共预算支出应当按其功能分类编列到项,按其经济性质分类编列到款。"

在决算编制过程中,按照《预算法》的规定,不同的政府、部门、单位承担不同的职责,而单位与部门决算是政府决算编制的基础。根据《中华人民共和国预算法实施条例》的规定,各单位应当按照主管部门的布置,认真编制本单位决算草案,在规定期限内上报;各部门在审核汇总所属各单位决算草案基础上,连同本部门自身的决算收入和支出数据,汇编成本部门决算草案并附详细说明,经部门负责人签章后,在规定期限内报本级政府财政部门审核;各级政府财政部门应当根据本级预算、预算会计核算数据等相关资料编制本级决算草案。

政府决算的编制从执行预算的基层单位开始,在搞好年终清理工作的基础上,根据决算编报办法的规定和决算表格内容,自下而上进行编制、审核和汇总。

(一) 政府决算的编制程序

政府决算的编制程序就是指政府决算编制的具体步骤。

《预算法》规定,决算草案由各级政府、各部门、各预算单位在每一预算年度终了后按照国务院规定的时间编制。决算草案是指各级政府、各部门、各单位编制的未经法定程序审查和批准的预算收支年度执行结果。编制决算草案的具体事项,由国务院财政部门部署。政府决算草案编制程序是从执行预算的基层单位开始,自下而上层层编制、审核和汇总,由各级财政部门汇编成本级政府决算草案。财政部在收到中央主管部门报送的汇总单位决算和各省(自治区、直辖市)报送的总决算草案后,首先,进行全面的审核和检查。其次,根据中央各主管部门报送的汇总单位决算,汇编为中央总决算草案;根据各省(自治区、直辖市)报送的总决算,汇编为地方总决算草案。最后,根据中央总决算和地方总决算汇编成国家决算草案。

(二) 政府决算的编制方法

1. 单位决算的编制方法

单位决算草案是执行单位预算的行政、事业单位编制的决算,是构成各级政府总决算的基础。编制好单位决算是保证政府决算质量的关键。因此,年度终了后,各基层预算单位都应当在搞好年终清理、结清账目的基础上,正确、完整、及时地编制单位决算草案,填报单位决算报表数字。

单位决算报表数字是单位决算的重要内容,主要有三类:

(1) 预算数字。预算数字是考核预算执行情况和事业计划完成情况的依据,是按年终清理核对后的年度预算数填列的。

(2) 会计数字。会计数字反映全年预算执行结果的决算数,它是根据年终结账后的会计账簿中有关科目的年终余额或全年累计数填列的。

(3) 基本数字。基本数字反映行政事业单位的机构、人员状况以及事业发展计划的完成情况,用以考核事业规模和预算资金的使用效果。它是根据相关财务统计和业务统计资料的数字填列的。

单位决算草案编成后,还应编写单位决算说明书。单位决算说明书是年度预算执行和预算工作的文字总结。单位决算说明书包括以下内容:①单位预算执行的主要情况,以及支出超支或结余,收入超收或短收的原因;②业务计划完成情况及原因分析;③各项事业发展的成果和费用开支水平分析;④预算管理、财务管理等方面采取的主要措施、取得的经验、存在的问题,及今后改进的意见。

2. 部门决算的编制方法

部门决算是指各部门依据国家有关法律法规规定及其履行职能情况编制的,反映部门所有预算收支和结余执行结果及绩效等情况的综合性年度报告,是改进部门预算执行以及编制后续年度部门预算的参考和依据。部门决算由本部门及其所属单位决算组成。

部门决算在财政决算管理中发挥着重要作用,为贯彻《中华人民共和国预算法》《中华人民共和国预算法实施条例》,落实党中央国务院关于深化预算管理制度改革的要求,进一步加强部门决算管理,财政部于 2021 年修订了原《部门决算管理制度》(财库〔2013〕209 号),形成了现《部门决算管理办法》(财库〔2021〕36 号),自 2022 年 1 月 1 日起施行。部门决算管理按照"依法依规、科学规范、统一高效"的原则,由财政部实施统一管理,各级政府财政部门、各部门、各单位依据预算管理关系分别组织实施。部门决算管理事项主要包括:部门决算的工作组织、报告体系设计、编制审核、汇总报送、批复、信息公开、分析应用以及数据资料管理等。

部门决算报告体系包括决算报表、报表说明和决算分析等。①决算报表包括报表封面、主表、附表等,反映部门和单位收支预算执行结果以及与预算管理相关的机构人员、存量资产等信息;②报表说明包括报表编制基本情况、数据审核情况,以及需要说明的重要事项等,主要反映决算报表编制的相关情况;③决算分析包括收支预算执行、机构人员、预算绩效等情况分析,以及决算管理工作开展情况,主要反映部门预决算管理及预算执行情况。

每一预算年度终了,各部门、各单位应当按照本级政府财政部门的工作部署,依法依规编制决算,做到收支真实、数额准确、内容完整、报送及时。各部门、各单位应当全面清理核实收入、支出等情况,并在办理年终结账的基础上编制决算。具体程序是:

(1)清理收支账目、往来款项,核对年度预算收支和各项缴拨款项,做到账实相符、账证相符、账表相符、表表相符。

(2)按照规定的时间结账,不得提前或者延迟。

(3)根据预算会计核算生成的数据、财政部门对预算的批复文件等编制决算,如实反映年度内全部收支,不得以估计数据替代,不得弄虚作假。

各部门在审核汇总所属各单位决算草案基础上,连同本部门自身的决算收入和支出数据,汇编成本部门决算草案并附详细说明,经部门负责人签章后,在规定期限内报本级政府财政部门审核。

财政部依法依规组织中央部门编制决算草案,报经国务院审定后提请全国人民代表大会常务委员会审查和批准。地方各级政府财政部门根据本级人民代表大会常务委员会规定,组织本级部门编制、报送决算草案。

各级政府财政部门应当在本级人民代表大会常务委员会批准本级政府决算后 20 日内,向本级各部门批复决算。各部门应当在接到本级政府财政部门批复的本部门决算后 15 日内,向所属单位批复决算。

各部门、各单位是决算公开的主体。各部门应当自本级政府财政部门批复决算后 20 日内向社会公开决算。各单位应当自部门批复本单位决算后 20 日内向社会公开决算。

部门决算草案编成后,还应编写部门决算情况说明书,或者说,决算情况说明书本身就是部门决算报告的重要组成部分。决算情况说明书主要对部门收入支出决算总体情况、收入决算情况、支出决算情况、财政拨款收入支出决算情况、"三公"经费支出决算情况以及其他重要情况进行说明。以中央部门决算报告为例,从 2022 年度财政部部门决算报告看，主要包括三个部分：①财政部概况；②2022年度部门决算表；③2022年度部门决算情况说明。

其中，2022年度财政部部门决算情况说明主要包括：收入支出决算总体情况说明；收入决算情况说明；支出决算情况说明；财政拨款收入支出决算总体情况说明；一般公共预算财政拨款支出决算情况说明；一般公共预算财政拨款基本支出决算情况说明；财政拨款"三公"经费支出决算情况说明；机关运行经费支出说明；政府采购支出说明；国有资产占用情况说明；关于2022年度绩效评价情况的说明。

3. 财政总决算的编制方法

财政总决算是各级政府总预算的执行结果，由各级财政部门在收到同级主管部门报送的汇总单位决算后，连同总决算会计账簿的有关数字进行汇总编制。其中，地方各级总决算的汇编从乡（镇）级开始，自下而上逐级汇编，最后汇编为省（自治区、直辖市）总决算；中央总决算由财政部根据中央各主管部门汇总的所属行政、事业单位决算、企业财务决算、基本建设财务决算以及国库年报、税收年报等汇编而成；最后由财政部将中央总决算和地方总决算汇编成国家总决算草案。

各级财政总决算报表的数字也分为三部分：

（1）预算数字。预算数字是考核各级总决算执行情况的依据。预算数字分为"年初预算数"和"最后预算数"。其中，"年初预算数"根据上级财政机关年初下达预算书填列；"最后预算数"根据执行中经调整后的数字填列，即在年初预算数的基础上，加上中央专项调整数（如企业上下划转等）、上年结转使用数、本年动用地方上年财政结余数、动用本级预备费、预算科目之间进行调剂等项数字。

（2）决算数字。决算数字反映各级总预算执行结果，分为决算收入和决算支出两部分。决算收支数，根据总预算会计预算收、支明细账的全年累计数填列。总会计预算支出明细账的全年累计数应该与主管部门汇总的单位决算报表数字、基本建设决算的全年基建支出数字一致。

（3）基本数字。基本数字是反映全国或地方各地区行政事业单位的机构、人员状况和事业计划完成情况及效果的数字。它根据所属各地方、各主管部门决算的基本数字各表汇总填列。

各级财政部门编制完决算草案后，必须编写决算说明书。地方总决算说明书即年度总预算执行和预算管理的书面报告，主要内容为：

（1）收入情况的分析说明。这是对预算收入执行情况的总结，它通过结合年度预算安排及国民经济和社会发展计划指标完成的情况，分析收入超收或短收的原因；分析成本费用水平、资金积累水平、资金运用和改善经营管理的情况；分析税收政策的执行情况以及税源的变化情况。

（2）支出情况的分析说明。这是对预算支出执行情况的总结，它通过结合年度预算安排与各项事业计划、基本建设计划、定员定额等，分析各项主要支出的结余或超支的主要原因，分析成本费用水平，资金运用和改善管理等情况，说明决算支出数字的编制基础涉及主要经济效果和存在的主要问题。

（3）结余情况的分析说明。分析全年总预算的结余情况、原因、决算收支平衡情况和存在的问题。

（4）预算执行中的调整情况的分析说明。说明总预算在执行过程中的预备费动用、上年结余动用情况、预算的追加追减、预算划转和科目流用等对预算变动的影响情况。

（5）总结预算年度对各项财政方针政策、管理体制、规章制度贯彻执行的情况与问题，总结预算管理的经验、教训并提出加强预算管理与预算监督的意见及措施。

（6）其他情况的分析说明。分析其他情况，如物价和工资调整、经济体制和财政体制改革等因素对预算收支的影响。

（7）决算编制的经验总结。总结决算编制过程中的主要经验和存在问题，以进一步提高决算编制水平和预算决策水平。

第三节 政府决算的审查批准

决算草案是指各级政府、各部门、各单位编制的未经法定程序审查和批准的预算收支和结余的年度执行结果。编制决算草案，必须符合法律、行政法规，做到收支真实、数额准确、内容完整、报送及时。决算草案应当与预算相对应，按预算数、调整预算数、决算数分别列出。一般公共预算支出应当按其功能分类编列到项，按其经济性质分类编列到款。政府决算草案汇编完成后，即进入法定程序进行审查和批准，它是政府预算管理工作的重要环节，也是政府决算编制质量的重要保证。

一、政府决算的审查分析

政府决算的审查是和决算汇编工作交叉进行的，审查的目的是要在各个环节加强决算的审查工作，做到逐级审查、层层负责、明确国家决算的标准、及时、完整、全面，以便进一步加强预算管理工作。决算审查对于贯彻执行党和国家的方针政策、分析研究预算收支情况等意义重大。

（一）政府决算审查的层次及其机构

为了维护国家法律，保证政府决算数字准确无误，必须在各个环节上加强政府决算审查工作，做到逐级审查，层层负责。政府决算的审查层次和机构自下而上进行：一是上级对下级决算草案进行的审查；二是财政部门对统计部门决算草案的审查；三是政府审计部门对政府决算草案的审计；四是各级立法机关对同级政府总决算草案的审查。

在上级对下级、财政对部门的决算草案审查中，决算草案审查工作和决算草案汇编工作交叉进行。

（二）政府决算审查的形式和方法

决算审查的方法一般可分为就地审查、书面审查和派人到上级机关汇报审查三种。其中，书面审查是审查的主要方法，就地审查和派人到上级机关汇报审查两种方法通常作为书面审查的补充，有时也交叉使用。

决算的审查形式有单位自查、联审互查和上级重点审查三种。单位自查是指预算单位组织力量对本单位的决算进行审查,一般是单位财会部门自审与职工群众审查有机结合,从而对决算进行广泛的审查,通过审查可以总结经验与教训,并提出相应的改进措施。联审互查,是指由财政部门或主管部门组织同类型的企业、行政事业单位,对本部门的单位决算或本地区的财政总决算进行审查。这种形式有利于经验的交流,并对提高决算质量、加快决算汇编进度有积极的作用,一般运用于基层单位。上级重点审查是指由上级财政部门或上级主管部门对所属地方决算或所属企业、行政事业单位的决算进行审查,从而有利于提高监督的力度,保证下级决算的质量。

(三) 政府决算审查的内容

对政府决算的审查主要从以下几个方面进行审查。

1. 政策性审查

政策性审查是对贯彻执行国家各项方针政策、财政制度、财经纪律等方面进行的审查分析。政策性审查的具体内容主要有以下几个方面:

(1) 收入审查。收入审查着重审查以下内容:审查决算所列的预算数是否与上级核定数一致;审查上年结余数和上年决算的年终结余是否一致;属于本年的预算收入是否按政策、按预算管理体制和缴款办法及时、足额地缴入各级国库,并编入本年的决算;审查各级总预算之间的分享比例计算、上解下补是否到位;审查预算内收入和预算外收入资金的界限是否划分清楚;审查收入退库项目是否符合国家的规定;审查决算收入数是否与12月份预算会计报表所列全年累计收入数一致等。

(2) 支出审查。支出审查着重审查以下内容:审查决算中的预算支出数是否与上级核定的预算支出数相一致;审查年度支出的时间界限是否符合规定;根据决算数和预算数的对比差距,审查结余和超支的主要原因,审查支出科目总预备运用、上年结余动用是否符合规定,审查有无挤占挪用资金情况;地方预算调整数同上级核定的预算数之间的差额是否与调入资金和上年结余一致;审查决算支出数与12月份预算外支出是否划分清楚,有无挤占预算内资金;审查决算支出是否编列齐全,有无该报未报的情况,已报决算支出是否逐级汇总,有无以估代编情况等。

(3) 结余审查。结余审查着重审查以下内容:单位决算年终的预算拨款结余除另有规定者外,是否已如数缴回财政总预算,有无将结余列入决算报销转作单位的其他存款情况;总决算结余中按规定结转下年继续使用的资金是否符合规定;结转项目是否超过规定的范围;总决算的金库存款开户情况,审查有无违纪现象、私设"小金库"现象等。

(4) 资金运用审查。资金运用审查着重审查以下内容:审查单位决算"银行支取未报数"是否正常合理,库存备用金是否符合规定额度;库存材料有无积压损失;暂付款是否清理完毕以及未结清的原因;固定资产是否记账,审核各级财政总预算之间、总预算与单位预算之间的拨借款项,是否结算清楚,借垫款项未结清的原因;审核暂存、暂付等其他各项往来款项是否符合规定,有无应清未清或应作本年决算收入、支出的款项,防止截留预算收入等。

2. 技术性审查

技术性审查主要是对决算报表的数字关系方面进行审查,技术性审查的具体内容主要有以下几个方面:

(1) 数字关系审查。数字关系审查的具体内容主要有以下几个方面：审查决算报表之间的有关数字是否一致；审查上下年度有关的数字是否一致；审查上下级财政总决算之间、财政总决算与部门、单位决算之间的有关上解、补助和拨借款数字是否一致；审查其他决算与财政总决算的有关数字是否一致；审查各业务部门的统计年报与财政总决算的有关数字是否一致。

(2) 决算完整性和及时性审查。决算完整性和及时性审查的具体内容主要有：审查规定的各种决算报表是否填报齐全，有无缺报、漏报情况；已报的决算各表的栏次、科目、事项填列是否正确完整；各类数字填列的计算口径是否符合规定；决算说明书的编写是否符合条例要求；决算是否经过法定程序审核签章；决算报送时间是否超过规定期限等。

政策性审查和技术性审查是互相补充、相辅相成的，各有其侧重点，政策性的问题有时就是从技术性审查的数字关系中发现的。对于决算审查中发现的问题，要严格按照政府决算制度和有关财经纪律、制度规定进行及时处理。属于政策性问题，如少报收入，多列支出的，原则上应当收缴或剔出；属于技术性的差错，应当查明更正；属于应当补充的问题，应当限期补报。总之，通过决算审查，要保证政府决算草案的及时、准确和完整。

3. 预算管理审查

预算管理审查主要审查预算管理体制规定的收支划分，上下级财政部门之间的留解比例执行是否正确，以及当年财政决算收支水平。

按照《预算法》的规定，在政府决算审查中，人大常委会、人民代表大会有关专门委员会履行不同的职能，其中初步审查由有关专门委员会承担：①国务院财政部门应当在全国人民代表大会常务委员会举行会议审查和批准中央决算草案的 30 日前，将上一年度中央决算草案提交全国人民代表大会财政经济委员会进行初步审查；②省、自治区、直辖市政府财政部门应当在本级人民代表大会常务委员会举行会议审查和批准本级决算草案的 30 日前，将上一年度本级决算草案提交本级人民代表大会有关专门委员会进行初步审查；③设区的市、自治州政府财政部门应当在本级人民代表大会常务委员会举行会议审查和批准本级决算草案的 30 日前，将上一年度本级决算草案提交本级人民代表大会有关专门委员会进行初步审查，或者送交本级人民代表大会常务委员会有关工作机构征求意见。④县、自治县、不设区的市、市辖区政府财政部门应当在本级人民代表大会常务委员会举行会议审查和批准本级决算草案的 30 日前，将上一年度本级决算草案送交本级人民代表大会常务委员会有关工作机构征求意见。

初审完成后，全国人民代表大会财政经济委员会和省、自治区、直辖市、设区的市、自治州人民代表大会有关专门委员会，要向本级人民代表大会常务委员会提出关于本级决算草案的审查结果报告。

初审完成后，县级以上各级人民代表大会常务委员会和乡、民族乡、镇人民代表大会还要对本级决算草案进行审查，按照《预算法》的规定，重点审查下列内容：①预算收入情况；②支出政策实施情况和重点支出、重大投资项目资金的使用及绩效情况；③结转资金的使用情况；④资金结余情况；⑤本级预算调整及执行情况；⑥财政转移支付安排执行情况；⑦经批准举借债务的规模、结构、使用、偿还等情况；⑧本级预算周转金规模和使用情况;⑨本级预备费使用情况;⑩超收收入安排情况,预算稳定调节基金的规模和使用情况;⑪本级人民代表大会批准的预算决议落实情况;⑫其他与决算有关的重要情况。

> **专栏9-1** 第十四届全国人民代表大会财政经济委员会关于2022年中央决算草案审查结果的报告
>
> 第十四届全国人民代表大会财政经济委员会第三次全体会议听取了财政部受国务院委托作的《关于2022年中央决算的报告》和审计署受国务院委托作的《关于2022年度中央预算执行和其他财政收支的审计工作报告》,并结合审计工作报告,对2022年中央决算草案进行初步审查,提出了关于中央决算草案的初步审查意见。财政部对财政经济委员会初步审查意见进行了研究反馈,初步审查意见和反馈的处理情况报告已印发会议。现将审查结果报告如下。
>
> 2022年中央决算草案反映,一是中央一般公共决算收入94 887亿元,为预算的100%,比2021年增长3.8%,加上从中央预算稳定调节基金、中央政府性基金预算、中央国有资本经营预算调入12 665亿元,收入总量为107 552亿元;中央一般公共决算支出132 513亿元,完成预算的98.9%,增长13.1%,加上补充中央预算稳定调节基金、向中央政府性基金预算调出资金1 539亿元,支出总量为134 052亿元;收支总量相抵,中央财政赤字26 500亿元,与预算持平。中央对地方转移支付96 942亿元,完成预算的98.9%,增长16.9%,其中,一般性转移支付80 811亿元,完成预算的98.4%,增长7.1%;专项转移支付7 597亿元,完成预算的96.9%,增长1.5%。2022年末中央预算稳定调节基金余额为2 556亿元。二是中央政府性基金决算收入4 124亿元,为预算的97.8%,增长3%,加上结转收入、调入资金以及特定国有金融机构和专营机构上缴利润,收入总量为22 729亿元;中央政府性基金决算支出6 330亿元,完成预算的78.4%,增长60.7%,调入中央一般公共预算9 000亿元,结转下年继续使用7 393亿元。三是中央国有资本经营决算收入2 343亿元,为预算的103.3%,增长17.2%,加上结转收入,收入总量为2 699亿元;中央国有资本经营决算支出1 710亿元,完成预算的99.2%,增长60.6%。调入中央一般公共预算900亿元,结转下年支出89亿元。四是中央社会保险基金决算收入350亿元,为预算的82%,下降60.7%;中央社会保险基金决算支出373亿元,完成预算的75%,下降58.2%;实施企业职工基本养老保险全国统筹制度,地方上缴2 440亿元,中央拨付2 440亿元;年末滚存结余92亿元。2022年年末,中央财政国债余额258 692.76亿元,地方政府一般债务余额143 961.67亿元,专项债务余额206 691.24亿元,均控制在全国人大批准的限额之内。
>
> 2022年中央决算草案与向十四届全国人大一次会议报告的中央预算执行情况相比:一般公共决算收入增加2.16亿元、决算支出减少202.02亿元,增收节支共计204.18亿元,已补充中央预算稳定调节基金;政府性基金预算、国有资本经营预算收支决算数均与执行数相同;社会保险基金决算收入减少26.61亿元,决算支出增加9.33亿元。

财政经济委员会认为，2022年，在以习近平同志为核心的党中央坚强领导下，国务院及其财政等部门以习近平新时代中国特色社会主义思想为指导，深入贯彻党的十九大和十九届历次全会精神，认真学习贯彻党的二十大精神，积极落实党中央决策部署和十三届全国人大五次会议有关决议要求，坚持稳中求进工作总基调，全面落实疫情要防住、经济要稳住、发展要安全的要求，完整、准确、全面贯彻新发展理念，主动构建新发展格局，着力推动高质量发展，统筹发展和安全，积极的财政政策提升效能，更加注重精准、可持续，实施大规模减税退税降费，进一步优化支出结构保障重点支出，大幅增加对地方转移支付规模，为推动经济社会平稳运行发挥了重要作用。审计署不断增强服务党和国家大局的主动性，立足经济监督定位，依法对2022年度中央决算草案编制等中央财政管理、部门预算执行、重大项目和重点民生资金、国有资产管理等方面开展审计，发现相关领域问题和重大违纪违法问题线索，并提出审计建议，对推动贯彻落实党中央决策部署、健全完善财政预算制度发挥了重要作用。按照有关法律规定，国务院在今年年底前向全国人大常委会报告审计查出问题整改情况。

财政经济委员会认为，2022年中央决算情况总体是好的，符合《预算法》规定。建议全国人大常委会批准国务院提出的2022年中央决算草案，有关部门和地方要高度重视审计查出的问题和提出的建议，认真扎实做好整改工作。

财政经济委员会认为，2022年中央决算和审计工作报告也反映出预算决算编制、预算执行和财政管理中存在的一些问题。主要有：部分重点支出政策落实不够到位，有的重点民生资金被截留骗取；部分共同财政事权转移支付项目与支出责任划分衔接不够，有些转移支付项目存在交叉重复情况；有的项目绩效指标设置未能体现中央方针政策的贯彻落实情况，有的项目绩效自评质量不高；部分地方财政收支矛盾突出，基层财政运行比较困难；一些地方市县债务风险较高，新增隐性债务仍有发生；财经纪律执行不够严格；四本预算之间有的资金调入调出和列报不够规范，政府性基金预算、中央部门预算结转资金较多。

为深入贯彻落实党中央决策部署，全面贯彻实施《中华人民共和国各级人民代表大会常务委员会监督法》《预算法》加强中央预算审查监督决定和全国人大预算决议要求，进一步做好财政预算和审计监督工作，财政经济委员会提出以下意见建议：

一、规范预算决算编报

按照《预算法》关于四本预算的功能定位编报预算，严格控制各类预算之间资金的调入调出，规范资金列报和使用。编制部门预算时要充分考虑上年结转结余资金情况，预算执行中要加快结转资金使用。严格按照全国人大批准的预算执行，涉及预算调整的要依法报全国人大常委会审查和批准。要积极回应代表和委员关切，研究在决算草案中增加地方政府一般债务和专项债务分地区情况表。研究建立税式支出制度，规范税收优惠行为。加强政府综合财务报告制度建设，做好资产清查、会计核算和信息化建设等基础性工作。

二、保障重大政策落地落实

加大宏观政策调控力度,加强各类政策协调配合,形成共促高质量发展合力。强化对建设现代化产业体系、恢复和扩大内需、促进就业优先等重点领域的财税政策措施支持和资金保障。提高转移支付特别是中央基本建设支出预算提前下达地方的比例,推动资金及时使用。加大财会监督力度,强化对重大项目实施和重点民生资金使用情况的跟踪督促,保障重大政策落实落地。

三、强化预算绩效管理

聚焦国家重大战略任务保障和重大政策实施,开展重点绩效评价。提高预算绩效目标和指标设置的科学性、合理性,与国家战略目标和中长期规划相衔接、与部门主要职责和工作任务相匹配。拓宽绩效管理范围,推进部门整体支出和财政收入绩效管理。提高绩效评价质量,加大对自评结果的核查力度,引导和规范第三方机构参与预算绩效管理,确保评价结果客观、真实、公正。加强绩效评价结果与完善政策、安排预算挂钩机制建设。健全绩效信息公开制度。

四、防范化解地方政府债务风险

结合对经济发展趋势和地区财政收支状况的跟踪研判,科学确定我国中长期地方政府债务规模和分地区债务限额水平。指导地方扎实做好项目库建设和前期准备工作,提升债券资金使用效率和效益。建立政府偿债备付金制度,防范债务兑付风险。稳步推进地方政府隐性债务和法定债务合并监管。严禁通过新增隐性债务上新项目、铺新摊子,对违法违规举债融资行为要严肃问责。强化对地方融资平台公司的综合治理,加快推进平台公司市场化转型,严格规范政府与社会资本合作(PPP)项目。进一步加强市场化、法治化债务违约处置机制建设。推动地方政府按规定向同级人大报告政府债务情况。

五、推动解决基层财政困难

进一步理顺省以下政府间财政关系,使财力分布相对均衡、基层保障更加有力。加快推进地方税体系建设,推进消费税征收环节后移并下划地方改革。适应数字经济快速发展需要,研究完善相关税制,优化税收征管机制。督促地方依法组织收入,提升财政收入质量。支持地方加快发展县域经济,培育壮大税源财源,增强基层财政"造血"能力。优化均衡性转移支付分配,加强专项转移支付管理。中央有关部门要切实加强对地方基本公共服务支出范围和标准的审核把关,防止出现脱离地方实际的扩围提标行为。坚决落实过紧日子的要求,严控一般性支出。

六、加大审计监督力度

按照党中央方针政策和部署要求,加大对重大投资项目、中央转移支付、地方政府债务、重点民生资金等的审计力度。中央预算执行审计要充分揭示预算批复、调整和执行中存在的问题。深入分析审计查出问题的原因,增强审计建议的针对性。做好审计整改"下半篇文章",压实整改主体责任。整改责任部门要加强管理,堵塞漏洞,健全整改长效机制,对违法违规问题严肃追责问责。加强审计成果的运用,做好审计结果公告工作。

资料来源:中国政府网.第十四届全国人民代表大会财政经济委员会关于2022年中央决算草案审查结果的报告[EB/OL].[2023-06-29].https://www.gov.cn.

二、政府决算的审核批准

在决算的审查和批准中,按照《预算法》的规定,财政部门、各级政府、人大常委会、人民代表大会分别履行不同的职责:①各部门对所属各单位的决算草案,应当审核并汇总编制本部门的决算草案,在规定的期限内报本级政府财政部门审核。各级政府财政部门对本级各部门决算草案审核后发现有不符合法律、行政法规规定的,有权予以纠正;②国务院财政部门编制中央决算草案,经国务院审计部门审计后,报国务院审定,由国务院提请全国人民代表大会常务委员会审查和批准;③县级以上地方各级政府财政部门编制本级决算草案,经本级政府审计部门审计后,报本级政府审定,由本级政府提请本级人民代表大会常务委员会审查和批准;④乡、民族乡、镇政府编制本级决算草案,提请本级人民代表大会审查和批准。

各级决算经批准后,财政部门应当在20日内向本级各部门批复决算。各部门应当在接到本级政府财政部门批复的本部门决算后15日内向所属单位批复决算。

地方各级政府应当将经批准的决算及下一级政府上报备案的决算汇总,报上一级政府备案。县级以上各级政府应当将下一级政府报送备案的决算汇总后,报本级人民代表大会常务委员会备案。

国务院和县级以上地方各级政府对下一级政府依照《预算法》规定报送备案的决算,认为有同法律、行政法规相抵触或者有其他不适当之处,需要撤销批准该项决算的决议的,应当提请本级人民代表大会常务委员会审议决定;经审议决定撤销的,该下级人民代表大会常务委员会应当责成本级政府依照《预算法》规定重新编制决算草案,提请本级人民代表大会常务委员会审查和批准。

拓展训练

由表及深、以点带面
——从2022年度审计工作报告看审计监督独特作用有效发挥

审计是党和国家监督体系的重要组成部分。受国务院委托,审计署审计长2023年6月26日向十四届全国人大常委会第三次会议作《国务院关于2022年度中央预算执行和其他财政收支的审计工作报告》。

报告显示,一年来,审计机关兼顾质量和效率,着力消除监督盲区和死角,特别是对重点区域、重点领域、重点单位、重点人员开展深度监督,为高质量发展提供坚强保障。

"总体来看,今年的审计工作报告在结构上和往年相似。"中国社会科学院财经战略研究院财政审计研究室专家说,主要分为涵盖组织财政收入、中央预算分配和投资计划管理、中央决算草案编制、对地方财政监管在内的中央财政管理审计情况、41 个中央部门预算执行审计情况、2 项重大项目和 4 项重点民生资金审计情况、4 类国有资产管理审计情况，300 多起重大违纪违法问题线索以及 4 条审计建议。

报告首先肯定了一年来宏观调控、民生保障、统筹发展安全以及审计整改的成效和经验，并对带有普遍性、倾向性的问题和弊端进行深入揭示。

比如，报告指出一般公共预算与其他预算边界不够清晰、违规新增隐性债务等问题；明确中央部门本级预算执行总体相对规范，但所属单位仍问题多发；揭示政府和社会资本合作(PPP)项目存在入库环节审核不严；明显增加关于基础研究和关键核心技术攻坚、城乡义务教育等科教领域审计情况的篇幅；还在"重大违纪违法问题线索"中强调行业性、系统性腐败突出，资金密集、资源富集领域是重灾区。

审计署政策研究室专家表示，报告立足经济监督定位，聚焦财政财务收支真实合法效益，准确把握和高质量推进审计全覆盖。虽然形式相对固定，但在内容上围绕财政资金管理体系展开，涵盖收入、分配、投资、管理等全过程。

"这一方面体现了我们对中央预算执行和其他财政收支涉及的主要资金和项目都进行了审计，符合全覆盖数量上的要求；另一方面，以重点监督带动全面监督，通过揭示相关领域单位的突出问题，形成对各类被审计单位实质和有效的震慑，又体现了全覆盖质量上的要求。"审计署政策研究室专家说。

看好、管好、用好国家资金，是审计机关重要职责。今年报告的另一个亮点是沿着"资金-项目-政策-政治"这条主线，客观曝光典型问题，不回避社会热点乃至可能引发广泛讨论争论的领域，注重找到问题产生的根源，并提出解决问题的意见建议，更加彰显审计监督作为党治国理政不可或缺的重要力量的现实意义。

在基础研究和关键核心技术攻坚相关任务的审计情况中，报告没有简单停留于资金损失数额，而是客观揭示部分科研成果涉嫌造假以及部分资金被骗取套取或挤占挪用等问题。例如部分项目成果发表时间早于项目开始时间，成果验收流于形式，649 个已验收项目通过率为 96.5%，但抽查其中 135 个发现实际有 34 个未完成全部任务。

在组织全国开展的就业、住房、教育、乡村振兴等民生项目过程中，审计发现的主要问题有弄虚作假、脱离实际、侵占蚕食群众利益等。比如部分地方职业技能培训利用假学员、假内容、假项目骗取资金，有的地方虚报住房租赁市场发展试点任务量，部分国家乡村振兴重点帮扶县产业发展脱离实际等。

"这些问题的产生说明少数地方和部门在民生政策落实中还存在形式主义、官僚主义，这不仅要进一步增强民生政策落实机制设计的科学性和合理性，还要狠抓责任落实和责任追究，切实增强人民群众的获得感、幸福感、安全感。"

针对揭示的问题，报告还提出了 4 条针对性和可操作性都比较强的审计建议。其中，"推动宏观调控政策统筹兼顾，增强时效性和精准性"主要结合的是专项债券、金融等领域发现的具体问题，是从积极财政政策、稳健货币政策及政策之间衔接协同等方面提出的；"稳步推进重点领域和关键环节改革，为实现高质量发展打下坚实基础"主要是针对预算分配管理存在诸多薄弱环节、重大政策落实执行不到位等问题提出的；"着力防范化解重大经济金融风险隐患，严格监督约束权力运行"主要是针对金融风险、国企重大投资损失风险、资源环境政策落实执行不力等问题提出的;"加强财政资金绩效管理,严肃财经纪律"主要是针对预算绩效管理较为薄弱、落实中央八项规定精神和过紧日子要求不严格等问题提出的。

"经济体检"不仅为了查病,更为了"治已病、防未病"。审计署政策研究室专家说,揭示问题是审计的手段,推动解决问题才是审计的最终目的。公布审计结果是为了推动有关部门、地方和单位严肃对待审计指出的问题,既要从政治高度抓好具体问题的整改,做好"点"上的整改,也要结合审计提出的相关建议抓好落实,做好"面"上的整改。

审计触角广泛、反应快速,在经济运行中具有"探头"作用。结合具体审计领域,要坚持系统观念,举一反三,从完善政策、推进改革、防范风险、加强管理、严肃纪律等方面强化整改力度,以扎实有效的审计整改推动源头治理、防患于未然,更好发挥审计在推进党的自我革命中的独特作用,以有力有效的审计监督服务保障党和国家工作大局。

资料来源:邹多为.由表及深、以点带面——从2022年度审计工作报告看审计监督独特作用有效发挥[EB/OL].[2023-06-26].https://www.gov.cn.有整理.

案例分析题

1. 什么是财政审计?
2. 如何更好地发挥财政审计监督的独特作用?

本章复习思考题

1. 简述政府决算编制的意义。
2. 说明我国政府决算的组成。
3. 简要分析政府决算编制的程序与方法。
4. 分析说明政府决算审查的方法、形式和内容。

二维码9-1:
自测自评

二维码9-2:
参考PPT

第十章 政府预算绩效管理

◎ **知识要点**

预算绩效是指预算资金所达到的产出和结果,强调政府预算支出与所获得的有效公共服务的对比关系。预算绩效管理是以预算为对象开展的绩效管理,是一种突出结果导向,与预算管理有机融合的一种管理模式。本章主要包括绩效预算、预算绩效、预算绩效管理的界定,预算绩效管理的理论基础,预算绩效管理的原则与主要内容,预算绩效管理改革成效等。

◎ **课程思政**

结合党的十九大、二十大报告,把握全面实施绩效管理、健全现代预算制度的精神;结合国家预算绩效管理的重要政策、文件,提升对国家方针政策的认知能力与水平;结合绩效评价的案例,培养改革创新的精神。

◎ **本章结构图**

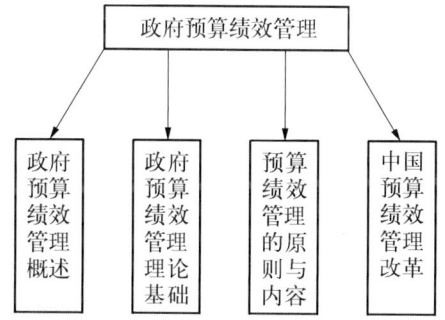

◎ **关键词**

绩效评价　绩效预算　预算绩效　预算绩效管理

第一节　政府预算绩效管理概述

一、预算绩效管理及相关概念界定

绩效是业绩与成效的综合,是一定时期内的工作行为、方式、结果及其产生的客观影响。绩效是组织为实现其目标而开展的活动在不同层面上的有效产出和结果,具体表现为完成工作的数量、质量、成本费用以及其他贡献等。20世纪70年代末80年代初,西方国家引入私营企业管理中的绩效理念、方法和制度,借鉴市场经济中微观经济主体管理运行中有益经验,强调政府支出的效率问题,并使之成为以提高政府行政效率为目的的新公共管理运动的一个重要组成部分[①]。

绩效评价是指依照预先确定的标准和一定的评价程序,运用科学的评价方法、按照评价的内容和标准对评价对象的绩效情况进行考核和评价。根据世界银行的观点,"绩效评价是对有关计划或政策执行情况的一项研究,侧重投入、活动和产出,通常用来评估执行者的绩效"。绩效评价一般具有几个共同特征:一是评价依据的合理性;二是评价标准的客观性;三是评价方法的科学性;四是评价结果的可比性[②]。财政支出绩效评价是指财政部门和预算部门(单位)根据设定的绩效目标,运用科学、合理的绩效评价指标、评价标准和评价方法,对财政支出的经济性、效率性和效益性进行客观、公正的评价。财政支出绩效评价以各级财政部门和各预算部门(单位)为绩效评价的主体,主要是为加强财政支出管理,强化支出责任,建立科学、合理的财政支出绩效评价管理体系,提高财政资金使用效益。

预算绩效是指预算资金所达到的产出和结果,强调政府预算支出与所获得的有效公共服务的对比关系。它主要从两个方面来反映,一是产出,反映主观的努力情况,即是否按期实现了预先设定的目标,主要任务是否完成,做了哪些工作。二是结果,反映政府预算活动带来的客观后果和影响,即完成任务的效率、资金使用的效益、预算支出的节约等[③]。

预算绩效管理是政府绩效管理的主要组成部分,是以预算为对象开展的绩效管理,也就是将绩效管理理念和绩效管理方法贯穿于预算编制、执行、决算和监督的全过程,突出结果导向,并实现与预算管理有机融合的一种预算管理模式。预算绩效管理把市场经济的一些理念,尤其是绩效的理念融入到公共管理之中,从而有效降低政府提供公共品的成本,提高政府与财政支出的效率。它强化政府预算为民服务,强调预算支出的责任和效率,要求在预算编制、执行、监督的全过程中更加关注预算资金的产出和结果,要求政府部门不断改进服务水平和质量,花尽量少的资金、办尽量多的实事,向社会公

[①] 财政部预算司.中央部门预算编制指南(2016)[M].北京:中国财政经济出版社,2015.
[②] 刘国永,李文思,王萌.全面实施预算绩效管理专业基础[M].镇江:江苏大学出版社,2021.
[③] 董宏波.预算绩效管理与绩效预算[J].山西财税,2013(8).

众提供更多、更好的公共产品和公共服务,使政府行为更加务实、高效。

预算绩效管理又不仅仅强调支出结果导向,它实际是一个管理系统,根据绩效理念,是一种以绩效目标为导向、以绩效监控为保障、以绩效评价为手段、以评价结果应用为关键的综合预算管理系统。其根本目的是改进预算管理,优化资源配置,节约成本,提高公共产品质量和公共服务水平。预算绩效管理客观要求实施绩效预算。

人们对绩效预算有不同的理解,通常有两种解释:一是指预算管理模式。在较早时期人们将预算绩效管理称为绩效预算。二是指预算方式。作为预算方式,绩效预算应是预算绩效管理中的重要方式。国际通行的绩效预算一般是指预算方式,本书也主要在这个意义上来使用本概念。

绩效预算是一种以绩效目标为导向、以预算成本为衡量、以业绩评估为核心的一种预算方式,具体来说就是把资源分配的增加与绩效的提高紧密结合的预算系统。换句话说,绩效预算就是把绩效理念贯穿预算管理全过程的预算方式。绩效预算是市场经济条件下预算改革的方向,是政府部门按所完成的各项职能,将政府预算建立在可衡量的绩效基础上,把市场经济的一些基本理念融入公共管理之中,旨在有效降低政府提供公共品的成本,是提高财政支出效率的现代财政预算管理方法。

绩效预算这一概念,最早出现在 20 世纪 50 年代。到 20 世纪 90 年代,绩效预算已经在西方很多国家获得实施,并取得了很成功经验。目前绩效预算已经成为各国政府预算改革的发展趋势。绩效预算不是一种关于预算的理论,更不是一种全新的预算编制方法,而是一种预算管理方式,它包含了以绩效为核心的预算理念和整个预算过程的重要变化。

综合看,预算绩效管理与绩效预算有许多相通之处。预算绩效管理的方式方法有很多种,预算绩效管理不一定要实施绩效预算,只要是在预算的编制、执行、评价等环节引进绩效的理念与方法,提高了预算的产出与效率,都可以说是实施或在某种程度上实施了预算绩效管理。但只有实施了绩效预算,才可以说实现了高级形态的预算绩效管理,才能真正全面提高预算的绩效,这时,绩效预算与预算绩效管理的含义应是等同的。

由此可以看出,预算绩效管理框架是绩效预算成功的先决条件。也就是说一个国家只有实施预算绩效管理,才能谈到实施绩效预算。绩效预算是基于预算绩效管理方式下的一种预算管理方式,且是侧重于把绩效等一些理念贯穿于预算管理之中。

二、预算绩效管理特点与主体

(一) 预算绩效管理特点

预算绩效管理作为一种预算管理的模式,主要具备以下特点:

(1) 导向性。预算绩效管理的主线是结果导向,即预算的编制、执行、决算、监督等,始终以年初确定的绩效目标为依据,始终以"绩效目标实现"这一结果为导向开展工作。同时,其还突出绩效评价结果的运用,建立绩效评价结果与预算安排挂钩机制,将绩效目标的实现程度作为以后年度安排预算的重要依据，强化绩效评价结果对部门单位的硬性责任约束，切实提高财政资金配置效率和使用效益。

（2）融合性。预算绩效管理是以预算为对象，以提高预算收支质量和效益为目的，将绩效理念融入预算编制、执行、监督全过程，实现预算与绩效有机融合的管理活动。因此，预算绩效管理具有双重性，从一个角度看，它是绩效管理，是以预算为对象开展的绩效管理；从另外一个角度看，它本质上仍是预算管理，是融入绩效管理理念、绩效管理方法的预算管理，是通过绩效对现有预算管理模式的改革和完善。

（3）全面性。预算绩效管理由绩效目标管理、事前评估管理、绩效运行监控管理、绩效评价管理、评价结果反馈及应用管理等共同组成，其本身是一个机制化的系统控制过程。全面性主要体现为全方位、全过程、全覆盖的预算绩效管理。全方位是指按照预算管理的对象，对政府预算、部门和单位预算、政策和项目预算，全方位开展绩效管理。全过程是指按照预算管理的流程，在预算编制、执行和监督各环节，做到事前事中事后全过程绩效管理。全覆盖是指按照预算的覆盖范围，将绩效管理覆盖到一般公共预算、政府性基金预算、国有资本经营预算、社会保险基金预算，实现"四本预算"绩效管理的全覆盖。

（二）预算绩效管理主体

预算绩效管理是以预算为对象开展的绩效管理，因此，预算绩效管理的对象涵盖了所有"财政性"资金，包括纳入政府预算管理的资金和纳入部门、单位预算管理的资金。预算绩效管理的主体作为预算绩效管理的组织者和参与者，具有多元性，主要包括以下几个方面：

（1）党政机构。全面实施预算绩效管理工作要坚持党的领导，充分发挥党组织的领导作用。地方各级政府和各部门各单位是预算绩效管理的责任主体。地方各级党委和政府主要负责同志对本地区预算绩效负责。党政机构要强化对预算绩效管理工作的统筹指导、监督检查、绩效考核，各级政府要将预算绩效结果纳入政府绩效和干部政绩考核体系。

（2）各级财政部门。各级财政是预算绩效管理工作的组织主体，负责制定预算绩效管理工作规划和规章制度，组织、指导本级预算部门和下级财政部门的预算绩效管理工作。

（3）部门单位。各预算部门是本部门预算绩效管理的责任主体，负责制定本部门预算绩效管理工作规划和规章制度，具体实施本部门及指导下属单位的预算绩效管理工作。下属各单位负责本单位的预算绩效管理工作的实施。

（4）监督机构。监督机构主要涉及各级人民代表大会及其常委会、各级政府、纪检监察、各级审计机关等，在预算绩效管理中，各机构要履行相应的监督职责。

（5）社会中介组织、新闻媒体与公众。社会中介组织包括会计师事务所、税务师事务所、资产评估机构、行业咨询机构等各类社会中介组织机构；相关专家学者，他们主要为预算绩效管理开展提供必要的技术和智力支持；新闻媒体、广大城乡居民等，都是预算绩效管理的监督者、参与者，绩效目标如何设定、预算资金如何使用、预算绩效好不好，要充分听取社会公众的意见与反馈。

三、预算绩效管理的意义

全面实施预算绩效管理是推进国家治理体系和治理能力现代化的内在要求,是深化财税体制改革、建立现代财政制度的重要内容,是优化财政资源配置、提升公共服务质量的关键举措。以全面实施预算绩效管理为关键点和突破口,可有效解决好绩效管理中存在的突出问题,有利于提高财政科学化精细化管理水平,强化预算支出的责任,提高财政资金使用效益与公共服务供给质量,对促进高效、责任、透明政府的建设具有重大的政治、经济和社会意义。

(一) 加强预算绩效管理,是建立现代财政制度的必然要求

党的十八届三中全会提出"深化财税体制改革""实施全面规范、公开透明的预算制度""建立事权和支出责任相适应的制度"。按照十八届三中全会确立的全面深化改革总目标和改进预算管理的明确要求,必须要建立与国家治理现代化相适应的现代财政制度。中央通过的《深化财税体制改革总体方案》,明确提出2020年基本建立现代财政制度。所谓建立现代财政制度,就是要健全有利于优化资源配置、维护市场统一、促进社会公平、实现国家长治久安的科学的可持续的财政制度。党中央、国务院高度重视现代财政制度建设工作。在党的十九大报告中,习近平总书记明确提出,"加快建立现代财政制度,建立权责清晰、财力协调、区域均衡的中央和地方财政关系。建立全面规范透明、标准科学、约束有力的预算制度,全面实施绩效管理。深化税收制度改革,健全地方税体系";在党的二十大报告中,习近平总书记进一步明确提出,"健全现代预算制度,优化税制结构,完善财政转移支付体系"。可见,习近平有关现代财政制度的重要论述,已成为新时代财政制度改革的指南。而预算制度作为财政制度的核心,加强预算绩效管理,全面深化预算管理制度改革,实施全面规范、公开透明的预算制度,是深化财税体制改革,建立现代财政制度的必然选择。

(二) 加强预算绩效管理,有利于建设高效、责任、透明政府

预算绩效管理注重支出的责任,加强预算绩效管理,强化部门的支出责任意识,履行好经济调节、市场监管、公共服务、社会管理等政府职能,推进预算绩效信息公开,有利于促进政府部门提高管理效率,改善决策管理和服务水平,提升公共产品和服务的质量,进一步转变政府职能,增强政府执行力和公信力。

(三) 加强预算绩效管理,有利于推进财政科学化精细化管理

预算绩效管理是财政科学化精细化管理的重要内容,是效率观念的拓展和提升。加强预算绩效管理,要求预算编制时申报绩效目标,实施绩效运行监控,加强绩效监督和结果问责,建立预算安排与绩效评价结果有机结合机制,把绩效理念融入预算编制、执行、监督管理全过程,既可有效缓解财政收支紧张的矛盾,又可提高财政资金的使用效益,是进一步提升财政科学化精细化管理水平的有力抓手。

(四) 加强预算绩效管理,是现代预算管理的发展趋势

预算绩效管理更加关注公共部门直接提供服务的效率,加强预算绩效管理,促进财政工作从"重分配"向"重管理""重绩效"转变,解决财政资金使用的绩效和支出责任问题,是市场经济国家财政管理发展的一般规律,也是我国财政改革发展到一定阶段的必

然选择。因此,以支出绩效评价为手段、以结果为导向的绩效预算在美国、英国等国家运用后,在许多国家得到推广。加强预算绩效管理,提高了财政资金使用效益,顺应了现代现代政府预算管理的潮流。

第二节 政府预算绩效管理理论基础

预算绩效管理是在公共财政演进和预算改革深化过程中,为不断优化财政资源配置、提升公共服务质量而实施的一种预算管理模式。它源于绩效预算,并被赋予了特定的内涵。其理论基础包括新公共管理理论、委托-代理理论、公共选择理论,是多学科理论在现代预算绩效管理中的具体运用。我国的实践进一步丰富了预算绩效管理的理论。

一、新公共管理理论

新公共管理理论以现代经济学和企业管理理论为基础,是对传统行政层级控制管理和官僚行为模式的反思与发展,代表了一种新的公共行政理论和管理模式。它主张在政府公共部门广泛采用私营部门成功的管理方法和竞争机制来提高行政管理效率、服务质量和服务水平,重视公共服务的产出,强调在解决公共问题、满足公共需要方面增加有效性和回应力,要求对政府实行更加灵活而富有成效的管理[①]。

20世纪70年代后,为解决政府机构臃肿、管理成本增长和效率低下等问题,西方发达国家以新公共管理理论为指导,广泛发起了以"重塑政府"为核心内容的政府改革,引入企业管理精神和市场化理念,强调提高政府运作效率和产出绩效,引起了极大的社会反响。英国、美国是早期开展新公共管理运动的国家,伴随着行政改革,新公共管理运动迅速扩展到澳大利亚、新西兰、加拿大、荷兰、瑞典、法国、韩国等多个国家。

新公共管理理论强调用企业精神改造政府,主张采用私人部门的管理理论、方法及技术,引入市场竞争机制,以市场或顾客为导向,重新调整国家、社会、市场三者的关系,提高公共管理水平及公共服务质量。其基本的理念包括:以市场为导向,重塑政府与公众的关系;在公共部门引入市场竞争机制,提高政府工作效率;采用私营部门的成功做法,提升公共服务质量。

新公共管理理论是近年来西方国家规模空前的行政改革的理论基础,它强调政府的企业化管理,把一些科学的企业管理方法,如目标管理、绩效评估、成本核算等引入公共领域,在公共产品和服务提供中引入竞争机制,在政府财政预算管理中引入绩效的理念,要求构建服务政府、责任政府、效率政府,直接催生了政府绩效管理,推动了政府绩效改革,是预算绩效管理的理论支撑和管理基础。

二、公共选择理论

公共选择理论是20世纪40年代西方经济学界逐步产生和发展起来的一种新的理

---

① 刘国永,李文思,王萌. 全面实施预算绩效管理专业基础[M]. 镇江:江苏大学出版社,2021.

论,它将经济学的理论和分析方法引入对政治决策过程的分析,开启了政治和公共政策研究的经济学途径,是一门介于经济学和政治学之间的新兴交叉理论。

公共选择理论产生于20世纪40年代末,英国政治学家邓肯·布莱克(Duncan Black)于1948年发表了公共选择理论的奠基之作《论集体决策原理》,布莱克因此被称为"公共选择理论之父"。至五六十年代,公共选择理论的基本原理和理论体系框架开始形成,20世纪60年代末以来,其学术影响迅速扩大。当代公共选择理论的领袖人物当推美国著名经济学家詹姆斯·M. 布坎南,他于1954年发表了第一篇专门研究公共选择的文章《社会选择、民主政治与自由市场》,1962年詹姆斯·M. 布坎南与戈登·塔洛克二人合著出版了《同意的计算——立宪民主的逻辑基础》,该书运用实证经济学的分析范式解读现代宪政民主制政府的运作,奠定了公共选择理论的方法论基础,被认为是公共选择理论的里程碑。詹姆斯·M. 布坎南因在公共选择理论方面的建树,尤其因其提出并用经济学方法论证了政治决策理论的契约和宪法基础而获得1986年度诺贝尔经济学奖。

关于公共选择理论的方法论,詹姆斯·M. 布坎南的解释是:"公共选择是政治上的观点,它因经济学家的工具和方法大量应用于集体或非市场决策而产生。"丹尼斯·缪勒将公共选择定义为:"公共选择理论可以定义为非市场决策的经济研究理论,或者简单地定义为把经济学应用于政治科学的理论。公共选择的主题与政治科学的主题是一样的——国家理论、投票规则、投票者行为、政党政治学、官员政治等。"

人们按公共选择理论的方法论,将人类的经济与政治活动归入两个市场,即经济市场和政治市场。在经济市场上从事经济活动的主体是消费者(需求者)和厂商(供给者),消费者通过货币选票来选择能给其带来最大满足的私人物品,厂商则通过竞争获得消费者的货币选票。在政治市场上进行政治活动的主体是选民、利益集团(需求者)和政治家(决策者)、官员(供给者)。在政治市场上,人们通过政治选票来选择预期能给他们带来最大利益的政治家、法律制度、公共政策和社会改革方案。在经济市场上的行为是经济决策,而在政治市场上的行为是政治决策,在民主政治制度下,社会的每个人都要参与这两类市场中的决策。

以这一分析为前提,公共选择理论试图用经济学分析经济行为的方法,将两个市场的决策行为纳入同一分析框架。公共选择理论试图把人的行为的这两个方面重新纳入一个统一的分析框架和理论模式,用经济学的理性经济人的基本假设和成本收益的经济分析方法来统一分析人的经济与政治行为,将经济分析范式引入政治市场的分析,从而打通了经济学与政治学,使二者融为一体,构建了新政治经济学体系。

公共选择理论的主要假设是以完全理性为基础的,把经济人的假设引进政府行为的分析中,从而将政府管理的重点从以规制为主转向以结果和激励为主,绩效理念在政府管理及财政收支决策的应用也有了依据[①]。

三、委托-代理理论

委托-代理理论最早由美国经济学家伯利(Berle)和米恩斯(Means)于20世

---

① 马海涛,曹堂哲,王红梅.预算绩效管理理论与实践[M].北京:中国财政经济出版社,2020.

30年代提出。伯利和米恩斯发现,企业所有者兼任经营者的做法存在极大弊端,于是倡导将所有权和经营权分离,企业所有者仅保留剩余索取权,而将经营权利让渡,由此提出了"委托-代理理论",这也是现代公司治理的逻辑起点。

在经济学中,处于信息优势的一方称为代理人,处于信息劣势的一方称为委托人。根据经济学假设,委托人和代理人各自有其独立的经济利益。在经济活动中,委托人、代理人都以其自身利益最大化为目标。在信息对称情况下,即使委托人与代理人目标不一致,代理人行为仍会被觉察,不会产生目标背离。当存在信息不对称时,就会产生道德风险,造成目标背离。为减少这种目标背离,就需要设计一种合理、科学的机制,使代理人在实现自身利益最大化的同时,也实现委托人利益的最大化。

委托-代理理论认为,委托-代理关系是随着生产力的发展和规模化大生产的出现而产生的。一方面,生产力的发展使分工不断细化,权利的所有者由于其知识、能力、精力等原因所限,不能有效行使所有权利;另一方面,专业化分工产生了一大批具有专业知识的代理人,他们有精力和能力代理并行使好被委托的权利。然而在委托代理的关系中,由于委托人与代理人的效用函数不同,委托人追求自身财富的最大化,而代理人追求自己收入、消费、闲暇的最大化,这必然导致两者的利益冲突。如果没有有效的制度安排,代理人的行为将很可能损害委托人的利益,因此,委托-代理理论主要侧重于研究在利益冲突和信息不对称的情况下,如何进行机制设计,以有效激励代理人。在公共支出过程中,不管是政府部门与社会公众之间,还是政府各部门之间,都存在着信息不对称的问题。相对于企业而言,公共委托-代理关系是多层委托-代理关系。公众将公共事务委托给政府,政府是一个庞大的组织体,政府内设各层级政府、各预算部门,由此形成多层多级多类型的委托-代理关系。政府作为公共产品的供给方,在市场上没有竞争对手,易于形成垄断及造成官僚预算最大化问题。

根据委托-代理理论,"信息不对称"和"激励不相容"是委托-代理问题产生的主要原因,代理人逆向选择的"败德"行为会增加政府成本、降低财政管理效率。对此,经典的委托-代理理论提出了"信息透明"和"激励相容"等基于预算绩效管理的解决方案[①],这一理论为预算绩效管理提供了较好的理论支点。

改革开放后,尤其是进入新时代,我国的财政理论不断突破与创新,伴随预算绩效管理改革的深化,预算绩效管理理论也不断丰富。2013年党的第十八届三中全会通过的《中共中央关于全面深化改革若干重大问题的决定》提出,"全面深化改革的总目标是完善和发展中国特色社会主义制度,推进国家治理体系和治理能力现代化""财政是国家治理的基础和重要支柱,科学的财税体制是优化资源配置、维护市场统一、促进社会公平、实现国家长治久安的制度保障。必须完善立法、明确事权、改革税制、稳定税负、透明预算、提高效率,建立现代财政制度,发挥中央和地方两个积极性"。党的十九大报告提出"加快建立现代财政制度""全面实施绩效管理"。党的二十大报告明确提出"健全现代预算制度,优化税制结构,完善财政转移支付体系"。可见,在习近平新时代中国特色社会主义思想的指导下,我国的财政理论与预算绩效管理理论不断丰富和发展,这

---

① 马海涛,曹堂哲,王红梅.预算绩效管理理论与实践[M].北京:中国财政经济出版社,2020.

都为预算绩效管理改革提供了重要的支持。

第三节 预算绩效管理的原则与内容

一、预算绩效管理的原则

预算绩效管理的原则就是在预算绩效管理过程中要遵循的基本准则。我国的预算绩效管理在经过中央政府与地方政府的试点与双层推进之后,现在已进入全面实施阶段。根据 2018 年《中共中央 国务院关于全面实施预算绩效管理的意见》,我国全面实施预算绩效管理的基本原则包括:

(1) 坚持总体设计、统筹兼顾。按照深化财税体制改革和建立现代财政制度的总体要求,统筹谋划全面实施预算绩效管理的路径和制度体系。既聚焦解决当前最紧迫问题,又着眼健全长效机制;既关注预算资金的直接产出和效果,又关注宏观政策目标的实现程度;既关注新出台政策、项目的科学性和精准度,又兼顾延续政策、项目的必要性和有效性。

(2) 坚持全面推进、突出重点。预算绩效管理既要全面推进,将绩效理念和方法深度融入预算编制、执行、监督全过程,构建事前事中事后绩效管理闭环系统,又要突出重点,坚持问题导向,聚焦提升覆盖面广、社会关注度高、持续时间长的重大政策、项目的实施效果。

(3) 坚持科学规范、公开透明。抓紧健全科学规范的管理制度,完善绩效目标、绩效监控、绩效评价、结果应用等管理流程,健全共性的绩效指标框架和分行业领域的绩效指标体系,推动预算绩效管理标准科学、程序规范、方法合理、结果可信。大力推进绩效信息公开透明,要求各级政府主动向同级人大报告、向社会公开绩效信息,自觉接受人大和社会各界监督。

(4) 坚持权责对等、约束有力。建立责任约束制度,明确各方预算绩效管理职责,清晰界定权责边界。健全激励约束机制,实现绩效评价结果与预算安排和政策调整挂钩。增强预算统筹能力,优化预算管理流程,调动地方和部门的积极性、主动性。

二、预算绩效管理的内容

预算绩效管理是一个由绩效目标管理、绩效运行监控管理、绩效评价管理、绩效评价结果反馈和应用管理共同组成的综合系统。其中,绩效目标管理是预算绩效管理的基础,绩效运行监控管理是预算绩效管理的重要环节,绩效评价管理是预算绩效管理的核心,绩效评价结果反馈和应用管理是预算绩效管理的落脚点。这五个方面既描述了预算绩效管理的各个环节,也概括了预算绩效管理的基本内容。推进预算绩效管理,就是要按照一定的原则,将绩效理念融入预算管理全过程,使之与预算编制、预算执行、预算监督一起成为预算管理的有机组成部分,逐步建立"预算编制有目标、预算执行有监控、预算完成有评价、评价结果有反馈、反馈结果有应用"的预算绩效管理机制。下面主要结合中外的实践,对预算绩效管理的内容进行分析。

(一)预算绩效目标管理

预算绩效目标是预算部门和单位使用预算资金在一定期限内预期达到的产出和效果,是预算绩效管理的基础,是整个预算绩效管理系统的前提。按照预算支出的范围和内容划分,绩效目标包括基本支出绩效目标、项目支出绩效目标和部门(单位)整体支出绩效目标。按照时效性划分,绩效目标包括中长期绩效目标和年度绩效目标。绩效目标管理是指各级财政部门、各预算部门(单位)以绩效目标为对象,以绩效目标的设定、审核、批复等为主要内容所开展的预算管理活动。

(1)预算绩效目标设定。按照"谁申请资金,谁设定目标"的原则,设定的绩效目标要能清晰反映预算资金的预期产出和效果,并从产出、效益、满意度等方面设置相应的绩效指标予以细化、量化。预算单位在编制下一年度预算时,要根据国务院编制预算的总体要求和财政部门的具体部署、国民经济和社会发展规划、部门职能及事业发展规划,科学、合理地测算资金需求,编制预算绩效计划,报送绩效目标。报送的绩效目标应与部门目标高度相关,并且是具体的、可衡量的、一定时期内可实现的。

(2)预算绩效目标审核。按照"谁分配资金,谁审核目标"的原则,绩效目标按照预算管理级次进行审核,重点审核绩效目标的完整性、相关性、适当性和可行性。必要时可以组织专家或委托第三方机构进行审核。财政部门要依据国家相关政策、财政支出方向和重点、部门职能及事业发展规划等对单位提出的绩效目标进行审核,包括绩效目标与部门职能的相关性、为实现绩效目标所采取措施的可行性、绩效指标设置的科学性、实现绩效目标所需资金的合理性等。绩效目标不符合要求的,财政部门应要求报送单位调整、修改;审核合格的,进入下一步预算编审流程。

(3)预算绩效目标批复。按照"谁批复预算,谁批复目标"的原则,财政预算经各级人民代表大会审查批准后,财政部门在批复预算时,一并批复绩效目标。批复的绩效目标应当清晰、可量化,以便在预算执行过程中进行监控和预算完成后实施绩效评价时对照比较。预算部门和单位应严格按照批复的绩效目标内容执行预算,如遇客观情况确需调整绩效目标的,应履行绩效目标调整程序,并报同级财政部门备案。

(二)预算绩效运行监控管理

预算绩效运行监控管理是预算绩效管理的重要环节。各级财政部门和预算单位要建立绩效运行跟踪监控机制,定期采集绩效运行信息并汇总分析,对绩效目标运行情况进行跟踪管理和督促检查,纠偏扬长,促进绩效目标的顺利实现。跟踪监控中发现绩效运行目标与预期绩效目标发生偏离时,要及时采取措施予以纠正。

预算绩效运行监控范围要涵盖一般公共预算、政府性基金预算、国有资本经营预算和社会保险基金预算涉及的范围,要将各级政府收支预算全面纳入绩效管理。既要实施部门和单位预算绩效管理,也要实施政策和项目预算绩效管理。绩效运行监控主要监控绩效目标完成情况、预算资金执行情况,以及对重点政策和重大项目绩效延伸监控等。

各级财政、预算部门和单位是实施绩效运行监控的主体,牵头组织本级财政、部门及所属单位绩效运行日常监控,定期对绩效运行监控信息进行收集、审核、分析、汇总、填报；并对重点政策和重大项目，以及巡视、审计、有关监督检查、重点绩效评价和日常管理中发现问题较多、绩效水平不高、管理薄弱的项目予以重点监控。

（三）预算绩效评价管理

预算绩效评价是指财政部门和预算部门（单位）根据设定的绩效目标，运用科学、合理的绩效评价指标、评价标准和评价方法，对财政支出的经济性、效率性和效益性进行客观、公正的评价。一般公共预算、政府性基金预算、国有资本经营预算和社会保险基金预算涉及的资金、项目及相关管理活动，都应该纳入预算绩效评价管理。各级财政部门和各预算部门（单位）是预算绩效评价的主体。

1. 预算绩效评价的基本原则

（1）科学规范原则。预算绩效评价应当严格执行规定的程序，按照科学可行的要求，采用定量与定性分析相结合的方法。

（2）公正公开原则。预算绩效评价应当符合真实、客观、公正的要求，预算绩效评价结果要依法公开并接受监督。

（3）分级分类原则。预算绩效评价由各级财政部门、各预算部门（单位）根据评价对象的特点分类组织实施。单位自评、部门评价和财政评价应职责明确，各有侧重，相互衔接。单位自评应由项目单位自主实施，即"谁支出、谁自评"。部门评价和财政评价应在单位自评的基础上开展，必要时可委托第三方机构实施。

（4）激励约束原则。预算绩效评价结果应与预算安排、政策调整、改进管理实质性挂钩，体现奖优罚劣和激励相容导向。

2. 预算绩效评价的对象和内容

（1）预算绩效评价的对象。其主要包括：纳入政府预算管理的资金和纳入部门（单位）预算管理的资金。按照预算级次，可分为本级部门预算管理的资金和上级政府对下级政府的转移支付资金。部门预算支出绩效评价包括基本支出绩效评价、项目支出绩效评价和部门整体支出绩效评价。预算绩效评价应当以项目支出为重点，重点评价一定金额以上、与本部门职能密切相关、具有明显社会影响和经济影响的项目。同时，积极开展对部门整体支出进行评价。上级政府对下级政府的转移支付包括一般性转移支付和专项转移支付。一般性转移支付原则上应当重点对贯彻中央重大政策出台的转移支付项目进行预算绩效评价；专项转移支付原则上应当以对社会、经济发展和民生有重大影响的支出为重点进行预算绩效评价。

（2）预算绩效评价的内容。其主要包括：预算绩效目标的设定情况；决策情况；资金投入和使用情况；为实现预算绩效目标制定的制度、采取的措施等；预算绩效目标的实现程度及效果；预算绩效评价的其他内容。

3. 预算绩效评价指标与标准

（1）预算绩效评价指标。预算绩效评价指标是指衡量绩效目标实现程度的考核工具。预算绩效评价指标的确定应当遵循以下原则：①相关性原则。应当与绩效目标有直接的联系，能够恰当反映目标的实现程度；②重要性原则。应当优先使用评价对象最具代表性、最能反映评价要求的核心指标；③可比性原则。对同类评价对象要设定共性的绩效评价指标，以便于评价结果可以相互比较；④系统性原则。应当将定量指标与定性指标相结合,系统反映财政支出所产生的社会效益、经济效益、环境效益和可持续影响等;⑤经济性原则。应当通俗易懂、简便易行,数据的获得应当考虑现实条件和可操作性,符合成本效益原则。

预算绩效评价指标分为共性指标和个性指标。共性指标是适用于所有评价对象的指标,其主要包括预算编制和执行情况、财务管理状况、资产配置、使用、处置及其收益管理情况以及社会效益、经济效益等。个性指标是针对预算部门或项目特点设定的、适用于不同预算部门或项目的业绩评价指标。共性指标由财政部门统一制定,个性指标由财政部门会同预算部门制定。

根据财政部印发的《预算绩效评价共性指标体系框架》,我国项目支出、部门整体支出、财政预算绩效评价共性指标体系框架基本情况分别如表10-1至表10-3所示,而且体系框架对各三级指标进行了说明。

表10-1 项目支出绩效评价共性指标体系框架

一级指标	二级指标	三级指标	指标解释
投入	项目立项	项目立项规范性	项目的申请、设立过程是否符合相关要求,用以反映和考核项目立项的规范情况
投入	项目立项	绩效目标合理性	项目所设定的绩效目标是否有充分依据,是否符合客观实际,用以反映和考核项目绩效目标与项目实施的相符情况
投入	项目立项	绩效指标明确性	依据绩效目标设定的绩效指标是否清晰、细化、可衡量等,用以反映和考核项目绩效目标的明细化情况
投入	资金落实	资金到位率	实际到位资金与计划投入资金的比率,用以反映和考核资金落实情况对项目实施的总体保障程度
投入	资金落实	到位及时率	及时到位资金与应到位资金的比率,用以反映和考核项目资金落实的及时性程度
过程	业务管理	管理制度健全性	项目实施单位的业务管理制度是否健全,用以反映和考核业务管理制度对项目顺利实施的保障情况
过程	业务管理	制度执行有效性	项目实施是否符合相关业务管理规定,用以反映和考核业务管理制度的有效执行情况
过程	业务管理	项目质量可控性	项目实施单位是否为达到项目质量要求而采取了必需的措施,用以反映和考核项目实施单位对项目质量的控制情况
过程	财务管理	管理制度健全性	项目实施单位的财务制度是否健全,用以反映和考核财务管理制度对资金规范、安全运行的保障情况
过程	财务管理	资金使用合规性	项目资金使用是否符合相关的财务管理制度规定,用以反映和考核项目资金的规范运行情况
过程	财务管理	财务监控有效性	项目实施单位是否为保障资金的安全、规范运行而采取了必要的监控措施,用以反映和考核项目实施单位对资金运行的控制情况
产出	项目产出	实际完成率	项目实施的实际产出数与计划产出数的比率,用以反映和考核项目产出数量目标的实现程度
产出	项目产出	完成及时率	项目实际提前完成时间与计划完成时间的比率,用以反映和考核项目产出时效目标的实现程度

(续表)

一级指标	二级指标	三级指标	指标解释
产出	项目产出	质量达标率	项目完成的质量达标产出数与实际产出数的比率,用以反映和考核项目产出质量目标的实现程度
		成本节约率	完成项目计划工作目标的实际节约成本与计划成本的比率,用以反映和考核项目的成本节约程度
效果	项目效益	经济效益	项目实施对经济发展所带来的直接或间接影响情况
		社会效益	项目实施对社会发展所带来的直接或间接影响情况
		生态效益	项目实施对生态环境所带来的直接或间接影响情况
		可持续影响	项目后续运行及成效发挥的可持续影响情况
		社会公众或服务对象满意度	社会公众或服务对象对项目实施效果的满意程度

资料来源:财政部. 财政部关于印发《预算绩效评价共性指标体系框架》的通知[EB/OL]. [2024-10-11]. http://yss.mof.gov.cn. 有整理.

表 10-2　部门整体支出绩效评价共性指标体系框架

一级指标	二级指标	三级指标	指标解释
投入	目标设定	绩效目标合理性	部门(单位)所设立的整体绩效目标依据是否充分,是否符合客观实际,用以反映和考核部门(单位)整体绩效目标与部门履职、年度工作任务的相符性情况
		绩效指标明确性	部门(单位)依据整体绩效目标所设定的绩效指标是否清晰、细化、可衡量,用以反映和考核部门(单位)整体绩效目标的明细化情况
	预算配置	在职人员控制率	部门(单位)本年度实际在职人员数与编制数的比率,用以反映和考核部门(单位)对人员成本的控制程度
		"三公经费"变动率	部门(单位)本年度"三公经费"预算数与上年度"三公经费"预算数的变动比率,用以反映和考核部门(单位)对控制重点行政成本的努力程度
		重点支出安排率	部门(单位)本年度预算安排的重点项目支出与部门项目总支出的比率,用以反映和考核部门(单位)对履行主要职责或完成重点任务的保障程度
过程	预算执行	预算完成率	部门(单位)本年度预算完成数与预算数的比率,用以反映和考核部门(单位)预算完成程度
		预算调整率	部门(单位)本年度预算调整数与预算数的比率,用以反映和考核部门(单位)预算的调整程度
		支付进度率	部门(单位)实际支付进度与既定支付进度的比率,用以反映和考核部门(单位)预算执行的及时性和均衡性程度
		结转结余率	部门(单位)本年度结转结余总额与支出预算数的比率,用以反映和考核部门(单位)对本年度结转结余资金的实际控制程度
		结转结余变动率	部门(单位)本年度结转结余资金总额与上年度结转结余资金总额的变动比率,用以反映和考核部门(单位)对控制结转结余资金的努力程度

（续表）

一级指标	二级指标	三级指标	指标解释
过程	预算执行	公用经费控制率	部门（单位）本年度实际支出的公用经费总额与预算安排的公用经费总额的比率，用以反映和考核部门（单位）对机构运转成本的实际控制程度
		"三公经费"控制率	部门（单位）本年度"三公经费"实际支出数与预算安排数的比率，用以反映和考核部门（单位）对"三公经费"的实际控制程度
		政府采购执行率	部门（单位）本年度实际政府采购金额与年初政府采购预算的比率，用以反映和考核部门（单位）政府采购预算执行情况
	预算管理	管理制度健全性	部门（单位）为加强预算管理、规范财务行为而制定的管理制度是否健全完整，用以反映和考核部门（单位）预算管理制度对完成主要职责或促进事业发展的保障情况
		资金使用合规性	部门（单位）使用预算资金是否符合相关的预算财务管理制度的规定，用以反映和考核部门（单位）预算资金的规范运行情况
		预决算信息公开性	部门（单位）是否按照政府信息公开有关规定公开相关预决算信息，用以反映和考核部门（单位）预决算管理的公开透明情况
		基础信息完善性	部门（单位）基础信息是否完善，用以反映和考核基础信息对预算管理工作的支撑情况
	资产管理	管理制度健全性	部门（单位）为加强资产管理、规范资产管理行为而制定的管理制度是否健全完整，用以反映和考核部门（单位）资产管理制度对完成主要职责或促进社会发展的保障情况
		资产管理安全性	部门（单位）的资产是否保存完整、使用合规、配置合理、处置规范、收入及时足额上缴，用以反映和考核部门（单位）资产安全运行情况
		固定资产利用率	部门（单位）实际在用固定资产总额与所有固定资产总额的比率，用以反映和考核部门（单位）固定资产使用效率程度
产出	职责履行	实际完成率	部门（单位）履行职责而实际完成的工作数与计划工作数的比率，用以反映和考核部门（单位）履职工作任务目标的实现程度
		完成及时率	部门（单位）在规定时限内及时完成的实际工作数与计划工作数的比率，用以反映和考核部门履职时效目标的实现程度
		质量达标率	达到质量标准（绩效标准值）的实际工作数与计划工作数的比率，用以反映和考核部门履职质量目标的实现程度
		重点工作办结率	部门（单位）年度重点工作实际完成数与交办或下达数的比率，用以反映部门（单位）对重点工作的办理落实程度
效果	履职效益	经济效益	部门（单位）履行职责对经济发展所带来的直接或间接影响
		社会效益	部门（单位）履行职责对社会发展所带来的直接或间接影响
		生态效益	部门（单位）履行职责对生态环境所带来的直接或间接影响
		社会公众或服务对象满意度	社会公众或部门（单位）的服务对象对部门履职效果的满意程度

资料来源：财政部.财政部关于印发《预算绩效评价共性指标体系框架》的通知[EB/OL].[2024-10-11]. http://yss.mof.gov.cn.有整理.

表 10-3 财政预算绩效评价共性指标体系框架

一级指标	二级指标	三级指标	指标解释
投入	预算安排	人员经费保障率	本年度预算安排的在职人均人员经费与在职人员经费标准的比率,用以反映和考核某一地区财政"保工资"状况
		公用经费保障率	本年度预算安排的在职人员人均公用经费与在职人员人均公用经费标准的比率,用以反映和考核某一地区财政"保运转"水平
		人均公用经费变动率	本年度在职人均公用经费与上年度在职人均公用经费的变动比率,用以反映和考核某一地区财政改善"保运转"状况的努力程度
		民生支出占比	本年度民生支出数占当年公共财政预算支出的比重,一般通过与同类地区民生支出占比的比较,用以反映和考核某一地区财政"保民生"状况
		民生支出占比变动率	本年度民生支出占比与上年度民生支出占比的变动比率,用以反映和考核某一地区财政改善民生的努力程度
		"三公经费"变动率	本年度"三公经费"支出总额与上年度"三公经费"支出总额的变动比率,用以反映和考核某一地区财政控制和压缩重点行政成本的努力程度
		预算完整性	纳入政府预算管理的各类预算是否完整,用以反映和考核某一地区财政预算综合管理的水平
		预算平衡性	本地区财政预算收支差额(预算净结余)是否为非负,用以反映和考核某一地区财政预算平衡情况
		财政供养人员控制率	本年度实际在职财政供养人员与标准在职财政供养人员的比率,反映和考核对某一地区财政对本级财政供养人数的实际控制程度
		债务率	本年末本级政府性债务余额占综合财力的比重,反映和考核某一地区财政对债务规模和债务风险的控制程度
过程	预算执行	收入完成率	本年度公共财政预算收入实际完成数与公共财政收入预算数的比率,用以反映和考核某一地区收入预算的完成程度
		支出完成率	本年度公共财政预算支出完成数与公共财政支出预算数的比率,用以反映和考核某一地区支出预算的实际执行情况
		支出均衡率	某一时点公共财政预算支出执行进度与支出进度标准的比率,用以反映和考核支出预算及时性和均衡性程度
		资金结转率	本年度结转资金总额与公共财政支出预算的比率,用以反映和考核某一地区财政对结转资金的控制程度
		资金结转变动率	本年度结转资金总额与上年度结转资金总额的变动比率,反映和考核某一地区财政控制结转资金的努力程度
		"三公经费"控制率	本年度"三公经费"实际支出数与预算数的比率,用以反映和考核某一地区财政对重点行政成本的控制程度
		总预算暂存暂付率	总预算暂存款、暂付款期末余额与当年公共财政支出预算的比率,用以反映和考核某一地区财政对本级财政周转资金规模的控制程度

(续表)

一级指标	二级指标	三级指标	指标解释
效果	经济效益	财政总收入占GDP的比重	本年度财政总收入占国内生产总值(GDP)的比重,用以反映和考核某一地区筹集财政收入及当地对经济和社会发展调控能力的水平
		税收收入占比	本年度税收收入占公共财政预算收入的比重,一般可与同类地区税收收入占比的平均水平或本地区确定的税收收入占比目标比较,用以反映和考核某一地区公共财政收入质量情况
		税收收入占比变动率	本年度税收收入占比与上年度税收收入占比的变动比率,用以反映和考核某一地区在改善公共财政收入质量方面的努力程度
		非税收入占比	本年度非税收入占公共财政预算收入的比重,一般可与同类地区非税收入占比的平均水平或与本地区确定的非税收入占比目标比较,用以反映和考核某一地区公共财政收入质量情况
		非税收入占比变动率	本年度非税收入占比与上年度非税收入占比的变动比率,用以反映和考核某一地区在改善公共财政收入质量方面的努力程度
		财政支出乘数	当地国内生产总值(GDP)变动量与公共财政预算支出变动量之间的比值,用以反映和考核某一地区财政支出对当地经济的带动效应
	社会效益	城镇居民人均可支配收入变动率	本年城镇居民人均可支配收入与上年城镇居民人均可支配收入的变动比率,用以反映和考核某一地区城镇居民的生活水平改善程度
		农村居民人均纯收入变动率	本年农村居民人均纯收入与上年农村居民人均纯收入的变动比率,用以反映和考核某一地区农村居民生活水平的改善程度
		人均受教育年限变动率	本年人均受教育年限与上年人均受教育年限的变动比率,用以反映和考核某一地区教育普及的改善程度
		人均期望寿命变动率	某一地区本年人均期望寿命值与上年人均期望寿命值的变动比率,用以反映和考核某一地区居民健康水平改善程度
		城镇登记失业率变动率	本年城镇登记失业率与上年城镇登记失业率的变动比率,用以反映和考核某一地区城镇居民就业状况的改善程度
	生态效益	空气质量变动率	当年空气质量与上年空气质量的变动比率,用以反映和考核某一地区空气质量的改善程度
		人均公共绿地面积变动率	当地居民拥有的平均绿地面积的变动情况,用以反映和考核某一地区生态环境的改善程度
		万元GDP能耗变动率	当年万元GDP能耗与上年万元GDP能耗的变动比率,用以反映和考核某一地区节能减排水平的改善程度
	社会公众满意度		社会公众对当地财政理财效果的满意程度

资料来源:财政部.财政部关于印发《预算绩效评价共性指标体系框架》的通知[EB/OL].[2024-10-11]. http://yss.mof.gov.cn.有整理.

需要说明的有以下两点:一是共性指标体系为参考性的框架模式,主要作为设置具体共性指标的指导和参考,并需根据实际工作的进展不断予以完善。二是各级财政部门和预算部门开展预算绩效评价工作时,既要根据具体预算绩效评价对象的不同,以《预算绩效评价共性指标体系框架》为参考,在其中灵活选取最能体现预算绩效评价对象特征的共性指标,也要针对具体预算绩效评价对象的特点,另行设计具体的个性预算绩效评价指标。同时,赋予各类预算评价指标科学合理的权重分值,明确具体的评价标准,从而形成完善的预算绩效评价指标体系。

(2)预算绩效评价标准。预算绩效评价标准是指衡量财政支出绩效目标完成程度的尺度。具体包括:①计划标准,是指以预先制定的目标、计划、预算、定额等数据作为评价的标准;②行业标准,是指参照国家公布的行业指标数据制定的评价标准;③历史标准,是指参照同类指标的历史数据制定的评价标准;④其他经财政部门确认的标准。

4. 预算绩效评价的方法

预算绩效评价方法主要有成本效益分析法、比较法、因素分析法、最低成本法、公众评判法等。①成本效益分析法。它是指将一定时期内的支出与效益进行对比分析,以评价绩效目标实现程度的方法;②比较法。它是指通过对绩效目标与实施效果、历史与当期情况、不同部门和地区同类支出的比较,综合分析绩效目标实现程度的方法;③因素分析法。它是指通过综合分析影响绩效目标实现、实施效果的内外因素,评价绩效目标实现程度的方法;④最低成本法。它是指对效益确定却不易计量的多个同类对象的实施成本进行比较,评价绩效目标实现程度。在绩效目标确定的前提下,成本最小者为优的方法;⑤公众评判法。它是指通过专家评估、公众问卷及抽样调查等对财政支出效果进行评判,评价绩效目标实现程度的方法;⑥标杆管理法。它指以国内外同行业中较高的绩效水平为标杆进行评判的方法;⑦其他评价方法。

预算绩效评价方法的选用应当坚持简便有效的原则,根据评价对象的具体情况,可采用一种或多种方法进行预算绩效评价。同时,要做好预算绩效评价结果反馈与应用管理。

(四)预算绩效评价结果反馈和应用管理

建立预算绩效评价结果反馈和应用制度,将预算绩效评价结果及时反馈给预算具体执行单位,要求其根据预算绩效评价结果,完善管理制度,改进管理措施,提高管理水平。

(1)预算绩效评价结果。财政部门重点对财政运行综合绩效、预算部门和单位整体支出绩效、政策和项目绩效进行评价。预算部门和单位应对照年初设定的预算绩效目标和指标,组织对本部门和单位的预算执行情况,以及政策和项目实施效果开展预算绩效自评。预算绩效评价报告与自评报告是预算绩效评价结果的载体。

财政部门和预算部门开展预算绩效评价并需撰写预算绩效评价报告,预算绩效评价报告应当包括以下主要内容:基本概况;预算绩效评价的组织实施情况;预算绩效评价指标体系、评价标准和评价方法;预算绩效目标的实现程度;存在问题及原因分析;评价结论及建议;其他需要说明的问题。

预算绩效评价要形成预算绩效评价结果,绩效评价结果可采取评分与评级相结合的方式,具体分值和等级可根据不同评价内容设定。总分一般设置为 100 分,等级一般划分为四档:90 分(含)~100 分为优,80 分(含)~90 分为良,60 分(含)~80 分为较差,60 分以下为差。

一般来说,单位自评结果主要通过预算支出绩效自评表的形式反映,要做到内容完整、权重合理、数据真实、结果客观。财政评价和部门评价结果主要以预算绩效评价报告的形式体现,要做到依据充分、分析透彻、逻辑清晰、客观公正。各部门应当按照财政部门要求报送预算绩效自评和部门评价结果。

（2）预算绩效评价结果应用。① 反馈整改。财政部门、预算部门和单位应健全绩效评价结果反馈制度和绩效问题整改机制,及时将绩效结果反馈给被评价部门(单位),对存在的问题提出整改要求,督促部门(单位)整改落实;② 与预算安排挂钩。财政部门、预算部门和单位应建立绩效评价结果与预算安排和政策调整挂钩机制,将部门(单位)整体绩效、项目支出绩效与部门(单位)预算安排挂钩;对绩效较好的政策、项目原则上优先保障,对绩效一般的政策和项目要督促整改,对交叉重复、碎片化的政策和项目予以调整,对低效无效资金一律削减或取消,对长期沉淀资金一律收回;③ 报告和公开。预算绩效评价结果应当按照政府信息公开有关规定在一定范围内公开。预算绩效评价结果要向同级人民政府报告,为政府决策提供参考,并作为实施行政问责的重要依据。财政部门在提交上年度决算草案时,应将上年度政府预算绩效管理和重点项目预算绩效评价情况,向人大常委会报告。预算绩效管理情况应依法接受人大、审计及社会监督。

第四节　中国预算绩效管理改革

一、中国预算绩效管理改革进程

加强预算绩效管理既是世界预算管理发展的趋势,也是我国预算管理改革的需要。自本世纪初,中国日益重视预算绩效管理工作,多次强调要深化预算制度改革,加强预算绩效管理,提高预算资金的使用效益和政府工作效率。

我国的预算绩效管理改革采取中央政府和地方基层政府试点双层推进的方式,中央政府主要提供政策支持和理论指导,地方政府进行实践探索。预算绩效管理改革是一个逐步深化、不断推进的过程。其改革发展进程可以分为四个阶段:萌芽探索阶段(20世纪90年代后期至2002年);试点实施阶段(2003至2010年);稳步推进阶段(2011至2016年);全面实施阶段(2017年至今)①。

（一）我国预算绩效管理的政策、法规制度的顶层设计不断推进

我国在20世纪90年代后期引入预算绩效理念,并在实践工作中逐渐开始对预算绩效管理进行探索。2002年,《中央本级项目支出预算管理办法(试行)》(财预〔2002〕356号)出台,明确了对预算项目的实施过程和结果开展绩效考评的要求。2003年10月,党的十六届三中全会通过的《中共中央关于完善社会主义市场经济体制若干问题的决定》明确提出"建立预算绩效评价体系"。我国开始了对于预算绩效管理的探索

---

① 荀燕楠,李金城. 当代中国预算绩效管理:理论发展与实践探索[J]. 求索,2019(4).

与实践。

党的十七届二中全会通过的《关于深化行政管理体制改革的意见》指出"推行政府绩效管理和行政问责制度。建立科学合理的政府绩效评估指标体系和评估机制"。2011年3月,国务院建立政府绩效管理工作部际联席会议,指导和推动政府绩效管理工作。2013年11月,党的十八届三中全会进一步提出要"打造透明预算,提高效率,建立现代财政制度"。2014年新修订的《预算法》提出"各级预算应当遵循统筹兼顾、勤俭节约、量力而行、讲求绩效和收支平衡的原则",在国家法律的战略层面首次提出预算应遵循绩效原则。

在党中央、国务院积极推进预算绩效管理改革的同时,财政部门也出台了一系列制度办法,积极组织、指导与推动预算绩效管理改革。

2005年财政部制定的《中央部门预算支出绩效考评管理办法(试行)》,对绩效考评的组织管理、工作程序、结果运用等做了比较明确的规定,但绩效评价制度仍不完整、不统一,立法层次低,绩效评价制度的法律约束力不高。

财政部2009年出台了《财政支出绩效评价管理暂行办法》,对绩效评价的基本原则,绩效评价的对象和内容,绩效目标,绩效评价指标、评价标准和方法,绩效评价的组织管理和工作程序,绩效报告和绩效评价报告,绩效评价结果及其应用等内容进行了全面安排。该办法的出台,标志着以绩效评价为主要内容的预算绩效管理工作,在各地试点的基础上,将在全国更加规范的展开。

2011年财政部出台了《关于推进预算绩效管理的指导意见》(财预〔2011〕416号),逐步建立全过程预算绩效管理机制,标志着完整意义上的预算绩效管理理念得以确立;2012年9月财政部印发《预算绩效管理工作规划(2012—2015年)》;2013年4月财政部印发《预算绩效评价共性指标体系框架》;2015年出台了《中央部门预算绩效目标管理办法》和《中央对地方专项转移支付绩效目标管理办法》,进一步加强和规范预算绩效管理工作。

2017年,党的十九大报告提出,"建立全面规范透明、标准科学、约束有力的预算制度,全面实施绩效管理"。全面实施绩效管理成为党的创新理论的重要内容,这为全面实施绩效管理提供了指南,也标志我国绩效管理改革进入全面实施绩效管理的新阶段。

2018年,《中共中央 国务院关于全面实施预算绩效管理的意见》(以下简称《意见》)出台,明确了我国全面实施预算绩效管理的必要性、总体要求,明确提出力争用3~5年时间基本建成全方位、全过程、全覆盖的预算绩效管理体系,实现预算和绩效管理一体化。这是党中央、国务院对全面实施预算绩效管理作出的顶层设计和重大部署,对于深化预算管理制度改革、推进国家治理体系和治理能力现代化具有重要意义。

为深入贯彻落实《意见》精神,加快建成全方位、全过程、全覆盖的预算绩效管理体系,财政部颁发了《关于贯彻落实〈中共中央 国务院关于全面实施预算绩效管理的意见〉的通知》(财预〔2018〕167号),强调要充分认识全面实施预算绩效管理的重要意义,从结合实际制定贯彻落实方案、抓好预算绩效管理的重点环节、加强绩效管理监督问责、健全工作协调机制等方面,提出加快构建全方位、全过程、全覆盖的预算绩效管理体系。

2020年，修订的《中华人民共和国预算法实施条例》在预算编制、预算执行等预算管理各环节对政府财政、各部门、各单位在组织和指导预算资金绩效监控、开展绩效评价、提高资金使用效益等方面提出了更加细致明确的要求。

近年来，财政部等先后出台了系列预算绩效管理办法、意见等，为预算绩效管理提供了规范与指导，我国全方位、全过程、全覆盖的预算绩效管理体系建设明显提速。2018年财政部、水利部、国家发展改革委印发《中央水库移民扶持基金绩效管理暂行办法》；2019年财政部印发《农村综合改革转移支付绩效管理办法》；2019年财政部印发《中央部门预算绩效运行监控管理暂行办法》；2020年财政部印发《项目支出绩效评价管理办法》；2021年财政部发布《关于委托第三方机构参与预算绩效管理的指导意见》；2021年财政部印发《地方政府专项债券项目资金绩效管理办法》；2022年财政部、人力资源社会保障部等印发《社会保险基金预算绩效管理办法》；等等。

这一系列法律法规、意见、规划、办法的出台，意味着我国大力加强了预算绩效管理的顶层设计，不断推进预算绩效管理改革向纵深发展。预算绩效管理部分相关法律法规汇总见表10-4。

表10-4 预算绩效管理部分相关法律法规文件汇总

序号	公布时间	法律法规、文件名称
1	2002年	《中央本级项目支出预算管理办法(试行)》(已失效)
2	2005年	《中央部门预算支出绩效考评管理办法(试行)》(已失效)
3	2007年	《中央本级支出绩效考评管理办法》
4	2009年	《财政支出绩效评价管理暂行办法》(已失效)
5	2009年	《财政部关于进一步推进中央部门预算项目支出绩效评价试点工作的通知》(已失效)
6	2011年	《财政支出绩效评价管理暂行办法》(修订)(已失效)
7	2011年	《关于推进预算绩效管理的指导意见》
8	2011年	《预算绩效管理工作考核办法(试行)》
9	2012年	《预算绩效管理工作规划(2012—2015年)》(已失效)
10	2013年	《预算绩效评价共性指标体系框架》
11	2015年	《中央部门预算绩效目标管理办法》
12	2015年	《预算绩效管理工作考核办法》(修订)
13	2016年	《关于开展2016年度中央部门项目支出绩效目标执行监控试点工作的通知》(已失效)
14	2018年	《中华人民共和国预算法》(修正)
15	2018年	《中共中央、国务院关于全面实施预算绩效管理的意见》
16	2018年	《关于贯彻落实〈中共中央国务院关于全面实施预算绩效管理的意见〉的通知》
17	2018年	《中央水库移民扶持基金绩效管理暂行办法》
18	2019年	《中央部门预算绩效运行监控管理暂行办法》

(续表)

序号	公布时间	法律法规、文件名称
19	2019 年	《农村综合改革转移支付绩效管理办法》
20	2020 年	《中华人民共和国预算法实施条例》(修订)
21	2020 年	《项目支出绩效评价管理办法》
22	2020 年	《政府和社会资本合作(PPP)项目绩效管理操作指引》(已失效)
23	2020 年	《政府性融资担保、再担保机构绩效评价指引》
24	2021 年	《地方政府专项债券项目资金绩效管理办法》
25	2021 年	《财政部关于委托第三方机构参与预算绩效管理的指导意见》
26	2021 年	《第三方机构预算绩效评价业务监督管理暂行办法》
27	2022 年	《社会保险基金预算绩效管理办法》

资料来源：根据相关法律法规文件整理。

(二) 中央部门预算绩效管理改革探索

1. 不断完善预算绩效管理制度

在改革的过程中，中央的一些部委先后出台了系列预算绩效管理办法、意见或相关规范，完善了部门单位预算绩效管理的制度体系建设，为部门单位预算绩效管理提供了制度保障。例如，2014 年民政部、财政部印发《最低生活保障工作绩效评价办法》(已失效);2014 年科技部办公厅印发《生产力促进中心绩效评价办法》;2014 年颁布《农业部关于深入推进绩效管理工作的意见》;2014 年农业部(已撤销)发出关于印发《农业部绩效管理办法》及《职责履行绩效管理实施细则》等 6 个实施细则的通知;2015 年国家发展和改革委员会、中央编办、财政部发布《关于开展国家电子政务工程项目绩效评价工作的意见》;2015 年住房和城乡建设部、财政部印发《城镇保障性安居工程财政资金绩效评价暂行办法》(已失效);2015 年国家体育总局办公厅印发《国家体育总局预算绩效管理工作规程》(试行);2016 年民政部、财政部印发《困难群众基本生活救助工作绩效评价办法》;2017 年民政部、财政部印发《中央财政支持开展居家和社区养老服务改革试点工作绩效考核办法》;2017 年科技部、财政部、人力资源社会保障部印发《中央级科研事业单位绩效评价暂行办法》;2018 年《国务院关于优化科研管理提升科研绩效若干措施的通知》发布;2019 年《教育部关于全面实施预算绩效管理的意见》发布;2020 年教育部、财政部印发《中国特色高水平高职学校和专业建设计划绩效管理暂行办法》;2020 年科技部、财政部、发展改革委印发《中央财政科技计划(专项、基金等)绩效评估规范(试行)》;2021 年《国家卫生健康委关于印发部门预算绩效管理暂行办法的通知》发布;2022 年交通运输部办公厅、财政部办公厅印发《"十四五"时期农村客运、城市交通发展工作绩效考核办法》;等等。

2. 实现预算绩效目标管理全覆盖

为了进一步加强预算绩效管理，提高中央部门预算绩效目标管理的科学性、规范性和有效性。2015 年财政部印发《中央部门预算绩效目标管理办法》，把中央部门预算管理的资金全部纳入绩效目标管理。自2016年开始,中央部委的基本支出、项目支出和部门(单位)整体支出均开始被纳入绩效目标管理。按照"谁申请资金,谁设定目标"的原则,绩效目标由中央部门及其所属单位设定。按照"谁分配资金,谁审核目标"的原则,绩效目标由财政部或中央部门按照预算管理级次进行审核。按照"谁批复预算,谁批复目标"的原则,财政部和中央部门在批复年初部门预算或调整预算时,一并批复绩效目标。

绩效目标管理是全过程预算绩效管理的重要环节,推动绩效目标公开是增强预算可读性的重要举措。近年来,财政部持续推进绩效目标公开工作,指导督促中央部门科学合理设定绩效目标,严格绩效目标审核,做好绩效目标公开。按照要求,2024年公开部门预算的中央部门,原则上应将一般公共预算一级项目、政府性基金预算项目、国有资本经营预算项目绩效目标表按照不低于项目数量60%的比例向社会公开。在2024年中央部门预算集中公开时间段,共有96个中央部门(单位)公开了798个项目的绩效目标,项目数比2023年增加了8个。

3. 全面实施绩效自评

2016年10月,财政部印发《关于开展中央部门项目支出绩效自评工作的通知》,要求所有中央部门比照年初填报的绩效目标及指标,对所有一级项目、二级项目开展绩效自评,确保绩效自评覆盖率达到100%。2017年财政部首次组织中央部门对所有项目2016年的预算执行结果开展绩效自评,并最终选择99个中央部门111个一级项目自评结果,随同部门决算草案一并提交全国人大常委会审议,此举是我国预算绩效管理的又一重大突破。在此基础上,财政部会同审计署对中央部门本级项目绩效自评结果进行抽查,倒逼部门和资金使用单位提高绩效管理水平。2020年,财政部印发《项目支出绩效评价管理办法》,明确指出单位自评的对象包括纳入政府预算管理的所有项目支出,这样把中央和地方预算管理的所有项目支出都纳入绩效自评范围,进一步强化了部门单位在预算绩效管理中的责任。从中央部门2023年公开的2022年度部门决算看,在单位自评方面,2023年随同中央决算向全国人大常委会报送的项目绩效自评表的数量增长到699个,比2022年增加113个,进一步促使各部门重视财政资金使用绩效,有利于提升政府部门的公信力和透明度。

4. 有序推进部门预算整体绩效评价

部门预算整体支出绩效评价,主要是对单位全部预算资金的投入、过程、产出及效果进行绩效评价,是预算支出绩效评价的重要组成部分。2017年,财政部选择中国气象局作为中央部门试点单位,率先开展部门整体支出绩效评价,从宏观层面全面分析部门整体支出与部门职责、工作任务、产出及效果的匹配性与气象部门的工作实绩;2018年,中华人民共和国文化和旅游部财务司着手启动文化部2017年度单位整体支出绩效评价试点工作,并制定了《2017年度文化部直属单位整体支出绩效评价试点工作方案》,为单位整体支出试点范围的逐步扩大奠定了良好的基础。2019年,财政部预算评审中心对水利部、国家统计局、人力资源社会保障部、国家粮食和物资储备局等4个部门开展部门预算整体绩效评价,涉及年度中央财政资金255.15亿元,有效推进了部门预算整体绩效评价。

我国 2022 年新增工业和信息化部、生态环境部、农业农村部等部门开展整体支出绩效评价试点。可见，中央部门整体支出绩效评价试点单位越来越多，这也是预算绩效管理"全覆盖"的一个体现，随着试点的逐步推进，部门整体支出绩效管理也将更加规范化和制度化。

5. 重点绩效评价质量进一步提高

2016 年以来，在全面开展项目支出绩效自评的基础上，财政部组织中央部门逐步建立健全重点民生政策和重大项目支出绩效评价常态化机制，不断拓展绩效评价范围，逐步提升绩效评价质量，加强评价结果应用，持续推进绩效信息公开，自觉接受人大和社会各界监督。财政部每年选择部分重点民生政策和重大专项支出，由财政部预算评审中心、驻各地财政监察专员办事处组织第三方机构开展绩效评价。2023 年财政部选择 40 个重点项目绩效评价报告，随同 2022 年度中央决算报告提交全国人大常委会参阅，报告数量比上年增加 4 个，涉及资金 500 多亿元。

2024 年 4 月，财政部预算评审中心启动了 2023 年重点绩效评价工作。本次重点绩效评价任务共 46 项，包括中央本级项目、部门（单位）整体支出、转移支付、政府投资基金、地方政府专项债，聚焦国防领域科技支出、资源环境、农业农村、科技等重点领域。

（二）地方政府预算绩效管理改革探索

按照中央的部署，各省、直辖市、自治区都积极推进预算绩效管理工作，预算绩效管理改革取得明显成效。地方政府预算绩效管理改革大体上经历了绩效评价管理试点探索阶段、全面实施预算绩效管理阶段、预算绩效管理提质增效阶段。

地方政府预算绩效管理改革始于绩效评价试点。2000 年，财政部成立预算编制改革领导小组并成立财政绩效评价课题组，开始探索我国财政资金绩效考评工作，并着手规划建立"政府财政管理信息系统"，拉开了财政绩效评价的序幕。2000 年，湖北启动了支出绩效评价试点工作，随后北京、湖南、河北、福建等地相继开始了支出绩效评价的小规模探索[①]。2003 年党的十六届三中全会提出"建立预算绩效评价体系"，十七届二中、五中全会分别提出"推行政府绩效管理和行政问责制度""完善政府绩效评估制度"，预算绩效评价逐步成为共识，为地方绩效评价工作提供了指导。2009 年财政部发布《财政支出绩效评价管理暂行办法》，并在 2011 年对该办法进行了修订，2020 年，修订形成《项目支出绩效评价管理办法》。2013 年，财政部发布《预算绩效评价共性指标体系框架》，有效推进与规范了地方绩效评价工作。

2011 年 3 月，国务院建立政府绩效管理工作部际联席会议，指导和推动政府绩效管理工作。2011 年 4 月，第一次全国预算绩效管理工作会议在广州召开，会上首次提出全过程预算绩效管理概念。同年 7 月，财政部下发《关于推进预算绩效管理的指导意见》（以下简称《意见》），《意见》明确提出，预算绩效管理是一个由绩效目标管理、绩效运行跟踪监控管理、绩效评价实施管理、绩效评价结果反馈和应用管理共同组成的综合系统，逐步建立"预算编制有目标、预算执行有监控、预算完成有评价、评价结果有反馈、反馈结果有应用"的预算绩效管理机制。《意见》还指出，近年来，各级财政部门和预算单

---

① 苟燕楠，李金城. 当代中国预算绩效管理：理论发展与实践探索[J]. 求索，2019(4).

位按照党中央、国务院的要求和财政部的部署,积极研究探索预算绩效管理工作,开展预算支出绩效评价试点,取得了一定成效。但从总体上看,我国的预算绩效管理工作仍处于起步阶段。地方预算绩效管理改革任重道远。

为全面推进预算绩效管理,提高财政管理科学化精细化水平,根据党中央、国务院有关加强预算绩效管理的指示精神和提升政府绩效的总体要求,结合预算绩效管理工作发展需要,2012年9月财政部印发《预算绩效管理工作规划(2012—2015年)》(已失效)(以下简称《规划》),并根据《规划》制定了《县级财政支出管理绩效综合评价方案》和《部门支出管理绩效综合评价方案》两个配套文件。《规划》认为,我国的预算绩效管理工作仍处于起步阶段,存在预算绩效管理试点面偏小、范围偏窄、进展不平衡,试点工作在省级开展的较多,市、县级开展得较少等问题。《规划》预算绩效管理工作的总体目标包括绩效目标逐步覆盖;评价范围明显扩大;重点评价全面开展;结果应用实质突破;支撑体系基本建立。《规划》还提出了"全面推进,重点突破"的原则。"全面推进"是指各级财政和预算部门要充分认识推进预算绩效管理工作的重要性和紧迫性,积极扩大预算绩效管理覆盖面,逐年增加绩效目标管理范围和绩效评价项目,横向到边,纵向到底,全面推进。"重点突破"是指各级财政和预算部门要正视现阶段开展预算绩效管理工作的艰巨性和长期性,结合本地区、本部门实际情况,因地制宜,积极探索,抓住关键,以各级党委、政府关心和社会公众关注的重点民生项目作为突破口,积累经验,扩大影响,以点带面,早出实效。

预算支出绩效评价是预算绩效管理的核心,《意见》和《规划》的出台,标志着地方以绩效评价为核心的探索向扩大预算绩效管理方向转变。

2018年《中共中央 国务院关于全面实施预算绩效管理的意见》的出台,以及财政部《关于贯彻落实〈中共中央 国务院关于全面实施预算绩效管理的意见〉的通知》的颁发,意味着中央与地方进入全面实施预算绩效管理的新阶段。根据中共中央、国务院的意见以及财政部的部署,各地方政府纷纷制定了全面实施预算绩效管理的实施意见,极大推进了全面实施预算绩效管理工作。

表10-5 地方预算绩效管理部分相关制度文件汇总

序号	时间	制度文件名称
1	2018年	《中共浙江省委 浙江省人民政府关于全面落实预算绩效管理的实施意见》
2	2018年	《中共山西省委 山西省人民政府关于全面实施预算绩效管理的实施意见》
3	2018年	《中共甘肃省省委 甘肃省人民政府关于全面实施预算绩效管理的实施意见》
4	2018年	《中共广西壮族自治区委员会 广西壮族自治区人民政府关于全面实施预算绩效管理的实施意见》
5	2018年	《新疆维吾尔自治区党委、自治区人民政府关于全面实施预算绩效管理的实施意见》
6	2019年	河北省印发《关于全面实施预算绩效管理的实施意见》
7	2019年	《中共辽宁省委 辽宁省人民政府关于全面实施预算绩效管理的实施意见》
8	2019年	《中共吉林省委 吉林省人民政府关于全面实施预算绩效管理的实施意见》

(续表)

序号	时间	制度文件名称
9	2019 年	《黑龙江省委 省政府关于全面实施预算绩效管理的实施意见》
10	2019 年	《中共江苏省委 江苏省人民政府关于全面实施预算绩效管理的实施意见》
11	2019 年	《中共安徽省委 安徽省人民政府关于全面实施预算绩效管理的实施意见》
12	2019 年	中共福建省委 福建省人民政府印发《关于全面实施预算绩效管理的实施意见》
13	2019 年	《中共江西省委 江西省人民政府关于全面实施预算绩效管理的实施意见》
14	2019 年	《中共山东省委 山东省人民政府关于全面推进预算绩效管理的实施意见》
15	2019 年	《中共河南省委 河南省人民政府关于全面实施预算绩效管理的实施意见》
16	2019 年	《中共湖南省委办公厅 湖南省人民政府办公厅关于全面实施预算绩效管理的实施意见》
17	2019 年	广东省委、省政府印发《关于全面实施预算绩效管理的若干意见》
18	2019 年	《中共海南省委 海南省人民政府关于全面实施预算绩效管理的实施意见》
19	2019 年	《中共四川省委 四川省人民政府关于全面实施预算绩效管理的实施意见》
20	2019 年	《中共贵州省委 贵州省人民政府关于全面实施预算绩效管理的实施意见》
21	2019 年	《中共云南省委 云南省人民政府关于全面实施预算绩效管理的实施意见》
22	2019 年	《中共陕西省委 陕西省人民政府关于全面实施预算绩效管理的实施意见》
23	2019 年	《中共青海省委 青海省人民政府关于全面实施预算绩效管理的实施意见》
24	2019 年	《内蒙古自治区关于全面实施预算绩效管理的实施意见》
25	2019 年	《宁夏回族自治区党委 人民政府关于全面实施预算绩效管理的实施意见》
26	2019 年	《中共北京市委 北京市人民政府关于全面实施预算绩效管理的实施意见》
27	2019 年	《中共上海市委 上海市人民政府关于我市全面实施预算绩效管理的实施意见》
28	2019 年	《中共天津市委 天津市人民政府印发〈关于全面推进预算绩效管理的实施方案〉的通知》
29	2019 年	《中共重庆市委 重庆市人民政府关于全面实施预算绩效管理的实施意见》
30	2020 年	《中共西藏自治区委员会 西藏自治区人民政府关于全面实施预算绩效管理的实施意见》
31	2020 年	《湖北省财政厅关于印发全面实施预算绩效管理系列制度的通知》

资料来源：根据相关制度文件整理。

根据《中共中央 国务院关于全面实施预算绩效管理的意见》提出的"力争用 3～5 年时间基本建成全方位、全过程、全覆盖的预算绩效管理体系，实现预算和绩效管理一体化"的总体要求，很多省（自治区、直辖市）在全面实施预算绩效管理的实施意见中提出，到 2020 年，省级层面基本建成全省级层面方位、全过程、全覆盖的预算绩效管理体系，到 2022 年，市县级层面基本建成全方位、全过程、全覆盖的预算绩效管理体系，绩效理念和方法深度融入预算管理，实现绩效管理与预算管理一体化，基本建成具有地方特色的预算绩效管理体系。因此，在 2018 年后我国地方政府全方位、全过程、全覆盖的预算绩效管理体系的建设进入快车道，形成了很多很好的经验。

2021年出台的《国务院关于进一步深化预算管理制度改革的意见》,明确提出"推动预算绩效管理提质增效"。很多地方政府迅速行动起来,如2023年山东省财政厅印发了《山东省预算绩效管理"提质增效"行动实施方案》,在全省组织开展预算绩效管理"提质增效"行动,聚焦坚持深化改革,推动工作提档升级;坚持突出重点,推动管理加力增效;坚持聚力赋能,推动任务高效落实;坚持固本强基,推动健全长效机制等4个方面的重点任务,加力推动预算绩效管理聚力增效,助力财政高质量发展。全国很多省、市、县纷纷推出了预算绩效管理提质增效的行动方案,我国地方政府的预算绩效管理全面向纵深方向发展。

二、中国预算绩效管理改革成效

全面实施预算绩效管理是推进国家治理体系和治理能力现代化的内在要求。自20世纪90年代引入预算绩效理念起,我国预算绩效管理改革持续推进。2003年党的十六届三中全会明确提出"建立预算绩效评价体系"后,预算绩效管理理念逐步树立,预算绩效管理改革破冰前行。党的十八大明确提出"创新行政管理方式,提高政府公信力和执行力,推进政府绩效管理"。《预算绩效管理工作规划(2012—2015年)》,将预算绩效管理工作纳入政府规划,进一步明确了预算绩效管理工作指导思想、基本原则和总体目标,确定了主要任务和重点工作。2014年《国务院关于深化预算管理制度改革的决定》对健全预算绩效管理机制提出明确要求。2018年施行的新《中华人民共和国预算法》对预算绩效管理提出明确要求,将"讲求绩效"作为各级预算的基本原则。党的十九大明确提出"建立全面规范透明、标准科学、约束有力的预算制度,全面实施绩效管理",标志着我国预算绩效管理上升为国家战略。2018年印发《中共中央 国务院关于全面实施预算绩效管理的意见》,对我国预算绩效管理改革具有里程碑意义。《中华人民共和国国民经济和社会发展第十四个五年规划和2035年远景目标纲要》对深化预算绩效管理改革进一步作出明确部署,强调推进财政支出标准化,强化预算约束和绩效管理;加快转变政府职能,健全重大政策事前评估和事后评价制度。2021年《国务院关于进一步深化预算管理制度改革的意见》明确提出,"推进预算和绩效管理一体化""推动预算绩效管理提质增效",标志预算绩效管理进入提质增效新阶段。经过二十余年的探索,我国预算绩效管理改革取得突出成效。预算绩效管理改革实现了从点到面,从中央部门到地方各级政府,从试点探索到全面实施的重大跨越。

(一)现代预算绩效管理的体系基本建成

经过改革探索,我国基本建成一套完整的预算绩效管理体系。一是确立了预算绩效管理的法制基础。2018年修正的《中华人民共和国预算法》和2020年修订的《中华人民共和国预算法实施条例》为后续预算绩效管理法规、规章和办法的制定提供了根本遵循。二是预算绩效管理制度规范日臻完善。从中央部门预算、地方部门预算,到项目绩效预算、重点领域绩效预算,各个层面的预算绩效管理办法各有侧重、相互衔接,有效满足了预算绩效管理需求。三是多元协同的预算绩效管理格局逐步形成[①]。预算绩效

---

① 代志新,杨素.中国式现代化预算绩效管理改革之路[J].财政监督,2024(5).

管理从财政部门负责,走向财政部门主导、预算部门联动、立法机关监督、第三方机构和社会公众参与的多元协同局面,大大提高了预算绩效管理的专业性、客观性和公正性。预算绩效管理效率和质量极大提升。

(二) 全方位预算绩效管理格局基本形成

在项目和政策绩效管理全面覆盖的基础上,财政部组织中央部门加快设置整体支出绩效目标,扩大所属单位整体支出绩效管理试点范围,组织第三方力量对部分中央部门开展整体支出绩效评价,逐步建立完善了定性和定量相结合的分层次、分领域的绩效指标和标准体系[①]。组织对所有中央本级项目、中央对地方专项转移支付、中央与地方共同事权转移支付全面实施绩效管理。云南、浙江、河南等省积极探索整体支出绩效管理,北京、山东等地对下级财政实行综合绩效评价试点,预算绩效考核结果纳入地方党政领导班子和领导干部高质量发展考核体系。政府预算、部门和单位预算、政策和项目预算等全方位预算绩效管理格局正快速形成。

(三) 全过程预算绩效管理链条基本贯通

按照绩效管理与预算管理一体化要求,我国财政部门等将绩效管理深度融入预算编制、执行、监督全过程。一是结合预算评审、政策评估,不断加大事前绩效评估力度。对立项依据不充分、实施条件不具备、交叉重复的项目不予安排。二是严格绩效目标管理。加强绩效目标审核力度,对绩效目标不明确、与资金不匹配的项目予以调整,建立完善绩效目标与预算同步申报、同步审核、同步批复下达的工作机制,充分发挥绩效目标的引导约束作用。三是开展绩效运行监控。组织中央部门、地方政府对本级项目开展绩效运行监控,督促强化监控结果应用,针对发现的问题,对预计无法完成、进度滞缓、绩效指标设置不合理的项目及时分类处置。四是完善绩效评价和结果应用机制。各级财政部门建立重大政策、项目预算绩效评价机制,逐步开展部门整体绩效评价,对下级政府财政运行情况实施综合绩效评价,引入第三方机构参与绩效评价。健全绩效评价结果反馈制度和绩效问题整改责任制,加强绩效评价结果应用。中央部门和地方财政绩效结果与预算编制、分配、调整等方面的挂钩机制日益完善,绩效评估评价在压减低效无效资金、优化支出结构方面成效愈加明显。

(四) 全覆盖预算绩效管理体系不断健全

我国预算绩效管理从一般公共预算向其他"三本"预算拓展,全覆盖的预算绩效管理体系逐步健全。为了逐步推动将绩效管理覆盖所有财政资金,最终延伸到基层单位和资金使用终端,财政部门不断拓宽适用绩效管理的预算资金范围。2017年以来,绩效管理范围已涵盖一般公共预算、政府性基金预算、国有资本经营预算。2022年印发《社会保险基金预算绩效管理办法》,社会保险基金预算绩效管理有了专门的制度遵循。同时,将绩效管理向政府投资基金、政府购买服务、政府和社会资本合作(PPP)项目、政府性融资担保机构等领域延伸。还积极组织对先进制造产业投资基金、国家新兴产业创业投资引导基金、国家集成电路产业投资基金等多支政府投资基金开展绩效评价,2020年还组织对部分PPP项目开展绩效评价试点。在财政支出端实现预算绩效管理

---

① 郑涌.预算绩效管理改革这十年[J].中国财政,2022(20).

全覆盖的同时,地方还开始逐步探索将绩效管理向收入端拓展。例如,2022年,江西省出台《江西省政府收入绩效评价管理暂行办法》,首次将收入纳入绩效管理范围,包括一般公共预算收入和政府性基金预算收入,是我国收入端预算绩效管理的重要实践;2023年,山东省德州市立足"四本账",开展了县级财政收入预算绩效管理试点,从收入预算编制、管理、结构质效和可持续性四个方面开展评价,是我国预算绩效管理改革的又一重要探索。

三、中国预算绩效管理改革前瞻

自2003年党的十六届三中全会明确提出"建立预算绩效评价体系"以来,通过持续性改革,目前我国基本建成全方位、全过程、全覆盖的预算绩效管理体系,预算绩效管理改革成效显著。但现行预算绩效管理仍然存在一些突出问题,主要是:绩效理念尚未牢固树立,一些地方和部门还存在重投入轻管理、重支出轻绩效的意识;预算绩效管理的法制化进程还待提升;绩效管理的广度和深度不足,尚未覆盖所有财政资金,一些领域财政资金低效无效、闲置沉淀、损失浪费的问题较为突出;重视支出的绩效管理,收入绩效管理存在明显短板;大数据、云计算、人工智能等新技术在预算绩效管理中的运用还需加强;绩效激励约束作用不强,绩效评价结果与预算安排和政策调整的挂钩机制尚未完全建立;等等。未来,站在新时代新征程新起点,应紧扣绩效与预算深度融合这一主线,进一步深化预算绩效管理改革,充分发挥好预算绩效管理在健全现代财政制度,推进国家治理体系和治理能力现代化中的重要作用。

党的十九大报告提出"全面实施绩效管理",2018年印发《中共中央 国务院关于全面实施预算绩效管理的意见》要求加快"加快建成全方位、全过程、全覆盖的预算绩效管理体系",党的二十大报告提出"健全现代预算制度",2021年《国务院关于进一步深化预算管理制度改革的意见》提出"推进预算和绩效管理一体化""推动预算绩效管理提质增效",这些报告与意见都为预算绩效管理改革提供了指导与方向。未来一段时间的预算绩效管理改革的重点应该放在如下几个方面:

(一)进一步完善预算绩效管理法律法规体系

党的二十大报告提出"全面依法治国是国家治理的一场深刻革命""要推进法治中国建设"。加强预算绩效管理的法制化既是法治中国建设的重要内容,也是绩效法定的必然要求。①加快推进预算绩效管理的顶层立法,稳步提高预算绩效管理立法层次。目前我国的预算绩效管理和绩效评价总体上是由财政部门主导推进,尚未从国家层面出台一部权威的预算绩效管理的基本法,地方关于预算绩效管理改革的立法也未跟上。在推进全方位、全过程、全覆盖的预算绩效管理体系建设过程中,客观需要加快推进预算绩效管理的法治化进程,出台预算绩效管理的基本法。从部门规章、行政法规向国家层面的法律拓展,以预算绩效立法为基础,可在国家治理层面健全预算绩效管理的权责体系、组织体系、运行体系、制度体系和技术体系等;②适时启动现行预算法的修正工作。预算法素有"经济宪法"之称,是我国财政预算领域的基本法。我国现行预算法是1994年全国人大审议通过,2014年、2018年全国人大常委会分别进行了二次修正,其中2018年第二次修正,只对2014年修正的预算法第八十八条内容进行了几个字的小幅修正。实际上,2014年修正的预算法在多处条款加入了绩效管理的相关条款,为预算绩效管理改革提供了重要法律保障。但应看到2014年修正的预算法已经经历了十余年,预算绩效管理改革的内外环境与目标任务已经发生了非常大的变化,在深化预算制度改革,建立现代财政制度的背景下,客观需要适时启动现行预算法的修正工作,并在预算法修正的基础上,对预算法实施条例进行修正;③推进预算绩效管理的地方性法规建设。目前地方政府和部门出台的多是预算绩效管理的制度、办法、意见等,存在层次较低、不规范的问题,客观需要推进地方人大及其常委会的地方性法规建设,为地方预算绩效管理改革保驾护航。我国地方人大已经开始了预算绩效管理地方性法规建设的实践探索,如由青海省十三届人大常委会第三十六次会议表决通过的《青海省预算绩效管理条例》于2023年1月正式实施,这是我国省级层面首部实施的预算绩效管理地方性法规,标志着地方预算绩效管理法治化进程迈出重要一步。

(二) 全面推动预算绩效管理提质增效

财政和预算部门按照绩效管理与预算管理一体化要求,紧紧围绕政府预算、部门和单位预算、政策和项目预算等全方位,预算编制、执行、监督等全过程,一般公共预算、政府性基金预算、国有资本经营预算、社会保险基金预算等全覆盖的短板,推动预算绩效管理提质增效,继续大力推进全方位、全过程、全覆盖的预算绩效管理体系建设。

(三) 大力推进收入预算绩效管理改革

将各级政府预算收支、各部门和单位预算收支全面纳入绩效管理,是建设全方位、全过程、全覆盖预算绩效管理体系的应有之义。但多年来,我国的预算绩效管理改革,重点是围绕支出方向开展,收入预算绩效管理存在明显不足。因此,未来改革必须补齐收入绩效管理的短板弱项。各级政府预算收入要实事求是、积极稳妥、讲求质量,必须与经济社会发展水平相适应,严格落实各项减税降费政策,严禁脱离实际制定增长目标,严禁虚收空转、收取过头税费,严禁超出限额举借政府债务。按照加大预算收入统筹力度,增强财政保障能力的要求,从收入总量、结构、征管、统筹、存量资源资产盘活、财源保障和培育等角度补齐收入预算绩效管理短板。

(四) 积极推进预算绩效数字化智能化改革

大数据、云计算、人工智能等技术日益成熟,数字技术运用日益成为国家治理体系和治理能力现代化的有力支撑。紧追数字经济时代的潮流,将新兴技术真正融入预算绩效管理中,对全面推进预算绩效管理改革具有重要意义。财政和预算部门作为绩效管理的责任主体,正在加快推进绩效大数据应用,充分整合和挖掘数据资源,促进政务信息化由传统流程化管理向数据资源价值发挥,支持科学决策的重大转变。预算绩效管理作为贯穿预算编制、执行、监督和决算全过程的管理活动,预算绩效管理的大数据分析应用不应局限于财政自身数据,也需要将各个预算部门和单位的业务数据纳入进去,同时还需要整合政务数据之外的外部数据。

同时,应该依托预算管理一体化系统,将绩效管理的目标设定、运行监控、评价反馈、结果应用等部分嵌入预算管理过程,再考虑综合集成现有财政、审计信息系统中的各类数据信息,搭建预算绩效管理的数字化平台,实现数据充分共享,综合运用大数据、云计算、人工智能等数字技术,强化对重点项目和重大专项的大数据分析,打造预算编制、预算执行、预算监督等大数据集成对比分析系统,在平台上设置各类规则要素,实现绩效指标智能选取、绩效目标智能审核、项目运行实时监控、预算执行实时纠偏等功能,并将其作为深化绩效管理的一条重要路径,将预算绩效管理的数字化、智能化改革优势转化为现代化治理的效能[①]。

(五)加快推动政府会计财务系统改革

第一,加快推动政府会计系统改革。健全的政府会计系统是各部门单位有效实施预算绩效管理的根基。与收付实现制相比,权责发生制在信息提供上更具优势,能够满足预算绩效管理要求。2014年我国开始探索权责发生制的政府会计改革,积极构建财务会计和预算会计适度分离又相互衔接的政府会计核算模式,基本建立起一套具有中国特色的政府会计标准体系。但是还需进一步结合预算绩效管理改革的需要,完善权责发生制的政府会计系统改革和政府收支分类改革。第二,完善政府财务报告体系。建立完善权责发生制政府综合财务报告制度,全面客观反映政府资产负债与财政可持续性情况。健全财政总预算会计制度,将财政财务信息内容从预算收支信息扩展至资产、负债、投资等信息。推动预算单位深化政府会计改革,全面有效实施政府会计标准体系,完善权责发生制会计核算基础。完善国有资产管理情况报告制度,做好与政府综合财务报告的衔接。

同时,在权责发生制的政府会计财务系统改革基础上,我国一直在推进实施政府绩效报告制度,更加准确、全面地反映一定时期内政府提供产品和服务所耗费的总资源成本。完善部门绩效报告制度,在年度终了时,由各部门根据年度预算执行情况向政府和人大提交部门绩效报告。通过建立部门绩效报告制度,可以从根本上强调执行主体的责任,提高部门预算资源使用的透明度,为实现政府绩效报告制度奠定基础。

拓展训练

深圳推动预算绩效管理提质增效

近年来,深圳市财政局用好"优、引、融、新、效"五字诀,在全市基本建成"三全一体"预算绩效管理体系的基础上,按照先行示范的要求,推动全市预算绩效管理工作提质增效。

聚焦"优",不断优化财政重评项目遴选机制。围绕市委、市政府中心工作,打破常规思维,不局限于重点评价某个部门某个项目,建立完善"点线面"结合的遴选机制,推动绩效评价工作"由点到面、连成一片"。加强对全市发展大局的分析,为政府决策提供参考。2023年,选取外贸进出口财政支持政策、"首贷户"贴息项目、基础研究平台载体资助资金、农业发展专项资金(渔业)等一批重大政策项目开展重点绩效评价,涉及财政资金数百亿元。通过绩效评价,一方面,推动有关部门强化项目全过程管理,及时调整优化实施方式,提高管控水平和执行效能;另一方面,为深圳市重构市级产业专项资金

---

① 唐亮,童吟.数字化改革视域下有效提升预算绩效管理水平的思考[J].财政监督,2023(15).

体系、提高财政资金使用效益发挥积极作用,重点绩效评价服务财政中心工作的作用更为凸显。

凸显"引",持续发挥政府绩效考核引导功能。为进一步推进市预算绩效管理工作提质增效,进一步扩大市对区重点考核项目覆盖面,选取义务教育阶段学位补贴、义务教育阶段学校课后服务、城中村整治提升三个项目作为市对区绩效考核重点项目,涉及财政资金204亿元。同时,进一步发挥绩效"指挥棒"和"手术刀"作用,增强考核结果区分度:一是增加重点项目考核权重,将重点项目绩效考核结果在政府绩效考核"预算绩效管理"指标(100分)中的权重从10分提高到40分;二是调整考核比例,将全过程绩效管理和资金使用绩效的分值占比从4∶6调整为3∶7,进一步彰显财政资金绩效作用;三是优化计分规则,将计分规则从百分制五档改为按百分制原始分计算,使考核结果更加客观公正。

注重"融",融合完善"内控+绩效"架构体系。通过开展预算单位内控建设水平评定工作,从基础工作、预算编制、预算执行、财政决算、绩效管理、监督检查等多方面对预算单位内控工作进行考核,促进各预算单位整体水平提升。市级各预算单位"绩效管理"指标平均得分13.97分(满分15分),比上年整体提升了0.13分,绩效管理水平稳步提升。紧贴市政府关注和审计重点领域,优化考核指标,组织对课题等严控类项目开展绩效评价,对评价结果为"中"或"差"的,压减或不予安排预算,进一步严肃财经纪律,落实过紧日子要求。

突出"新",创新开展部门整体支出绩效评价。在近年来选取公安、水务、市场监管、气象系统部分下属预算单位开展部门整体支出绩效评价的基础上,按照财政部支持深圳市探索创新财政政策体系与管理体制相关文件的要求,遴选市生态局下属6个区一级预算部门开展部门整体支出绩效评价,通过围绕"环境监督管理和执法监管工作"主线,拓展对"人、财、物、事"四个层面的评价,从预算执行期间和项目实施周期纵横比较资金使用效益。采取成本效益分析法,深入挖掘同类项目普遍存在的共性问题,以此类推总体项目预算编制合理性和支出结构的优化空间,对绩效情况较好的项目优先保障,对低效无效资金和项目统筹收回或不予安排。

强调"效",绩效结果挂钩机制落地有声。深圳市财政局印发《市本级财政预算安排"五挂钩"暂行办法》,明确预算安排与项目入库、执行进度、绩效结果、审计意见、资产存量"五挂钩",着力提升预算管理水平和政策实施效果。通过不断强化绩效结果应用,建立以绩效为导向的预算分配体系,改变资金分配的固化格局。近几年评价结果为"中"的项目均按不低于10%的比例压减预算,评价结果为"差"的减半或不予安排。例如,通过开展"首贷户"贴息项目绩效评价工作,推动市工业和信息化局制定整改计划,调整优化贴息标准和贴息对象,惠企纾困作用更加明显。又如,通过开展成果转移和技术转化资助项目绩效评价工作,督促市科创委抓紧整改,核减2023年度拟资助金额537万元。

资料来源:财政部网站.深圳推动预算绩效管理提质增效[EB/OL].[2024-05-10].http://www.mof.gov.cn.

案例分析题

1. 如何理解预算绩效管理提质增效？
2. 预算绩效管理提质增效的路径思考？

本章复习思考题

1. 比较预算绩效与绩效预算之间的区别。
2. 简述预算绩效管理的特点。
3. 试述我国全面实施预算绩效管理的基本原则。
4. 试述预算绩效管理的主要内容。
5. 试分析进一步深化预算绩效管理改革的基本方向。

二维码 10-1：
自测自评

二维码 10-2：
参考 PPT

第十一章　政府预算管理体制

◎ **知识要点**

政府预算管理体制是处理一国财政体系中各级政府间财政分配关系的一项基本制度。本章主要涉及政府预算管理体制内容、政府之间预算收支划分依据、分税制、转移支付和政府预算管理制度完善等内容。

◎ **课程思政**

围绕十八届三中全会、十九大、二十大、二十届三中全会等关于财税预算的重要论述，把握党的创新理论，坚定理论自信；结合案例，围绕分税制、新一轮财税体制改革，把握财税预算制度创新，坚定制度自信；围绕国家深化财税体制改革总体部署，以大国之治，培养大国预算思维，坚定道路自信。

◎ **本章结构图**

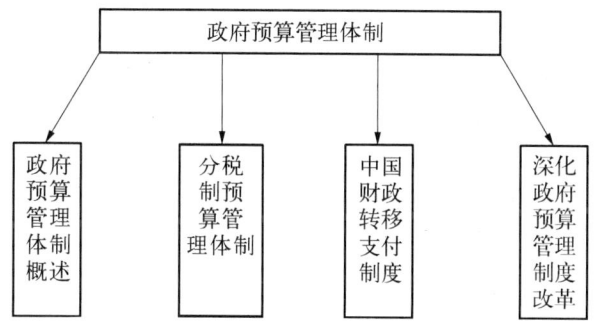

◎ **关键词**

预算管理体制　分税制　转移支付　财力性转移支付　专项转移支付

第一节　政府预算管理体制概述

一、政府预算管理体制概念

政府预算管理体制是处理一国财政体系中各级政府间财政分配关系的一项基本制度，核心是各级政府预算收支范围及管理职权的划分和相互间的制衡关系。一般地说，各级政府有什么样的事权，就应当有相应的财权，以便从财力上保证实现其财力的需要。预算体制是财政管理体制的主导环节，是国家预算编制、执行、决算以及监督的制度依据。

政府制定预算管理体制的根本任务是通过正确划分各级政府预算的收支范围，规定预算管理权限及其相互制衡关系，从而使政府财力在各级政府之间合理配置，提高财政资金的管理水平和利用效率，从而保障各级政府财政支出的需要。

二、政府预算管理体制基本内容

（一）划定预算管理的级次及职能范围

我国是一个政体统一的国家，由各级政府履行国家职能。财政就是为这些职能的实现提供财力保证。因此，有一级政府即有一级财政收支活动主体，也就应有一级预算管理主体。各级政府和各级财政在法律上都不同程度地拥有财政支出安排权力和税费征收管理权力。这就使各级政府之间不可避免地发生纵向或横向的财政关系，这些关系需要通过财政预算管理体制加以规范。

在市场经济体制下，政府之间预算管理权责的划分以各级政府行为目标的差异性为基础。不同级次政府行为目标差异性的基础是公共需要的层次性。不同层次的公共需要具有不同的需求范围，政府可以根据公共需要的受益范围划分不同的层次，从而科学地、合理地确定各级政府之间的事权范围和财政管理职责。在大多数实行市场经济的国家，一般都实行多级预算，从而产生了预算管理的级次及职能范围问题。我国政府预算管理体系是按照一级政权设立一级预算管理的。《中华人民共和国预算法》第 3 条规定，国家实行一级政府一级预算，设立中央，省、自治区、直辖市，设区的市、自治州，县、自治县、不设区的市、市辖区，乡、民族乡、镇五级预算。这样，我国预算级次为五级。

（二）划分预算管理权限

世界各国无论是中央集权国家还是联邦制国家都有一个财政管理职责和权限的划分问题，即在财政管理体制中把各级财政在财政分配和管理上拥有哪些权利，承担哪些责任，负责提供哪些产品等问题都确定下来。财政管理职责划分的核心问题就是预算管理权限的划分。

政府间预算管理权限的划分是以事权划分为依据的。一般来讲，一旦确定了政府承担的事权，那么也就相应地确定了财权。因此，政府间预算管理权限的划分范围就有了一个大体的限定。《预算法》第 20 条规定,全国人民代表大会审查中央和地方预算草案及中央和地方预算执行情况的报告;批准中央预算和中央预算执行情况的报告;改变或者撤销全国人民代表大会常务委员会关于预算、决算的不适当的决议。全国人民代表大会常务委员会监督中央和地方预算的执行;审查和批准中央预算的调整方案;审查和批准中央决算;撤销国务院制定的同宪法、法律相抵触的关于预算、决算的行政法规、决定和命令;撤销省、自治区、直辖市人民代表大会及其常务委员会制定的同宪法、法律和行政法规相抵触的关于预算、决算的地方性法规和决议。《预算法》第 13 条规定,县级以上地方各级人民代表大会审查本级总预算草案及本级总预算执行情况的报告;批准本级预算和本级预算执行情况的报告;改变或者撤销本级人民代表大会常务委员会关于预算、决算的不适当的决议;撤销本级政府关于预算、决算的不适当的决定和命令。县级以上地方各级人民代表大会常务委员会监督本级总预算的执行;审查和批准本级预算的调整方案;审查和批准本级决算;撤销本级政府和下一级人民代表大会及其常务委员会关于预算、决算的不适当的决定、命令和决议。乡、民族乡、镇的人民代表大会审查和批准本级预算和本级预算执行情况的报告;监督本级预算的执行;审查和批准本级预算的调整方案;审查和批准本级决算;撤销本级政府关于预算、决算的不适当的决定和命令。

（三）确定地方政府的机动财力

我国幅员辽阔,如何正确处理中央与地方的财政分配关系,调动地方增收节支、当家理财的积极性,始终是经济体制上的主要问题之一。改革开放 40 多年来,中国的财政管理体制不断改革,逐渐形成了比较规范的政府间财政关系。在这期间,主要改革有:1980 年开始的以"分灶吃饭"为特征的财政改革逐步打破了原来高度集中的财政管理体制,调动了地方政府的积极性,促进了地方经济的发展;1994 年以后,随着市场经济体制的完善和税收制度的健全,所实行的分税制财政体制,更进一步地调动了地方政府的主动性和积极性。2023 年 12 月召开的中央经济工作会议,明确提出"要谋划新一轮财税体制改革"。在财税体制改革中,需要安排好地方政府的预算机动财力。

地方预算机动财力一般是指在国家规定的范围内,由地方政府自行支配的预算资金,在当年预算中未安排具体使用项目,由各级政府按当年预算执行情况灵活运用的一笔预算资金。地方预算机动财力的所有权和使用权均归地方财政,地方可以根据本地区需要安排项目或用于解决特殊性开支,但在使用上要按照规定的流程,符合预算法的要求。地方预算机动财力主要包括地方预算的预备费、超收分成、支出结余等。

财政预备费一般是指用于当年预算推行中的自然灾害等突发事件处理增加的支出及其他难以预见的支出的专项资金,列入一般公共预算支出。按照我国现行预算法第 40 条的规定,各级一般公共预算应当按照本级一般公共预算支出额的百分之一至百分之三设置预备费,用于当年预算执行中的自然灾害等突发事件处理增加的支出及其他难以预见的开支。预备费一般应控制在下半年使用并经过一定的程序批准。动用时首先由本级政府财政部门提出本级预算预备费动用方案,然后由本级政府决定预备费的动用。同时,各级一般公共预算按照国务院的规定可以设置预算稳定调节基金,用于弥补以后年度预算资金的不足。预算稳定调节基金实际上也让地方政府在财力的使用上有更大的余地。

超收分成一般是指在现行的财政体制下,对地方预算执行收入超过年度预算的部分,按规定比例实行中央与地方分成而形成的收入。按照《预算法》第66条的规定,各级一般公共预算年度执行中有超收收入的,只能用于冲减赤字或者补充预算稳定调节基金。

支出结余是指地方在完成事业计划的前提下,各级财政预决算收入和支出年终相抵后的结余资金。预算法第66条规定,各级一般公共预算的结余资金,应当补充预算稳定调节基金。可见,预算稳定调节基金的设立,让政府在机动财力上更加规范。

(四) 预算调节制度和方法

预算调节制度就是所谓的转移支付制度。预算调节有横向调节和纵向调节两种。横向调节是指地区间的互助式调节,即富裕地区向贫困地区的转移支付,这种转移支付不用通过中央预算。纵向调节是指中央政府对地方政府的转移支付,其典型特点是补助金制度。而这种补助又分为无条件补助、有条件补助和专项补助三种。

三、政府间预算收支划分依据

中央与地方各级政府之间预算收支的划分,就是对国家集中的财力,即预算资金的划分,它是实现预算管理的一种有效技术手段。政府之间预算收支划分的依据主要有两种:一是中央与地方之间集权与分权的关系;二是社会公共需要或公共物品供给的层次性。

(一) 中央与地方之间的权力划分

国家之间的政治体制和具体国情不尽相同,造成了国家之间集权与分权的程度不同。因此,中央与地方之间集权与分权的关系是划分国家预算收支的标准。

在原始社会,社会生产力水平低下,社会产品仅仅能维持最低限度的生活需要。在原始氏族公社,人们共同劳动、共同占有并平均分配劳动果实。在原始社会末期,社会生产力进一步发展,劳动产品有了剩余。随着手工业从农业中分离出来,以交换为目的的生产逐渐发展,导致了私有制的产生。在这一过程中,出现了阶级。私有制和阶级的产生客观上导致了国家权力的产生。马克思和恩格斯指出:"国家是社会在一定发展阶段上的产物;国家是表示整个社会陷入了不可解决的自我矛盾,分裂为不可调和的对立面而又无力摆脱这些对立面。而为了使这些对立面,这些经济利益互相冲突的阶级不至于在无谓的斗争中把自己和社会消灭,就需要有一种表面上凌驾于社会力量之上的力量,这种力量应当缓和冲突,把冲突保持在'秩序'范围内;这种从社会中产生但有自居于社会之上并且日益同社会脱离的力量,就是国家[①]。"国家依靠其所具有的军队、监狱、法庭和警察等强制机构所具有的权力来管理这个社会这一复杂的系统。到目前为

[①] 马克思,恩格斯. 马克思恩格斯选集(第一卷)[M]. 北京:人民出版社,1972.

止,国家之间的政治体制不同,国家权力在本国内部的划分也不尽相同。集权与分权的关系是不断调整和变化的,但其共性是以集权为中心,以分权为补充。中央一定要有驾驭地方的能力,否则社会就会发生变革。权力就像水库的水,上游没有水是不行的。尽管集权是核心,但分权具有客观必然性,分权是社会进步的标志。但由于国家之间历史、文化、政治等方面差别较大,国与国之间的集权与分权关系也不同。一般情况下,单一制国家侧重集权,联邦制国家侧重分权。在预算管理体制上集权与分权的关系表现为中央与地方之间的收入和支出的划分比例。在转移支付前,几乎在所有的国家中央都占绝对主导地位,在转移支付后,中央与地方的收支比例差别就大得多。

(二)社会公共需要或公共产品供给层次性

市场经济国家一般都把公共需要或公共产品的层次性作为划分国家预算收支的标准,适用于几乎所有市场经济国家。

在分级分税预算管理体制下,由各级政府分级行使财政职能,为社会提供公共产品,满足不同层次的公共需要。公共产品是私人产品的对称,是指在消费或使用上具有非竞争性和受益上具有非排他性的产品。如国防、公安司法等方面所具有的财物和劳务,以及义务教育、公共福利事业等。非竞争性是指一部分人对某一产品的消费不会影响另一些人对该产品的消费。如国防保护了所有公民,其费用以及每一公民从中获得的好处不会因为多生一个小孩或死亡一个人而发生变化。非排他性是指产品在消费过程中所产生的利益不能为某个人或某些人所专有,要将一些人排斥在消费过程之外,几乎是不可能的。如清洁的空气使所有人能够幸福地生活,要让某些人不能享受到新鲜空气的好处是不可能的。

社会公共需要首先表现为社会对公共产品的需要,这就必然要求政府通过财政支出为社会提供公共产品和公共服务,而这里公共产品层次性的标准就是该公共产品的受益范围,也就是根据受益原则划分公共产品层次。按照受益原则决定公共产品的提供主体完全符合市场经济的资源最有效配置要求。

(1)全国性公共产品适合中央政府提供,因为其受益范围是全国所有居民,凡本国居民都可以平等地享受它所带来的好处。跨地区的公共工程,如京九铁路、三峡工程、西电东输等需要由中央政府来提供。因为这类工程投资规模大、受益范围广、延续时间长,若由地方政府来提供不仅矛盾重重,而且成本高、时间长、质量差。实际上,整体上属于全国需要的公共产品或全国性公共需要除了国防、国家荣誉和外交以外是很少的,典型的是属于中央与地方或地方之间的公共需要或公共产品。

(2)区域性公共产品适合地方政府提供,因为其受益范围仅仅是居住在本地区的居民,凡本地区的居民才可以平等地享受它所带来的好处。地方性公共产品应由地方政府来提供。由于信息不对称,若由中央政府来提供,在财政投入的对象、规模和质量上,相对于由地方政府来提供,效果都要差一些。因为地方政府对本地区的具体情况最了解,对公共产品的质量也最关心。而且若地方性公共产品都由中央政府来提供,或者说地方公共需要都要靠中央来满足,从财政能力上看,中央政府也不具备此项能力,其他的同级地方政府也可能无动力来提供。如,地方性的大学、中小学建设,区域内的道路、桥梁的修建,区域河流的污染治理等。

（3）对于受益范围涉及多个区域的公共产品，由相关地区政府协商承担，或由中央政府出面协调，由受益地区共同承担。这一原则是受益与义务对等的经济原则在财政管理体制中的具体应用。如，海西的建设，其直接受益体是福建省，当然国家也是受益体。因此，海西建设过程中的一些工程所需资金由中央政府和福建地方政府共同负担。只有这样，才能发挥财政资金的效率。

对于政府间预算收支的划分，如果说集权与分权的关系是政治标准，那么公共需要或公共产品的层次性则是经济标准。

第二节 分税制预算管理体制

一、分税制改革[①]

分税制是指在国家各级政府之间明确划分事权及支出范围的基础上，按照事权和财权相统一的原则，结合税种的特性，划分中央与地方的税收管理权限和税收收入，并辅之以补助制的预算管理体制模式。本质上，分税制是国家的一种宏观治理结构。为了适应新时期经济体制改革和社会经济迅速发展的要求，进一步顺中央与地方的财政关系、处理好政府与企业的分配关系，调动各方面积极因素，为建立社会主义市场经济新体制和实现我国的社会主义现代化服务，我国从1994年1月1日起实行分税制预算管理体制。我国新、老《预算法》均明确规定，"国家实行中央和地方分税制"。2020年修订并实施的《中华人民共和国预算法实施条例》指出，中央和地方的分税制，是指在划分中央与地方事权的基础上，确定中央与地方财政支出范围，并按税种划分中央与地方预算收入的财政管理体制。分税制财政管理体制的具体内容和实施办法，按照国务院的有关规定执行。县级以上地方各级政府应当根据中央和地方分税制的原则和上级政府的有关规定，确定本级政府对下级政府的财政管理体制。

（一）分税制改革的原则

1994年的分税制改革涉及中央与地方、国家与企业以及一些部门利益关系的调整，涉及范围广，牵连多，分税制改革事关全局。鉴于此，分税制改革遵循以下基本原则。

1. 坚持正确处理中央与地方的分配关系，调动两个积极性，促进国家财政收入合理增长原则

既要考虑地方利益，调动地方发展经济、增收节支的积极性，又要逐步提高中央财政收入的比重，适当增加中央财力，增强中央政府的宏观调控能力。为此，中央要从今后财政收入的增量中适当地多一些，以保证中央财政收入的稳定增长。

---

① 参见国务院：《关于实行分税制财政管理体制的决定》，国发〔1993〕85号；刘京焕，李景友，陈志勇. 财政学案例[M]. 北京：中国财政经济出版社，2021.

2. 坚持合理调节地区之间财力分配原则

既要有利于经济发达地区继续保持较快的发展势头,又要通过中央财政对地方的税收返还和转移支付,扶持经济不发达地区的发展和老工业基地的改造。同时,促使地方加强对财政支出的约束。

3. 坚持统一政策与分级管理相结合的原则

划分税种不仅要考虑中央与地方的收入分配,还必须考虑税收对经济发展和社会分配的调节作用。中央税、共享税以及地方税的立法权都要集中在中央,以保证中央政令统一,维护全国统一市场和企业平等竞争。税收实行分级征管,中央税和共享税由中央税务机构负责征收,共享税中地方分享的部分,由中央税务机构直接划入地方金库,地方税由地方税务机构负责征收。

4. 坚持整体设计与逐步推进相结合的原则

分税制改革既要借鉴国外经验,又要从我国的实际出发。在明确改革目标的基础上,办法力求规范化,但必须抓住重点,分步实施,逐步完善。要针对收入流失比较严重的状况,通过划分税种和分别征管堵塞漏洞,保证财政收入的合理增长;要先把主要税种划分好,其他收入的划分逐步规范;作为过渡办法,现行的补助、上解和有些结算事项继续按原体制运转;中央财政收入占全部财政收入的比例要逐步提高,对地方利益格局的调整也宜逐步进行。总之,通过渐进式改革先把分税制的基本框架建立起来,在实施中逐步完善。

(二) 分税制改革的主要内容

1. 中央与地方事权和支出的划分

根据中央政府与地方政府事权的划分,中央财政主要承担国家安全、外交和中央国家机关运转所需经费,调整国家经济结构、协调地区发展、实施宏观调控所必需的支出以及由中央直接管理的事业发展支出。具体包括:国防费,武警经费,外交和援外支出,中央级行政管理费,中央统管的基本建设投资,中央直属企业的技术改造和新产品试制费,地质勘探费,由中央财政安排的支农支出,由中央负担的国内外债务的还本付息支出,以及中央本级负担的公检法支出和文化、教育、卫生、科学等各项事业费支出。

地方财政主要承担本地区政权机关运转所需支出以及本地区经济、事业发展所需支出。具体包括:地方行政管理费,公检法支出,部分武警经费,民兵事业费,地方统筹的基本建设投资,地方企业的技术改造和新产品试制经费,支农支出,城市维护和建设经费,地方文化、教育、卫生等各项事业费,价格补贴支出以及其他支出。

2. 中央与地方收入的划分

根据事权与财权相结合的原则,按税种划分中央与地方的收入。将维护国家权益、实施宏观调控所必需的税种划分为中央税;将同经济发展直接相关的主要税种划分为中央与地方共享税;将适合地方征管的税种划分为地方税,并充实地方税税种,增加地方税收收入。具体划分如下:

中央固定收入包括:关税,海关代征消费税和增值税,消费税,中央企业所得税,地方银行和外资银行及非银行金融企业所得税,铁道部门、各银行总行、各保险总公司等集中缴纳的收入(包括营业税、所得税、利润和城市维护建设税),中央企业上缴利润等。

外贸企业出口退税,除1993年地方已经负担的20%部分列入地方上缴中央基数外,以后发生的出口退税全部由中央财政负担。

地方固定收入包括:营业税(不含铁道部门、各银行总行、各保险总公司集中缴纳的营业税),地方企业所得税(不含上述地方银行和外资银行及非银行金融企业所得税),地方企业上缴利润,个人所得税,城镇土地使用税,固定资产投资方向调节税,城市维护建设税(不含铁道部门、各银行总行、各保险总公司集中缴纳的部分),房产税,车船税,印花税,屠宰税,农牧业税,对农业特产收入征收的农业税(简称农业特产税),耕地占用税,契税,遗产和赠与税,土地增值税,国有土地有偿使用收入等。

中央与地方共享收入包括:增值税、资源税、证券交易税。增值税中央分享75%,地方分享25%。资源税按不同的资源品种划分,大部分资源税作为地方收入,海洋石油资源税作为中央收入。证券交易税,中央与地方各分享50%。

3. 税收管理体制的改革

1994年税制改革前,中央财政的绝大部分收入由地方税务机构征收,中央财政收入的多寡取决于地方政府的税收努力程度。但是地方政府控制了有效税率和税基,造成中央财政年年吃紧,宏观调控能力明显下降。为了扭转这种不利的局面,1994年的分税制改革实行税务机构分设、税种分征的税收管理体制。分设国税局和地税局两套税务机构。其中,国税局负责征收中央税与共享税,地税局负责征收地方税。这样,中央收入就不再受地方收入多少的影响,从而保证了中央获得足够的收入,增强了中央政府的宏观调控能力,有效地缓解了地区差距。

4. 中央财政对地方税收返还数额的确定

1994年实行的分税制中关于税收返还的制度是中国历史上的首次在预算体制中采取的制度,这一制度借鉴了日本的做法。日本中央预算中的特别会计预算收入来源于两部分:一是中央税返还给地方的交付税;二是中央代征的地方税全部返还给地方,称为赠与税制度。日本中央财政通过交付税和赠与税使地方得到了相应的收入补偿。

中国中央财政为了保持现有地方既得利益格局,逐步达到改革的目标,中央财政对地方税收返还数额以1993年为基期年核定。按照1993年地方实际收入以及税制改革和中央与地方收入划分情况,核定1993年中央从地方净上划的收入数额(即消费税+75%的增值税－中央下划收入)。1993年中央净上划收入,全额返还地方,保证现有地方既得财力,并以此作为以后中央对地方税收返还基数。1994年以后,税收返还额在1993年基数上逐年递增,递增率按全国增值税和消费税的平均增长率的1∶0.3系数确定,即上述两税全国平均每增长1%,中央财政对地方的税收返还增长0.3%。如若1994年以后中央净上划收入达不到1993年基数,则相应扣减税收返还数额。通过基数年税收返还,实际上等于保留了地方的既得财力,中央财政只是在上划的消费税和增值税75%的增量中多拿一点,逐步增加中央财政的收入比重。因此,这一办法比较容易被地方接受。

5. 原体制中央补助、地方上解以及有关结算事项的处理

为顺利推行分税制改革,1994年实行分税制以后的原体制分配格局暂时不变,过渡一段时间再逐步规范化。原体制中央对地方的补助继续按规定补助。原体制地方上解仍按不同体制类型执行：实行递增上解的地区，按原规定继续递增上解；实行定额上解的地方，按原确定的上解额，继续定额上解；实行总额分成的地区和原分税制试点地区，暂按递增上解办法，即按1993年实际上解数，并核定一个递增率，每年递增上解。

原来中央拨给地方的各项专款，该下拨的继续下拨。地方1993年承担的20%部分出口退税以及其他年度结算的上解和补助项目相抵后，确定一个数额，作为一般上解或一般补助处理，以后年度按此定额结算。另外，中央对地方还有三项补助：①体制性补助。对于核定支出基数大于核定收入基数的地区，其差额部分由中央财政给予体制性补助；②专项补助。它指中央对地方的经济建设和一些事业发展项目，有选择性地给予的补助；③特殊性补助。当地方遇到特大性自然灾害或动乱时，地方政府无足够财力应对，通过地方政府申请后，中央政府所给予的补助。

（三）分税制体制的调整和完善

我国分税制实行以后，又根据其具体运行情况和宏观调控的需要，陆续地进行了调整和完善。

1. 政府间转移支付制度改革

1994年实行的分税制改革，建立了中央对地方的税收返还制度。从1995年起，实行了过渡期转移支付办法，以各地标准财政收支的差额作为财政转移支付的分配依据。2001年，经国务院总理办公会批准，中央通过所得税收入分享改革增加的收入全部进入一般性转移支付，实行统一分配，原来的过渡期转移支付制度取消。分税制改革后，中央政府实施了调整收入分配政策的转移支付、民族地区转移支付、农村税费改革转移支付、取消农业特产税等。同时，改进专项转移支付资金分配办法，加强资金监管。

2. 省以下财政管理体制的改革

2002年12月26日国务院下发了《国务院批转财政部关于完善省以下财政管理体制有关问题意见的通知》（国发〔2002〕26号），对省以下财政管理体制的调整和完善进行了相应的规定。要求在中央对省的分税制财政体制框架下，针对省以下财政管理体制运行中存在的矛盾和问题，进一步规范地方各级政府间收入划分，合理界定各级政府的事权，调整各级财政的收支范围，从而调动了地方各级政府发展经济和增加收入的积极性。

3. 税收制度和政策的调整

（1）停征固定资产投资方向调节税。根据《财政部、国家税务总局关于固定资产投资方向调节税有关政策问题的通知》（财税〔1999〕228号），决定从1999年7月1日起停征固定资产投资方向调节税。

（2）取消农业税。从2001年大规模开始的以"三个取消，两个调整，一个改革"为主要内容的农村税费改革，2006年后国家逐步取消了农业税和农业特产税。

（3）开征环保税。2016年12月，全国人大常委会审议通过《中华人民共和国环境保护税法》，自2018年1月1日起施行，环保税收入全部归地方。2018年10月26日第十三届全国人民代表大会常务委员会第六次会议对《中华人民共和国环境保护税法》进行了修正。这一改革既调动了地方政府的积极性，也有助于地方税体系的构建。

4. 所得税收入的调整

根据《国务院关于印发所得税收入分享改革方案的通知》（国发〔2001〕37号）等文

件的规定,自 2002 年 1 月 1 日起,除铁路运输、国家邮政、中国工商银行、中国农业银行、中国银行、中国建设银行、国家开发银行、中国农业发展银行、中国进出口银行、中国石油天然气股份有限公司、中国石油化工股份有限公司以及海洋石油天然气企业缴纳的所得税继续作为中央收入外,其他企业所得税和个人所得税收入由中央与地方按比例分享。2002 年所得税收入中央与地方各分享 50%;2003 年以后中央分享 60%、地方分享 40%。并明确中央因改革所得税收入分享办法增加的收入,全部用于对地方主要是中西部地区的一般性转移支付。

5. 营业税收入的调整

从 1997 年 1 月 1 日起,将金融保险营业税税率由 5% 提高到 8%。各银行总行、保险总公司缴纳的营业税全部归中央,其余金融、保险企业缴纳营业税的 5% 归地方,3% 归中央。后来,国务院又规定,从 2001 年起,金融保险业营业税税率每年下调 1 个百分点,利用 3 年时间将金融保险业的营业税税率由 8% 降至 5%,并取消中央分享部分。即各银行总行、各保险公司总公司缴纳的营业税归中央,其余部分归地方。2012 年,上海率先开展"营改增"试点,从 2016 年 5 月 1 日起,"营改增"在全国全面推开。2017 年 10 月,国务院常务会议通过《国务院关于废止〈中华人民共和国营业税暂行条例〉和修改〈中华人民共和国增值税暂行条例〉的决定(草案)》,标志着我国实施多年的营业税正式退出历史舞台。

6. 证券交易(印花)税分享比例的调整

分税制初期,证券交易印花税中央与地方各分享 50%。根据《国务院关于调整证券交易印花税中央与地方分享比例的通知》(国发〔1996〕49 号)的规定,自 1997 年 1 月 1 日起,将证券交易印花税收入分享比例调整为中央 80%、地方 20%,后又调整为中央 88%、地方 12%。2000 年,将证券交易印花税分享比例由中央 88%、地方 12% 分 3 年调整到中央 97%、地方 3%。即 2000 年中央 91%、地方 9%;2001 年中央 94%、地方 6%;从 2002 年起中央 97%、地方 3%。为妥善处理中央与地方的财政分配关系,国务院决定,从 2016 年 1 月 1 日起,将证券交易印花税由中央按 97%、地方按 3% 比例分享全部调整为中央收入。

7. 出口退税制改革

1994 年的分税制改革规定,出口退税由中央负担,地方负担部分以 1993 年为基数专项上解,以后年度按此定额结算。后来随着出口贸易的扩大,中央负担沉重,出口欠退税较多。后来,2003 年 10 月国务院对出口退税机制进行改革。决定 2004 年 1 月 1 日起适当降低出口退税率,本着"适度、稳妥、可行"的原则,区别不同产品调整退税率;建立中央和地方共同负担出口退税的新机制;加大中央财政对出口退税的支持力度。2005 年 1 月 1 日起,中央、地方按照 92.5∶7.5 的比例分担出口退税。2015 年 3 月,国务院印发《关于完善出口退税负担机制有关问题的通知》,通知明确:从 2015 年起,出口退税(包括出口货物退增值税和营业税改征增值税出口退税)全部由中央财政负担,地方 2014 年原负担的出口退税基数,定额上解中央。同时,中央对地方消费税不再实行增量返还,改为以 2014 年消费税返还数为基数,实行定额返还。

8. 改革国税地税征管体制

为降低征纳成本，理顺职责关系，构建优化高效统一的税收征管体系，为纳税人提供更加优质高效便利服务，2018年，中共中央印发了《深化党和国家机构改革方案》，将省级和省级以下国税地税机构合并，具体承担所辖区域内的各项税收、非税收入征管等职责。国税地税机构合并后，实行以国家税务总局为主与省（自治区、直辖市）政府双重领导管理体制。

专栏 11-1　分税制类型

分税制在国际上通常被分为三种类型：第一类是管理权限分散的分税制，以联邦制的美国为代表，德国、意大利、瑞典、丹麦和挪威等国实行的也是这种分税制；第二类是管理权限集中的单一制国家分税制，以法国为代表，此外还有英国、匈牙利等；第三类是管理权限介于分散和集中之间的分税制，以日本为代表。

美国是分权相当严格的国家，这种分权不仅体现在其政治体制上，也体现在分税制的制度安排上。自建国以来，美国就一直实行彻底的分税制。美国联邦、州和地方政府都可以征收个人所得税、公司所得税、营业税和其他税，按税率来划分税收收入，同时各自保持一定的主体税源。三级政府都有独立的税收立法权和税收征管权，各级政府的支出都主要依靠自己的收入，尽管近几年中央对地方财政的补贴数额有所增加，但规模都远不如其他国家。美国的这种管理权限高度分散的分税制是和它联邦制的国家体制密不可分的。

法国是西欧主要资本主义国家中唯一实行计划体制的市场经济国家，它在财政上实行计划化管理，所以税收管理也具有高度集中的特征。法国的分税制分为中央、省、市镇三级管理，税收管理权限主要集中于中央一级，采用划分税种的方式。一些大宗的、税源稳定的税种都划归中央管理，包括个人所得税、公司所得税、增值税、消费税、登记税、印花税、工资税和关税等，而且不与地方分成。中央税收收入占税收总收入的83%，其中增值税比重最大，其次是所得税。地方税主要包括行业税、居住税、建筑土地税、非建筑土地税、财产转移税、娱乐税等，还有诸如非强制性的矿泉水附加税、电力消耗税、广告税和打猎税等，这些主要由市镇征收，其次由省征收。税收的立法权包括开征权、征税范围、如何分配税收收入等，均由中央统一规定。但是地方也有一定的权力，如可以制定地方税收的税率，采取某些减免税措施，开征一些捐费等。

日本虽然也是单一制国家，但实行的是地方自治。与行政机构的分级相对应，日本的税收分为中央、都道府县和市町村三级管理。税法由国会统一制定，内阁为实施税法制定政令，都道府县和市町村各级政府可制定条例。当地方政府出现收不抵支的情况时，经过地方议会讨论通过，可以开征法定以外的普通税。日本的国税即中央税，占全国税收总收入的2/3，主要包括个人所得税、法人所得税、继承税、赠与税、酒税、印花税等25种，其中个人所得税和法人所得税占国税总收入的62.4%。地方税分为道府县税和市町村税两部分，前者包括道府县居民税、事业税、汽车税、餐馆饮食消费税等15种，后者包括市町村居民税、固定资产税、卷烟消费税、电税、煤气税等17种。虽然中央税处于主导地位，但是中央政府以地方交付税、地方让与税和国库支出金等形式，将国税总收入的2/3再分配给地方，以此充分调动地方政府调节和干预经济的自主性、积极性。

资料来源：林荫. 分税制的国际比较及对中国的借鉴[J]. 世界经济情况，2008(11).

二、分税制改革取得的成效与进一步完善方向

1994年分税制改革是我国改革开放之后财政体制的一次重大改革，至2024年已经经历了30年，改革取得了巨大成效。

（一）分税制改革取得的成效

第一，奠定了现代财政制度坚实基础。分税制改革的过程，实际也是不断构建现代财政预算制度的过程。改革开放后，为调动地方积极性，我国探索实施了多种形式的"分级包干"财政体制。1994年，按照党的十四大提出的建立社会主义市场经济体制的改革目标，我国启动了以分税制为核心的财政体制改革，也就是在原包干体制确定的地方上解和中央补助基本不变、不触动地方既得利益的情况下，结合税制改革，对财政收入增量分配重新进行调整。一是按照中央政府和地方政府各自的事权，划分各级财政的支出范围。二是根据事权与财权相结合的原则，合理划分中央和地方收入。三是实行税收返还制度。以1993年为基期，按分税后地方净上划中央的收入数额，作为中央对地方的税收返还基数，保证地方既得财力。四是实施过渡期转移支付。中央财政从收入增量中拿出一部分资金，在不减少地方既得利益的情况下，调整地方利益分配格局，缓解地方财政运行中的突出矛盾。分税制改革是我国向市场经济条件下财政运行机制迈出的关键一步，为建立现代财政制度奠定了基础，在我国财政史上具有里程碑意义[1]。

第二，财政"两个比重"稳中有升，中央财政宏观调控能力得到加强。实行分税制财政管理体制以来，我国财政收入占GDP的比重逐步提高，由1994年的10.6%上升到2023年的32.2%（1994年的比重按照中国统计年鉴计算，2023年的比重按照2023年中央和地方预算执行情况及统计公报计算）。从中央收入项目的构成看，分税制改革使与GDP正相关的消费税、增值税成为中央财政收入稳定增长的主要来源，提高了中央财政收入的比重。根据中国统计年鉴的数据，中央财政收入占全部财政收入的比重，由1993年的22.0%上升到2012年的47.9%。

2014年我国修正后的预算法，明确规定，预算包括一般公共预算、政府性基金预算、国有资本经营预算、社会保险基金预算。因此，从2014年开始，中国统计年鉴不再公布国家财政收支总额，而是公布一般公共预算收支、全国政府性基金收支、全国国有资本经营收支等数据。按照中国统计年鉴的口径，2013年之前的国家财政收支，与2013年之后公布的一般公共预算收支口径实际是一致的。因此，从一般公共预算收入

---

[1] 财政部预算司. 新中国成立70年来财政体制和预算管理改革成就[J]. 中国财政，2019(19).

看,2022年中央一般公共预算收入占全国一般公共预算收入的比重为46.59%。分税制改革显著增强了中央政府宏观调控、调节地区间差异等方面的能力。1993—2022年全国一般公共预算收入变化情况见表11-1。

表11-1 1993—2022年全国一般公共预算收入情况　　　　　单位:亿元

年份	一般公共预算收入	中央	地方
1993	4 348.95	957.51	3 391.44
1994	5 218.10	2 906.50	2 311.60
1995	6 242.20	3 256.62	2 985.58
1996	7 407.99	3 661.07	3 746.92
1997	8 651.14	4 226.92	4 424.22
1998	9 875.95	4 892.00	4 983.95
1999	11 444.08	5 849.21	5 594.87
2000	13 395.23	6 989.17	6 406.06
2001	16 386.04	8 582.74	7 803.30
2002	18 903.64	10 388.64	8 515.00
2003	21 715.25	11 865.27	9 849.98
2004	26 396.47	14 503.10	11 893.37
2005	31 649.29	16 548.53	15 100.76
2006	38 760.20	20 456.62	18 303.58
2007	51 321.78	27 749.16	23 572.62
2008	61 330.35	32 680.56	28 649.79
2009	68 518.30	35 915.71	32 602.59
2010	83 101.51	42 488.47	40 613.04
2011	103 874.43	51 327.32	52 547.11
2012	117 253.52	56 175.23	61 078.29
2013	129 209.64	60 198.48	69 011.16
2014	140 370.03	64 493.45	75 876.58
2015	152 269.23	69 267.19	83 002.04
2016	159 604.97	72 365.62	87 239.35
2017	172 592.77	81 123.36	91 469.41
2018	183 359.84	85 456.46	97 903.38
2019	190 390.08	89 309.47	101 080.61
2020	182 913.88	82 770.72	100 143.16
2021	202 554.64	91 470.41	111 084.23
2022	203 649.29	94 887.14	108 762.15

资料来源:国家统计局.中国统计年鉴(2023)[M].北京:中国统计出版社,2023.

第三,调动了地方政府的积极性,推动了我国统一大市场的发展。分税制明确了各级地方政府的收支范围,强化了地方预算约束,促进了地方收入的快速增长,使地方政府在本地区的经济发展和民生服务等方面具备更大的自主权,能够根据本地区的实际情况有针对性地进行投资和政策安排。通过合理的收支划分,限制了地方发展高能耗、高污染、"小而全"的重复性建设项目,同时鼓励了地方政府发展高效农业和优质高效产业,促进了地方产业结构调整和资源的优化配置。同时,通过分税制,中央和地方政府在财政收入和支出方面的合作与协调得到了加强,从而促进了市场的一体化和资源的优化配置,推动了我国统一大市场的发展。

第四,完善了中央与地方收入划分。分税制改革后,为解决经济发展中出现的新问题,配合做好税制改革,我国对中央和地方收入分配关系进行了适当调整。实施所得税收入分享改革,自2002年1月1日起将按企业隶属关系等划分中央与地方所得税收入的办法改为中央与地方按统一比例分享。完善出口退税负担机制,自2015年起出口退税全部由中央财政负担。调整证券交易印花税中央与地方分享比例,自2016年起印花税全部调整为中央收入。实施增值税"五五分享"改革,自2016年5月1日起所有行业企业缴纳的增值税由中央与地方按税收缴纳地"五五分享",中央从地方上划收入通过税收返还方式给地方,中央集中的收入增量通过均衡性转移支付分配给地方。自2018年1月1日起,将环境保护税全部作为地方收入。实施上述改革后,中央与地方收入大体稳定在"五五开"的格局,为中央落实国家重大发展战略和地方财政平稳运行提供了稳定的财力来源。

第五,推进财政事权和支出责任划分改革。按照党的十八大提出的"健全中央和地方财力与事权相匹配的体制"的部署,财政部加快推进财政事权和支出责任划分改革。一是出台指导意见,2016年8月报请国务院印发了《关于推进中央与地方财政事权和支出责任划分改革的指导意见》,明确了财政事权和支出责任划分的基本原则、主要任务和要求。二是率先实施基本公共服务领域共同财政事权和支出责任划分。2018年1月报请国务院办公厅印发了《基本公共服务领域中央与地方共同财政事权和支出责任划分改革方案》,明确了八大类18项共同财政事权事项的支出责任及分担方式、保障标准等,为推进分领域改革提供了引领。三是加快推进15个领域的中央与地方财政事权和支出责任划分改革,已经出台了医疗卫生、教育、科技、交通运输等领域方案,并按程序报批其他领域方案。通过实施上述改革,初步搭建起"1+1+15"的改革框架,为厘清中央与地方的权责边界和保障范围提供了重要保障。基本公共服务领域中央与地方共同财政事权清单及基本标准、支出责任划分情况详见表11-2。

表11-2 基本公共服务领域中央与地方共同财政事权清单及基础标准、支出责任划分情况表

共同财政事权事项		基础标准	支出责任及分担方式
义务教育	1. 公用经费保障	中央统一制定基准定额。在此基础上,继续按规定提高寄宿制学校等公用经费水平,并单独核定义务教育阶段特殊教育学校和随班就读残疾学生公用经费等	中央与地方按比例分担。第一档为8:2,第二档为6:4,其他为5:5

(续表)

共同财政事权事项		基础标准	支出责任及分担方式
义务教育	2. 免费提供教科书	中央制定免费提供国家规定课程教科书和免费为小学一年级新生提供正版学生字典补助标准,地方制定免费提供地方课程教科书补助标准	免费提供国家规定课程教科书和免费为小学一年级新生提供正版学生字典所需经费,由中央财政承担;免费提供地方课程教科书所需经费,由地方财政承担
	3. 家庭经济困难学生生活补助	中央制定家庭经济困难寄宿生和人口较少民族寄宿生生活补助国家基础标准。中央按国家基础标准的一定比例核定家庭经济困难非寄宿生生活补助标准,各地可以结合实际分档确定非寄宿生具体生活补助标准	中央与地方按比例分担,各地区均为5:5,对人口较少民族寄宿生增加安排生活补助所需经费,由中央财政承担
	4. 贫困地区学生营养膳食补助	中央统一制定膳食补助国家基础标准	国家试点所需经费,由中央财政承担;地方试点所需经费,由地方财政统筹安排,中央财政给予生均定额奖补
学生资助	5. 中等职业教育国家助学金	中央制定资助标准	中央与地方分档按比例分担。第一档分担比例统一为8:2;第二档,生源地为第一档地区的,分担比例为8:2,生源地为其他地区的,分担比例为6:4;第三档、第四档、第五档,生源地为第一档地区的,分担比例为8:2,生源地为第二档地区的,分担比例为6:4,生源地为其他地区的,与就读地区分担比例一致,分别为5:5、3:7、1:9
	6. 中等职业教育免学费补助	中央制定测算补助标准,地方可以结合实际确定具体补助标准	中央统一实施的免学费补助所需经费,由中央与地方分档按比例分担。第一档分担比例统一为8:2;第二档,生源地为第一档地区的,分担比例为8:2,生源地为其他地区的,分担比例为6:4;第三档、第四档、第五档,生源地为第一档地区的,分担比例为8:2,生源地为第二档地区的,分担比例为6:4,生源地为其他地区的,与就读地区分担比例一致,分别为5:5、3:7、1:9
	7. 普通高中教育国家助学金	中央制定平均资助标准,地方可以按规定结合实际确定分档资助标准	所需经费由中央与地方分档按比例分担。第一档为8:2,第二档为6:4,第三档为5:5,第四档为3:7,第五档为1:9
	8. 普通高中教育免学杂费补助	中央逐省核定补助标准,地方可以结合实际确定具体补助标准	中央统一实施的免学杂费补助所需经费,由中央与地方分档按比例分担。第一档为8:2,第二档为6:4,第三档为5:5,第四档为3:7,第五档为1:9

（续表）

共同财政事权事项		基础标准	支出责任及分担方式
基本就业服务	9. 基本公共就业服务	由地方结合实际制定标准	主要依据地方财力状况、保障对象数量等因素确定
基本养老保险	10. 城乡居民基本养老保险补助	由中央制定基础标准	中央确定的基础养老金标准部分，中央与地方按比例分担。中央对第一档和第二档承担全部支出责任，其他为5:5
基本医疗保障	11. 城乡居民基本医疗保险补助	由中央制定指导性补助标准，地方结合实际确定具体补助标准	中央与地方分档按比例分担。第一档为8:2，第二档为6:4，第三档为5:5，第四档为3:7，第五档为1:9
	12. 医疗救助	由地方结合实际制定标准	主要依据地方财力状况、保障对象数量等因素确定
基本卫生计生	13. 基本公共卫生服务	由中央制定基础标准	中央与地方分档按比例分担。第一档为8:2，第二档为6:4，第三档为5:5，第四档为3:7，第五档为1:9
	14. 计划生育扶助保障	由中央制定基础标准	中央与地方分档按比例分担。第一档为8:2，第二档为6:4，第三档为5:5，第四档为3:7，第五档为1:9
基本生活救助	15. 困难群众救助	由地方结合实际制定标准	主要依据地方财政困难程度、保障对象数量等因素确定
	16. 受灾人员救助	中央制定补助标准，地方可以结合实际确定具体救助标准	对遭受重特大自然灾害的省份，中央财政按规定的补助标准给予适当补助，灾害救助所需其余资金由地方财政承担
	17. 残疾人服务	由地方结合实际制定标准	主要依据地方财力状况、保障对象数量等因素确定
基本住房保障	18. 城乡保障性安居工程（包括城镇保障性安居工程和农村危房改造等）	由地方结合实际制定标准	主要依据地方财力状况度、年度任务量等因素确定

资料来源：中国政府网.国务院办公厅关于印发基本公共服务领域中央与地方共同财政事权和支出责任划分改革方案的通知[EB/OL].[2018-01-27].https://www.gov.cn.

第六，完善了转移支付制度。1995年实施过渡期转移支付制度后，随着中央财力的不断充盈，中央财政加大了对地方的转移支付力度，逐步形成以一般性转移支付和专项转移支付为主体的制度体系，并加强转移支付制度建设，推进完善一般性转移支付增长机制，加强专项转移支付清理整合，提高转移支付管理的规范性、科学性、有效性和透明度。2018年，伴随着中央与地方财政事权和支出责任划分改革，转移支付制度进一步优化，我国对转移支付体系进行了重大调整，将现有一般性转移支付、专项转移支付中属于中央与地方共同财政事权的项目归并,设立共同财政事权转移支付。调整以后,中央对地方转移支付主要分为一般性转移支付、共同财政事权转移支付、专项转移支付三大类。同时,政府加强对转移支付的管理,简化一般性转移支付分配因素,建立共同财政事权转移支付清单管理制度,健全专项定期评估和退出机制。改革后,各类转移支付的边界更加清晰、分工更为明确,有利于维护党中央权威和集中统一领导,贯彻中央施政方针和调动中央地方两个积极性,促进区域协调发展和基本公共服务均等化。

第七,深化了省以下财政体制改革。中央与地方财政关系的逐步清晰,地方财政部门不断完善省以下财政体制。一是实行"省直管县"改革,省级财政与市、县财政在收支划分、转移支付、资金往来、预决算编制、年终结算等方面直接联系。二是实行"乡财县管"改革,以乡镇为独立核算主体,由县级财政部门直接管理并监督乡镇财政收支,实行县乡"预算共编、账户统设、集中收支、采购统办、票据统管"的财政管理方式。三是推进省以下财政事权和支出责任划分改革。按照国务院印发的指导意见,各地财政事权和支出责任划分改革逐步推进。

(二) 分税制进一步完善的方向

经过30年的探索,分税制改革尽管取得了巨大的成效,但也还存在不少问题,需要进一步完善。例如,中央与地方财政事权和支出责任划分改革没有完全到位;地方政府缺乏主体税种,政府间的收入划分还有完善的空间;转移支付制度还不规范;省以下分税制改革明显滞后;等等。站在新的起点,应该进一步推进分税制改革。

十九大报告要求"加快建立现代财政制度,建立权责清晰、财力协调、区域均衡的中央和地方财政关系。建立全面规范、透明、标准科学、约束有力的预算制度,全面实施绩效管理。深化税收制度改革,健全地方税体系"党的二十大报告要求"健全现代预算制度,优化税制结构,完善财政转移支付体系",在此基础上,为贯彻2023年中央经济工作会议"谋划新一轮财税体制改革"的精神,深化分税制改革的基本方向应体现在以下几个方面:

1. 进一步深化财政事权和支出责任划分改革

中央与地方财政事权和支出责任划分改革是建立科学规范政府间关系的核心内容,是完善国家治理结构的一项基础性、系统性工程,对全面深化经济体制改革具有重要的推动作用。未来改革,应在基本完成主要领域改革,形成中央与地方财政事权和支出责任划分的清晰框架的基础上,及时总结改革成果,梳理需要上升为法律法规的内容,适时制定、修订相关法律、行政法规,研究起草《政府间财政关系法》,推动形成保障财政事权和支出责任划分科学合理的法律体系。尽快开展中央、省、市、县多级事权与支出责任明细清单的编制工作,可由粗到细逐步深化,并通过动态优化和加强绩效考评,强化激励与约束。推进地方完成主要领域改革,形成省以下财政事权和支出责任划分的清晰框架。

2. 在深化税制改革基础上进一步优化政府间收入划分

党的十九大报告明确要求:"深化税收制度改革,健全地方税体系。"我国还未建立起与分税制体制相适应的地方税体系。因此客观需要深化税制改革,打造地方税体系,逐步实现以税种配置为主体的分级收入划分制度。加快研究制定中央与地方收入划分总体方案,推动进一步理顺中央与地方的财政分配关系,形成财力与事权相匹配的财政体制。针对目前直接税比重偏低的情况,应进一步完善直接税制度,降低间接税比重,逐步实现间接税为主向直接税为主的过渡。完善个人所得税制度,健全综合与分类相结合的个人所得税制度,完善专项附加扣除范围和标准,优化个人所得税税率结构。大力推进资源税改革,在现有能源矿产、金属矿产和非金属矿产等税目基础上,逐步把资源税征收范围拓展至覆盖水资源、森林资源、海洋资源等兼具生态和经济价值的自然资源。扩大消费税征收范围、调整部分税目的消费税征收环节,将部分消费税税目收入划归地方。适时启动房产税改革试点扩围,积极稳妥推进房地产税立法。进一步完善增值税改革,减少其税率档次[1]。

3. 进一步完善财政转移支付体系

进一步完善财政转移支付体系重点是以下几个方面。规范一般性转移支付制度,建立一般性转移支付稳定增长机制,促进地区间基本公共服务均等化。加强专项转移支付管理,清理整合专项转移支付,逐步减少专项转移支付所占比重,归并、整合专项转移支付中的相似或可归并项目。将一般性转移支付和专项转移支付安排的基本公共服务领域共同财政事权事项,统一纳入共同财政事权分类分档转移支付,完善共同财政事权转移支付。完善优化转移支付的均等化公式,对服务成本、功能区定位、人口、地理等支付因子构成和权重,进行适时重检和调整,保障欠发达地方政府公共事务开支需要。健全转移支付监管体系,完善转移支付绩效评价体系,确保资金高效合理使用。

4. 加快推进省以下财政体制改革

省以下财政体制是政府间财政关系制度的重要组成部分,对于建立健全科学的财税体制,优化资源配置、维护市场统一、促进社会公平、实现国家长治久安具有重要作用。省以下财政体制改革的方向主要有四个。①进一步清晰界定省以下财政事权和支出责任。结合地区实际加快推进省以下各级财政事权划分改革,根据基本公共服务受益范围、信息管理复杂程度等事权属性,清晰界定省以下各级财政事权。按照政府间财政事权划分,合理确定省以下各级财政承担的支出责任。适度强化教育、科技研发、企业职工基本养老保险、城乡居民基本医疗保险、粮食安全、跨市县重大基础设施规划建设、重点区域(流域)生态环境保护与治理、国土空间规划及用途管制、防范和督促化解地方政府债务风险等方面的省级财政事权,强化省级政府对全省的统筹管理,落实基层政府公共服务供给能力;②加快理顺省以下政府间收入关系,适度增强省级调控能力。建立科学合理的省以下收入划分机制[2],参照税种属性划分收入,将税基流动性强、区域间分布不均、年度间收入波动较大的税收收入作为省级收入或由省级分享较高比例;将税基较为稳定、地域属性明显的税收收入作为市县级收入或由市县级分享较高比例。逐步减少直至取消按企业隶属关系划分政府间收入的做法。规范收入分享方式,税收收入应在省以下各级政府间进行明确划分,对主体税种实行按比例分享,结合各税种税基分布、收入规模、区域间均衡度等因素,合理确定各税种分享比例。对非税收入可采

---

[1] 贾康,刘薇. 分税制改革三十年:回顾与展望[J]. 地方财政研究,2024(1).
[2] 马海涛. 分税制三十载再启程 财税体制改革谋新篇[J]. 中国财政,2024(1).

取总额分成、分类分成、增量分成等分享方式,逐步加以规范;③建立健全省以下转移支付体系。根据财政事权属性,加大对财力薄弱地区的支持力度,健全转移支付定期评估机制。围绕"兜底线、促均衡、保重点"目标,优化省以下转移支付结构,推动财力下沉,增强基层公共服务保障能力。加强各类转移支付动态管理,严格各类转移支付设立条件和决策程序,健全转移支付定期评估和退出机制;④科学分配各类转移支付资金。围绕政策目标主要采用因素法或项目法分配各类转移支付资金。采用因素法分配资金,应选择与财政收支政策有较强相关性的因素,赋予不同因素相应权重或标准,并结合实际情况运用财政困难程度、支出成本差异、绩效结果等系数加以调节,采取公式化方式测算,体现明确的政策导向和支持重点。而项目法则是根据规划,竞争性评审结果等将资金分配到特定项目。这种方法更注重项目的具体需求和实施效果,能够确保资金用于特定的公共项目,提高资金的使用效率和针对性。然而,项目法也可能导致资金分配的集中和不均衡,需要加强监管和评估。

专栏11-2 德国政府间财政关系

现时的德国中央与地方财政关系是由1949年制定的国家宪法《德意志联邦共和国基本法》(以下简称《基本法》)确立起来的,以后虽有调整,但其中央政府较为集权的基本框架一直未变。概括地说,德国各级政府间的财政关系,是按照规范化的方式进行协调和运转的。它首先按照适度集中、相对分散的原则确定各级政府的支出范围,并且赋予各级政府一定的税收权限,采用共享税与专享税共存、以共享税为主的模式来划分税收收入。除此之外,还实行纵向和横向转移支付制度,以实现财力布局纵向与横向的平衡。

1. 事权的划分

德国《基本法》对联邦、州、地方三级政府的基本事权范围作了如下划分:

联邦政府的支出范围主要包括联邦行政事务、财政管理和国家海关事务;外交;国家安全和武装力量;联邦铁路、公路、水运、空运和邮政电讯;社会保障,包括失业救济、医疗、退休保险及家庭社会补助等;重大科研计划,主要是核能源、外层空间、航天技术、海洋及数据处理等领域的研究;矿山开采等跨地区的经济开发等。法律规定,联邦货币发行和管理任务由独立的德意志联邦银行负责。根据高效率低成本的管理原则,经过立法机关批准,联邦公路、水道航运、空中交通和控制能源的研究利用等任务也可以委托有关的州去完成。

州政府的支出范围主要包括:州行政事务和财政管理;社会文化和教育事业;卫生、体育事业;法律事务和司法管理;环境保护等。

地方政府的支出范围主要是各种地方性事务,包括地方行政事务和财政管理;地方公路建设和公共交通事务;水电和能源供应;科学文化和教育事业,包括成人教育、学校管理、博物馆和剧院等的管理和维护;社会住宅建设和城市发展规划;地方性公共秩序管理;健康和体育事业,以及医院管理和医疗保障;社会救济等。

除了上述联邦和州之间明确划分的任务外,有些事务由联邦和州共同承担,主要包括扩建和新建高等院校、地区性经济结构的改善。地方政府还接受联邦和州的委托,承担如公民选举、人口普查等任务。

2. 政府间收入的划分

联邦的财政收入来源包括各种税收收入、国有企业投资收益、公共服务收费收入和债务收入等,其中税收收入所占比重最大。这些收入在各级政府之间的划分,一是在数量上与各级政府担负的支出责任大体匹配,并保证联邦保持必要的调控能力;二是考虑各种收入的特性,方便宏观调控和征收管理,比如将调控力度强、收入数额大的税种划为联邦专享税和共享税,将适宜基层征收管理的税种和管理收费划归州和地方。

主要税种划分如下:联邦税主要包括关税、各类消费税(烟草税、酒税、咖啡税、石油税、茶税、糖税、盐税、照明灯税)、公路税、资本流转税、交易所营业税、保险税、货币兑换税和东西德合并后按工资额8%征收的团体互助附加费等18种。州税主要包括财产税、遗产税、土地交易税、机动车税、啤酒税、消防税、彩票税、赌场税、赛马税等10种。地方税包括土地税、营业税、资本利得税、娱乐税和地方消费税(饮料税、狗税、渔猎税)。共享税包括个人所得税、公司所得税、增值税、进口增值税。它们在三级财政之间的分享比例分别为:个人所得税,联邦、州、地方各分得42.5%、42.5%、15%;公司所得税,在联邦和州之间各分得50%;增值税,联邦、州和地方各分得49%、49%和2%。前四种税的分享比例由《基本法》固定下来,没有调整余地。只有增值税作为调剂性共享税,联邦和州的分配比例随着双方财力变化定期协商调整,《基本法》规定每4年调整一次。

3. 转移支付

德国《基本法》要求在全国范围内必须保证大体相同的生活条件,各个州都应为公民提供水平相同的公共服务。为此,联邦政府还建立了一整套转移支付制度。这一制度包括纵向均衡和横向均衡两个方面。联邦财政的纵向均衡分为两个层次。第一个层次是联邦对州的财政转移支付;第二个层次是州对市镇的财政转移支付。

德国横向(州间)的财政均衡在世界各国的转移支付制度中颇有特色,并在整个转移支付体系中扮演着重要角色。它的法律基础是联邦《基本法》第107条,具体操作方法则在《税收分配法令》中作了规定。州间财政均衡资金主要来自两个部分:一是增值税由州分享份额的1/4(增值税各州分享部分的3/4按每个州人口数量直接分配给各州);二是财政较富裕的州按计算结果直接划拨的资金。州间财政均衡具体分配包括四个环节:第一个环节是计算各州的财政收入能力指数。第二个环节是计算财政平衡指数。第三个环节是把财政收入能力指数(代表财力供给)与财政平衡指数(代表财力需求)相比较,分档确定接受平衡基金的州及应得数额、自求平衡的州和付出平衡基金的州及支付数额。第四个环节是在年度执行中,联邦和应付出平衡基金的州按上述计算结果在每季度末按进度向接受转移支付的财政困难州划拨平衡基金,年终汇总清算。年末,联邦与各州计算确定下一年度间财政平衡数额。

资料来源:蔡玉文.德国政府间财政关系简介[J].中国财政,2002(03).

第三节　中国财政转移支付制度

一、政府间转移支付制度的一般分析

(一) 政府间转移支付制度的含义及功能

政府间转移支付是指政府间财力的无偿转移,一般是指上级财政(政府)对下级财政(政府)的无偿补助或款项拨付,而财力无偿转移的方法、规则和程序构成了政府间转移支付制度。从广义上理解,政府间转移支付包括上级政府对下级政府财政收入的下拨和下级政府对上级政府财政收入的上解以及同级的地方政府之间财政收入的转移。作为政府政治经济活动的一项有力的政策工具,政府间转移支付在弥补纵向财政不均衡、促进财政均等、鼓励下级政府提供具有外溢性的公共产品和服务、增强政治等方面发挥着显著作用。具体来说,转移支付制度主要有以下功能和作用。

1. 弥补财政缺口

在分税制财政管理体制下,中央收入占主导地位,地方事权范围占主导地位,同时各地区之间的市情、县情、乡情又各不相同,财力差距往往较大。在这种情况下,经济发展水平、经济结构、自然、地理以及不同地区间公共产品和公共服务成本的差异等,会形成纵向财政缺口而影响财政收入能力。纵向财政缺口所形成的财政赤字,要靠中央财政进行弥补。尽管这些财政缺口原则上可以通过其他方式予以弥补。例如,赋予地方政府更多征税权,增加地方财政收入,或者事权上移,减少地方支出。但是,在大多数国家中,各级政府收入与支出的不匹配仍然需要政府间财政转移支付发挥平衡作用。这就需要中央政府通过政府间转移支付制度来调节中央与地方之间的财力余缺。实际上,无论要解决的问题是什么,高级次政府向低级次政府的转移支付都将有助于弥补财政缺口。

2. 财政能力均等化

财政能力均等化的目标是为各地方政府提供充分的资金(自身收入和转移支付),以提供相对均衡的公共服务水平。但是,一个国家内部财源分布是失衡的,加上经济发展水平、人口密度、管理面积等因素,各地区的税基和征税潜力差异较大。规范统一的收支划分方法,难免会造成发达地区财政收入充裕,不发达地区财政状况拮据的情况,进而会产生一些地方的收入能力不能满足支出需要的缺口,这种财政缺口需要中央财政通过转移支付的办法予以弥补,以实现财政能力均等化目标。如果将地方政府的人均实际支出作为均等化的衡量标准,将各地区的人均实际支出都提高到最富有的地方政府的水平,那么地方偏好差异就很难得到应有的体现,从而削弱了分权的优势。所

以，转移支付的基础是对各地区潜在收入能力的测量，而后再确定转移支付规模。

3. 解决辖区间公共产品外溢性问题

地方公共产品的溢出是指地方政府为满足本行政辖区选民需要提供的公共产品的受益范围和成本承担范围超出地方政府管辖区域的现象。在由地方政府提供地区性公共产品的情况下，当这种公共产品的受益范围超出本地区而扩散到其他地区时，邻近地区不承担任何成本也可以获得该公共产品所带来的收益。在外溢性和成本自负两种因素作用下，存在正的外溢性时，地方政府就倾向于减少公共产品的提供。当地方服务溢出至其他地区时，为使地方政府提供合理数量的该类服务，有必要提供某种形式的配套拨款，以使单位补贴等于溢出收益的边际价值。原则上说，合理的配套比例，即中央政府在总成本中负担的比例，应由溢出的规模和外部性水平决定。运用纵向政府间转移支付制度，由上级政府给予下级政府一定的财政补助，对具有外溢性的公共产品提供进行调节，可以更合理地实现资源配置的优化。

4. 增强中央政府的调控能力

转移支付不仅是一个技术性问题，更是中央政府用于实现其政治目标的一项重要工具。作为财政体制的构成要素，转移支付在很多情况下首先遵从于政治方面的需要，其次才是经济效益的考虑：转移支付的份额越大，上级政府对下级政府的影响力就越大，前者对后者的调控能力越强。因此，中央政府可以通过转移支付来规范和监督地方政府的行为，减少地方政府的机会主义倾向。从根本上讲，一国的财政体制是由其政治体制和政治目标决定的，财政体制又决定了转移支付制度。

除了上述功能，中央政府还可以利用转移支付来实现一些既定的政策目标，如实现某些地方公共服务在全国范围内的统一标准、中央政府对地方政府的项目委托等。

（二）政府间转移支付方式[①][②]

政府间转移支付方式是指政府间提供资金补助时采用的具体形式。转移支付方式可以按照多种标准划分，下面主要介绍两种划分方式。

1. 按转移资金方向为标准划分

（1）纵向转移支付。纵向转移支付是指上下级政府间的资金转移，包括中央政府和地方政府之间或上级政府与下级政府之间财政资金的转移（含下拨和上缴）。主要是上级政府通过特定的财政体制把各地区所创造的财力数量不等地集中起来，再根据实施宏观调控的需要和各地区财政收支平衡状况，将集中起来的部分财政资金不等地分配给各地区，以此实现各地区间财力配置的相对均等。这一模式简单易行，但要防止透明度低、稳定性差、随意性大的问题。纵向转移支付侧重于加强中央政府对地方政府的宏观调控能力，贯彻中央的政策意图。这是转移支付的主要方式。

（2）横向转移支付。横向转移支付是指同级地方政府间发生的资金平行转移，一般是富裕地区向贫困地区提供资金援助。横向转移支付侧重于解决经济落后地区公共支出不足的问题。通过横向转移均衡地方公共服务能力，可以大大减轻中央财政压力，

[①] 王金秀，陈志勇. 国家预算管理[M]. 北京：中国人民大学出版社，2007.
[②] 李燕. 政府预算管理[M]. 北京：北京大学出版社，2024.

也便于提高转移支付的透明度,将富裕地区的贡献与贫困地区得到的援助放在明处,便于促进地区间团结协助,不仅激励了富裕地区,也鞭策了贫困地区。这种模式一般是作为纵向转移支付的补充,与纵向转移支付配合使用。

(3)纵横交叉转移支付。纵横交叉转移支付以纵向转移为主,横向转移为辅,纵横交叉,相互配合。中央政府的纵向转移支付侧重于实现国家的宏观调控目标,地方政府间的横向转移支付主要用于补充经济不发达地区的财力不足。根据我国区域经济发展极不平衡、公共服务能力差距大、中央财政收入有限等实际情况,我国应将现有单一的、自上而下的、纵向的资金转移支付改为以纵向为主,纵横交错、多种资源融合的方式。

2. 按转移资金用途是否受限为标准划分

(1)一般性转移支付。其也可称为一般均衡补助或无条件补助,是指对所拨出的资金不规定具体用途的转移支付方式,受援地方可用该项资金弥补其一般预算的缺口。一般性转移支付可以提高受援地方的基本财政能力,是缩小地区间财力差距、促进社会公平、实现财政能力均等化的主要形式。一般性转移支付的分配应与各地的支出需求成正比,与税收能力成反比,因此其拨款安排应当以对各地方的支出需求和税收能力的科学测定为依据。

(2)专项转移支付。其也可称为专项补助或有条件补助,是指对所拨付的资金规定了使用方向或具体用途的转移支付方式,受援地方必须按规定要求运用该种资金。安排专项补助一般是为了配合宏观调控政策、解决区域性公共产品外溢问题或促进特定公共事业的发展。专项补助又可分为无限额配套补助、有限额配套补助和非配套补助三种形式。

目前,我国将一般性转移支付和专项转移支付安排的基本公共服务领域共同财政事权事项,统一纳入共同财政事权分类分档转移支付,形成共同财政事权转移支付。

不同的政府间转移支付方式对受援地政府有不同的影响,因此具有不同的政策效应。中央政府应根据不同的社会经济目标,选择合理的转移支付方式,并加强各种转移支付方式的协调配合,这样才能达到理想的转移支付效果。通常情况下,一般性转移支付有利于实现公共资金分配的纵向和横向公平,而专项转移支付则有利于提高公共资金的配置效率,包括促进外部效益高的地方性公共产品的供给、增大特定公共产品的规模效应、促进落后地区的经济开发等。

(三)规范政府间转移支付制度的原则

财政转移支付制度作为调整政府间财政关系的手段,必须根据一定的原则对其进行规范。

1. 公平与效率原则

政府间转移支付是实现财力分配的重要手段,制度设计必须体现公平原则。但是,公平不是搞平均主义,更不是"劫富济贫",而是以实现区域间居民享受基本公共服务为目标。各地区居民都有权力享受经济发展的成果。效率原则是指转移支付的财力在分配后资金的使用效率以及所带来的经济效益和社会效益。转移支付的目标是保证居民享受最低水平的公共服务,促进资源的有效配置和社会稳定,实现经济社会稳定发展。

2. 稳定与变化原则

稳定是指转移支付的审批程序、计算方法、支付数额等在一定时期内要保持相对稳定，不能频繁变动。但是，公共产品成本是不断变化的，不同地区对达到一定公共服务水平的需求不同，供给能力也会不断变化，这种变化决定了转移支付制度不能是一个绝对稳定的状态，而只能是相对稳定的变化状态。只有做到稳定与变化的良性结合，才能有效调动地方政府积极性，提高转移支付资金的利用效率。

3. 科学与规范原则

政府间转移支付制度，无论是目标、规模的制定，总体架构的设计，支付程序的设计，都必须科学合理，并符合我国具体国情。政府间转移支付制度，不仅要求政府间事权划分清晰、职能定位准确、政策目标明确。而且在转移支付的规模、额度、支付的程序、时限等方面都必须有相应的立法保障和执法保障，做到"有法可依、有法必依，执法必严、违法必究"，实现转移支付制度的完整性和规范性，提高财政转移支付资金的使用效率。

二、我国财政转移支付制度

（一）财政转移支付制度改革基本情况

财政转移支付是指上级政府对下级政府无偿拨付的资金，包括中央对地方的转移支付和地方上级政府对下级政府的转移支付，主要用于解决地区财政不平衡问题，推进地区间基本公共服务均等化，是政府实现调控目标的重要政策工具。

我国的财政转移支付制度是在1994年分税制的基础上建立起来的，与分税制相互匹配、相互依存。2002年国务院将我国中央政府对省级政府的财政转移支付主要分为两类：一是财力性转移支付（包括一般性转移支付、民族地区转移支付、调整工资转移支付等）；二是专项转移支付（包括一般预算专项拨款、国债补助等）。2009年起，我国进一步规范财政转移支付制度，转移支付不再按财力性及专项来划分，而是简化为一般性转移支付、专项转移支付两类。其中，一般性转移支付包括原财力性转移支付，主要是将补助数额相对稳定、原列入专项转移支付的教育、社会保障和就业、公共安全、一般公共服务等支出，改为一般性转移支付。同时，在我国的财政转移支付制度中还一直包括税收返还。2014年修正的预算法第16条规定，国家实行财政转移支付制度。财政转移支付应当规范、公平、公开，以推进地区间基本公共服务均等化为主要目标。这标志着我国财政转移支付制度改革进入法定阶段，法治水平不断提升。

按照党的十八届三中全会关于深化财税体制改革的部署，2014年，国务院印发《关于改革和完善中央对地方转移支付制度的意见》（国发〔2014〕71号），对转移支付制度改革作出全面部署。按照文件要求，中央财政增加一般性转移支付规模和比例，清理整合专项转移支付，规范专项转移支付分配和使用，加强转移支付绩效管理，推进转移支付信息公开，努力提高转移支付管理水平，更好服务党和国家发展大局。

为落实预算法要求，自2015年起，中央财政单独编制中央对地方转移支付分地区预算草案，反映转移支付预算分项目、分地区情况。为提高地方预算编制的完整性和准确性，每年10月底前按照本年度转移支付预计执行数的一定比例将下一年度转移支付预计数提前下达至地方。在全国人民代表大会批准中央预算后,采取因素法、项目法等方式及时将转移支付分配下达地方。其中,因素法主要采用与支出相关的因素并赋予相应的权重或标准,通过公式计算得出分配结果;项目法主要根据相关规划、竞争性评审结果等将资金分配到特定项目。

2016 年,国务院印发《关于推进中央与地方财政事权和支出责任划分改革的指导意见》(国发〔2016〕49 号),从顶层设计的角度提出了财政事权和支出责任划分改革的总体原则。按照文件要求,财政部会同有关方面积极推进中央与地方财政事权和支出责任划分改革,出台了基本公共服务、外交、教育、科技等多个领域的改革方案。2019 年,经国务院批准,财政部印发改革方案,根据财政事权和支出责任划分改革要求,进一步理顺转移支付的功能定位、边界分类和管理机制。我国不断健全转移支付制度顶层设计。

2020 年,为应对新冠疫情冲击,按照党中央、国务院决策部署,中央财政创设财政资金直达机制,在保持现行财政体制不变、资金分配权限不变和保障主体责任不变的前提下,建立了"中央切块、省级细化、备案同意、快速直达"的工作流程,推动资金直达市县基层,直接惠企利民。2021 年起,常态化实施财政资金直达机制,直达资金范围由增量资金拓展到存量资金,基本实现了民生补助资金的全覆盖。鼓励地方通过自有财力安排的资金同步纳入直达管理,放大直达机制效果。财政转移支付资金直达机制的建立,有效促进了管理效能和资金效益的提升。

建立财政转移支付定期评估与绩效管理的机制。根据预算法规定,每年对共同财政事权转移支付和专项转移支付进行评估,重点评估项目是否符合党中央、国务院决策部署和法律、行政法规规定,是否与财政事权和支出责任划分相衔接,支出政策是否已经到期,政策目标是否已经实现等,根据评估结果调整支出政策和项目安排。同时,为贯彻落实《中共中央 国务院关于全面实施预算绩效管理的意见》,对共同财政事权转移支付、专项转移支付实施绩效管理。规范转移支付绩效目标管理,将绩效目标与转移支付预算同步下达,作为地方组织预算执行、开展绩效自评的依据。自 2022 年起财政部组织对部分新增或到期延续转移支付项目开展事前绩效评估,提高支出的科学性、精准性。加强转移支付重点绩效评价,聚焦党中央、国务院重大决策部署和民生重点领域,每年选取部分转移支付项目开展财政重点绩效评价。强化转移支付绩效评价结果应用,推动将绩效评价结果应用于预算安排、政策调整和改进管理,切实提高财政资源配置效率和使用效益。

在财政转移支付制度改革过程中,中央对地方的财政转移支付口径也在进行调整。尤其是 2019 年,中央财政将原转移支付中属于共同财政事权的项目整合设立共同财政事权转移支付,暂列入一般性转移支付。也就是说,原先在专项转移支付中罗列的项目现在以共同财政事权转移支付的方式并入一般性转移支付。同时,将中央对地方税收返还与固定数额补助合并,列入一般性转移支付。作出上述调整后,转移支付结构变化较大,一般性转移支付占比大幅上升。

根据财政部的数据,1994 年中央对地方财政转移支付总额为 461 亿元,至 2024 年,中央对地方转移支付预算数已达 102 037 亿元,其中一般性转移支付占整个财政转移支付的比重达到87.5%。财政转移支付的快速增长与结构的不断优化,在推动地区间财力均衡、推进基本公共服务均等化和保障国家重大政策落实等方面发挥了巨大作用。2024年中央对地方转移支付预算表见表11-3,预算表反映了我国当前中央对地方转移支付的规模、结构与项目的基本情况。

表 11-3 2024年中央对地方转移支付预算表　　　　　单位:亿元

项目	2023年执行数	2024年预算数	预算数为上年执行数的百分比
一、一般性转移支付	85 075.78	89 246.42	104.9
均衡性转移支付	23 661.12	25 744.12	108.8
重点生态功能区转移支付	1 091.00	1 121.00	102.7
县级基本财力保障机制奖补资金	4 107.00	4 462.00	108.6
资源枯竭城市转移支付	232.90	232.90	100.0
老少边穷地区转移支付	3 517.64	3 540.79	100.7
产粮大县奖励资金	556.14	571.14	102.7
生猪(牛羊)调出大县奖励资金	37.00	37.00	100.0
共同财政事权转移支付	36 728.45	38 082.34	103.7
中央政法纪检监察转移支付资金	578.05	580.05	100.3
监狱和强制隔离戒毒补助资金	62.73	62.73	100.0
城乡义务教育补助经费	1 918.34	1 918.34	100.0
学生资助补助经费	717.18	723.08	100.8
支持学前教育发展资金	250.00	250.00	100.0
义务教育薄弱环节改善与能力提升补助资金	330.00	330.00	100.0
改善普通高中学校办学条件补助资金	100.00	120.00	120.0
中小学幼儿园教师国家级培训计划资金	22.00	22.00	100.0
现代职业教育质量提升计划资金	312.57	312.57	100.0
特殊教育补助资金	5.00	5.00	100.0
支持地方高校改革发展资金	403.87	403.87	100.0
中央引导地方科技发展资金	40.50	60.00	148.1
中央支持地方公共文化服务体系建设补助资金	154.90	155.90	100.6
国家文物保护资金	63.83	63.83	100.0
国家非物质文化遗产保护资金	8.26	8.26	100.0
就业补助资金	667.43	667.43	100.0
基本养老金转移支付	10 092.52	11 160.52	110.6
困难群众救助补助资金	1 566.83	1 566.83	100.0
中央自然灾害救灾资金	121.75	200.00	164.3

(续表)

项目	2023年执行数	2024年预算数	预算数为上年执行数的百分比
残疾人事业发展补助资金	15.36	15.36	100.0
优抚对象补助经费	655.80	691.81	105.5
退役安置补助经费	646.69	719.64	111.3
军队转业干部补助经费	512.77	524.77	102.3
城乡居民基本医疗保险补助	3 839.88	4 023.88	104.8
医疗救助补助资金	296.51	296.51	100.0
基本公共卫生服务补助资金	725.09	765.47	105.6
基本药物制度补助资金	91.15	91.15	100.0
计划生育转移支付资金	178.62	205.62	115.1
医疗服务与保障能力提升补助资金	381.86	381.86	100.0
优抚对象医疗保障经费	23.80	23.80	100.0
节能减排补助资金	381.30	381.30	100.0
林业草原生态保护恢复资金	688.23	688.23	100.0
林业草原改革发展资金	269.00	269.00	100.0
农业保险保费补贴	459.11	545.11	118.7
目标价格补贴	894.84	984.84	110.1
粮油生产保障资金	105.48	105.48	100.0
农业产业发展资金	497.48	497.48	100.0
农业经营主体能力提升资金	288.15	288.15	100.0
农业生态资源保护资金	231.96	231.96	100.0
耕地建设与利用资金(不含增发国债资金)	2 092.34	1 894.34	90.5
农业防灾减灾和水利救灾资金	153.12	188.12	122.9
水利发展资金(不含增发国债资金)	618.21	410.29	66.4
大中型水库移民后期扶持资金	78.40	78.40	100.0
粮食风险基金	188.88	202.13	107.0
车辆购置税收入补助地方资金	3 205.00	3 205.02	100.0
政府还贷二级公路取消收费后补助资金	200.00	200.00	100.0
成品油税费改革转移支付	697.45	697.45	100.0
电信普遍服务补助资金	20.00	20.00	100.0
海洋生态保护修复资金	40.00	40.00	100.0
中央财政城镇保障性安居工程补助资金	707.80	707.80	100.0
农村危房改造补助资金	61.60	41.60	67.5

(续表)

项目	2023年执行数	2024年预算数	预算数为上年执行数的百分比
重要物资储备贴息资金	7.89	6.44	81.6
安全生产预防和应急救援能力建设补助资金	50.00	40.00	80.0
外国政府和国际金融组织赠款及统还贷款项目	8.92	8.92	100.0
税收返还及固定补助	11 389.93	12 283.71	107.8
体制结算补助	3 754.60	3 171.42	84.5
二、专项转移支付	8 110.67	7 790.58	96.1
其中:食品药品监管补助资金	21.52	21.52	100.0
文化产业发展专项资金	1.54	1.54	100.0
重大公共卫生服务补助资金	208.80	208.80	100.0
大气污染防治资金	330.00	340.00	103.0
水污染防治资金	257.00	267.00	103.9
清洁能源发展专项资金	54.46	47.41	87.1
城市管网及污水治理补助资金	150.00	150.00	100.0
土壤污染防治专项资金	44.00	44.00	100.0
三北工程补助资金	70.00	120.00	171.4
农村环境整治资金	40.00	40.00	100.0
农村综合改革转移支付	298.63	292.13	97.8
普惠金融发展专项资金	107.33	107.33	100.0
中小企业发展专项资金	74.82	74.82	100.0
服务业发展资金	75.00	75.00	100.0
外经贸发展资金	128.16	128.16	100.0
重点生态保护修复治理资金	172.00	172.00	100.0
自然灾害防治体系建设补助资金	50.34	50.00	99.3
雄安新区建设发展补助资金	120.00	150.00	125.0
支持海南全面深化改革开放补助资金	200.00	200.00	100.0
东北振兴专项转移支付	85.00	95.00	111.8
废弃电器电子产品处理专项资金		75.00	
基建支出	5 000.00	5 000.00	100.0
土地指标跨省域调剂收入安排的支出	469.99		
其他支出	15.40		

(续表)

项目	2023年执行数	2024年预算数	预算数为上年执行数的百分比
三、支持基层落实减税降费和重点民生等专项转移支付	4 758.74		
四、灾后恢复重建和提升防灾减灾救灾能力补助资金	5 000.00	5 000.00	100.0
中央对地方转移支付	102 945.19	102 037.00	99.1

注：
1. 为便于比较，根据2024年中央对地方转移支付项目清理整合情况，对有关转移支付项目执行数作了同口径调整。
2. 2024年中央对地方转移支付预算数为102 037亿元，加上使用以前年度结转资金20亿元，中央对地方转移支付为102 057亿元。
3. 专项转移支付中的其他支出为2023年中央本级转列对地方转移支付的项目。
4. 耕地建设与利用资金、水利发展资金2024年预算数较上年有所减少，主要是与增发2023年国债资金加强统筹，如考虑结转2024年使用的有关增发2023年国债资金后，相关资金规模大幅高于正常年份水平。

资料来源：财政部网站. 2024年中央对地方转移支付预算表[EB/OL]. [2024-03-25]. http://www.mof.gov.cn.

（二）我国财政转移支付体系

通过多年改革，当前我国总体上形成了以财政事权和支出责任划分为依据，以一般性转移支付为主体，共同财政事权转移支付和专项转移支付有效组合、协调配合、结构更趋合理的财政转移支付体系。

1. 一般性转移支付

一般性转移支付是指中央或上级政府通过规范的方法将财政资金在地方或下级政府之间进行分配，下级政府可以按照当地的实际情况对资金加以合理的分配和使用。其主要是为均衡地区间基本财力，为地方经济发展提供财力保障，平衡各地间的财政收支差额，地方或下级政府可统筹安排使用。我国修正后的《预算法》明确规定，财政转移支付包括中央对地方的转移支付和地方上级政府对下级政府的转移支付，但要以一般性转移支付为主体。

2. 专项转移支付

专项转移支付是指上级政府就特定项目给予下级政府的财政资金补助，资金的接受者必须按照规定的用途使用资金，不得把资金用做其他用途，以实现中央政府或上级政府的特定目标，专项转移性支付的基本特征即专款专用。目前我国的专项转移支付主要用于基础设施、教育工程、环境保护、社会保障等项目。我国修正后的《预算法》明确规定，按照法律、行政法规和国务院的规定可以设立专项转移支付，用于办理特定事项。但要建立健全专项转移支付定期评估和退出机制，市场竞争机制能够有效调节的事项不得设立专项转移支付。上级政府在安排专项转移支付时，不得要求下级政府承担配套资金。但是，按照国务院的规定应当由上下级政府共同承担的事项除外。

3. 共同财政事权转移支付

国务院办公厅2018年印发的《基本公共服务领域中央与地方共同财政事权和支出责任划分改革方案》指出，在分领域中央与地方财政事权和支出责任划分改革中，根据事权属性分别明确为中央财政事权、地方财政事权或中央与地方共同财政事权，明确了基本公共服务领域中央与地方共同财政事权范围。对于共同财政事权支出责任地方承担的部分，由地方通过自有财力和中央转移支付统筹安排，中央将加大均衡性转移支付力度，促进地区间财力均衡。

2019年，中央财政整合设立共同财政事权转移支付，主要用于履行教育、医疗、养老、就业等基本民生领域的中央财政支出责任，为与预算法规定衔接，编制预算时暂列入一般性转移支付。也就是在一般性转移支付下设立共同财政事权分类分档转移支付，原则上将改革前一般性转移支付和专项转移支付安排的基本公共服务领域共同财政事权事项，统一纳入共同财政事权分类分档转移支付，完整反映和切实履行中央承担的基本公共服务领域共同财政事权的支出责任。

（三）财政转移支付政策主要效能

随着转移支付制度不断完善，转移支付的政策效能持续释放，为推动地区间财力均衡、推进基本公共服务均等化和保障国家重大政策落实提供了制度保障，在促进经济社会持续平稳健康发展中的作用日益显现。

1. 均衡地区间财力配置，推动区域协调发展

不断增加中央对地方转移支付规模，优化转移支付分配办法，通过财政困难程度系数等合理调节，促进更多资金流向欠发达地区和财政困难地区。对革命老区、民族地区、边疆地区和欠发达地区设立专门的转移支付项目，支持相关地区加快发展。在转移支付的调节下，地区间财力差距不断缩小。

2. 加大"三保"支持力度，保障基层财政平稳运行

以自2005年起实施的"三奖一补"政策为基础，不断健全县级基本财力保障机制，引导带动地方政府下沉财力，合力做好基层"三保"工作。中央财政持续加大资金投入，县级基本财力保障机制奖补资金由2018年的2 462.79亿元增加到2023年的4 107亿元，年均增长10.8%。筑牢兜实基层"三保"底线。地方财政部门也积极采取措施，主动压实责任，多措并举增强基层"三保"能力。在各级财政部门共同努力下，基层财力水平持续提高，县级"三保"支出得到有力保障。

3. 引导加大基本公共服务投入，切实保障和改善民生

坚持以人民为中心的发展理念，通过完善转移支付管理机制，激励引导地方投入更多资源加快基本公共服务均等化进程，稳步提升基本公共服务供给质量和水平。巩固完善城乡统一、重在农村的经费保障机制，支持推进卫生健康体系建设，提高城乡居民基本医保人均财政补助标准和基本公共卫生服务经费人均财政补助标准，提高退休人员基本养老金，加强困难群众基本生活保障。

4. 强化国家重大战略财力保障，推动党中央决策部署落地落实

加大财政投入，支持如期打赢脱贫攻坚战，2016—2020年每年增加安排中央财政专项扶贫资金200亿元，五年累计安排5 305亿元。支持巩固拓展脱贫攻坚成果同乡村振兴有效衔接，稳步增加中央财政衔接推进乡村振兴补助资金，支持联农带农富农产业发展，促进脱贫人口就业和持续增收。支持打好蓝天、碧水、净土保卫战，加强生态文明建设，持续改善生态环境，大气污染防治资金从2018年的200亿元增至2023年的330亿元，水污染防治资金从2018年的150亿元增至2023年的257亿元。围绕产业链供应链补短板集中发力,支持建设现代化产业体系,2020 年整合设立产业基础再造和制造业高质量发展专项资金,2020—2023 年累计安排 402.49 亿元,推动提升我国产业链供应链稳定性和竞争力。

5. 加强疫情防控经费保障,支持疫情防控取得重大决定性胜利

新冠疫情发生后,中央财政加大疫情防控经费保障力度,2023 年通过一般性转移支付安排财力补助资金 1 700 亿元、使用 2022 年权责发生制结转资金 300 亿元,支持地方做好疫情防控等工作,重点向县级财政倾斜。支持新冠病毒疫苗接种,各级财政对医保基金负担的疫苗及接种费用给予补助。全力保障患者救治等疫情防控必要支出,对符合条件的一线医务人员和防疫工作者发放临时性工作补助。安排补助资金支持地方有效处置局部疫情,妥善解决受疫情影响人员的生活困难问题,支持边境地区稳边固边,加强边境疫情防控。

(四) 进一步完善财政转移支付制度的主要方向

完善财政转移支付制度是深化财税体制改革的重要内容,是党和国家大政方针落实的重要保障。按照党中央、国务院决策部署和全国人大有关要求,财政部会同相关部门在推进中央与地方财政事权和支出责任划分改革、完善中央与地方财政收入划分的基础上,认真落实预算法要求,坚持问题导向,突出改革重点,进一步完善转移支付制度,促进转移支付项目设置更加规范、分配方法更加科学、管理手段更加有效、法律制度更加健全,更好发挥财政在国家治理中的基础和重要支柱作用,为推动高质量发展和扎实推进中国式现代化提供坚实的制度保障。

1. 推动完善转移支付法律制度

推动修改预算法,将共同财政事权转移支付单独作为一类管理,将实践证明行之有效的管理措施上升为法律,为深化转移支付改革提供法律支撑。适时研究制定财政转移支付条例等配套法规,对转移支付的功能定位、分类体系、设立程序、分配管理、退出机制等作出全面系统的规定。针对转移支付管理面临的突出问题,加强制度建设,强化监督,进一步规范转移支付预算编制、执行和资金使用、管理等行为。

2. 建立健全转移支付分类管理机制

根据各类转移支付的功能和特点,分类施策,精准发力,不断完善管理措施,提高科学性。一般性转移支付结合财力状况稳步增加,并向中西部财力薄弱地区倾斜,完善分配方法,促进地区间财力分布更加均衡。共同财政事权转移支付根据中央财政支出责任足额安排,探索实行差异化的补助政策,推进地区间基本公共服务水平更加均衡。专项转移支付根据党中央、国务院重大决策部署合理安排,资金定向精准使用,强化对地方的引导激励,并逐步退出市场机制能够有效调节的领域。

3. 改进转移支付预算编制

按照财政事权和支出责任划分,调整优化转移支付项目设置,更好地体现财政事权改革成果。加强财政资金统筹,清理规范支持同一战略、同一领域、同一行业的转移支付,减少交叉重复。完善转移支付定期评估机制,不断提高评估质效,促进转移支付项目有进有出、动态优化。保持合理适度的转移支付规模,加大支出结构调整力度,加强对重点领域的资金保障,提高对国家重大战略的支撑能力。细化转移支付预算编制,提高年初预算落实到地区的比例。

4. 加强转移支付分配使用和绩效管理

优化转移支付分配办法,完善支出成本差异、财政困难程度评价方法等工具,探索建立区域间均衡度评估机制及指标体系,合理确定支出标准和支出责任分担比例。加快转移支付资金下达进度,严格落实预算法规定,除据实结算等特殊项目外,一般性转移支付在全国人大批准预算后 30 日内下达,专项转移支付在 90 日内下达。优化直达资金管理,合理确定直达资金范围和规模,提高直达资金使用效率。改进转移支付绩效管理,稳步推进事前绩效评估,健全转移支付绩效指标体系,提高转移支付绩效目标质量,加大绩效评价结果运用力度,结合政策实施效果和形势变化,适时调整支出政策,确保将资金用在刀刃上。加快推进预算管理一体化系统应用,健全从源头到末端的转移支付管理体系,强化资金全过程、全链条、全方位监管。依法落实转移支付公开要求,提高透明度。

5. 进一步推进省以下转移支付制度改革

落实省级政府主体责任,清晰界定省以下财政事权和支出责任,理顺省以下政府间收入划分,完善省以下转移支付制度。推动省级结合财力可能加大对市县一般性转移支付力度,促进省内财力均衡。根据基本公共服务保障标准、支出责任分担比例、常住人口规模等,结合政策需要和财力可能等,足额安排共同财政事权转移支付,确保共同财政事权履行到位。规范专项转移支付管理,根据政策目标合理安排省以下专项转移支付项目①。

专栏 11-3　日本义务教育经费专项支付

日本在第二次世界大战后一直实行小学年、初中年的义务教育制度。为推行明治维新后形成的教育机会均等理念,促进教育均衡发展,政府在基础教育,尤其是义务教育方面,建立了中央教育经费的专项转移支付制度,有效地将责任分担于中央和地方。义务教育的直接提供者主要是市级政府,但在各项经费开支中的很大部分却是中央政府以专款专用形式进行的转移支付。

根据《义务教育费国库负担法》的规定,中央财政承担国、公立义务教育学校教职员工工资等实际支出费用的1/2。日本承担义务教育的公立中小学校由各市级政府设立、主管。但为了提高硬件水平,中央政府对校舍等设备的建设、整修等费用实行财政补贴。具体是根据班级数确定校舍、室内体育馆等设施的面积标准,在标准范围内,对新建部分的1/2、危房改造部分的1/3实行补贴。除此之外,对一些非经常性的改建、改造和设备更新等,中央财政还设有特殊补贴制度。

通过上述的专项转移支付制度,各级政府几乎承担了义务教育的所有成本,其中,中央占50%以上。这一制度在义务教育的普及和发展过程中,发挥了重要作用。但是,随着社会经济的发展和变化,人们对教育的需求在质和量上都发生

---

① 中国人大网.国务院关于财政转移支付情况的报告[EB/OL].[2023-09-01]. http://www.npc.gov.cn.

了变化,义务教育经费转移支付制度中存在的问题也就不断地显现出来:首先,义务教育经费支出在文教预算中比重过大,而且工资支出比例过高,造成日本的文教预算越来越缺乏弹性。其次,无偿提供义务教育教科书的制度,在城乡居民收入水平居世界前位的当今日本,越来越显现出它的低效率和不合理性。公立中小学在校学生中,其家庭用于各种私塾、课外兴趣培训班等的费用,平均每人一年大约为 25 万~30 万日元。而每个学生每年的教科书费用大约在 3 000~4 000 日元,如果由个人负担,只占各家庭教育费用的 1‰ 左右。对绝大多数家庭来说,这并不构成太重的负担。但国家每年却要为此付出超过 400 亿日元的财政支出,这样的资金使用显然是低效率的。再次,从成本受益关系看,义务教育的受益负担极其不平衡,公费投入过大,造成纳税人负担日益加重。最后,在义务教育的中央与地方职责分工中,中央政府承担的部分过大,地方政府缺乏主动性和灵活性,难以发挥各自积极性。

资料来源:宋健敏. 日本义务教育经费专项支付的启示[J]. 中国财政,2006(3).

第四节 深化政府预算管理制度改革

一、进一步深化预算管理制度改革的背景

全面深化改革是党的十八大所作出的战略部署。为了落实战略部署,2013 年 11 月 12 日十八届三中全会通过了《中共中央关于全面深化改革若干重大问题的决定》(以下简称《决定》),《决定》明确提出,"全面深化改革的总目标是完善和发展中国特色社会主义制度,推进国家治理体系和治理能力现代化""经济体制改革是全面深化改革的重点,核心问题是处理好政府和市场的关系,使市场在资源配置中起决定性作用和更好发挥政府作用。市场决定资源配置是市场经济的一般规律,健全社会主义市场经济体制必须遵循这条规律,着力解决市场体系不完善、政府干预过多和监管不到位问题"。《决定》强调要"深化财税体制改革",指出"财政是国家治理的基础和重要支柱,科学的财税体制是优化资源配置、维护市场统一、促进社会公平、实现国家长治久安的制度保障。必须完善立法、明确事权、改革税制、稳定税负、透明预算、提高效率,建立现代财政制度,发挥中央和地方两个积极性",明确提出要改进预算管理制度、完善税收制度、建立事权和支出责任相适应的制度。可见,《决定》对改进预算管理制度提出了明确要求,毫无疑问,全面深化财税体制改革是我国全面深化改革的必然选择。

改革开放以来,特别是 1995 年预算法实施以来,我国财政制度改革取得显著成效,逐步建立了与社会主义市场经济体制相适应的现代财政制度体系框架,作为现代财政制度基础的预算管理制度也不断完善。进入新时代,我国财政制度改革的步伐进一步加快。

2014年，中共中央政治局会议审议通过了《深化财税体制改革总体方案》（以下简称《总体方案》），基于国家治理现代化的深刻变革，吹响了深化财税体制改革的进军号角。《总体方案》明确提出深化财税体制改革的目标是建立统一完整、法治规范、公开透明、运行高效，有利于优化资源配置、维护市场统一、促进社会公平、实现国家长治久安的可持续的现代财政制度。提出财税体制改革要在2020年基本建立现代财政制度。深化财税体制改革，着眼全面深化改革全局，坚持问题导向，围绕党的十八届三中全会部署的"改进预算管理制度、完善税收制度、建立事权和支出责任相适应的制度"三大任务，有序有力有效推进。可见，预算管理制度改革是财税体制改革的重头戏。

2014年，国务院发布了《国务院关于深化预算管理制度改革的决定》，明确了深化预算管理制度改革指导思想、基本原则、主要方向，为我国预算管理制度改革作出了全面安排。

2017年党的十九大报告，进一步明确"全面深化改革总目标是完善和发展中国特色社会主义制度、推进国家治理体系和治理能力现代化"，强调"加快建立现代财政制度，建立权责清晰、财力协调、区域均衡的中央和地方财政关系。建立全面规范透明、标准科学、约束有力的预算制度，全面实施绩效管理。深化税收制度改革，健全地方税体系"。可见，财税体制继续重点围绕三大任务深化改革。

2021年发布的《中华人民共和国国民经济和社会发展第十四个五年规划和2035年远景目标纲要》明确提出，要"更好发挥财政在国家治理中的基础和重要支柱作用，增强金融服务实体经济能力，健全符合高质量发展要求的财税金融制度"，强调"加快建立现代财政制度""深化预算管理制度改革，强化对预算编制的宏观指导和审查监督""完善现代税收制度"。这为我国"十四五"的财税制度改革作了总体规划，明确了改革的主要方向与任务。

2022年党的二十大报告，明确提出"以中国式现代化全面推进中华民族伟大复兴""高质量发展是全面建设社会主义现代化国家的首要任务"，进一步提出"健全现代预算制度，优化税制结构，完善财政转移支付体系"。2023年中央经济工作会议提出"谋划新一轮财税体制改革"，这些为我国的财税体制与预算制度改革指明了方向。

2024年7月，党的二十届三中全会审议通过了《中共中央关于进一步全面深化改革、推进中国式现代化的决定》（以下简称《决定》），《决定》阐明了进一步全面深化改革、推进中国式现代化的重大意义和总体要求，提出进一步全面深化改革的指导思想、总目标和重大原则，锚定2035年基本实现社会主义现代化目标，重点部署未来五年的重大改革举措。《决定》一共15个部分60条，提出300多项重要改革举措，这是指导中国在新征程上进一步全面深化改革的纲领性文件，科学谋划了围绕中国式现代化进一步全面深化改革的总体部署。深化财税体制改革是进一步全面深化改革的重要内容，《决定》围绕健全预算制度、健全税收制度、完善中央和地方财政关系等对深化财税体制改革作出总体部署。

> **专栏 11-4** 深化财税体制改革
>
> 健全预算制度,加强财政资源和预算统筹,把依托行政权力、政府信用、国有资源资产获取的收入全部纳入政府预算管理。完善国有资本经营预算和绩效评价制度,强化国家重大战略任务和基本民生财力保障。强化对预算编制和财政政策的宏观指导。加强公共服务绩效管理,强化事前功能评估。深化零基预算改革。统一预算分配权,提高预算管理统一性、规范性,完善预算公开和监督制度。完善权责发生制政府综合财务报告制度。
>
> 健全有利于高质量发展、社会公平、市场统一的税收制度,优化税制结构。研究同新业态相适应的税收制度。全面落实税收法定原则,规范税收优惠政策,完善对重点领域和关键环节支持机制。健全直接税体系,完善综合和分类相结合的个人所得税制度,规范经营所得、资本所得、财产所得税收政策,实行劳动性所得统一征税。深化税收征管改革。
>
> 建立权责清晰、财力协调、区域均衡的中央和地方财政关系。增加地方自主财力,拓展地方税源,适当扩大地方税收管理权限。完善财政转移支付体系,清理规范专项转移支付,增加一般性转移支付,提升市县财力同事权相匹配程度。建立促进高质量发展转移支付激励约束机制。推进消费税征收环节后移并稳步下划地方,完善增值税留抵退税政策和抵扣链条,优化共享税分享比例。研究把城市维护建设税、教育费附加、地方教育附加合并为地方附加税,授权地方在一定幅度内确定具体适用税率。合理扩大地方政府专项债券支持范围,适当扩大用作资本金的领域、规模、比例。完善政府债务管理制度,建立全口径地方债务监测监管体系和防范化解隐性债务风险长效机制,加快地方融资平台改革转型。规范非税收入管理,适当下沉部分非税收入管理权限,由地方结合实际差别化管理。
>
> 适当加强中央事权、提高中央财政支出比例。中央财政事权原则上通过中央本级安排支出,减少委托地方代行的中央财政事权。不得违规要求地方安排配套资金,确需委托地方行使事权的,通过专项转移支付安排资金。
>
> 资料来源:新华社.中共中央关于进一步全面深化改革、推进中国式现代化的决定[EB/OL].[2024-07-21]. https://www.gov.cn.

根据"两步走"的战略安排,到本世纪中叶我国要建成富强民主文明和谐美丽的社会主义现代化强国,在这种大背景下,必须围绕推进中国式现代化,进一步全面深化财税体制改革,建立与社会主义现代化强国相匹配的现代财政制度、现代预算制度、现代税收制度。

二、深化预算管理制度改革的基本方向

预算体现国家的战略和政策,反映政府的活动范围和方向,是推进国家治理体系和治理能力现代化的重要支撑,是宏观调控的重要手段。党的十八大以来,按照党中央、国务院决策部署,预算管理制度不断改革完善,为建立现代财政制度奠定了坚实基础。

党的十九届五中全会对建立现代财税金融体制、深化预算管理制度改革作出部署。习近平总书记强调:"财政是国家治理的基础和重要支柱,科学的财税体制是优化资源配置、维护市场统一、促进社会公平、实现国家长治久安的制度保障。"

党中央、国务院高度重视预算管理工作,2020年12月,习近平主持召开中央全面深化改革委员会第十七次会议,审议通过了《关于进一步深化预算管理制度改革的意见》。2021年3月,国务院印发《关于进一步深化预算管理制度改革的意见》(以下简称《意见》)(国发〔2021〕5号)。结合当前和今后一个时期财政形势,为解决预算管理中存在的突出问题,《意见》明确了进一步深化预算管理制度改革的指导思想、基本原则,提出改革措施,对今后一个时期的预算管理制度改革作出了总体的安排部署,指明了改革的方向。新时期我国预算管理制度改革的目标就是要建立规范透明、法制高效、标准科学、约束有力、完整统一的现代预算制度,实现国家预算治理体系和治理能力现代化。

(一) 指导思想

以习近平新时代中国特色社会主义思想为指导,深入贯彻党的十九大、二十大与历次全会精神,全面贯彻党的基本理论、基本路线、基本方略,坚持稳中求进工作总基调,立足新发展阶段、贯彻新发展理念、构建新发展格局,以推动高质量发展为主题,以深化供给侧结构性改革为主线,以改革创新为根本动力,以满足人民日益增长的美好生活需要为根本目的,更加有效保障和改善民生,进一步完善预算管理制度,更好发挥财政在国家治理中的基础和重要支柱作用,为全面建设社会主义现代化国家提供坚实保障。

(二) 基本原则

(1) 坚持党的全面领导。将坚持和加强党的全面领导贯穿预算管理制度改革全过程。坚持以人民为中心,兜牢基本民生底线。坚持系统观念,加强财政资源统筹,集中力量办大事,坚决落实政府"过紧日子"要求,强化预算对落实党和国家重大政策的保障能力,实现有限公共资源与政策目标有效匹配。

(2) 坚持预算法定。增强法治观念,强化纪律意识,严肃财经纪律,更加注重强化约束,着力提升制度执行力,维护法律的权威性和制度的刚性约束力。明确地方和部门的主体责任,切实强化预算约束,加强对权力运行的制约和监督。

(3) 坚持目标引领。按照建立现代财税体制的要求,坚持目标导向和问题导向相结合,完善管理手段,创新管理技术,破除管理瓶颈,推进预算和绩效管理一体化,以信息化推进预算管理现代化,加强预算管理各项制度的系统集成、协同高效,提高预算管理规范化、科学化、标准化水平和预算透明度。

(4) 坚持底线思维。把防风险摆在更加突出的位置,统筹发展和安全、当前和长远,杜绝脱离实际的过高承诺,形成稳定合理的社会预期。加强政府债务和中长期支出事项管理,牢牢守住不发生系统性风险的底线。

(三) 主要路径

1. 加大预算收入统筹力度,增强财政保障能力

(1) 规范政府收入预算管理,强化部门和单位收入统筹。实事求是编制收入预算,考虑经济运行和实施减税降费政策等因素合理测算。依照法律法规及时足额征收应征的预算收入,如实反映财政收入情况,提高收入质量,严禁虚收空转。严禁将政府非税收入与征收单位支出挂钩。各部门和单位要依法依规将取得的各类收入纳入部门或单位预算,未纳入预算的收入不得安排支出。加强行政事业性国有资产收入管理,资产出租、处置等收入按规定上缴国库或纳入单位预算。

(2) 加强政府性资源统筹管理,盘活各类存量资源。加大收入统筹力度,盘活存量,完善结余资金收回使用机制,充分挖掘释放各种闲置资源潜力。加强政府性资源统筹管理,将依托行政权力、国有资源(资产)获取的收入以及特许经营权拍卖收入等按规定全面纳入预算。强化部门和单位收入统筹管理,各部门和单位要依法依规将取得的包括事业收入、事业单位经营收入等非财政拨款收入在内的各类收入纳入部门或单位预算,未纳入预算的收入不得安排支出。

2. 规范预算支出管理,加强重大决策部署财力保障

(1) 规范预算支出管理。合理安排支出预算规模,充分发挥财政政策逆周期调节作用。优化财政支出结构,坚持"三保"支出在财政支出中的优先顺序。推进支出标准体系建设,将支出标准作为预算编制的基本依据。不折不扣落实"过紧日子"要求,严控一般性支出。完善财政资金直达机制,确保资金直达使用单位、直接惠企利民。

(2) 加强重大决策部署财力保障。各级预算安排要将落实党中央、国务院重大决策部署作为首要任务,贯彻党的路线方针政策,增强对国家重大战略任务、国家发展规划的财力保障。完善预算决策机制和程序,各级预算、决算草案提请本级人大或其常委会审查批准前,应当按程序报本级党委和政府审议;各部门预算草案应当报本部门党组(党委)审议。

3. 严格预算编制管理,增强财政预算完整性

(1) 改进政府预算编制,加强部门和单位预算管理。依法依规提前下达转移支付和新增地方政府债务限额预计数,增强地方预算编制的完整性、主动性。进一步优化转移支付体系,完善转移支付资金分配方法,健全转移支付定期评估和动态调整、退出机制,提高转移支付管理的规范性、科学性、合理性。规范国有资本经营预算编制。落实部门和单位预算管理主体责任,政府的全部收入和支出都应当依法纳入预算,执行统一的预算管理制度,部门和单位要对预算完整性、规范性、真实性以及执行结果负责。同时,应加强中期财政规划管理,进一步增强与国家发展规划的衔接,强化中期财政规划对年度预算的约束,加强跨年度预算平衡。

(2) 完善政府财务报告体系。建立完善权责发生制政府综合财务报告制度,全面客观反映政府资产负债与财政可持续性情况。健全财政总预算会计制度,推动预算单位深化政府会计改革,完善国有资产管理情况报告制度,做好与政府综合财务报告的衔接。

4. 强化预算执行和绩效管理,增强预算约束力

(1) 强化预算对执行的控制,推动预算绩效管理提质增效。严格执行人大批准的预算,预算一经批准非经法定程序不得调整。规范预算调剂行为,实现预算指标对执行的有效控制。加强对政府投资基金设立和出资的预算约束,加强国有资本管理与监督,确保国有资本安全和保值增值。将落实党中央、国务院重大决策部署作为预算绩效管理重点,加强财政政策评估、评价。加强重点领域预算绩效管理,分类明确转移支付绩效管理重点。加强绩效评价结果应用与绩效信息公开力度。

(2) 优化国库集中收付管理,拓展政府采购政策功能。对政府全部收入和支出实行国库集中收付管理。完善国库集中支付控制体系和集中校验机制,实行全流程电子支付,优化预算支出审核流程,全面提升资金支付效率。完善财政收支和国库现金流量预测体系,建立健全库款风险预警机制。建立政府采购需求标准体系,鼓励相关部门结合部门和行业特点提出政府采购相关政策需求,推动在政府采购需求标准中嵌入支持创新、绿色发展等政策要求。细化政府采购预算编制,建立支持创新产品及服务、中小企业发展等政策落实的预算编制和资金支付控制机制。

5. 加强风险防控,增强财政可持续性

(1) 健全地方政府依法适度举债机制。健全地方政府债务限额确定机制,完善专项债券管理机制,建立健全专项债券项目全生命周期收支平衡机制。完善以债务率为主的政府债务风险评估指标体系,综合评估政府偿债能力,依法落实法定债券偿还责任。健全地方政府债务信息公开及债券信息披露机制,促进形成市场化融资自律约束机制。

(2) 防范化解财政运行风险隐患与地方政府隐性债务风险。加强财政运行风险防控,加强重大政策、重大政府投资项目等财政承受能力评估。健全地方政府依法适度举债机制,遏制隐性债务增量,稳妥化解隐性债务存量。

6. 增强财政透明度,提高预算管理信息化水平

(1) 改进预算、决算公开的体制机制。加大各级政府预算、决算公开力度,大力推进财政政策公开。扩大部门预算、决算公开范围,各部门所属预算单位预算、决算及相关报表应当依法依规向社会公开。推进政府投资基金、收费基金、国有资本收益、政府采购意向等信息按规定向社会公开。推进按支出经济分类公开政府预算、决算和部门预算、决算。

(2) 提高预算管理信息化水平。将制度规范与信息系统建设紧密结合,以省级财政为主体建设覆盖本地区的预算管理一体化系统并与中央财政对接,动态反映各级预算安排和执行情况。建立完善全覆盖、全链条的转移支付资金监控机制。积极推动跨部门基础信息共享共用。

海南省直管县(市)体制的实践与启示

县级政府在我国政治、经济、社会结构中,处在承上启下、连接城乡、沟通条块的重要层面。探索推进省直管县(市)体制,是提高政府效能、放活县域经济、统筹城乡发展的根本要求。海南是全国实施"省直管"体制最早、唯一在全省范围全面实施省直管县(市)管理体制的地区,全面剖析海南前一个时期"省直管"的经验得失,对海南进一步完善这一体制,乃至对我国其他地区推进"省直管"体制改革,都具有重要的启示和借鉴意义。

海南多年"省直管"的实践,主要有以下经验。

实现权力重心下移、厘清省与县(市)的事权关系是实施"省直管"体制改革的核心

海南省虽然在撤地建省初期就建立了"省直管"体制。但是,开始并没有将地级市的权限下放到市、县,而是大多收归到省级政府,省与市、县的职责范围界定也不够清晰,导致了一些消极的后果……为此,近年来又全面进行了以"放权"为主要特征的新一轮体制创新,2008年省政府对市、县下放了197项事权,实现了凡是设区的市(地级市)人民政府及其所属部门行使的行政管理权,全部下放给了各市、县、自治县人民政府及其所属部门,赋予县级政府地级市,甚至个别方面省级政府的职权,县(市)拥有了广泛的自主权,"省直管"体制的优势得到了进一步彰显。通过几次较大的调整,对省与县(市)级政府管理的事权进行明确划定,最大限度减少了职能重叠、交叉,并以政府法规规章的形式予以确立下来。省政府主要履行规划发展、政策指导、统筹协调、执行和执法监管的职责,市、县政府加强了本区域的社会公共服务职能和对经济工作的领导。现在海南县域经济的发展活力明显增强。

……

转变政府职能是"省直管"体制改革成败的关键

海南"省直管"体制从体制的根本环节上减少了政府层级,实现了政府组织结构的扁平化,提高了信息传递的速度和效率。与之同时,海南在横向政府机构中又在全国率先推行了"小政府、大社会"模式,即同级政府部门相同或相近的职能由一个部门承担,综合设置机构,实行了"大交通""大工业""大农业""大商贸""大文化""大人事""大水务"管理体制。近几年,又将全省308个乡镇撤并调整为202个乡镇。而贯穿这些纵向、横向的体制改革全过程的是推进政府职能转变:全面深化改革行政审批制度,改进行政审批方式,推行了直接办理制、窗口服务制和社会服务承诺制;对政企合一的专业经济管理部门进行了企业化改革,在体制上进一步避免或减少了政府对企业的直接干预;根据新的政府职能要求,发挥特区立法权职能,制定和完善各类配套法规,把政府履行职能纳入法制轨道,这就保证了体制创新目标的最终实现,也使海南在经济相对落后的情况下能够率先在全国建立起社会主义市场经济体制的基本框架。

……

统筹推进各方面的配套改革是实现由"市管"到"省管"顺利转轨的重要保证

尽管海南"省直管"体制表现出了明显的优势,但前一时期由于配套改革的滞后,也显出一些问题,主要有三个方面:一是省与市、县在行政层级上间距较大,在一定程度上削弱了县(市)的话语权。在"省直管"体制下,省级政府直接对县级政府,厅级部门直接对科级部门,行政级别落差较大,这使市、县政府特别是市、县部门在与厅局的沟通协调中很难有平等的话语权,易于造成上级对下级强制性地压任务、压责任。同时,这种行政级别的差异,也在很大程度上阻碍了市、县与省级部门的干部交流,省里的许多优秀年轻干部因为市县不能提供适当的职位而不愿意交流下去,市县一些富有实践经验的干部因为省里的门槛过高而交流不上来。二是县(市)垂管、双管单位过多,削弱了县(市)的自主权。在地级市管县的体制下,原来省直管、双管的单位只是部分直管到地级市,而在"省直管"体制下,一竿子管到了县(市),这就影响了县(市)政府结构的完整性。垂管、双管单位过多,增加上下级之间的矛盾和扯皮,降低"直管"体制的效能。三是县(市)财权与事权不匹配,影响了"直管"体制的优势发挥。在我国目前的财政体制下,市、县所得比例较低。虽然,"省直管"体制在一定程度上减少了原地级市一级的财政分成,但是从实际情况看,市县承担了义务教育、计划生育、社会稳定、社会保障等较多的事权,在实际运作中其财政所有权与事权依然不相对称。四是县级政府承接市级行政事权的能力有待进一步提升。针对这些问题,2008年以来,海南全面启动了相应的配套改革,取得了显著成效。

……

必须立足实际,因地制宜,分类指导

海南之所以能够在全国率先、在全省整体实施"省直管"体制,除了主观因素,一些客观条件不可或缺:一是陆地面积小、行政管辖范围小。二是作为中国最大的经济特区,中央赋予了海南一系列的先行先试功能,要求在行政管理体制、市场体制创新等方面走在全国前列,为全国探索经验。实施"省直管"体制正是试验的内容之一。三是海南岛是一个封闭的地理单元,体制改革可能带来的风险较小,也便于控制。四是建省时间较晚,1988年才建省,在当时改革开放的大潮下,海南有条件创造有别于传统模式,构建新型的行政管理体制。而这些客观条件都具有海南唯一性,也是海南省管体制得以顺利、成功推进的重要因素。

……

总之,从全国范围来讲,推进"省直管"体制既要积极、又要稳妥,既要在方向上坚定不移,又要在具体的方法、步骤上分类指导,突出改革的系统性,统筹好各方面的配套改革,确保健康有序地向前推进。

资料来源:穆克瑞.海南直管县(市)体制的实践与启示[EB/OL].[2010-07-13].https://www.163.com. 有整理.

案例分析题

1. 海南"省直管县(市)"体制实践的主要启示是什么?
2. 结合案例,分析"省直管县(市)"体制对我国地方预算管理体制改革的借鉴意义。

本章复习思考题

1. 什么是政府预算管理体制?其基本内容是什么?
2. 什么是分税制?简述分税制改革取得的主要成效。
3. 试析分税制进一步完善的方向。
4. 试析政府间转移支付制度的含义与功能。
5. 简述政府间转移支付的方式。
6. 简述我国财政转移支付体系。

7. 试析进一步完善财政转移支付制度的主要方向。
8. 简述进一步深化预算管理制度改革应坚持的原则。

二维码11-1：
自测自评

二维码11-2：
参考PPT

附录一 2024年中央财政预算表

2024年中央一般公共预算收入预算表
2024年中央一般公共预算支出预算表
2024年中央本级支出预算表
2024年中央本级基本支出预算表
2024年中央对地方转移支付预算表
2024年中央对地方一般公共预算转移支付分地区情况汇总表
2024年中央对地方一般性转移支付分地区情况汇总表
2024年中央对地方共同财政事权转移支付分地区情况汇总表
2024年中央对地方专项转移支付分地区情况汇总表
2024年中央基本建设支出预算表
2023年和2024年中央财政国债余额情况表
2023年和2024年地方政府一般债务余额情况表
2024年中央政府性基金收入预算表
2024年中央政府性基金支出预算表
2024年中央对地方政府性基金转移支付预算表
2024年中央对地方政府性基金转移支付分地区情况汇总表
2023年和2024年地方政府专项债务余额情况表
2024年中央国有资本经营收入预算表
2024年中央国有资本经营支出预算表
2024年中央本级国有资本经营支出预算表
2024年中央对地方国有资本经营转移支付预算表
2024年中央对地方国有资本经营转移支付分地区情况汇总表
2024年中央社会保险基金收入预算表
2024年中央社会保险基金支出预算表
2024年中央社会保险基金结余预算表

附录二　上海市 2024 年财政预算表和政府债务情况表

上海市 2024 年一般公共预算收入预算表
上海市 2024 年一般公共预算支出预算表
上海市 2024 年政府性基金收入预算表
上海市 2024 年政府性基金支出预算表
上海市 2024 年国有资本经营收入预算表
上海市 2024 年国有资本经营支出预算表
上海市 2024 年社会保险基金收入预算表
上海市 2024 年社会保险基金支出预算表
上海市 2024 年社会保险基金结余预算表
上海市 2024 年市对区一般公共预算转移支付预算表
上海市 2024 年市对区一般公共预算共同财政事权转移支付预算表
上海市 2024 年市对区一般公共预算专项转移支付预算表
上海市 2024 年市对区一般公共预算税收返还和转移支付分区预算表
上海市 2024 年市对区政府性基金转移支付分区预算表
上海市 2024 年市对区国有资本经营预算转移支付分区预算表
上海市 2023 年政府债务余额和限额情况表
上海市政府债券发行及还本付息情况表

附录一及附录二

参 考 文 献

[1] 王金秀,陈志勇.国家预算管理[M].北京:中国人民大学出版社,2010.
[2] 李燕.政府预算管理[M].北京:北京大学出版社,2008.
[3] 于国安.政府预算管理与改革[M].北京:经济科学出版社,2006.
[4] 李炳鉴.政府预算管理学[M].北京:经济科学出版社,2003.
[5] 马海涛.政府预算管理学[M].上海:复旦大学出版社,2003.
[6] 李兰英.政府预算管理[M].西安:西安交通大学出版社,2007.
[7] 财政部.政府预算收支分类科目[M].北京:中国财政经济出版社,2010.
[8] 谢旭人.中国财政改革三十年[M].北京:中国财政经济出版社,2008.
[9] 包丽萍,刘明慧,贺蕊莉.政府预算[M].大连:东北财经大学出版社,2001.
[10] 蒋洪.财政学[M].上海:上海财经大学出版社,2000.
[11] 林治芬,高文敏.社会保障预算管理[M].北京:中国财政经济出版社,2006.
[12] 刘国光.现代市场经济实用知识[M].吉林:吉林人民出版社,1998.
[13] 马蔡琛.变革世界中的政府预算管理:一种利益相关方视角的考察[M].北京:中国社会科学出版社,2010.
[14] 彭健.政府预算理论演进与制度创新[M].北京:中国财政经济出版社,2006.
[15] 上海财经大学公共政策研究中心.2003中国财政发展报告——重建中国公共预算体系研究[M].上海:上海财经大学出版社,2003.
[16] 文宗瑜,刘微.国有资本经营预算管理[M].北京:经济科学出版社,2007.
[17] 杨君昌,等.公共预算:政府改革的钥匙[M].北京:中国财政经济出版社,2008.
[18] 张先治,等.国有资本经营预算制度研究[M].北京:中国财政经济出版社,2009.
[19] 陈艳利.国有资本经营预算制度的构建:体系框架与难点解析[J].财政研究,2008(10).
[20] 陈柱兵.国有资本经营预算的历史沿革、内涵及意义[J].经济研究参考,2008(48).
[21] 邓子基.略论国有资本经营预算[J].地方财政研究,2006(1).
[22] 杜炜.完善国有资本经营预算制度的几点建议[J].学术论丛,2009(5).
[23] 黄光阳.完善我国国有资本经营预算编制工作的研究[J].福建工程学院学报,2009(2).
[24] 李光林.国有资本经营预算价值取向与基本原则初探[J].国有资产管理,2010(1).
[25] 林治芬.国际社会保障预算的分析与借鉴[J].中国社会保障,2000(1).
[26] 林兴禧.建立公共财政下的社会保障基金预算制度[J].财会研究,2006(8).
[27] 宋立,许生.各级政府支出责任划分改革与支出结构优化调整[J].经济研究参考,

2009(26).
[28] 王伟.国外社会保障预算模式及其借鉴[N].中国审计报,2003-05-26.
[29] 吴祥云.建立国有资本经营预算的若干思考[J].当代财经,2005(4).
[30] 张伟,吴涓.国有资本经营预算的组成、编制原则及内容[J].经济研究参考,2005(7).
[31] 政府性基金预算及国有资本经营预算编制情况公布[EB].人民网,2010-05-12.
[32] 经济合作与发展组织.比较预算[M].财政部科研所,译.北京:人民出版社,2001.
[33] 陈工.政府预算与管理[M].北京:清华大学出版社,2004.
[34] 中国人民银行国库局.国库理论与实务[M].北京:中国金融出版社,2008.
[35] 刘民慧.政府预算管理[M].北京:经济科学出版社,2004.
[36] 倪志良.政府预算管理[M].天津:南开大学出版社,2010.
[37] 楼继伟.中国政府预算:制度、管理与案例[M].北京:中国财政经济出版社,2003.
[38] 财政部预算司.中央部门预算编制指南(2002年)[M].北京:中国财政经济出版社,2001.
[39] 项怀诚.中国财政管理[M].北京:中国财政经济出版社,2001.
[40] 马国贤.政府预算理论与绩效政策研究[M].北京:中国财政经济出版社,2008.
[41] 张馨,等.部门预算改革研究[M].北京:经济科学出版社,2001.
[42] 马海涛,等.收支两条线管理制度[M].北京:中国财政经济出版社,2003.
[43] 财政部国库司.国库现金管理基础与实务[M].北京:经济科学出版社,2007.
[44] 翟钢.现代国库制度研究[M].北京:中国宇航出版社,2006.
[45] 中国人民银行国库局.国库改革与发展[M].北京:中国金融出版社,2007.
[46] 张通.中国公共支出管理与改革[M].北京:经济科学出版社,2010.
[47] 施锦明.政府采购[M].北京:经济科学出版社,2010.
[48] 刘小川,唐东会.中国政府采购政策研究[M].北京:人民出版社,2009.
[49] 王国清,等.财政学[M].2版.北京:高等教育出版社,2010.
[50] 寇铁军.财政学教程[M].2版.大连:东北财经大学出版社,2009.
[51] 马海涛,姜爱华.提高政府采购预算透明度的思考[J].中国财政,2010(13).
[52] 邓晓军.中国政府采购制度建设中的问题与对策[J].学术交流,2010(5).
[53] 闵劲华.改进和完善政府采购预算管理的思考[J].中国政府采购,2009(2).
[54] 李兰英.政府预算管理[M].西安:西安交通大学出版社,2007.
[55] 高培勇,马蔡琛.中国政府预算的法治化进程:成就、问题与政策选择[J].财政研究,2004(10).
[56] 马蔡琛.中国预算管理制度变迁的经济学分析[J].税务与经济,2002(2).
[57] 马蔡琛,童晓晴.我国公共预算绩效管理的政策选择与制度框架[J].广东技术师范学院学报,2005(3).
[58] 马国贤.政府绩效评价[M].上海:复旦大学出版社,2005.
[59] 李燕,王宇龙.论绩效预算在我国实施的制度约束[J].中央财经大学学报,2005(6).

[60] 王建民.中国地方政府机构绩效考评目标模式研究[J].管理世界,2005(10).
[61] 安秀梅,殷毅.论中国政府预算管理改革的优先序[J].中央财经大学学报,2006(6).
[62] 财政部预算司.中央部门预算编制指南(2008年)[M].北京:中国财政经济出版社,2007.
[63] 彭锻炼,左武.推行政府绩效预算管理改革的难点与目标[J].中南财经政法大学学报,2009(6).
[64] 楼继伟.确保政府收支分类改革顺利推进[J].中国财政,2006(4).
[65] 邓子基.财政学[M].北京:高等教育出版社,2005.
[66] 邓子基.财政学[M].北京:中国人民大学出版社,2001.
[67] 陈共.财政学[M].北京:中国人民大学出版社,2009.
[68] 贾康,赵全厚.政府间财政体制变革[J].经济研究参考,2009(2).
[69] 贾康.中国财税体制改革的战略取向:2010~2020[J].改革,2010(1).
[70] 刘京焕,李景友,陈志勇.财政学案例[M].北京:中国财政经济出版社,2001.
[71] 牛淑珍.财政学案例[M].上海:复旦大学出版社,2008.
[72] 焦西俊.我国分税制存在的问题与对策[J].合作经济与科技,2009(23).
[73] 范丽琴.论现行分税制存在的问题及完善措施[J].北方经济,2008(9).
[74] 李齐云,刘小勇.分税制、转移支付与地区财政差距研究[J].财贸经济,2009(12).
[75] 许安平.财政转移支付制度及其对改革发展成果公平分享有何意义[J].现代法学,2008(5).
[76] 倪红日.规范我国财力性转移支付制度的建议[J].经济研究参考,2006(23).
[77] 杨波.优化财力性转移支付的对策[J].企业改革与管理,2008(4).
[78] 原源.专项转移支付问题浅析[J].科教文汇,2008(7).
[79] 黄燕霞.分税制财政体制成效分析与改革展望[J].中国商界,2010(5).
[80] 谷成.财政分权下中国政府间转移支付的优化路径[J].经济社会体制比较,2009(2).
[81] 蒋继涛.政府间转移支付制度的几个理论问题[J].甘肃省经济管理干部学院学报,2007(12).
[82] 赵利民,宋效中,王慧.我国政府间转移支付制度的改进与完善[J].中共长春市委党校学报,2006(12).
[83] 林荫.分税制的国际比较及对中国的借鉴[J].世界经济情况,2008(11).
[84] 宋健敏.日本义务教育经费专项支付的启示[J].中国财政,2006(3).
[85] 彭健.美国联邦政府预算管理模式及启示[J].山东财政学院学报,2002(6).
[86] 张梦雯.深化我国政府预算管理体制改革研究[J].前沿,2004(6).
[87] 徐瑞娥.我国政府预算管理制度改革的主要观点综述[J].经济纵横,2002(7).
[88] 陈艳利.我国预算编制有关问题及改革建议[J].辽宁大学学报哲学社会科学版,2001(6).
[89] 朱世刚,吴晓青.浅议我国政府预算管理存在的问题[J].现代商业,2009(1).

[90] 刘国艳.各级政府间收入划分与分税制改革[J].经济研究参考,2009(27).

[91] 黄仰玲.完善我国政府预算管理体制的探讨[J].广州市广播电视大学学报,2006(2).

[92] 财政部预算司.中央部门预算编制指南(2012年)[M].北京:中国财政经济出版社,2011.

[93] 中华人民共和国财政部.2024年政府收支分类科目[M].上海:立信会计出版社,2023.

[94] 林治芬,李静茹.美、英、日三国社会保障预算[J].中国社会保障,2013(3).

[95] 崔晓冬.日本社会保障预算编制及其启示[J].日本研究,2010(1).

[96] 崔晓冬.美国和日本的社会保障预算及启示[J].中国财政,2010(11).

[97] 财政部国库司.十年笃行不怠 蹄疾步稳走好财政国库管理制度改革新征程[J].中国财政,2022(21).

[98] 刘国永,李文思,王萌.全面实施预算绩效管理专业基础[M].镇江:江苏大学出版社,2021.

[99] 马海涛,曹堂哲,王红梅.预算绩效管理理论与实践[M].北京:中国财政经济出版社,2020.

[100] 苟燕楠,李金城.当代中国预算绩效管理:理论发展与实践探索[J].求索,2019(4).

[101] 代志新,杨素.中国式现代化预算绩效管理改革之路[J].财政监督,2024(5).

[102] 郑涌.预算绩效管理改革这十年[J].中国财政,2022(20).

[103] 唐亮,童吟.数字化改革视域下有效提升预算绩效管理水平的思考[J].财政监督,2023(15).

[104] 财政部预算司.新中国成立70年来财政体制和预算管理改革成就[J].中国财政,2019(19).

[105] 贾康,刘薇.分税制改革三十年:回顾与展望[J].地方财政研究,2024(1).

[106] 马海涛.分税制三十载再启程 财税体制改革谋新篇[J].中国财政,2024(1).

[107] 李燕.政府预算管理[M].北京:北京大学出版社,2024.

[108] 马蔡琛.政府预算[M].大连:东北财经大学出版社,2023.

[109] 王小龙,李敬辉,等.预算管理一体化规范适用教程(上、下)[M].北京:经济科学出版社,2020.

[110] 财政部预算司.中央部门预算编制指南(2024年)[M].北京:中国财政经济出版社,2023.